La ciudad de los vivos

La ciudad de los vivos

NICOLA LAGIOIA

Traducción de
Xavier González Rovira

LITERATURA RANDOM HOUSE

Papel certificado por el Forest Stewardship Council®

Título original: *La città dei vivi*

Primera edición: enero de 2022

© 2020, Giulio Einaudi editore
© 2022, Penguin Random House Grupo Editorial, S.A.U.
Travessera de Gràcia, 47-49. 08021 Barcelona
© 2022, Xavier González Rovira, por la traducción

Printed in Spain – Impreso en España

ISBN: 978-84-397-3921-0
Depósito legal: B-17.630-2021

Compuesto en La Nueva Edimac, S.L.
Impreso en Unigraf (Móstoles, Madrid)

RH39210

ÍNDICE

PRIMERA PARTE
Comensales del hombre 9

SEGUNDA PARTE
La superficie del agua 109

TERCERA PARTE
El coro 205

CUARTA PARTE
En el fondo del pozo 281

QUINTA PARTE
Las gaviotas 377

SEXTA PARTE
El libro del encuentro 447

Referencias bibliográficas 461

COMENSALES DEL HOMBRE

Roma es la única ciudad de Oriente Medio que no cuenta con un barrio europeo.

Francesco Saverio Nitti

No achaquemos los problemas de Roma al exceso de población. Cuando solo existían dos romanos, uno mató al otro.

Giulio Andreotti

El 1 de marzo de 2016, un martes con escasas nubes, las puertas de entrada del Coliseo acababan de abrirse para permitir a los turistas admirar las ruinas más famosas del mundo. Miles de cuerpos caminaban hacia las taquillas. Uno tropezaba con las piedras. Otro se ponía de puntillas para calcular la distancia hasta el Templo de Venus. La ciudad, allá arriba, estaba cocinando la ira en su propio tráfico, en los autobuses averiados ya a las nueve de la mañana. Los antebrazos pronunciaban los insultos por las ventanillas abiertas. En el bordillo, los guardias rellenaban multas que nadie pagaría nunca.

–Sí, hombre, sííí… ¡pues vaya usted a contárselo al alcalde! –La empleada de la taquilla número cuatro estalló en una carcajada burlona, provocando la hilaridad de sus compañeros.

El anciano turista holandés la miró atónito desde el otro lado del cristal. En su puño blandía las dos entradas falsas que dos falsos empleados del recinto arqueológico le habían vendido poco antes.

Esta, la de ir a protestarle al alcalde, era una de las chanzas más repetidas de las últimas semanas. Nacida en las oficinas municipales, se había difundido entre los taxistas y los hoteleros y los basureros y los vendedores de granizados a los que, a falta de una autoridad más evidente, acudían los turistas para pedir ayuda ante los infinitos contratiempos de la ciudad.

El holandés frunció el ceño. ¿Sería posible que también la verdadera autoridad, la que iba con uniforme oficial, le estuviera tomando el pelo? Por detrás de él, la multitud aumentaba su barullo.

–¡El siguiente!

El turista holandés no se movió.

La taquillera se quedó mirándolo y esbozó una fría sonrisa.

—*Next one!*

Muchos de esos turistas habían pasado la noche en los hoteles baratos del barrio de Monti, en los destartalados bed and breakfast de Porta Maggiore. Alzando la nariz para admirar un ángel, se dieron de bruces contra el suelo. Al tropezar con una bolsa de basura, con el poste arrancado de una señal de tráfico. Arriba, el mármol blanco; por la calle, las ratas. Y las gaviotas que se comían a las ratas. Los mal informados habían esperado en vano un autobús, pero luego se encaminaron al Coliseo a pie. Ahora estaban ahí. Lo normal habría sido cabrearse por la lentitud de la cola, pero la belleza muerta los abrumaba a todos: el cielo sobre los arcos de travertino, las columnas de dos mil años de antigüedad, la basílica de Massenzio. En el esplendor resonaba la amenaza, como si los poderes invisibles tuvieran la facultad de arrastrar hasta el reino de las sombras a quienes se oponían a ellos. Un riesgo que a los romanos no les hacía ni fu ni fa.

La taquillera atendió a otro turista. Lo mismo hizo su compañero de la cabina contigua. La multitud que tenían enfrente impresionaba, pero habían visto cosas peores. El Jubileo de la Misericordia había empezado mal. Un fiasco, escribían los periódicos hostiles al Papa. El año de la remisión de los pecados, de la reconciliación, de la penitencia sacramental no congregaba más peregrinos de los que llegaban para celebrar el año de las libaciones, de la anarquía impune, del escaqueo de la culpa.

El viejo turista holandés abandonó la cola. Se encaminó hacia la piazza dei Cinquecento. Junto a él, un chico. Llegaron al pie de calle, desaparecieron entre las adelfas.

—Eh, tú, ¿qué es esta peste? —exclamó la taquillera. Sus ojos estaban fijos en la pantalla, su mano gobernaba el ratón.

Un turista chino esperaba sus entradas.

Después de dar la orden de imprimir, la taquillera se miró la mano. Fue entonces cuando se sobresaltó. Junto a la alfombrilla del ratón habían aparecido dos manchas de un rojo tirando a marrón. A la taquillera no le dio tiempo ni de parpadear cuando las manchas ya eran tres. Y ahora, sobre el mostrador, había cuatro manchas.

—¡Virgen santa!

El turista chino dio un paso atrás. La taquillera, asustada, se puso en pie de un brinco, se sintió invadida por la peor sensación que un habitante de esta ciudad considera que puede experimentar: la visita de una desgracia que no afecta a todos los demás. Miró hacia arriba. Las gotas caían del techo. Entonces la taquillera hizo lo que hace todo el mundo en Roma cuando la sangre gotea por las paredes de una dependencia oficial. Llamó a su superior.

Unas horas después, dos de las cuatro taquillas del Coliseo estaban cerradas.

–Sangre de un ratón muerto –dijo el superintendente de patrimonio arqueológico.

–¿Una rata de cloaca? –preguntó alguien desde las últimas filas.

La multitud se rio.

Miércoles 2 de marzo. La rueda de prensa se había convocado para celebrar el fin de las obras de reestructuración en la zona del Coliseo. Pero un periodista preguntó a quemarropa por qué habían estado cerradas dos taquillas durante todo el día anterior.

El superintendente se vio obligado a entrar en detalles. Una gran rata gris se había quedado atascada en el falso techo de la taquilla. Herida por una abrazadera, debía de haberse liberado empeorando la situación.

–La trabajadora de servicio vio cómo le goteaba sangre sobre el mostrador. Los accesos se han cerrado para la desratización.

La alarma por ratas apareció en las portadas de los periódicos. En los últimos tiempos, los roedores salían constantemente de las alcantarillas. Ratas en la zona de la estación de Termini. Ratas en via Cavour. Ratas a dos pasos del Teatro de la Ópera. Cruzaban la calle sin importarles el tráfico. Entraban en las tiendas de recuerdos y asustaban a los turistas.

Los periódicos recordaron que las ratas en Roma eran más de seis millones. Tampoco faltaban los roedores en Nueva York y en Londres, pero es que en Roma se habían convertido en las reinas de la ciudad.

—Eso es lo que pasa tras años de pésima administración —declaró un urbanista.

—El problema es principalmente la gestión de los residuos —dijo un encargado de la desratización—, no debemos olvidar que las ratas son comensales del hombre.

En Roma, la gestión de residuos se encontraba en un periodo trágico. Había desperdicios por todas partes. Los camiones de la basura circulaban lentamente. Grandes bolsas de basura sitiaban las calles. Los paramédicos del Sant'Eugenio (las ratas deambulaban también por los hospitales) dijeron a la prensa que ese era el escándalo definitivo, la bofetada que obligaría a la ciudad a despertarse. Muchos lo pensaban. Inmediatamente después, sin embargo, los asaltaba la sospecha de que ellos mismos aún estaban dormidos. El ala de una gaviota gigante cubría de sombras la ciudad. Así que los romanos se vieron riendo de nuevo.

—Sí, hombre, sííí… ¡pues vaya usted a decírselo al alcalde!

La chanza tenía tanto éxito porque, entonces, en Roma no había alcalde. El Ayuntamiento estaba intervenido. Una investigación judicial llamada «Mondo di Mezzo» había puesto la ciudad patas arriba. Estaban imputados un número asombroso de concejales, asesores, notables, gestores municipales, funcionarios públicos, intermediarios, empresarios, delincuentes comunes. Rareza dentro de la rareza: Roma tenía dos papas.

En momentos de tal confusión solía ocurrir que los habitantes de Roma, fieles a una antigua costumbre, escudriñaran el cielo a la espera de una señal. Pero incluso esto —buscar entre las nubes un código secreto— corría el peligro de sonar, en 2016, como una operación fraudulenta.

El viernes 4 de marzo se cometió el asesinato.

Al día siguiente, Roma se vio inundada por la lluvia.

El domingo 6 de marzo, después de una semana de trabajo, Mario Angelucci estaba hundido en el sofá, mirando la tele. Era un hombre de cincuenta y cuatro años, delgado y calvo. Trabajaba para una radio local. Esa experiencia lo había sensibilizado a la hora de escuchar voces. Cuando estaba en el estudio, delante de la consola, no necesitaba seguir el razonamiento del *speaker*: oía la «coda» del discurso radiofónico, acercaba el dedo a la tecla negra y la melodía empezaba medio segundo después de que la voz dejara de hablar. Mario cambió de canal. Resopló. Buscó una nueva postura entre los cojines. Lo que lo inquietaba era algo que había oído poco antes. No había prestado la debida atención a las palabras, pero sabía que era importante. En Rai 1 encontró la noticia. La presentadora del telediario estaba diciendo que un joven de unos veinte años había sido brutalmente asesinado en un apartamento de la periferia romana.

La cámara mostró un edificio naranja que se recortaba entre los árboles de finales de invierno. Mario Angelucci abrió los ojos como platos. El asesinato se había cometido en Roma, y él era de Roma. Se había consumado entre Collatino y Colli Aniene, que era donde él se encontraba. Pero la tele estaba mostrando *desde fuera* la misma ventana que él podría abrir *desde dentro* tan solo con levantarse y aproximarse a la misma. Angelucci se vio invadido por una de las sensaciones más extrañas de su vida. Le parecía hallarse bajo la mirada de Dios. ¿Y qué sucede, generalmente, cuando Dios abre de par en par su Ojo sobre ti?

—Via Igino Giordani 2.

Como prueba de que no se estaba volviendo loco, la presentadora del telediario acababa de pronunciar la dirección de su casa. Mario Angelucci se puso en pie de un brinco. Se dirigió a grandes zancadas por el pasillo. Su corazón latía con fuerza. Su hijo tenía veintidós años, lo había visto por última vez la noche anterior, su esposa y él se despidieron cuando salió y no lo habían oído volver a casa. *Sábado noche.* El día de la semana en que los chicos se meten en líos. Mario Angelucci llegó al final del pasillo. Abrió la puerta de par en par. Un desagradable hedor a cerrado lo aturdió. Luego la luz iluminó el interior. Toallas, cómics, calcetines apelotonados, un rollo de papel higiénico. Mario Angelucci vio las mantas revueltas en una cama donde podía haber sucedido cualquier cosa y, encima de la cama, una bestia de metro noventa que roncaba de una forma indecorosa.

Una semana después, cuando en Italia solo se hablaba del asesinato, Mario Angelucci comentaba lo ocurrido con sus compañeros.

—Tíos, peor que un ataque de pánico. Me monté una película que no tenía ni pies ni cabeza.

Sus compañeros de la radio le preguntaron cómo pudo llegar a creer que su hijo estaba implicado en esa historia.

—¿Qué puedo deciros? Ni yo mismamente me lo explico.

Los periódicos decían que el asesinato se había cometido en un apartamento de la décima planta.

—¿Conocías a los propietarios? —le preguntó a Angelucci uno de sus compañeros.

—De dar los buenos días y las buenas noches —respondió.

—Pero, en medio del pánico, ¿llegaste a pensar que tu hijo era el chico muerto, o el asesino?

—Por lo que a mí respecta —respondió el hombre—, podía ser tanto el uno como el otro. En esta ciudad puede pasar de todo.

Y en ese momento Angelucci, cuyo rostro arrugado y labios apretados le conferían siempre una expresión un tanto severa, esbozó una amplia y magnífica sonrisa. Alivio. Alivio por haber quedado al margen, por haber sido *ignorado*, puesto que nadie sabe de antemano sobre quién se abrirá el Ojo, y para que determinadas tragedias se ceben en uno de cada cien mil, ese desventurado debe existir: sobre él se quiebra –para que en los demás permanezca intacta– la ilusión de que hay ciertas cosas que a nosotros nunca podrán pasarnos.

A las 13.30 del domingo 6 de marzo, Mario Angelucci sabía que su familia estaba a salvo.

Unas horas después, al otro lado de la ciudad, el abogado Andrea Florita recibió una llamada telefónica. Florita tenía cuarenta y cuatro años. Físico enjuto, mirada franca e inteligente, como muchos compañeros suyos había establecido su despacho en Prati. En la ciudad, el poder y la admiración se distribuían equitativamente en las dos orillas del Tíber. En el lado derecho, los Foros Imperiales, el Quirinal, el gobierno nacional. En el otro lado, los Tribunales, la Rai, la Capilla Sixtina. Ese domingo Florita había pasado la jornada con su hijo.

–Mi hijo es pequeño. Mientras estoy con él evito encender la televisión. Cuando respondí al teléfono no tenía ni idea de lo que había pasado.

El abogado encontró al otro lado de la línea la voz de un hombre adulto.

–Buenas noches, doctor Florita, me llamo Giuseppe Varani. Mi hijo ha sido asesinado.

No fue hasta entrada ya la noche cuando Florita se percató de que se había convertido en el abogado de la acusación particular en uno de los juicios más ruidosos de los últimos años. Después de hablar con Giuseppe Varani, de regreso a su casa, se topó con un conocido por la calle. Este último le preguntó qué pensaba sobre el asesinato antes incluso de que el abogado consiguiera decirle quién era su nuevo cliente.

Todos pedían opiniones sobre el asesinato. Sobre todo, querían expresar la propia. En pocas horas en Roma el crimen se convirtió en el tema principal de conversación. Discutían sobre el caso los taxistas de Termini, los camareros de piazza Bologna, los grupos de Monti y de Testaccio. Por no hablar de lo que estaba pasando en las casas. Padres que se peleaban con sus hijos. Esposas que advertían a sus maridos sobre las consecuencias de una educación demasiado liberal o, por el contrario, demasiado severa.

—¿Lo has leído?

—¿Lo has oído?

—¿*Has visto* lo que ha pasado?

«Horror en la periferia de Roma. Un chico de 23 años fue asesinado en un apartamento del Collatino después de haber sido torturado durante horas. Aparentemente, el crimen carece de móvil.»

De *la Repubblica* del 6 de marzo de 2016

El sábado 5 de marzo Manuel Foffo salió de casa poco después de las siete de la mañana. Había quedado con su madre, con su hermano Roberto y con los abuelos maternos. El día se presentaba cualquier cosa menos alegre. El tío Rodolfo había muerto. Tendrían que hacer una parada en el Gemelli, donde se había instalado la capilla ardiente, y luego se encaminarían hacia Bagnoli del Trigno, el pueblecito de Molise de donde era originario su tío, y donde iba a celebrarse el funeral.

Rodolfo era hermano de Daniela, la madre de Manuel y de Roberto. Había muerto de cáncer a los cincuenta y ocho años. La noche del miércoles al jueves, la señora Daniela se quedó cuidándolo en el hospital. Roberto pasó a recogerla a las tres y media de la madrugada, la llevó de regreso a casa. En cuanto entró, la mujer fue a sentarse a la cocina y se quedó allí, en silencio, rodeada de la soledad que ese edificio sabía evocar tan bien. Luego se fue a la cama. Pocas horas después, el teléfono comenzó a sonar. De nuevo era su hijo Roberto. La situación del tío Rodolfo, dijo, se había precipitado.

La señora Daniela buscó entonces los zapatos, se puso el abrigo, salió de casa nuevamente. Se encaminó a pie a casa de sus ancianos padres, que vivían en el edificio de enfrente. Había que prepararlos. Esa misma noche se vería obligada a constatar en primera persona que, por mucho que una madre pueda estar preparada, no existe un límite para las malas noticias que pueden llegar a saberse sobre los propios hijos.

Manuel llegó a la puerta de abajo. Era un chico de constitución robusta. Alto, calvo, las mejillas rodeadas por una pelusa que delataba indecisión: demasiado espesa para ser una perilla, demasiado escasa para ser una barba. Si uno lo miraba, parecía tener más de los veintinueve años que cumpliría a final de mes, y aunque esa mañana tenía un aspecto alterado –la cara hinchada, las ojeras– lo primero en que se fijó su madre fue en los pantalones. Unos vaqueros claros y rasgados. No era precisamente la ropa idónea para un funeral. Pero las razones por las que las madres consideran inapropiadas las elecciones de sus hijos son siempre un tanto desconcertantes.

–Le dije que se los cambiara porque en Bagnoli hace frío –le explicó la mujer a los carabinieri.

Manuel asintió, desapareció tras la puerta del edificio, volvió unos minutos después con otro par de pantalones. Eran otros vaqueros, pero no estaban rasgados.

–No sé si se los cambió en su casa o en mi casa. Es ahí donde tengo su ropa limpia.

El apartamento de Daniela estaba en la novena planta. El de Manuel, en la décima. La señora Pallotto tenía las llaves del apartamento de su hijo, subía periódicamente y se encargaba de la limpieza. Sucedía especialmente cuando Manuel necesitaba la casa «para ir con una amiga». Como era natural, Manuel también recibía en casa a los amigos. Su madre siempre estaba ahí, dispuesta a echarle una mano. Arreglar las habitaciones. Sacarle brillo a los suelos. Eran actividades que Manuel detestaba. Ni siquiera tenía lavadora, también era su madre la que le hacía la colada.

La señora Daniela miró su reloj. Dentro de poco pasaría Roberto, los subiría al coche, dejarían a sus espaldas los árboles y los parterres y la iglesia y el imponente edificio naranja en cuyo interior, sin que nadie supiera nada, aparte de Manuel, estaba guardado lo que iba a cambiar sus vidas para siempre.

Años atrás, la familia Foffo vivía toda junta en la casa del noveno piso: madre, padre y dos hijos. Cuando Roberto cumplió dieciocho años tuvo el privilegio de utilizar el apartamento de arriba. Unos años después, el matrimonio de los padres entró en crisis. Vino una separación. El padre, Valter, se marchó de casa. Luego se fue Roberto, que ahora estaba casado y con dos hijos. Manuel se trasladó arriba.

Valter era propietario de varios restaurantes en el Collatino. Tenía, además, una gestoría de automoción muy conocida en el barrio, Roberto trabajaba con él. No era fácil estar detrás de todo. Si uno no nace rico, ser emprendedor en Italia significa vivir en un perenne estado de preocupación. Uno no duerme por la noche. Basta con un paso en falso para acabar arruinado. Pero Valter Foffo no había acabado en la ruina. Roberto y él trabajaban duro, no les asustaban las dificultades y, cuando era posible, no renunciaban a alguna gratificación. Vestían bien. Conducían buenos coches.

A las 07.30 Roberto Foffo llegó a via Igino Giordani. Aparcó el coche. La señora Daniela y los abuelos se sentaron atrás, Manuel se sentó junto a su hermano. El coche se puso en marcha. Media hora después cruzaron el puente Tor di Quinto, bajo el cual fluyen oscuras y lentas las aguas del Tíber.

Roberto conducía concentrado. Manuel debía tener cuidado para no quedarse dormido. Hermanos. Siempre es algo engorroso verlos uno al lado del otro. A menos que la diferencia de edad justifique todas las demás diferencias, siempre se corre el riesgo de reconocer, en la sangre de la misma sangre, la diferencia entre quien gana y quien pierde la batalla de la vida.

Roberto era cuatro años mayor que Manuel, se licenció en la Universidad Luiss con una tesina en Ciencias de los Seguros. Trabajaba. Tenía una familia. Manuel repetía curso en Derecho, tenía una vida amorosa desordenada, no era fácil saber cómo pasaba sus días. Roberto los estaba llevando a todos a dar el último adiós a un pariente que acababa de fallecer, e incluso esta banal ocupación —aferrar el volante de un automóvil— no podría haber sido vista con los hermanos intercambiando sus papeles. A Manuel le habían retirado el carnet por conducir en estado de ebriedad. Además del exceso de alcohol, le encontraron en la sangre rastros de Xanax y Rivotril. ¿Quién no toma hoy en día benzodiacepinas?

El terreno resbaladizo de verdad era el trabajo.

—¿Y a qué te dedicas tú en la vida?

Roma es una ciudad que en algunos temas acepta la vaguedad. Superado cierto límite, sin embargo, la benevolencia se convierte en mofa. Es por esto pues que Manuel, si se le preguntaba por su vida profesional, podía sentirse obligado a utilizar la primera persona de un modo osado.

—Tengo algunos locales de restauración que gestiono junto con mi familia. Además, me estoy ocupando de algunos proyectos digitales. Estoy desarrollando una startup.

Cuando le hacían esa misma pregunta a su hermano, la respuesta era:

—Manuel viene al restaurante a comer. Es un entusiasta del marketing, lee mucho, de vez en cuando intenta darnos alguna idea, pero en realidad no lleva a cabo ninguna actividad laboral.

Valter hablaba sobre el hijo menor destacando los aspectos de su carácter.

—Es un chico correcto, educado y muy tranquilo, reservado. En el colegio nunca se peleó con nadie.

También, según su padre, Manuel era «muy inteligente», llevaba una vida «normal», estaba sediento de cultura («Es capaz de comprar hasta dos libros para leérselos en una sola noche»), pero siempre había mostrado poco interés por la gestoría de automoción que le habría garantizado un futuro («Intenté involucrarlo como hice con Roberto. Fue inútil»). El chico asistía con pasión a cursos de marketing y de informática («El dinero para los cursos se lo doy yo»), y en los últimos meses era cierto que había trabajado intensamente en una startup. Se trataba de un proyecto para el Comité Olímpico gracias al cual —según decía siempre Valter— «podría haber mejorado su situación». Sin embargo, el proyecto, añadía el hombre, «no llegó a buen puerto».

Podría haber mejorado su situación. No llegó a buen puerto. Cuando los padres hablan de sus hijos varones de esta forma nunca queda claro si su propósito es elogiarlos, o denigrarlos, o someterlos a ese impagable ejercicio de humillación que es el elogio desmedido.

Pero la declaración más extraña con respecto a Manuel procedía de su madre:

–Manuel no me dice si va al restaurante a trabajar o no. Ni siquiera sé qué relación tiene exactamente con su padre.

Después de cruzar via della Pineta Sacchetti, apareció la gigantesca silueta del Policlínico Gemelli.

Roberto aparcó. Los cinco se bajaron del coche, entraron en el complejo hospitalario.

Manuel ahora caminaba arrastrando los pies, sentía sobre él los ojos de su hermano. Dos días antes, a una hora que para Roberto podían ser las siete de la mañana y para Manuel cualquier punto en una línea cronológica demencial, a Roberto le llegó un mensaje de texto absurdo, como poco. En el mensaje Manuel lo invitaba a reunirse con él. Como incentivo le proponía una transexual y cocaína.

«Hola, Roberto, ¿te vienes con nosotros? He conocido a una trans. También tenemos algo de perico.»

Aparte del contenido, el mensaje era extraño también por la elección de las palabras. Roberto no podía descartar que Manuel de vez en cuando se hiciera una rayita, consideraba posible que se relacionara con transexuales, pero estaba seguro de que nunca usaría el término «perico» para aludir a la cocaína. ¿Era realmente él quien escribía? Tal vez Manuel había pasado la noche con algún vago y habían decidido reírse a costa de la gente que al día siguiente tenía que despertarse temprano para ir a trabajar. ¿Le estaban tomando el pelo? Desconcertado, Roberto llamó a Manuel, le gritó por teléfono algunos segundos y luego lo mandó a la mierda sin darle la oportunidad de explicarse.

La señora Daniela también informó de un episodio algo raro sucedido el día anterior. Alrededor de las 9.30 de la noche, Manuel la llamó.

—Escucha, mamá, dentro de un cuarto de hora pasaré a buscar las llaves del coche con un amigo.

El hecho de que Manuel quisiera convertirla en cómplice de una violación de la ley molestó bastante a la señora Daniela. Y, además, ¿quién era ese amigo?

—No te voy a dar nada de nada —respondió la mujer. El tío Rodolfo estaba muerto, tenía otras cosas en que pensar.

—De todos modos —le dijo Daniela a los carabinieri—, la petición de mi hijo me pareció tan absurda que, al final, todo se desarrolló entre nosotros como si fuera una broma en el fondo completamente inofensiva.

La señora Daniela se mantuvo firme en sus posiciones. Manuel no insistió.

Manuel entró en la capilla ardiente escrutado por la mirada severa de Roberto, y de la absolutoria de su madre. De todas formas, absolver es juzgar. Los hombros encorvados daban fe de la lucha que en ciertos periodos de la vida mantenemos para no dejar que nuestra identidad —o lo que consideramos como tal— se vea arrastrada por la falsa imagen que los demás tienen de nosotros.

Manuel se abrió paso entre los familiares, llegó hasta el ataúd de su tío. Quieto mientras observaba el cadáver, se prometió tomar una decisión antes de la noche. Saber. Saber mientras los demás no sabían. La sensación era nueva. Manuel sabía cuando su madre le aconsejó que se cambiara de pantalones; sabía en el coche, sentado junto a su hermano; lo sabía ahora en la capilla ardiente. Sabía lo que los demás ni siquiera podían imaginarse. Acostumbrado a acatar las decisiones ajenas, ahora era él quien podía decidir. Pocas palabras. Bastaría solo con pronunciarlas para cambiar la vida de todos ellos.

Pero luego, en cuanto salieron del hospital, Manuel se encontró con que no había dicho nada. Estaba cansado, confuso, siguió a Roberto al coche. Esperaron a su madre y a los abuelos y el coche se puso en marcha de nuevo. El funeral estaba previsto para las primeras horas de la tarde. El coche se adentró en la Flaminia. Pasados unos cien kilómetros harían una parada. Habían quedado con Valter en la salida de San Vittore. Entre Daniela y el hombre la situación era tensa. En ese mismo momento, se estaba librando una batalla legal. A pesar de ello, Valter había decidido asistir al funeral de su excuñado.

Grandes nubes cargadas de lluvia se adensaban en el horizonte. Pasaron por Torre Spaccata, Cinecittà, a ambos lados de la carretera discurrían los pastos de la campiña romana. Manuel se durmió.

—Hazle un sitio al abuelo, que así estaremos más anchos.

Su hermano lo despertó una hora después. Podía oír el canto de los pájaros. Estaban parados en una estación de servicio. Delante de ellos, un snack bar. Al cabo de unos minutos, llegó él. Vieron cómo el automóvil describía media vuelta antes de detenerse, luego el hombre puso los pies en el asfalto. A Valter Foffo le bastaba con mostrarse para que se concentrara sobre él la atención de los parientes. Manuel le cedió el sitio a su abuelo, salió del coche de Roberto y se dirigió hacia el de su padre.

En cuanto tomó asiento, el chico sintió la descarga eléctrica. Entre determinados padres y determinados hijos, puede condensarse el aire de tormenta aun cuando no haya pasado nada, así que imaginémonos si uno de ellos considera que el otro le ha faltado al respeto. En este caso era Valter quien se sentía molesto. Manuel creía saber por qué. Valter no dijo nada y puso el motor en marcha.

Unos minutos más tarde, el coche corría por la carretera. De vez en cuando Valter observaba a su hijo, luego su propia melena en el espejo retrovisor. Era lo que se dice un sesentón bastante guapo. Pelo canoso, boca carnosa, una nariz que en la antigüedad podría haber pertenecido a un cónsul. Ese día llevaba una americana negra sobre una camisa blanca, corbata a rayas y pantalones oscuros. Mirándolo, tan arreglado y elegante, era difícil imaginar hasta qué punto estaba estresado. El trabajo no lo dejaba tranquilo, la familia tres cuartos de lo mismo. Al final, abrió la boca.

—¿Me puedes decir qué ha pasado?

Valter explicaba por ahí que su hijo era un chico reservado e incapaz de mentir. Pero cuando lo tenía delante, lo que a los ojos ajenos debían de parecer grandes dotes morales adquirían un significado diferente. La sinceridad podía ser un signo de debilidad; la discreción, de reticencia.

—¿Se puede saber qué puñetas te ha pasado?

Lo había estado buscando durante todo el día anterior. Lo llamó por teléfono una y otra vez sin recibir la menor respuesta. Como siempre, se había visto obligado a perseguir a su hijo para hacerle un favor: tenía que pagar una cuota de uno de los muchos cursos a los que Manuel asistía, necesitaba los datos para la transferencia.

Manuel permanecía en silencio en el asiento del copiloto. Tenía los ojos hinchados. Esto era algo que a su padre no se le había escapado: en cuanto lo vio en la gasolinera se dio cuenta de que algo iba mal. El chico estaba *raro*. La persona que, según la opinión de Manuel, era capaz de malinterpretarlo más que nadie en el mundo era también la única que intuyó que su hijo, ese día, podía haber causado más problemas que la muerte de su tío.

—¿Qué me dices? Te llamé un montón de veces. ¿Por qué no contestaste?

Manuel se había prometido tomar una decisión antes de

que cayera la noche, pero cuando su padre arremetía con sus interrogatorios era capaz de arrancarle las palabras de la boca.

—Bueno, ¿qué te pasó? ¿Bebiste? ¿Te emborrachaste? ¡Manuel!

—Papá, iba de coca hasta las cejas.

Pasaron por delante de una quesería, luego una fábrica de toldos para el sol. Un pequeño grupo de álamos se erguía solitario entre los campos, acariciado por la luz del atardecer. Valter salió del estado de letargo en que lo habían sumido las palabras de su hijo.

—¿Cómo que de coca hasta las cejas? —La voz era colérica—. ¿Cómo pudiste caer tan bajo?

Las frases hechas, en algunos casos, resultan de utilidad.

—Papá, de hecho, he caído todavía más bajo.

Valter ahora estaba desconcertado. Se le escapó una pregunta realmente demasiado ingenua:

—¿Y qué puede haber peor que la cocaína?

—Matamos a una persona.

El coche siguió circulando por la nacional. Superaron un surtidor de gasolina, un viaducto, luego apareció un anuncio que invitaba a los empresarios locales a comprar espacios publicitarios.

—¿Qué significa «matamos»?

Valter estaba aturdido, asombrado, incrédulo, sentía que algo le estallaba en el estómago, pero el golpe recibido no le impidió, instintivamente, ponerse a buscar rutas de escape. El uso del plural. La presencia de otra persona podía reducir, cuando no excluir, la responsabilidad de su hijo. Valter sintió cómo se le aceleraba el corazón. Buscando puntos de apoyo en el caos, en el atolladero, en el absurdo donde, instante tras instante, se daba cuenta de que era arrojado, se encontró apostando por un homicidio en un accidente de tráfico. Manuel había bebido. Ya lo había hecho en otra ocasión. A pesar de la retirada del carnet, se había puesto al volante medio borracho. Eso era lo que había pasado. Manuel la había cagado. Eso en caso de que al volante hubiera estado él.

—Papá, no hubo ningún accidente de tráfico.

—Entonces ¿cómo habría sido asesinada esa persona?

—Creo que a puñaladas. Y a golpes de martillo.

Valter miró bien la carretera para estar seguro de que aún estaba allí, lúcido, en el mismo planeta en el que se había despertado esa mañana. Escuchó su propia voz preguntarle a Manuel el nombre de su cómplice.

—Uno que se llama Marco. Debo de haberlo visto un par de veces en toda mi vida.

—¿Y esto cuándo habría pasado?

—No me acuerdo —respondió Manuel—, hace dos, cuatro, cinco días.

¿Hace dos, cuatro, cinco días?

¿Cómo podía no saberlo? ¿Aún existía la posibilidad de que todo fuera una estúpida broma? En la infinita escala de malentendidos que atan a los padres con los hijos y que llevan a algunos hijos a considerar que han sido ofendidos, cuando no irremediablemente lastimados, por comportamientos que los padres ponen en práctica con el mero propósito de hacer de ellos unos hombres, ¿podría ser aquella una venganza absurda? ¿Se trataba de una historia que Manuel se había inventado de la nada para castigarlo por pecados que incluso al psicólogo al que una vez Valter lo envió le habría costado endosarle?

Valter le preguntó a su hijo el nombre de la víctima.

Manuel dijo:

—No lo sé. —Tenía lágrimas en los ojos.

Entonces Valter preguntó *dónde* estaba la persona a la que su hijo afirmaba haber asesinado.

Esto Manuel lo sabía.

—En casa —dijo.

El cuerpo se encontraba en su apartamento de via Igino Giordani.

Roberto Foffo oyó sonar su teléfono móvil. Verificó el nombre en la pantalla, su padre lo estaba llamando desde el coche de delante. Estaban a pocos kilómetros de Bagnoli del Trigno.

–Roberto, por favor, para.

Su padre tenía una voz rarísima. Después de colgar, Roberto lo vio reducir la velocidad y luego detenerse al borde de la carretera.

–Pero ¿qué está pasando? –preguntó la señora Daniela. Obedeciendo a un código en el que su padre y él se entendían sin necesidad de palabras, Roberto evitó dar explicaciones. También él se detuvo y bajó del coche.

Se reunió con su padre en el área de descanso.

Valter le hizo un gesto con la mano y los dos se alejaron.

Cuando estuvo seguro de que nadie podía oírlos, Valter dijo:

–Tenemos un muerto en casa.

–*¿Cómo?* –Roberto abrió los ojos como platos.

Intentando mantener la calma, Valter trató de resumir la situación. Expuso el problema de un cadáver sin nombre que tal vez se encontraba en el apartamento de via Igino Giordani, dijo que tendrían que regresar a Roma tan pronto como fuera posible, luego agregó que se trataba de un posible asesinato. Por último, reveló la identidad del presunto asesino.

Roberto sintió el primer momento de alivio.

–Pero, papá –dijo–, ¡Manuel no para de decir chorradas!

Manuel había estado visitando a un psicólogo. Sufría de cambios de humor. En ese momento estos detalles inducían a Roberto a creer que su hermano tal vez se había autoinculpado de un asesinato que no había cometido.

—Ya verás que no es cierto. Quién sabe lo que ha pasado realmente.

Valter estaba cada vez más nervioso. Si realmente tenían que sacar a relucir las rarezas de Manuel, dijo, era necesario centrarse en la más singular de todas:

—Recuerda que tu hermano siempre dice la verdad.

Señaló el coche aparcado. Manuel estaba sin hacer nada a unos pasos del guardarraíl.

—Ve tú a hablar con él —dijo Valter.

Cuando Roberto regresó donde estaba su padre, en su rostro había una expresión diferente. Estaba pálido, tenso.

—Papá —dijo—, es posible que realmente haya pasado algo. En un mundo que creemos sustentado sobre bases demasiado materiales, nos cuesta un gran esfuerzo pensar que la palabra conserva sus poderes mágicos. Sin embargo, algunas frases sencillas pronunciadas por Manuel los habían lanzado de cabeza a una pesadilla. Se encontraban a doscientos kilómetros de casa, parados en un área de descanso. En cualquier momento podría pasar el coche fúnebre con el cadáver del tío dentro. El viento frío los azotaba. Manuel acababa de acusarse a sí mismo de asesinato. Y, a pocos pasos, sin saber nada de nada, estaban el abuelo, la abuela y la madre del presunto asesino.

A partir de ese momento, los recuerdos de la señora Daniela se volvían confusos. Por un lado, detenida al borde de la carretera, se percató de que estaba pasando algo preocupante. Por otro, la verdad —cuando, esa misma noche, le fuera revelada— comenzaría a actuar en ella de forma retroactiva, desfigurando los detalles, corrompiendo la memoria y la ordinaria sucesión de los acontecimientos.

—Una vez en el pueblo, solo recuerdo haber entrado en la iglesia —dijo a los carabinieri—, no estoy segura de si ellos también entraron. Me refiero a Valter y a mis dos hijos. En un momento dado Roberto dijo: «Mamá, nos quedaremos solo un rato. Luego tenemos que volver a Roma, lo siento». Me quedé de piedra. No entendía por qué tenían que marcharse, pensé que al menos vendrían al cementerio. Pero nada. Valter y Roberto excluyeron a Daniela de la gestión del problema. Acabada la misa, Valter se reunió con los primos de su exesposa, les entregó las llaves del coche, rogándoles que la llevaran de vuelta a casa. Habló de un problema que tenían que resolver cuanto antes. Un imprevisto. Luego Manuel, Roberto y él subieron al coche del hijo mayor y se marcharon. Enfilaron la nacional; una hora y media más tarde estaban en la autopista. El pie de Roberto pisaba el acelerador. Delante de ellos, azotada por la lluvia, estaba de nuevo Roma.

Cuando todo está perdido, siempre hay un abogado al que llamar.

Michele Andreano tenía tres bufetes de abogados bien establecidos, uno en Milán, otro en Roma y un tercero en Ancona. Tenía cincuenta años, era natural de Foggia, se licenció en Bolonia en Derecho de quiebras. Entre sus clientes había sobre todo empresas, empresas activas en la industria siderúrgica y en el sector del calzado. Había también particulares en litigios con el fisco. Por último, estaban los que, acusados de delitos muy graves, suscitaban entre la gente ese sentimiento de repugnancia mezclado con curiosidad que siempre reservamos a las criaturas fantásticas. Los llamados monstruos.

Ese sábado Andreano estaba en Ancona, donde trabajaba en el caso Boettcher. A primera hora de la tarde recibió una llamada de Valter Foffo. Los dos se conocían.

—Hola, Valter, ¿cómo estás? —dijo sin apartar los ojos de los papeles del juicio.

Alexander Boettcher era un corredor de bolsa de treinta y dos años que trabajaba en Milán. Junto con su amante estaba acusado de haber agredido con ácido a varios de los exnovios de ella. La chica se llamaba Martina, tenía veinticuatro años y cursaba un máster en la Bocconi. Según la acusación, los dos habían organizado los ataques movidos por un «ansia catártica». Borrarle con ácido la cara a alguien del pasado que había mantenido relaciones sexuales con Martina la devolvería a una especie de pureza original.

—Alex quería que Martina le diera la lista de todos los hombres con los que había estado —dijo un testigo.

El hecho de que dos jóvenes capaces de hacer malabarismos con los fondos de inversión y algoritmos financieros se comportaran del mismo modo que los inquisidores medievales despertó la curiosidad de la gente. Martina se hizo grabar la «A» de Alex en la mejilla y tatuar su nombre en el pecho; una moderna Hester Prynne cuya letra escarlata, en una misma hoguera, quemaba al antiguo fantasma del adulterio con la necesidad de protagonismo del siglo XXI. ¿Qué clase de personas eran semejantes acusados? ¿Padecían graves problemas psiquiátricos? ¿O eran *monstruos*?

–Los monstruos no existen –decía Andreano a los periodistas–, los monstruos los creamos nosotros de vez en cuando para descargar sobre ellos nuestra conciencia.

Cuando el abogado aparecía en una pantalla de televisión, lo primero que destacaba era su constitución física. Parecía un jugador de rugby. Alto, imponente, pero no estático. Empezaba a hablar y uno se lo imaginaba corriendo hacia la meta con una carpeta llena de solicitudes de excarcelación bajo el brazo.

En esa época, Andreano solía aparecer en la tele. Era capaz de mantener ritmos de trabajo impresionantes. Trabajaba en casa. Trabajaba en el coche o en el restaurante. Trabajaba de vacaciones. Se podía imaginar que retocaba los detalles de un proceso incluso mientras dormía.

–Michele, escucha, tengo un problema.

–¿Qué clase de problema?

–Ha ocurrido algo muy serio. Tienes que venir a Roma.

–¿A Roma? ¿Y cuándo?

–Ahora. Tienes que venir de inmediato. Estamos encerrados en mi oficina, en via Verdinois.

–¿Y eso por qué?

Michele Andreano suspiró. Apartó los ojos de los papeles del juicio.

–Valter, escucha, estoy trabajando. Intentaré ver si por casualidad…

–Se trata de Manuel.

–¿Manuel, tu hijo? –se sorprendió Andreano.

–Exactamente.

—Está bien, Valter, dame tiempo. Voy a ver qué puedo hacer.

Andreano colgó. No sabía qué pensar. ¿Tendría que dejarlo todo para salir corriendo a Roma? Al fin y al cabo, era sábado por la tarde y los juzgados estarían cerrados hasta el lunes. Muchos clientes alegaban urgencias que al poco resultaban ser asuntos manejables siguiendo un procedimiento normal. Andreano se levantó de la silla, calculó el tiempo necesario para llegar a Roma, hablar con Valter y regresar a Ancona. Suspiró. Todavía estuvo un rato pensándoselo. Luego, en su cabeza, algo hizo clic. Aferró el teléfono de nuevo. Lo que lo impulsaba ahora no era el temor a hacer un viaje en vano, sino una sensación de signo contrario.

—Valter —dijo en cuanto escuchó la voz del hombre—, pero ¿me quieres explicar mejor qué demonios ha pasado?

—Michele, no es ninguna tontería…

—Fue entonces cuando comprendí que se trataba de un asesinato.

Este, el momento preciso en que se dio cuenta de que había sucedido algo gordo, Andreano lo recordaría muchas veces durante los meses siguientes, hablando con amigos y conocidos. Estás defendiendo a Alex Boettcher, la persona sobre la que los periodistas no paran de escribir, «el hombre diablo», como el propio Boettcher se había definido a sí mismo pavoneándose con una amiga, y unos días antes de la audiencia te llama por teléfono otro cliente, un emprendedor al que como mucho podrías imaginarte involucrado en problemas administrativos, quien, por el contrario, te confía el caso de su hijo que, en pocas horas, se revelará un caso mucho más extraordinario, impactante, *monstruoso* que el otro del que te estás ocupando, clavándose en la imaginación de la gente con una fuerza incomparable respecto a todo lo que habías visto antes.

Por segunda vez, Andreano acabó la llamada con Valter Foffo. Llamó a su chófer (Andreano tenía chófer) y le pidió que lo llevara a Roma.

El chófer condujo sin levantar el pie del acelerador. Cerca del mar Tirreno, el aire circundante se volvía más frío. El cielo estaba oscuro. Al lado de la carretera aparecieron los primeros arbustos de enebro. El cambio de escenario, lento y constante, se aceleraba al llegar a Roma. La inmensa red urbana, que eclosionaba más allá de la circunvalación, era un agujero negro capaz de confundirlo todo. La vegetación moría y renacía más salvaje dependiendo de si la mirada se topaba con un delirio urbano o un área abandonada, dos especialidades en las que la ciudad destacaba. Las gaviotas, maleadas y hambrientas, dibujaban espirales que asaltaban los depósitos de basura. Por la noche, atraídas por los focos que deberían dar lustre a los grandes monumentos, giraban alrededor de los mismos de una manera macabra. Roma era un tema aparte. Bajo la lluvia, era el discurso de un loco que, como no es raro que suceda, contenía destellos de verdad.

Andreano vio los edificios del Collatino. Las luces de freno atestiguaban la presencia de un atasco gigantesco. El coche redujo la velocidad, se oían bocinazos. El humo de los tubos de escape se elevaba lentamente. La lluvia, cada vez más densa, desfiguraba vehículos y casas.

La lluvia en Londres o en París es la demostración de cómo una ciudad moderna, en caso necesario, puede adoptar las formas de un crucero: desde el interior se puede ver el mar tempestuoso mientras uno se toma tranquilamente un té, sentado entre latones relucientes. En Roma, la lluvia recuerda a todo el mundo que la modernidad es un abrir y cerrar de ojos en el infinito progreso del tiempo. En Roma, cuando llueve, las alcantarillas saltan, el tráfico se colapsa, las ramas se rompen y caen de los árboles. En la Cassia una pareja de ancianos es aplastada por la caída de una marquesina. Para entonces, llega del Capitolio un primer llamamiento a los ciudadanos: «¡No salgáis de casa!». Pero todos los romanos están fuera. Desde Ponte Milvio a Garbatella las calles se convierten en arroyos negruzcos que arrastran consigo las motos aparcadas. Los autobuses se detienen o son desviados. Como las bombillas de una serie defectuosa, las estaciones de metro dejan de funcionar una después de otra. Las bombas de drenaje saltan de depósitos cargados de óxido, pronto quedarán atascadas entre los coches.

Parece que la ciudad está a punto de colapsar sobre sí misma, dejando entrever una ciudad anterior. Luego, otra ciudad más antigua aún que esa. El viejo Pórtico de los Argonautas, detrás del Altar de la Patria. El anfiteatro de Calígula, desaparecido durante siglos, en vez del Palazzo Borghese. Si la lluvia continuara, podríamos apostar a que los viejos dioses tomarían de nuevo posesión del lugar. Pero el mensaje real es otro. Todas las ciudades, tarde o temprano, acabarán destruidas por la lluvia. Que no se engañen Londres o París. Llamadlo lluvia. Llamadlo guerra o carestía. Llamadlo, simplemente, tiempo. Todo el mundo sabe que el fin del mundo llegará. Pero el saber, en el hombre, es un recurso frágil. Los habitantes de Roma llevan en la sangre la conciencia de las últimas cosas, y está tan asimilada que ya no genera ningún razonamiento. Para los que viven aquí, el fin del mundo ya ha ocurrido, la lluvia solo tiene el molesto efecto de derramar de la copa un vino que en la ciudad se bebe sin parar.

Michele Andreano llegó a las oficinas de via Verdinois cuando ya había oscurecido. Dentro estaban Valter y sus dos hijos. La gestoría de automoción ya solo era un mero refugio en medio del cataclismo. Valter estaba agitado, Roberto tenía la cara de quien intenta aceptar la realidad sin conseguirlo, pero fue en Manuel en quien se centró la atención del abogado.

–Manuel parecía colgado, muy colgado, colgadísimo.

¿Era posible que su familia no se hubiera dado cuenta de nada? Había sido necesaria la sospecha de un asesinato para que la realidad, en su ilusorio cierre con dos vueltas de llave –los hijos se desnudan mintiendo descaradamente, los padres apartan la mirada de esas mentiras tan mal disimuladas–, quedara al descubierto.

Valter resumió la situación para que Andreano lo entendiera. El viaje hacia Molise. La confesión de Manuel. La existencia de ese cómplice de quien no se sabía nada. Y luego lo más importante: el cuerpo.

El apartamento de Manuel quedaba cerca de donde se encontraban ahora, diez minutos bastarían para verificar si la historia de Manuel era cierta. Pero aún no podían hacerlo, dijo el abogado, primero había que llamar a los carabinieri.

Andreano recordaba haber cenado con el chico un par de veces. En tales ocasiones Manuel estuvo muy callado, siguió la conversación cuando no hacerlo habría resultado grosero, pero, en resumidas cuentas, tampoco se explayó. Era difícil saber qué clase de persona era. A pesar de su pasión por la informática, por ejemplo, no tenía ningún perfil en las redes. Andreano se había reunido a cenar con él precisamente para una consulta relacionada con estos temas: Manuel estaba trabajando en una aplicación que se llamaba My Player. En teoría, la aplicación debería permitir a los clubes de fútbol profesional encontrar en tiempo real a los jóvenes talentos más prometedores repartidos por todo el mundo. Una vez hecho realidad semejante software, ¿quién podría renunciar a utilizarlo? Reservado, pero decidido, Manuel estaba convencido de que había tenido una intuición formidable, se sentía cerca de dar el gran salto. Como sucede con las intuiciones de ese tipo, temía que alguien pudiera robarle la idea. Por eso había consultado a Andreano.

Cuando Valter dejó de hablar, Andreano miró a Manuel.

–Escucha –dijo–, ¿podemos tener una charla tú y yo?

El chico hizo un gesto que podría interpretarse como una rendición. Al mismo tiempo, parecía aliviado.

—Bueno —dijo el abogado—, dejadme a solas con él.

Valter y Roberto salieron de la habitación. Manuel pidió un cigarrillo. El abogado se lo tendió. Manuel dio una profunda calada, como si recibiera oxígeno tras una larga apnea.

—¿Me quieres explicar qué ha pasado? —dijo Andreano.

Manuel extendió en el vacío las que desde hacía unas horas podían ser las manos de un asesino, aunque en realidad solo parecían las manos de un chico que no sabe hacerse la cama.

—Hemos hecho una carnicería.

—¿Quién ha hecho una carnicería?

—Ese amigo mío y yo.

—Un amigo. ¿Y cómo se llama?

—Marco Prato. Bueno, en realidad no es un amigo.

—Entonces ¿qué es?

—Uno a quien conocí en Nochevieja.

Pasaron algunos segundos de silencio.

—Esa persona a la que matasteis. ¿Quién es?

—No lo sé.

—¿No lo sabes?

—No lo sé.

—¿Y por qué la matasteis?

—No lo sé. Los motivos pueden ser todos y ninguno.

Manuel tenía la nariz tapada, la voz tomada. Parecía estar medio obnubilado, tal vez estaba intentando aclararse las ideas en la llamada dimensión real mientras una parte de él todavía permanecía atrapada en la otra dimensión, que podía ser la realidad del día anterior y que era la dimensión de la pesadilla, haciéndole nacer la sospecha de que esta, la pesadilla, y la otra, la realidad del día anterior, eran lo mismo. Podía flotar en la línea limítrofe como un náufrago que intenta subir a la superficie, pero no estaba mintiendo.

Manuel mantenía con firmeza que había matado a una persona, pero al mismo tiempo se describía a sí mismo como un poseso, alguien que actúa aplastado por fuerzas superiores.

—Manuel, escucha —dijo Andreano—, ahora tienes que hacerme un favor. Debes decirme si quieres entregarte o no.

Porque si quieres entregarte, yo llamo a los carabinieri ahora mismo. Pero si no quieres entregarte, eso significa que yo he de levantarme y marcharme, porque de lo contrario podrían imputarme como cómplice.

—Quiero entregarme.

Manuel lo dijo como si no esperara otra cosa.

Con fecha de 05/03/2016, a las 18.50, llegaba a la línea telefónica de nuestra Comandancia una llamada telefónica de la Central Operativa de Roma, en la que se nos informaba de que en via Verdinois n.º 6 había una persona, que se presentó como abogado, Michele Andreano, quien requería nuestra intervención porque uno de sus clientes, cuyo nombre era Manuel Foffo, se había atribuido la responsabilidad de un probable homicidio.

Carabinieri ANDREA ZAINO y ALESSIO GISOLFI
Comandancia de Roma Prenestina

Andreano terminó la llamada telefónica con los carabinieri. Miró a Manuel. No quedaba nada más que hacer, salvo esperar. Fuera se oía la lluvia. Permanecieron quietos escuchando. Un ruido se confundió con otro; arriba y abajo, Andreano se encontró siguiendo el pie de Manuel tamborileando en el suelo. El chico estaba nervioso. Pasó un cuarto de hora. No llegaba nadie. En Roma, cuando llueve, la gente no se mueve ni aunque oiga las sirenas de los carabinieri. Pasaron más minutos.

Un suspiro más profundo, luego Manuel se puso en pie de un brinco.

Andreano frunció el ceño. El chico estaba mirándolo con una expresión que el abogado no lograba descifrar.

—¿Me das otro cigarrillo?

Después de encenderlo, Manuel le dio la espalda al abogado y sin decir nada abandonó la habitación, dio unos pasos adelante, empuñó el tirador de la puerta, salió de la oficina y se marchó a fumar afuera, en la lluvia y en el viento. El abogado lo siguió con una mirada intranquila, luego ya no volvió a verlo.

¿Y si hubiera intentado huir? ¿Y si hubiera decidido huir *ahora*, después de que él había llamado a los carabinieri, dejándoles a todos ellos un montón de problemas?

—¡Ahora voy yo a decirles cuatro cosas! –dijo el hombre levantando las mantas.

—Incívicos –murmuró su esposa con la cabeza entre las almohadas.

En el quinto piso del hotel San Giusto, a los ocupantes de la habitación contigua a la 65 les estaba costando conciliar el sueño. Una canción, reproducida de manera obsesiva, los había estado taladrando desde hacía horas. Acababa y empezaba una y otra vez. Las paredes amortiguaban el sonido, pero la voz de la cantante les llegaba con claridad.

El hombre se levantó. Su esposa se dio la vuelta entre las mantas. El hombre se puso las zapatillas, encendió la luz para buscar sus gafas, la apagó, cruzó la habitación y empuñó la manija de la puerta. Salió al pasillo en busca de justicia.

Habían llegado a Roma desde Treviso el día anterior. Él era médico. El lunes tenía que participar en un congreso que se celebraba en el EUR. Su esposa y él habían decidido permitirse un fin de semana en la capital. Nunca ninguna elección había resultado más errónea. Hacía años que no iban a Roma, no se imaginaban que la encontrarían en ese estado. La gente, por la calle, simplemente estaba loca. Los conductores parecían todos asesinos potenciales, pero los peatones no se andaban con chiquitas. En la piazza Madonna dei Monti habían presenciado una escena repugnante. Cerca de la fuente, una gaviota estaba devorando una rata muerta. Le había abierto la tripa con el pico y ahora rebuscaba en la carcasa. Una niña empezó a tironear a su madre.

—¡Mamá, mamá, mira qué rata!

La niña parecía muy disgustada. La mujer se detuvo, miró

a su hija como si no la reconociera. Luego, usando su mano libre, le soltó una sonora bofetada que quizá contenía la filosofía de la ciudad.

—¡Pero qué gritas, idiota, si no eres tú la muerta!

El hombre llamó a la puerta de la 65. La habitación estaba ocupada por un chico que se llamaba Marco Prato, pero el hombre no podía saberlo. Esperó unos segundos más, pero al otro lado de la puerta, aparte de la canción, no ocurría nada. Entonces el hombre decidió ir a protestar a recepción.

Mientras estaba en el ascensor le vino a la mente el título de la canción. «Ciao amore, ciao» de Luigi Tenco, en la versión de Dalida.

—¡Hey, mira!

Los carabinieri reconocieron en el retrovisor la silueta de un hombre. Una figura borrosa por la lluvia corría tras el coche patrulla agitando los brazos. El coche patrulla ralentizó su marcha. El hombre llegó hasta el coche, uno de los carabinieri bajó la ventanilla.

—Buenas noches.

El hombre dijo que se llamaba Valter Foffo.

—Han pasado por delante de la oficina sin que se dieran cuenta.

Estaba empapado, en los últimos minutos el temporal había alcanzado el máximo de su intensidad. Si ya era difícil ver lo que uno tenía delante de las narices no digamos identificar el número de un edificio.

—Síganme —dijo el hombre.

Escoltados por Valter, los carabinieri entraron en la oficina. El abogado Andreano salió a su encuentro tendiéndoles la mano. Luego apareció un joven muy bien vestido. Se presentó como Roberto Foffo. Al final, los carabinieri vieron a Manuel. El chico no había huido. No había tenido nunca esa intención. Al mirarlo al lado de Roberto, era difícil adivinar qué grado de parentesco había entre los dos. Roberto parecía no descuidar el más mínimo detalle de su aspecto. Manuel estaba hecho unos zorros. Los carabinieri le preguntaron si era él quien se inculpaba del asesinato por el que los habían llamado. Manuel asintió. Le preguntaron si había actuado solo. Manuel reiteró que había actuado con un amigo que se llamaba Marco Prato.

Entonces los carabinieri hicieron la pregunta a la que Manuel no había sido capaz de responder cuando se la hicieron su padre y el abogado. Por tercera vez dijo:

–No sé cómo se llama la persona a la que matamos.

Los carabinieri le pidieron a Manuel el móvil. El muchacho no se hizo de rogar. Le pidieron el código de desbloqueo. Manuel se lo dijo. Luego le pidieron las llaves del apartamento, y Manuel también se las entregó. En este instante llegaba el momento más difícil. Uno de los carabinieri sacó las esposas. Manuel observó las pequeñas anillas metálicas, luego ofreció dócilmente sus muñecas a los guardianes del orden. Los carabinieri informaron al abogado de que el chico quedaba detenido.

MF: «El prox jueves si puedes no aceptes compromisos.
T llamo en los prox días».
MP: «Ok :)».
MF: «Perfecto».
MP: «¿Cómo quieres que me arregle?».

Intercambio de whatsapps entre Manuel Foffo y Marco Prato que se remonta a poco más de un mes antes.

Ningún ser humano está a la altura de las tragedias que se le infligen. Los seres humanos son imprecisos. Las tragedias, piezas únicas y perfectas, parecen talladas por las manos de un dios en cada ocasión. El sentimiento de lo cómico nace de esta desproporción.

Los carabinieri aparcaron delante del número 2 de via Igino Giordani. El edificio destacaba en la oscuridad, golpeado por la lluvia. Junto al mismo, había otros dos edificios idénticos. Mirando la escena desde arriba, el espectador vería de cerca un gigantesco rectángulo negro. Eran las hayas, las zarzas, las flores silvestres bajo las que estaba enterrada la necrópolis de mayor tamaño de la Roma imperial. La zona tendría que haber sido un parque arqueológico, pero el proyecto había encallado entre infinitos problemas burocráticos. No lejos de donde columbarios y esqueletos llevaban milenios enterrados, había pistas deportivas, estancos, pequeñas tiendas y grandes edificios.

Los carabinieri le pidieron a Valter que los llevara al apartamento de Manuel. El abogado Andreano los siguió. Roberto se quedó esperando en la planta baja. Manuel permanecía en el coche patrulla en calidad de detenido.

Después de subir al décimo piso, Valter señaló la puerta.

—¿Es esta? —preguntaron los carabinieri.

El hombre asintió. Un carabiniere introdujo en la cerradura la llave que le había dado Manuel. La puerta no se abrió.

—Está bloqueada.

Un estremecimiento de preocupación —en cuyo seno latía

una secreta esperanza— sobrevino a algunos de los presentes. El hecho de que la puerta estuviera cerrada desde el interior contrastaba con la versión de Manuel. Era una primera discrepancia, lo que significaba que podía haber otras. Los carabinieri forzaron la cerradura.

—Esperad.

Uno de los policías había oído un ruido procedente del otro lado. Los hombres permanecieron a la espera. No pasó nada. Volvieron a manipular en la cerradura.

—¡Quietos! ¡Quietos!

El ruido, esta vez, lo habían oído todos. Al cabo de unos segundos, con claridad, *alguien* empezó a mover *algo* al otro lado de la puerta. Los carabinieri se sobresaltaron, Michele Andreano y Valter Foffo se miraron con el corazón en un puño. No estaban soñando. Había alguien dentro del apartamento, ¡y estaba vivo!

—Estuvimos a punto de abrazarnos, de saltar, de gritar de alegría —recordó Andreano.

No está claro en qué se basaba su suposición de que al otro lado de la puerta la víctima de la agresión seguía aún con vida. Razonando con la cabeza fría, al otro lado de esa puerta podía haber estado cualquiera. Por ejemplo, podía haber estado el cómplice de Manuel, ese Marco Prato del que nadie sabía nada. Esa hipótesis ni siquiera fue tomada en consideración. Herido, a lo mejor incluso de manera grave, pero vivo, allí dentro debía de estar el chico al que Manuel afirmaba haber matado. Eso fue lo que pensaron todos. Ese pobre chico había logrado arrastrarse hasta la puerta, y ahora intentaba salir desesperadamente.

—¡Venga! ¡Daos prisa!

A Michele Andreano lo enviaron a llamar una ambulancia. Los carabinieri volvieron a forzar la puerta. Valter corrió escalera abajo a donde estaba Roberto, dispuesto a darle la más increíble de las noticias.

La escena duró unos cuantos minutos, y por muchos esfuerzos que se hagan resulta difícil no imaginarla dominada por el ritmo de una comedia infernal.

Fue Roberto Foffo quien rompió el hechizo. A pesar de que unas horas antes había tratado a su hermano de mitómano, el paso del tiempo debía de haberle hecho cambiar de idea. Valter le contó lo que estaba pasando allí arriba, Roberto dijo:

—Papá, ¿estás seguro de que les has indicado a los carabinieri el apartamento correcto?

Más cruel que la tragedia que nos aflige es la tragedia de la que, engañándonos a nosotros mismos, creemos haber escapado. Cuando la puerta finalmente se abrió, la sorpresa de las fuerzas del orden fue igual a la de quien estaba al otro lado. La anciana propietaria del apartamento, convencida de estar repeliendo el asalto de los ladrones, se encontró frente a dos jóvenes carabinieri.

—Buenos días, ¿es esta la casa de Manuel Foffo?

—No —respondió la señora—, se han equivocado de apartamento.

Roberto le refrescó la memoria a su padre. Los carabinieri cambiaron de escalera. Unos minutos más tarde se encontraron frente a otra puerta cerrada.

Los últimos en verlo con vida fueron un funcionario del Ayuntamiento de Roma y una chica rubia cuyo nombre nadie conocía.

El hombre se llamaba Fabio Guidi, tenía cuarenta y cinco años, vivía cerca de via Trionfale, había leído la noticia en internet (en la red y en los periódicos no se hablaba de otra cosa) y reconoció la cara del chico. Relató a los carabinieri que lo vio por casualidad el viernes a las ocho menos diez, poco antes de ser asesinado.

Esa mañana, como de costumbre, Guidi se despertó pronto, salió de casa y cogió el tren para ir al trabajo. Esos convoyes de la línea urbana eran vehículos de dos plantas que atravesaban la ciudad con la función de aligerar el tráfico por carretera; lentos, destartalados, semejantes a grandes animales heridos, eran el objetivo ideal para los escritores principiantes.

—Me instalé en la parte de arriba, al lado de la ventanilla. No muy lejos estaba él. En cierto momento me dirigió la palabra.

Luca Varani vestía unos tejanos claros, zapatillas de deporte, chaqueta oscura y llevaba una gorra de béisbol en la cabeza y una mochila a los hombros.

—Me preguntó si el tren se detenía en Tiburtina. Le contesté que no lo sabía, cojo indiferentemente el tren que llega a Ostiense a las 07.48 o el que llega a las 07.56. Le aconsejé que echara un vistazo a lo que decían los paneles que hay en cada parada.

Si la escena hubiera tenido lugar en Milán, donde la gente está demasiado centrada en su trabajo, o en Turín, donde hablar con los desconocidos puede resultar poco aconsejable, el viajero no habría tenido oportunidad de memorizar los rasgos del chico, sus grandes ojos negros, sus hermosos labios, su rostro armonioso y amable entre luces y sombras que a los parroquianos de la iglesia de San Luigi dei Francesi, donde Caravaggio lo había colocado sobre la estructura física de un ángel, no les habría resultado novedoso. Pero en Roma quejarse de tus preocupaciones con el primero que pasa es un deber social. Poco satisfecho con la respuesta, el joven se fue pitando.

–Dijo que tenía que ver a una persona que le debía mil euros por un coche. «El coche se lo llevó, pero no me ha dado el dinero.» Al parecer, la persona que le debía ese dinero le había sugerido que se bajara en Tiburtina y luego cogiera un taxi. «Pero ¿cómo voy a coger un taxi si no tengo ni un euro?»

Mientras tanto, el tren viajaba hacia Primavalle, atravesaba grandes prados, pueblos, edificios en mal estado, campos llenos de chatarra y de inodoros rotos.

–El chico me preguntó si podía echarle un vistazo a su mochila y al móvil, que se estaba cargando, y desapareció al fondo del convoy. Unos minutos más tarde volvió con la chica.

Esta chica debía de tener entre veinte y veinticinco años. Rubia, delgada, con una chaqueta oscura que le llegaba hasta las rodillas y pantalones ajustados.

–Yo creo que los dos ya se conocían –dijo el hombre–, se sentaron juntos y se pusieron a hablar sin parar.

Si Roma no fuera la ciudad donde siempre está permitido meterse en los asuntos ajenos, el viajero no habría tendido la oreja y no habría podido informar de la conversación entre los dos chicos.

–Él le pidió un cigarrillo. La chica dijo que le quedaban pocos, pero al final le dio uno. En un momento dado creo que dijo algo como: «Normalmente gano treinta, pero hoy me llevo mil». Luego añadió: «Si me denuncia, seré yo quien lo denuncie. ¡Que vaya, que vaya a denunciarme!».

El viajero les dijo a los carabinieri que Luca le dio la impresión de ser un chico arrogante pero muy ingenuo. En esa ingenuidad se adivinaba además una dulzura que su aparente arrogancia hacía más intensa y conmovedora.

Después de algunas paradas, la chica se bajó del tren.

—Antes de irse dijo: «Luca, hazme un favor: ten cuidado».
Él contestó: «Pero ¿qué quieres que me hagan? Soy yo quien debe recibir el dinero». La chica tenía una expresión seria.

En ese momento, Luca se acercó nuevamente al pasajero.

—Empezó a argumentar los posibles beneficios que podía obtener de las personas con las que iba a reunirse. Dijo: «Si yo informara de la dirección de esta persona que debe darme el dinero a otra persona que conozco, esta persona me daría dos mil euros». Luego dijo: «A veces se gana siendo deshonestos. ¿Usted qué opina?». Yo respondí que no opinaba nada.

El chico comenzó a quejarse de su teléfono móvil. Dijo que tendría que haberse comprado uno nuevo, aquel siempre se le descargaba. El pasajero le sugirió que se comprara solo la batería, pero el chico respondió que ya había encontrado un comprador para su viejo móvil: se lo vendería por cuarenta euros. Se tratara o no del cargador, ya estaba pensando en un móvil nuevo.

—En ese momento me dijo que necesitaba un billete de metro. De Tiburtina tenía que ir a Ponte Mammolo. «¿No tendrá usted un billete para darme?» Le dije que no lo tenía, siempre viajo con el abono. Por toda respuesta me dejó plantado. Exactamente como suena. Recogió su mochila y su móvil, me dio la espalda, cruzó el vagón y desapareció entre los otros pasajeros. Ni siquiera se despidió de mí.

He aquí un bonito rompecabezas para la policía judicial. La estación de Ponte Mammolo es una de las paradas de metro más cercanas a via Igino Giordani. Aun así, no es la más cercana en términos absolutos. Podría sospecharse que Luca Varani tenía otra cita antes de la que le resultó fatal. O, más sencillamente, podía pensarse que nunca había estado en via Igino Giordani con anterioridad y se equivocó de parada.

Otro dilema: ¿quién era la persona de la que Luca decía que iba a recibir mil euros? ¿Y la segunda persona que, una vez avisada sobre la dirección de la primera, le daría el doble? Quizá las informaciones eran demasiado confusas para convertirse en hipótesis concretas. O tal vez el viajero no recordaba bien. Con un poco de imaginación se podría haber planteado la hipótesis de que Luca sintió la necesidad de contarle a alguien sus problemas, pero utilizara un código encriptado. El «coche», por ejemplo, podía no ser un «coche» real, sino cualquier otra cosa. Habría sido una hipótesis conmovedora, porque solo en los chicos el pudor y la necesidad de expresar sus sentimientos van de la mano de esa manera. Pero los chicos solo se fían de otros chicos. De ahí lo de la rubita. Antes de marcharse ella le dijo a Luca que tuviera cuidado. ¿Cuidado de qué? ¿Acaso le había confesado algo que no le había dicho a nadie más?

–¿Recuerda otros detalles de la chica? –preguntaron los carabinieri al viajero.

–Tenía el pelo lacio, largo, por debajo de los hombros, tenía un bonito rostro, iba maquillada pero no demasiado.

En poco tiempo se empezaron a hacer las conjeturas más extravagantes sobre esa chica. «Se busca a una rubita vista en el tren», tituló el *Corriere della Sera*.

Los de carácter más excitable especularon con que la rubia era una aparición, un confidente imaginario en quien Luca, al notar la proximidad del peligro, había pensado de una forma tan intensa que hizo que se materializara en el trenecito para Ostiense. Un espíritu benigno, o incluso un ángel.

Pocos días después, los carabinieri escucharon a una rubia de veinticuatro años que afirmaba haber viajado con Luca Varani en el tren urbano con destino a Tiburtina. La chica dijo que conocía a Luca desde el colegio. Esa mañana se lo encontró por casualidad, habían charlado de esto y de aquello hasta que ella se bajó del tren. Eso era todo: ninguna alusión a un peligro inminente, nada que fuera particularmente raro.

Uno de los carabinieri introdujo la llave en la cerradura y esta vez la puerta se abrió. Las fuerzas del orden entraron en el apartamento. Encendieron la luz, cruzaron el pasillo, miraron a su alrededor. El espacio era triste y estrecho, en la sala de estar se veían desperdigados sin orden ropa, papeles, vasos, botellas vacías. El desorden era absoluto, parecía que el propietario del apartamento se lo hubiera desvalijado él mismo. Había periódicos y revistas tirados sobre el escritorio, entre otros un ejemplar de *Uomo & Fitness* y uno de *Millionaire*, junto con documentos, recetas médicas, tres páginas A4 impresas que reproducían la página de Wikipedia sobre «incitación o ayuda al suicidio». En el estante lateral había libros, en su mayoría textos de derecho, cursos de idiomas, manuales de autoayuda. Los cajones estaban llenos de cajas de Xanax y Serenase. Sobre el mueble de la tele había un cuchillo de cocina con el mango negro. No había huellas de sangre en la hoja.

En la mesa del comedor, otro caos: paquetes de cigarrillos estrujados, una caja de pizza, folletos publicitarios y, de una manera bastante inusual, dos pares de zapatos («Para no dejar huellas en el suelo: esos dos deben de haber pensado que podrían irse de rositas», dijo un carabiniere). Las persianas, bajadas tres cuartas partes, infundían a la escena un aire aún más triste y claustrofóbico. Al parecer en los últimos días el apartamento no había recibido en ningún momento la luz del sol.

En la cocina, el fregadero estaba lleno de vasos sucios. Luego el cuarto de baño. Los carabinieri vieron cerca del lavabo un par de calcetines apelotonados. En la bañera había dos bolsas curiosamente metidas una dentro de la otra. Dentro de las bolsas había unos pantalones de chándal. Estaban manchados con una sustancia oscura.

—No toquéis nada. Esperemos a la policía científica.

Los que tuvieron la suerte de entrar en el apartamento antes de que pusieran los precintos (o la desgracia de hacerlo, ya que a algunos esa escena les persiguió durante semanas) explicaron que dentro la sensación de malestar era tangible. Hubo quien dijo que todo ese desorden era la viva imagen del estado mental de quien había vivido allí. Otros, formulando aparentemente un pensamiento más banal, sostenían que parecía el apartamento de un grupo de estudiantes que habían organizado una fiesta salvaje y se habían marchado dejando a los adultos la tarea de ordenarlo todo. Un carabiniere dijo que experiencias como aquella le convencen a uno definitivamente de que el mal no era un concepto abstracto, sino una presencia palpable.

En el dormitorio, los carabinieri encontraron los cajones completamente abiertos. Dentro había más medicamentos y una caja de preservativos. En el suelo, un cuchillo de cocina y un martillo de tamaño mediano. Un poco más adelante, una almohada. La almohada estaba manchada de sangre. Las paredes estaban manchadas de sangre. Un cubo de plástico estaba lleno de toallitas de papel, estas también manchadas de sangre. Sobre el colchón, un gran edredón naranja cubría algo. Los carabinieri avanzaron y lo levantaron.

El cuerpo del chico era esbelto, atlético. Aparte de los calcetines de felpa, estaba completamente desnudo. Tenía un cuchillo clavado en el pecho. Lo habían golpeado repetidamente en la cabeza, en la cara, en la boca, en las manos, entre los dientes. Había heridas profundas a la altura del tórax, grandes cortes en la base del cuello. A las heridas profundas se añadían innumerables lesiones superficiales. La cabeza estaba inclinada a la derecha. Medio enroscado en torno al cuello, había un cable de plástico, como de electricidad. Quizá también habían intentado estrangularlo.

Los carabinieri estaban acostumbrados a los ajustes de cuentas entre criminales. En tales casos, todo se reducía a algún disparo de pistola o un par de puñaladas bien dadas. Lo que tenían delante atestiguaba una explosión de violencia de distinta clase. Quien había golpeado a ese chico se había ensañado de un modo asombroso, había descargado sobre él una furia desmesurada, primitiva. Pero, aparte de los cortes y de las demás lesiones, el cuerpo de la víctima también atestiguaba algo diferente: en el brazo izquierdo, desde el inicio del bíceps hasta casi hasta el codo, estaba tatuado el nombre MARTA GAIA.

Los carabinieri volvieron a la planta baja. Pronto llegarían los hombres de la Científica, el forense, el fiscal.

Mientras tanto, había dejado de llover. Antes de que se llevaran a Manuel a la comandancia de piazza Dante, los carabinieri le hicieron unas cuantas preguntas más: tras comprobar que no era un mitómano, empezaba para todo el mundo una nueva partida. Manuel dijo que el chico asesinado se presentó en su casa la mañana del viernes. Nunca lo había visto antes. En cambio, con Marco Prato llevaba viéndose unos meses. Le preguntaron adónde se había largado ese Marco Prato. Manuel dijo que, después de participar en el crimen, se marchó del apartamento. Tenía malas intenciones.

—¿En qué sentido? —preguntó uno de los carabinieri.

—Se marchó a un hotel cerca de piazza Bologna para suicidarse —respondió Manuel.

MF: «¿Lo adelantamos a mañana noche? ¿Puedes?».
MP: «¿Qué quieres hacer mañana por la noche?».
MF: «Charlar, luego ir de compras».
MP: «Ok. ¿Dónde?».
MF: «No sé, ¿quedamos en mi casa? O si no dime tú».
MP: «Tu casa está bien».

Intercambio de whatsapps entre Manuel Foffo y Marco Prato que se remonta a unos días antes del asesinato.

«Un barco en el puerto está seguro, pero los barcos no están hechos con tal fin.» La cita, de John Augustus Shedd, fue lo último que Ledo Prato escribió en su blog antes de saber que su hijo había sido acusado de asesinato. La frase –Ledo la había glosado inteligentemente con un «a estas alturas, no obstante, el puerto es quizá el lugar menos seguro»– no se refería a las relaciones entre padres e hijos, sino a los desafíos que las pequeñas comunidades urbanas tenían que acometer para sobrevivir a las tormentas económicas del siglo XXI.

Ledo Prato trabajaba como gestor cultural, estaba entre los mejor valorados en su entorno. Tenía sesenta y ocho años, esposa y dos hijos adultos, un varón y una mujer. Había nacido en la provincia de Foggia; después de la secundaria, se trasladó a Roma, donde se licenció y empezó a trabajar. Era un hombre de aspecto tranquilo y serio. Quien lo conocía veía en él lo que hoy se busca, a menudo inútilmente, en los hombres que ocupan puestos de responsabilidad: equilibrio, fortaleza de ánimo, ausencia de narcisismo.

Ledo Prato asesoraba al Ministerio de Bienes Culturales. Era secretario general de una asociación activa en el campo de la protección del patrimonio artístico. Entre sus conocidos había dirigentes públicos, juristas, académicos que llegaban a desempeñar cargos gubernamentales. Ya hablara con los estudiantes (impartía valiosas clases en varias facultades universitarias) o ya escribiera en los periódicos, su amable fuerza y su cordialidad llegaba a todo el mundo. Ni una sola maledicencia, ni una sola incorrección; además, era un buen católico o, al menos, se esforzaba por serlo y, pese a las crueldades de las que el mundo daba prueba, él creía que la capacidad de trabajar por el bien siempre prevalecería sobre los impulsos destructivos.

«Es el desafío de cada día —repetía en su blog—, algunas veces se gana, otras no, pero ¡cuidado con rendirse a lo peor!»

De Ledo Prato, en definitiva, era posible observar casi solo el lado luminoso. Resultaba difícil imaginarlo presa de un ataque de ira o dominado por la cólera. En general, era difícil sorprenderlo en una actitud que desmintiera la imagen que tantos tenían de él. Así, cuando la noche del 5 de marzo se enteró de que su hijo tenía problemas —serios problemas que superaban todo lo imaginable—, penetrar en sus pensamientos debió de resultar complicado incluso para quien lo conocía.

—¿*Mi hijo* Marco?

¿Qué pensó Ledo Prato en ese momento y en las horas siguientes? ¿Permitió que su cauteloso optimismo colapsara bajo el peso de lo que estaba pasando? ¿O utilizó el sentido común y la prudencia como lentes deformantes para evadirse del lado más brutal de las cosas?

La primera llamada telefónica fue la de Ornella Martinelli. Los carabinieri habían encontrado su número y el de otros amigos en el móvil de Marco. Los habían llamado pidiéndoles que localizaran a los Prato para comunicarles que las fuerzas del orden los estaban buscando.

No era la primera vez que Ledo recibía noticias preocupantes sobre su hijo. Había ocurrido cuando Marco vivía en París, y algún tiempo después, en Roma. Desde entonces, no obstante, habían pasado años, las cosas habían mejorado mucho y habría sido poco generoso dudarlo, hasta que llegaron llamadas telefónicas como esa. Ledo adoraba a Marco. Valoraba su brillantez, su espíritu de iniciativa y, a pesar de que padre e hijo parecían estar a años luz de distancia —un gestor sin tacha de la burguesía católica; uno de los relaciones públicas más exuberantes de la escena gay de Roma—, el vínculo que los unía era profundo. Quizá lo que los acercaba era también una secreta melancolía que uno escondía detrás de la compostura y el otro, detrás de la vivacidad extrema.

—Está bien, Ornella, gracias.

Después de otra ronda de llamadas telefónicas, Ledo Prato logró hablar con los carabinieri. Le pidieron que se reuniera con ellos en el hotel San Giusto, en piazza Bologna. Habían encontrado a su hijo. «Está vivo», dijeron. Había intentado suicidarse en una habitación del hotel.

A Ledo Prato le habría bastado con unos minutos —piazza Bologna estaba a un tiro de piedra de su casa— para cerciorarse de que Marco saldría del paso. Pero entonces también se vería obligado a enterarse de que su hijo estaba involucrado en un horrible asesinato. Y aún le quedarían algunos días —a pesar de su confianza en los seres humanos— para constatar la gravedad del cinismo, de la maldad, de la violencia, de la falta de tacto, del odio social que había contagiado a todo el mundo.

«Ahora el papaíto de la burguesía romana lo sacará de la ratonera utilizando todos los medios posibles».

«Un radical chic, un arrogante hijo de papá: ESCORIA».

Estos fueron los comentarios más apocados entre los que lanzó una multitud de desconocidos furiosos contra Marco y su familia. Una turba enfurecida y desprovista de todo freno inhibitorio.

Ledo y su esposa Mariella se encaminaron rápidamente a piazza Bologna. El barco había abandonado el puerto, la tempestad acababa de empezar.

Ornella Martinelli llamó a Federica Vitale. Ambas hablaron con Lorenza Manfredi. Los primeros detalles empezaron a circular entre un pequeño grupo de amigos. Entonces estalló la noticia, se soltaron las amarras. ¿Hospitalizado por intento de suicidio? ¿Había de por medio también *un asesinato*? La alarma estaba llena de excitación, como cuando a determinados personajes públicos les ocurre algo increíble. No era extraño que sucediera: Marco Prato, a su manera, era un personaje público.

Ya se lo conociera en persona o se le siguiera a distancia, el hijo de Ledo Prato no pasaba desapercibido. Veintinueve años, hermosos ojos oscuros, pelo peinado hacia atrás. Los labios eran carnosos, el bigote destacaba su mirada penetrante: posaba sus ojos sobre ti y no sabías si era porque habías despertado su interés o si te acababa de añadir a la lista de personas con las que era inútil perder más tiempo.

«Sencillamente un niño pijo que no sé quién se cree que es», decían los detractores.

«Una de las personas más afectuosas e inteligentes que podríais llegar a conocer», replicaban los que lo apreciaban.

Marco Prato era un relaciones públicas, trabajaba en el mundo de los clubes. Se ocupaba regularmente con dos socios de un local de aperitivos en Colle Oppio que se llamaba A(h)però. También organizaba algunas veladas. En Año Nuevo preparó una party en la Quirinetta que fue un éxito total. Para muchos de sus participantes ese tipo de diversión en Roma no era la recompensa de un duro día de trabajo, sino el momento más intenso de un sueño que podía durar años. Los láseres de los *DJ sets* acariciaban las Termas de Caracalla e interceptaban, en el corazón de la noche, las fuerzas de la ciudad a sus pies.

«Buscamos INTÉRPRETES, BAILARINES/AS, ACTORES, ACTRICES, CANTANTES, DRAG QUEENS, BANDAS Y ARTISTAS de todas las clases. ¡Las audiciones se llevarán a cabo la primera semana de marzo!»

Marco era brillante y persuasivo en el trabajo. Se preocupaba de causar una buena impresión. También formaba parte de su trabajo alguna que otra cosa desagradable (denegar la entrada a un local a quien no consideraba digno). Tenía un auténtico pico de oro, y la elocuencia no era habitual en el bagaje de un relaciones públicas.

«Es un conversador formidable.»

«Siempre utiliza las palabras adecuadas, cuando habla te rodea lentamente con argumentos muy complejos y sofisticados.»

¿Te rodea o te acorrala? Su capacidad retórica podía humillar a su interlocutor, o –dependiendo de quién fuera este y del humor en que se encontrara él– podía hacer que se sintiera aceptado y bienvenido.

«Es verdaderamente hábil», decían, lo que no era necesariamente un cumplido.

«Marco posee una rara sensibilidad. *Te ve.* Reconoce en ti lo que a los demás se les escapa. Llegas a confiarle secretos que nunca has compartido con nadie. Y, además, es dulce, solícito.»

Lápiz para el contorno de ojos negro, esmalte de uñas, si no lo conocías podías encontrarlo excesivo (¿no ha estado un poco exagerado? ¿Incluso descarado?), pero ¿acaso no suele ser por esto –la imprevisibilidad, no la obviedad– por lo que la gente consigue que se la recuerde?

Marco detestaba a las personas homófobas. Defendía los ambientes gais. Era crítico con ciertas «veladas de la derechona romana» que hacían guiños al mundo homosexual solo para «hacerse pasar por modernas».

—Pero ¿qué significa noche gay? –le preguntaban los que no conocían esos ambientes.

–Significa gueto para quienes se sienten a disgusto y ocasión de sentirse libre para quien se siente cómodo –respondía Marco.

Su pasión política era tibia pero clara («En resumidas cuentas, la política se podría reducir a una carretera –decía–, en principio a la derecha deberías sentirte más seguro, pero solo los que van por la izquierda pueden adelantar y seguir avanzando. Y además... ¡quien adelanta por la derecha es un gilipollas!»), pero ante el aburrimiento de una campaña electoral siempre preferiría el brillo de las lentejuelas del vestido de una cantante famosa.

Con la familia no quedaba claro cómo eran sus relaciones. Marco había tenido las agallas de salir del armario siendo un chiquillo, cuando la expresión *coming out* aún no existía. Había afrontado con la cabeza bien alta el escarnio de sus compañeros de colegio. Al principio, decían los amigos, sus padres no se lo tomaron bien. Hubo bastante incomprensión por parte de su madre. Ledo fue más suave. Con el paso de los años, muchas tensiones se atenuaron. Ahora Ledo sentía por Marco un orgullo sin reservas: como cualquier padre, no estaba conforme con todos los aspectos de lo que hacía su hijo, pero el chico estaba trabajando duro, y eso a un padre no puede sino gustarle. Marco manifestaba públicamente la gran estima en que tenía a su padre, felicitaba a Ledo por su cumpleaños directamente en Facebook: «Siempre apoyándome... incluso ahora. ¡Felicidades, papá!». «Un pensamiento muy amable –respondía Ledo en el muro de Marco–, al fin y al cabo, todos los padres (y las madres) apoyan a sus hijos y saben que puede llegar un día en que cambien las tornas. Pero no se preocupan porque saben que, si los han apoyado como es debido, se encontrarán con hijos fuertes y generosos que siempre sabrán cómo acompañarlos. ¡Y yo estoy muy contento porque sé que con mis hijos será así! ¡Te quiero!».

A veces, de la serena obstinación de Ledo por la práctica

del bien parecía destilar una gota de dolor. Ese dolor adquiría en el hijo las dimensiones de una mitología resplandeciente. Marco adoraba la música francesa, se sabía de memoria las canciones de Dalida, rendía culto a la belleza de su voz y a la tragedia de su vida. No se limitaba a escuchar a Dalida, sino que *la idolatraba*, lo sabía todo sobre ella, le gustaría *haber sido ella*. Recorría las calles de Roma a toda pastilla en su Mini Cooper cantando a voz en cuello «Loin de moi».

En un mundo que te juzga sin darte una segunda oportunidad, Marco parecía tener que disipar cualquier sospecha sobre la hipótesis de haber ganado una batalla decisiva. Opacidad contra brillantez. Anonimato contra memorabilidad. ¿No es ese el problema de todo el mundo?

Algunas personas afirmaban que últimamente Marco había cambiado. Desde hacía algún tiempo parecía tenso, irritable; si te cruzabas con él en algún local y te parabas, podías arrepentirte de inmediato. «Lo saludas y él te fulmina con una broma de mal gusto. No sabes por qué. Quizá no lo sepa ni él.» «El trabajo le va mal. Siempre está sin blanca, va dando sablazos a diestro y siniestro.» «Míralo a la cara. ¿Qué ves? Esa sonrisa es por la coca.»

De acuerdo, todo el mundo pasa por momentos complicados, pero ¿cómo era posible que ahora lo estuvieran buscando incluso las fuerzas del orden?

Sus amigos habrían reaccionado encogiéndose de hombros ante la noticia de que Marco había pasado dos noches en un hotel poniéndose hasta el culo de cocaína. Los más íntimos no se sorprenderían ni siquiera ante la noticia de un intento de suicidio: ya había ocurrido. Pero un asesinato... ¿Marco Prato matando a alguien? Como mucho, uno podía imaginarse que *lo intentaba* con alguien, que entre las luces de colores de un local le tendía un cóctel a un chico que acababa de conocer para llevarlo a hacer lo que, pocos minutos antes, el objeto de sus atenciones había negado querer hacer.

Pero matar… *¿Matar, Marco?* Bueno, aquello era impensable, imposible, era un auténtico disparate, superado únicamente por la hipótesis (como señaló con perfidia un detractor) de que podría haberlo hecho en un feo apartamento del barrio de Collatino.

—Mamá, no subas a casa del abuelo y la abuela porque tengo que hablar contigo.

Daniela Pallotto regresó a Roma por la noche. Había ido en coche desde Molise con sus primos. No lograba comprender cómo su exmarido y sus hijos podían haberla dejado plantada en el funeral. Había sido un día difícil, pero lo peor aún estaba por llegar. Cuando vio delante de su casa una ambulancia, y en la calle a su exmarido, a su hijo mayor, luego a un hombre corpulento que parecía estar vigilándolos, se dio cuenta de que algo había sucedido. Había pasado *algo más*.

En cuanto el automóvil se detuvo, Roberto salió a su encuentro. Le dijo que dejara que los abuelos se marcharan a casa. Tenía que hablar con ella. Inmediatamente después, llegó el señor corpulento. Se presentó como el abogado de Manuel. *¿El abogado de Manuel?* Ella no lo entendió. Roberto dijo entonces que Manuel se había autoinculpado de asesinato. Habían encontrado el cadáver de un chico en su apartamento. Debía de haber sido asesinado a pocos metros por encima de su cabeza, probablemente mientras ella estaba en casa.

—En este punto recuerdo que sentí una enorme desorientación —les contó la mujer a los carabinieri.

Acababa de enterrar a su hermano, había acompañado a sus ancianos padres, cuyo hijo había muerto, de vuelta a casa, y ahora, en un lapso de unas pocas horas, le estaban diciendo que el *suyo*, su hijo, había cometido un asesinato.

Acompañaron a la señora Pallotto al cuartel junto con los familiares.

Mientras tanto, los carabinieri que se habían quedado en via Igino Giordani empezaban a llamar a las puertas de los vecinos. Tenían algunas preguntas que realizar a los residentes del edificio. ¿Qué clase de persona era el tal Manuel Foffo? ¿Habían oído ruidos sospechosos en los últimos días? ¿Gente que gritaba? ¿Que pedía ayuda?

Los interrogados describieron a Manuel como un chico «normalísimo», «tranquilísimo», «bonísimo». Oír cómo se describe lo normal con una sucesión de superlativos es siempre una experiencia interesante. A la pregunta de si Manuel tenía un trabajo, algunos vecinos respondieron indignados: «Pues ¡claro que trabajaba!», demostrando lo bien informados que estaban los unos sobre los otros. Por lo demás, nadie afirmó haber oído o visto nada sospechoso.

«Sin embargo, en estos apartamentos se oye *todo*, incluso el ruido de un cubierto al caerse al suelo, los pasos de la gente que entra y sale de casa.» Quien pronunció la frase no fue un investigador que quería poner en un aprieto a uno de los residentes del edificio, sino la persona que más podría haberse sentido incómoda, y precisamente se la dirigió a los investigadores.

La madre de Manuel repitió a los carabinieri que ella tampoco había oído nada extraño, y esto era, pensándolo bien, lo que debería haberlos hecho sospechar. Les sugirió que consideraran ese absurdo aparente como una pista, dijo que su hijo era un chico «reservado», «bien educado», absolutamente «pacífico», era imposible que hubiera matado a nadie. ¿Era él quien se había acusado? Bueno, podía haber cargado con la culpa de otro.

En los días siguientes, la mujer subió la apuesta. «Todo lo que oigo me parece anómalo, imposible.» Cuando se le recordó que, a pesar de la anomalía, *realmente* habían encontrado el cadáver de un joven de veintitrés años en el apartamento de su hijo, la respuesta no se hizo esperar.

—Ese chico no era del grupo de amigos de Manuel. Y además me pregunto: ¿qué estaba haciendo un chico de veintitrés años en su casa? Mi hijo tiene casi veintinueve años y solo sale con gente de su edad.

Por ese enorme edificio pasaba mucha gente rara, añadió, incluso gente *muy* rara, ¿cómo era posible que nadie se fijara en la *rareza* de toda la situación?

En las horas posteriores a un asesinato, los investigadores no pueden descartar ninguna hipótesis. Hay personas a las que interrogar, hallazgos que analizar, declaraciones que deben someterse a un careo. Cualquiera puede mentir. Cualquiera puede decir la verdad. Los carabinieri escucharon hasta el final el relato de la mujer. Con un impulso inverso a la fuerza que cabría haber esperado de ella, la madre de Manuel intentó convencerlos de que se estaban equivocando, de que ese no era el camino, casi llegó a sugerir que habían introducido el cuerpo en el apartamento sin el conocimiento de su hijo. Los investigadores consideraron cuidadosamente cada palabra. Luego, sin embargo, dado que el exceso de énfasis de quien habla puede convertirse en el principal motivo de perplejidad para quien escucha, se fue abriendo paso en ellos la idea de que la señora solo estaba intentando proyectar hacia el exterior un desgarrador sentimiento de incredulidad.

Es para poner un punto final a estas cuestiones para lo que existe la Científica.

Los carabinieri de la Séptima Sección llegaron al cuartel ya bien entrada la noche. Saludaron a las demás fuerzas del orden. Preguntaron en qué habitación se encontraba detenido el chico. Se presentaron a Manuel, intercambiaron algunas formalidades. Fueron muy amables. Entonces le pidieron que se bajara los pantalones, que se quitara los zapatos, que se sacara los calcetines para que pudieran tomar muestras con una torunda de laboratorio.

«Es una actividad que los carabinieri con un mínimo de experiencia intentan llevar a cabo lo antes posible —comentó uno de ellos—, los sospechosos de asesinato, e incluso los que confiesan un asesinato, tienden a decir la verdad en las primeras horas. Luego pasan unos días, consultan con su abogado, y quizá este los convenza para que declare que nosotros le arrancamos la confesión coaccionándolo con quién sabe qué amenazas. Las versiones de los acusados pueden cambiarse. Las pruebas científicas son más difíciles de refutar.»

Manuel se desnudó. Entre los dedos de los pies había pequeñas manchas oscuras que de inmediato llamaron la atención de los agentes. También se fijaron en el tatuaje que llevaba en la pantorrilla. Qué extraño. Luca Varani llevaba tatuado el nombre de su novia en el brazo. Manuel Foffo, en cambio, se había tatuado el logo de uno de los restaurantes familiares, Dar Bottarolo, una decisión bastante rara. Un carabiniere le pasó la torunda por las plantas de los pies y por las rodillas. Guardaron las muestras en un recipiente con tapa a presión y las enviaron al laboratorio. El resultado de los análisis descartaría categóricamente la posibilidad de que Manuel se hubiera encontrado el cuerpo en casa sin saberlo.

No hay nada más difícil que conseguir que los padres cambien la opinión que tienen sobre sus hijos. Hay padres convencidos de que los hijos son unos perdedores sin remedio, otros creen que han traído a este mundo a unos genios o, más modestamente, a criaturas incapaces de equivocarse. Este tipo de ceguera puede exasperar, pero en casos extremos provoca compasión. Fuera verdadero o falso, empezó a correr el rumor de que la madre de Manuel pasó los meses siguientes a la detención asomada a la ventana, inmóvil, a la espera de que su hijo regresara. Se había cometido un error judicial. Un gigantesco desatino. Había que darles a los investigadores tiempo para que cayeran en la cuenta de lo que ella, escuchando su corazón de madre, sabía perfectamente desde el primer momento. Así una mañana –pronto, muy pronto– la pálida figura de su hijo aparecería al fondo de via Igino Giordani.

MF: «¿Nos vemos a las 23.00 en mi casa? ¿Te encargas tú de las compras? Luego te devuelvo el dinero, claro».

MP: «Pensaba que esta noche te encargabas tú de todo. Esta vez no puedo gastar y la otra vez me volaron 700 u 800 pavos».

MF: «Ok, pero no puedo gastar más de 150».

MP: «Dame otra vez la dirección».

MF: «Via Igino Giordani 2. Cuando estés, llámame».

Intercambio de whatsapps entre Manuel Foffo y Marco Prato tres días antes del asesinato.

«Ciao amore, ciao» es una canción de 1967, que volvía loco a Marco Prato.

La pieza, escrita por Luigi Tenco, tuvo una génesis más bien complicada, pasando por diferentes versiones. La definitiva explica el malestar de un chico de pueblo al llegar a la ciudad, un tema que aún era de actualidad en la Italia de la época. Parece que Tenco no quedó satisfecho. Fue la cantante francesa Dalida, con quien Tenco mantenía una relación, quien lo convenció de que esa canción podía encajar bien en el Festival de San Remo. La historia es archiconocida. «Ciao amore, ciao» no superó el escollo del jurado popular y ni siquiera la comisión de repesca la salvó, pues prefirió «La rivoluzione» de Gianni Pettenati y Gene Pitney, una canción que hoy solo se recuerda por esto.

Tenco se enteró de que lo habían eliminado mientras dormía sobre una mesa de billar. Probablemente acabó allí después de una buena curda. Al recibir la noticia, se levantó de la mesa de billar, volvió a su habitación de hotel y ahí, unas horas después, se disparó con una pistola en la sien. Encontraron el cadáver por la noche. En la habitación, junto al cuerpo, también encontraron una nota de despedida destinada a hacerse famosa.

He amado al público italiano y le he dedicado inútilmente cinco años de mi vida. Hago esto no porque esté cansado de la vida (todo lo contrario), sino como acto de protesta contra un público que lleva «Io, tu e le rose» a la final y una comisión que selecciona «La rivoluzione». Espero que sirva para aclararle las ideas a alguien. Adiós. Luigi.

Dos días después «Ciao amore, ciao» había vendido ochenta mil copias.

Sin embargo, no era la versión de Luigi Tenco de esa canción la que Marco Prato escuchaba continuamente, sino la de Dalida. La historia parece escrita por un guionista a quien no le preocuparan las imposiciones de la verosimilitud: después de haber declarado ante la policía, Dalida regresó a París. Cantó en público «Ciao amore, ciao». El 27 de febrero, exactamente un mes después del suicidio de Tenco, la cantante fingió marcharse a Italia. En cambio, se dirigió al hotel Príncipe de Gales en el que, con una identidad falsa, pidió la habitación 404, la misma donde Tenco se instalaba cuando estaba en París. Una vez dentro de la habitación, escribió tres cartas de despedida (una para su exmarido, otra para su madre, la última dirigida a los fans) e ingirió una cantidad desmesurada de barbitúricos. La salvó una camarera. Para entonces, «Ciao amore, ciao» ya había vendido trescientas mil copias.

Diez años después, en 1977, Dalida cayó en otro periodo depresivo. Unos años antes se había matado su segundo marido, Lucien Morisse, y pocos años después se suicidaría su excompañero Richard Chanfray. Una epidemia. El 3 de mayo de 1987 Dalida se atrincheró en su villa de la rue d'Orchampt, donde ingirió un cóctel letal de barbitúricos. El intento llegó a buen puerto. En la nota de despedida había escrito sencillamente:

«Perdonadme, la vida me resulta insoportable».

Treinta años después, el 5 de marzo, en la quinta planta del hotel San Giusto de Roma, se estaba preparando una noche movida.

La camarera de turno informó de que el ocupante de la 65 llevaba escuchando desde la tarde «Ciao amore, ciao» con el volumen alto. Los clientes de las habitaciones vecinas habían empezado a quejarse.

—Marco Prato se presentó en la recepción entre las doce y las doce y media de la noche —les explicó a los carabinieri el portero del hotel–, pidió una habitación para dos noches. Me entregó el pasaporte. Yo le entregué la llave de la habitación. Dijo que quería pagar por anticipado, y pagó en efectivo.

–¿Qué más recuerda? –preguntaron los carabinieri.

–Vestía una chaqueta de ante y llevaba una bolsa de lona. Le di la contraseña del wi-fi, fue entonces cuando me dijo que quería dormir mucho, así que, por favor, no entraran a limpiar a la mañana siguiente.

–¿Fue la última vez que lo vio?

–A decir verdad, no –respondió el portero–, apareció en la recepción justo antes del amanecer. A pesar del horario, no parecía cansado. Le pregunté en qué podía ayudarlo, me pidió un bolígrafo. Me parece que le di un Bic. Media hora después terminé mi turno.

Los carabinieri llegaron al hotel San Giusto alrededor de las 21.30. La comandancia de piazza Dante había revisado los registros de todos los hoteles de la zona hasta que apareció el nombre del chico.

Los agentes pidieron al portero una llave maestra, subieron a la quinta planta; la habitación donde se alojaba Marco Prato estaba a mitad del pasillo.

–Es una canción de Luigi Tenco –dijo un carabiniere acercándose a la puerta.

–En la versión de Dalida –señaló un compañero.

Luego llamó, pero no hubo respuesta.

A continuación el primer carabiniere sacó la llave maestra. La puerta seguía sin abrirse, debía de estar cerrada desde dentro. Los carabinieri forzaron la cerradura.

La habitación era sobria y de aspecto agradable. En el suelo había la misma moqueta roja que en el pasillo. Las paredes estaban pintadas de color; en la de la derecha, encima de la cama, destacaba la reproducción de una *Virgen con Niño*. La canción de Dalida salía de un iPhone 5 puesto a cargar sobre la mesita de noche. Tirado en el suelo, boca abajo, había un chico con la cabeza metida debajo de la cama. Los carabinieri se acercaron. El joven se encontraba en estado confusional. Cinco viales de Minias sobre el escritorio confirmaban la hipótesis de intento de suicidio. Junto a los viales había una botella de Amaro del Capo, señal de que los somníferos se habían mezclado con alcohol para hacer más efecto. Los carabinieri levantaron al joven como un peso muerto. Dos de los agentes intentaron entablar conversación con él. El tercero llamó a la ambulancia. Tras un breve intercambio de frases, durante el cual el chico logró pronunciar su nombre y apellido («Marco Prato»), los carabinieri lo arrastraron fuera de la habitación. Lo llevaron hasta el ascensor sosteniéndolo por los brazos. La ambulancia lo esperaba fuera del hotel. A pocos metros, en la calle, estaban los padres de Marco: habían tenido tiempo de llegar al lugar antes de que se llevaran al chico al hospital. En cuanto lo vio, Ledo Prato corrió a su encuentro, padre e hijo se abrazaron, Ledo le susurró algo a Marco, luego subieron al joven en la ambulancia, que se dirigió al Pertini con las sirenas encendidas.

Los carabinieri inspeccionaron la habitación una vez que quedó vacía de su huésped. Sobre el soporte para las maletas adosado a la pared encontraron un abrigo de piel sintética. En el suelo estaba la bolsa de lona que había mencionado el portero. Los carabinieri la abrieron. En el interior encontraron un sujetador de tela acolchada, un par de zapatos de tacón con adornos florales, un vestido de tubo con estampado de leopardo, bragas de encaje y una peluca azul eléctrico.

Sobre el escritorio, a unos centímetros de los viales de Minias, junto al bolígrafo Bic, había siete hojas pautadas que correspondían a cinco cartas de despedida.

La primera carta estaba dirigida a sus padres. En las páginas, divididas por puntos, estaban las últimas voluntades de Marco Prato.

Voluntad para mamá y papá

1) Celebrad una fiesta para mi funeral. Nada de iglesias. Me gustaría una ceremonia laica, con flores, canciones de Dalida, bonitos recuerdos. ¡Una fiesta! ¡Tenéis que divertiros!

2) Llamad a Private Friends, la peluquería de piazza Mazzini para que me dejen el pelo en condiciones antes de incinerarme. Ponedme la corbata roja. Donad mis órganos. Dejadme el esmalte rojo también en las manos. ¡Si hubiera sido una mujer me habría divertido mucho más!

3) Organizad siempre, una vez a la semana/mes, una cena o un almuerzo con mis verdaderos amigos, a los que tanto he querido. Lulli, Serena, Miriam, Doda, Ornella, Francesca, Fiore, Monica, Patrizio, Guido, Fabio y muchos más.

4) Celebrad muchas fiestas. Escuchad a Dalida :) de vez en cuando.

5) Poned «Ciao amore, ciao» cuando hayáis acabado la fiesta en mi honor y recordad todos juntos mis sonrisas más hermosas.

6) Tirad mi teléfono y destruidlo junto con los dos ordenadores. Esconden mis lados más oscuros.

7) Cuidad a Silvana y a Loredana, que me criaron junto con vosotros.

8) Elena Maria Crinò, mi psicóloga. Por favor, permaneced cerca de ella porque es una de las pocas personas que me ha regalado unos años equilibrados.

9) Mantened bien arriba mi nombre y mi recuerdo a pesar de lo que se diga.

10) No investiguéis sobre mis lados más turbios. No son hermosos.

11) Escribid en mis redes sociales que habrá una fiesta. Luego intentad cerrarlas sin intromisiones o investigaciones.

¡OS QUIERO!

La segunda carta también iba dirigida a sus padres. Aquí el tono se volvía más moderado. Había pasajes que dejaban entrever la naturaleza de una relación sobre la que los carabinieri, el fiscal, los psiquiatras, los criminólogos, los periodistas, así como una multitud interminable de curiosos, no dejarían de hacer suposiciones durante los meses siguientes.

Mamá y papá
¡Os quiero y siempre os he querido! No siento rencor ni rabia, solo amor por vosotros. Mamá, te he querido todos los días de mi vida y no tienes que pensar ni por un momento en nuestros silencios porque para mí nunca existieron. Me siento mal o tal vez siempre he estado así. He descubierto cosas horribles dentro de mí y en el mundo. La vida duele demasiado: la forma en que he aprendido a entenderla me resulta insoportable. Intentad amaros y continuar vuestras vidas. Nunca os sintáis culpables por todo esto. Seguid adelante, apoyándoos mutuamente y proyectándoos como me enseñasteis. OS QUIERO.

La tercera carta estaba dirigida a Patrizio Archetti y Guido Bonazzi, los socios de Marco en su actividad de organizador de eventos.

X A(h)però
X Patrizio
X Guido
Seguid adelante con mi energía. No os olvidéis <u>nunca</u> de nuestro hijo. ¡Mantenedlo con vida y alimentadlo cuanto podáis!
Patrizio, cuídate. Has sido mi mejor amigo. Ayúdate y nunca pienses que puedes olvidarte de esto.

La cuarta carta estaba dirigida a las amigas, el círculo mágico de presencias femeninas con que se toparía cada vez más a menudo quien investigara la vida de Marco Prato.

X Lulú
Mi roca

X Serena
Mi certeza
X Doda
Mi sonrisa
X Lolla
Mi cerebro
X Miriam
Mi historia
Os quiero a todas. Cuidaos unas a otras. Recordadme siempre por las cosas bonitas.

La última era una carta de despedida bastante genérica, escrita con una caligrafía cada vez más desordenada, señal de que su autor la había escrito mientras los somníferos hacían su efecto.

Para todas las personas, amores y amigos míos a quienes no he mencionado. Os quiero igual, pero escribo todo esto mientras me estoy marchando. Pienso en vosotros y os pido perdón. A todas las personas a las que hice daño o me olvidé de mencionar.

Perdonadme
No soy capaz
Estoy cansado y soy una persona horrible
Recordad únicamente lo bueno de mí
OS QUIERO

Dejarlo ir e imponer un orden. Ejercitar un control sobre lo que se abandona para siempre. Si había un espíritu que animaba las cartas de Marco, tendía a lo imposible. Pero a los carabinieri les importaban otros aspectos. Por ejemplo, la petición de destruir los ordenadores. «Esconden mis lados más oscuros», escribió Marco. Y luego, naturalmente, el iPhone. Fue gracias a ese teléfono móvil como los investigadores, en un plazo de pocas horas, llegaron a descubrir la identidad de la víctima.

En Roma todo el mundo conoce la zona de piazza Bologna donde vivía la familia de Marco Prato. En las inmediaciones de la oficina de correos, un imponente edificio racionalista construido durante la época fascista, se desarrolló con el tiempo un barrio destinado a la clase media-alta. No muy lejos está la Villa Torlonia, y luego la Villa Mirafiori. Es una zona llena de bares y charcuterías. Por la noche pululan los jóvenes, que beben y escuchan música.

De la misma manera, todo el mundo conoce la zona donde vivían los Foffo. A diferencia de piazza Bologna, el Collatino no es un lugar de encuentro. Los grandes edificios de via Bergamini no son en ningún caso una atracción, lo mismo puede decirse de los paseos arbolados donde hombres solitarios, rodeados de silencio, sacan a pasear a sus perros. Quien atraviesa el Collatino siempre se dirige a otra parte, siempre va pensando en sus cosas y, así, el pesado mobiliario urbano se cuela en la mente como las imágenes que transferimos de la vigilia al sueño antes de dormirnos.

En Roma, sin embargo, existen lugares que son un puro sueño. Testa di Lepre. Grottarossa. La Storta. Muchos romanos saben que existen, pero nunca han estado allí; les fascinan los nombres, pero en un mapa mudo no sabrían dónde colocarlos. La verdad es que Roma no tiene unos límites definidos. Pasado el Vaticano, uno viaja por la Aurelia. Al cabo de unos minutos, la luz se aclara, las casas se van espaciando, la vegetación toma la delantera al trabajo del hombre. Pasada la circunvalación, hay zorros, abubillas, jabalíes. Llegados a este punto, muchos creen que Roma ha terminado. Sin embargo, la ciudad vuelve a formarse lentamente. Ahora alguna casa aislada.

Luego, los grandes bloques. De nuevo, pinos y céspedes descuidados. Superado el cruce con via Boccea, el horizonte desciende. El cielo es vasto. Grupos de ovejas se alimentan en los pastos del otro lado de las vallas al borde de la carretera. Aparecen los primeros caseríos. De vez en cuando, una explotación vinícola. Via della Storta. En el n.º 248 hay una vieja gasolinera. Al cabo de medio kilómetro, destaca una construcción de ladrillos rojos protegida por una verja. Se reconoce porque allí delante, de noche o por la mañana temprano, hay siempre estacionada una camioneta con un rótulo azul en el lateral: EURO DOLCIUMI.

Esa era la casa donde vivía Luca Varani con sus padres. Su padre, Giuseppe, era un vendedor ambulante de dulces y frutos secos. A bordo del vehículo («un camión autonegocio», lo definía) recorría las ferias y las fiestas patronales. Era un hombre de sesenta y un años, de tez morena, pelo corto, físico compacto, no muy alto, los ojos pequeños y duros. Un bonito bigote destacaba en la cara sin afeitar.

A las diez de la noche del viernes 4 de marzo, el señor Varani y su esposa Silvana estaban muy preocupados. Luca se había esfumado. El chico tenía veintitrés años y era hijo único. Trabajaba en un taller de planchistería en Valle Aurelia, y de vez en cuando ayudaba a su padre en las ferias. Esa mañana había salido de casa y no regresó. Muchos jóvenes no sienten la necesidad de informar a sus padres de todo lo que hacen; sin embargo, Luca casi siempre telefoneaba a su madre si no volvía para cenar. Como ese día no la había llamado, fue ella quien lo llamó. El teléfono sonó en vano. Luego, pasada la medianoche, empezó a no dar señal. Giuseppe y Silvana continuaron llamando durante horas, y al final se fueron a la cama, preparándose para pasar una noche muy agitada.

Al día siguiente, Giuseppe telefoneó a Marta Gaia.

La novia de su hijo tenía veintidós años, trabajaba en una empresa de catering.

—¿Hola? ¿Marta?

La chica escuchó la misma pregunta que a ella le habría gustado dirigirle al hombre en cuanto reconoció su voz.

—No os habréis peleado, ¿verdad?

—No —respondió Marta Gaia.

—No —confirmó Giuseppe Varani cuando Marta le preguntó lo mismo.

Eliminar los contactos. Renegar del mundo como forma de protesta. De vez en cuando Luca lo hacía y Marta Gaia no lo soportaba: habían tenido peleas terribles por la forma en que desaparecía sin dar explicaciones.

Después de Marta Gaia, Giuseppe Varani llamó por teléfono a Mario Aceto, el propietario del taller de planchistería donde Luca iba a trabajar. Los dos hombres apenas se conocían. Giuseppe explicó la situación. Aceto dijo que el día anterior Luca no se había presentado al taller. Se encontraba mal, ¿no?

—¿Cómo que se encontraba mal? —se sorprendió el señor Varani.

Bueno, dijo el planchista, Luca le envió mensajes muy claros. En el primero escribía que le dolía la barriga. En el segundo, añadió más detalles: estaba sentado en el inodoro e iba a serle imposible acudir al taller.

—Muy bien, Mario, gracias —dijo el señor Varani.

En ese momento quedó claro que algo estaba pasando.

Por lo que Giuseppe sabía, en los días anteriores su hijo no se había encontrado mal, no había tenido fiebre ni dolor de estómago, ni un simple resfriado, nada de nada. El hombre fue directamente al primer cuartelillo de los carabinieri. Esperó su turno, y cuando el agente lo invitó a sentarse expuso con calma la situación.

El carabiniere le dijo al señor Varani que esperara un poco más antes de dar la alarma. Su hijo era mayor de edad, solo había pasado un día desde su desaparición, podía haberse ausentado por propia voluntad. Tenía derecho a hacerlo. Aunque no dejaba de ser un comportamiento extraño, claro.

Giuseppe Varani acordó con los carabinieri que los llamaría más tarde. Salió del cuartelillo negando con la cabeza. Una vez en casa, Silvana y él continuaron esperando. El mediodía dio paso a la tarde, la tarde se terminó rápidamente. A las nueve de la noche Giuseppe Varani llamó a los carabinieri. ¿Había noticias? Le dijeron que no había ninguna novedad, y que en cuanto supieran algo se lo comunicarían. Fuera había refrescado, las tinieblas habían descendido sobre los pinos y los caseríos.

MP: «Cita confirmada también para las compras».
MF: «Ok, hasta luego».
MP: «Estoy abajo, donde está la iglesia y la entrada de la zona peatonal».

Intercambio de whatsapps entre Marco Prato y Manuel Foffo tres días antes del asesinato.

Marco Prato llegó a las urgencias del hospital Pertini a las 22.10 del sábado 5 de marzo y salió de allí a las 14.15 del día siguiente.

El sanitario escribió en su historial clínico: «El paciente refiere la ingesta de 5 viales de Minias + una botella de bebida alcohólica. Paciente relativamente cooperador. Presentes en el lugar las fuerzas del orden».

A pesar de la llegada con las sirenas encendidas, el estado de Marco Prato no resultó crítico. La presión arterial era de 130 de máxima y 75 de mínima; la frecuencia cardíaca de 84; la saturación de oxígeno de 96. Según los análisis toxicológicos, se determinó que había tomado somníferos, consumido cocaína y alcohol en grandes cantidades, aunque no letales. No fue necesario un lavado gástrico.

–Por lo que leo en el historial no se trataba de un paciente cuya vida corriera peligro –dijo unos días después el director de emergencias–, y dudo mucho que haya consumido cinco viales de Minias de golpe. Cinco viales habrían dejado al paciente en un estado mucho peor.

Después de la primera visita, dos médicos examinaron a Marco Prato, comprobaron su buen estado de salud (respiración normal, ninguna alteración neurológica) y lo enviaron a la consulta de una psiquiatra. Por muy penoso, y tal vez simulado, que fuera, seguía tratándose de un intento de suicidio hecho por un paciente que había llegado allí escoltado por los carabinieri.

La psiquiatra se percató enseguida de dos detalles que ningún estetoscopio habría sabido captar. Marco Prato llevaba esmalte de uñas. El pelo era falso. La hermosa melena negra que el chico lucía en público –y de la que quizá ni se separaba en la intimidad– era un peluquín. Esto explicaba la alusión al pelo que contenía una de las cartas de despedida. Marco Prato se estaba quedando calvo.

La psiquiatra intentó entablar conversación. Pese a la persistencia de un cierto estado confusional –y a la conciencia de hallarse hasta el cuello de problemas–, Marco se mostró plenamente capaz de seguir el hilo de la conversación.

«Me pregunta por qué se han incautado de su teléfono móvil y por qué no puede ver a sus padres –escribió la psiquiatra en su informe–, dice que recuerda que estaba con un chico que se llamaba Fabrizio. Luego se corrige y dice que este chico se llama Manuel, un conocido con el que había decidido pasar unos días consumiendo cocaína.»

Marco le explicó a la psiquiatra que consumía cocaína desde hacía años. Casi se jactó de una manera que, dada la situación, no podía sino desconcertar.

–A mí me van los excesos –dijo–, cuando superas ciertos límites, tienes que hacerlo bien.

No parecía una confesión. Era más bien la actitud apacible y asertiva con que Marco transmitía una imagen de sí mismo que le sentara bien. Le dijo a la psiquiatra que era consumidor habitual de Stilnox, que se tomaba para dormir. Con el Minias, en cambio, había intentado suicidarse. Unos minutos después, contradiciéndose en parte, afirmó que el Minias lo utilizaba según el momento para amortiguar o potenciar el efecto de la coca. Habló de su psiquiatra, la doctora Crinò. La veía dos o tres veces por semana. Luego pasó a la vida familiar. Dijo que vivía en un apartamento que le habían comprado sus padres, gracias al que, no obstante, lo mantenían «sujeto al yugo». Habló de su trabajo. Para tener éxito como relaciones públicas, dijo, hay que saber explotar un don que él poseía.

–¿Y cuál es? –preguntó la psiquiatra.

–La fuerza seductora –respondió Marco. Luego pidió algo que llevarse a la boca–. Hace seis días que no como nada.

«Cuando le pregunto por qué, sonríe», anotó la psiquiatra.

Marco siguió hablando, construía con gran abundancia de detalles un personaje en beneficio de un público que en esa ocasión se limitaba a una única persona. Debe decirse que conseguía perfectamente su propósito. Sus esfuerzos para captar la atención nunca eran patéticos o triviales.

«No se evidencia una orientación depresiva del estado anímico del paciente —escribió la psiquiatra—, pese a no estar recuperado del todo, parece estar lúcido y bien orientado.»

Lo que sorprendió a los investigadores fue una última consideración de la psiquiatra. «No se evidencian sentimientos de culpa o de autoacusación, ni sentimientos de vergüenza o desesperación. El paciente mantiene una autoestima adecuada.»

Unas horas después, a Marco Prato le dieron de alta en el hospital.

«El punto más bajo se alcanzó con el cierre de dos cabinas en las taquillas del Coliseo. Fue a principios de mes cuando lo que ocurría en las inmediaciones del monumento símbolo de Roma puso de manifiesto el peligro de las ratas en la capital. Ayer la fiscalía abrió dos nuevos expedientes sobre el tema.»

FRANCESCO SALVATORE, *la Repubblica*

«Alarma en la sala neonatal del hospital San Camillo de Roma: 16 niños y 17 trabajadores sanitarios se han contagiado del *Staphylococcus aureus*. Los controles del servicio regional confirmaron la presencia de la bacteria en niños que mostraban síntomas como dermatitis, conjuntivitis y otitis. El personal ha sido reubicado y sometido a tratamiento con antibióticos.»

CAMILLA MOZZETTI, *Il Messaggero*

«Las calles de Roma siguen rompiéndose, el asfalto se agrieta, cede en cuanto llueve. Pequeños y grandes socavones deforman avenidas y calles. Ayer el caos estalló en Parioli. Atascos y molestias poco después de las 17.00, cuando se cerró la avenida della Moschea. Los automovilistas buscaron calles alternativas para superar el atasco: algunos derribaron a golpes la red naranja que impedía el acceso a la avenida.»

ADELAIDE PIERUCCI, *Il Messaggero*

Poco antes de la medianoche, llegó al cuartel también Francesco Scavo. Cincuenta y ocho años, nacido en Roma y doctorado en Derecho, era el fiscal a quien se le había confiado el desarrollo de las investigaciones. Acababa de hacer una inspección en via Igino Giordani. Había visto el cuerpo. Ahora se había trasladado a la comandancia de piazza Dante, donde conocería a Manuel Foffo.

No muy alto, ojos vivos, pelo negro con un pequeño tupé que le caía hacia delante, Francesco Scavo era un raro ejemplo de profesional en el que la inteligencia y la humanidad iban de la mano. Sabía por experiencia que la deducción es una herramienta peligrosa cuando no viene precedida por la escucha, y en él la propensión a escuchar estaba garantizada por su intacta curiosidad por las personas que el trabajo colocaba delante de él. Al verlo en acción, parecía que para él el género humano no era un error que debía medirse con la regla divina de la justicia, sino un pozo sin fondo que los instrumentos de la justicia se esforzaban en iluminar por lo menos un poco.

—Scavo llegó entre las once y las once y media, para el interrogatorio —recordaba Michele Andreano—, lo miré a la cara y me pareció abatido. Bueno, normal: cualquiera lo estaría después de ver lo que le habían hecho a ese pobre muchacho.

Si se contaban los asesinatos que se cometían en Roma, se habría dicho que no era una ciudad especialmente peligrosa. Era violenta en el plano psíquico. Si uno se movía entre sus inmensos municipios respiraba un aire de tensión, de rabia, capaz de inspirar en los maleantes una conducta temeraria y, al mismo tiempo, la rendición total. Parecía incluso que la violación de la ley no pretendía subvertir el orden, sino reafirmar un grotesco estancamiento. Los delitos cometidos en los ambientes criminales desprendían un aire de desequilibrio generalizado. Los delitos entre cónyuges exudaban impotencia. En los asesinatos entre consanguíneos (padre mata a hijo con la escopeta, hermano acaba con su hermana a hachazos), rebullían el rencor y la frustración. Esa noche, sin embargo, en la décima planta de via Igino Giordani, parecía que toda la desesperación, el despecho, la arrogancia, la brutalidad, la sensación de fracaso que reinaba en la ciudad, se hubieran concentrado en un único punto.

El fiscal realizó un rápido recorrido por las instalaciones. Saludó a los carabinieri, hizo lo mismo con los parientes de Manuel. Se aseguró de que el presunto asesino estuviera en condiciones de someterse a un interrogatorio, que preveía breve. Luego saludó al abogado Andreano.

—¿Un cigarrillo?

Había dejado de llover. A pesar de la contaminación lumínica, en el cielo del Esquilino brillaban algunas estrellas. Los camiones de la basura rompían el silencio de piazza Vittorio. Los sintecho —quietos durante horas bajo los pórticos— habían desaparecido. Las tiendas de los chinos estaban cerradas. Africanos y bengalíes habían sido tragados por las sombras de San Lorenzo. El sueño del barrio multiétnico, que había animado la década anterior, se había derrumbado sobre sí mismo, provocando no un conflicto racial, no una lucha de clases, sino sueño, mengua de servicios, un tranquilo colapso donde, entre vómitos y basuras, se hundían lentamente todos juntos.

—Me parece la clásica fiesta que termina muy mal —dijo Scavo.

El fiscal describió al abogado lo que había visto en el apartamento. El desorden. Las persianas bajadas. El cuerpo desnudo del cadáver. Le tendió a Andreano el cigarrillo. El abogado lo encendió y dio la primera calada. Scavo también se encendió uno. Aspiró y luego hizo la pregunta.

—¿Qué va a hacer? ¿Se acoge?

Ocurría muy a menudo. Si Manuel se hubiera acogido al derecho a no declarar, el interrogatorio acabaría tras unas pocas preguntas formales, y las revelaciones importantes llegarían en los días siguientes.

—No, quiere hablar.

Francesco Scavo se sobresaltó, apagó de golpe el cigarrillo, y aunque era el abogado quien le había dado la noticia (el chico quería soltarlo todo, no era su intención atrincherarse tras el artículo 64 de la Ley de Enjuiciamiento), el gesto del fiscal fue tan rápido y contagioso que también él, Andreano, apagó el cigarrillo sin terminar de fumárselo.

—Vayamos dentro.

Así empezó el interrogatorio.

Además de Scavo y Andreano, en la sala estaban el coronel de los carabinieri Giuseppe Donnarumma, el capitán Lorenzo Iacobone, el teniente Mauro Fioravanti. Ante ellos, Manuel tenía un aspecto horrible, estaba cansadísimo, aunque también era capaz de responder a las preguntas. De hecho, incluso parecía ansioso por hacerlo, como si haber cedido al mal de una forma tan absoluta le diera una oportunidad que la denominada normalidad —lo que consideramos la práctica del bien— le había negado durante mucho tiempo.

—Se le acusa de participación en homicidio con agravantes, junto con Marco Prato, en el lapso comprendido entre el 4 y el 5 de marzo de 2016, en Roma, en el apartamento donde vive usted —dijo el doctor Scavo—, ¿sabe cómo se llama el chico que fue asesinado?

—No.

—¿Ni siquiera el nombre de pila?

—No.

—¿No les presentaron?

—Probablemente sí, pero... bueno... no me acuerdo del nombre.

—Podría llamarse Luca Varani, el chico.

—No lo sé.

—Está bien, no lo sabe. Ahora tiene que decirme si quiere contestar a mis preguntas o no.

—Quiero contestar.

—En primer lugar, el hecho —dijo entonces el doctor Scavo—, ¿admite usted haber matado a ese chico?

—Sí.

—¿Solo o con otra persona cuyo nombre es...?

—Marco Prato.

—¿Y cómo mataron ustedes a ese chico?

—A puñaladas. Y a golpes de martillo.

—¿Quién hizo exactamente qué?

—Ambos tomamos parte en el asesinato.

—¿Cuánto tiempo duró todo?

—Duró lo suyo. Lo más doloroso de esta historia es que sinceramente... bueno, eso, que sufrió *tanto*...

Bastaba con formular una pregunta y las respuestas llegaban sin resistencia. Los presentes se percataron de que se encontraban en una situación bastante rara: esta vez no era la justicia la que se esforzaba en iluminar los rincones oscuros de la naturaleza humana, sino que era el fondo del pozo el que ascendía impetuosamente hacia quien se asomaba para mirar adentro.

—Empecemos desde el principio —dijo Scavo.

—Al principio pasa esto. Marco y yo quedamos.

—¿Contacta usted con Marco Prato o es él quien se pone en contacto con usted?

—Nos escribimos mensajes, acordamos que volveríamos a vernos. Primero debo decir que nos conocimos dos meses atrás, en Nochevieja, y luego quedamos una vez para tomar una copa de vino.

—Se conocen ustedes desde hace poco.

—Exacto. Pero, prácticamente… los dos sabíamos que consumíamos cocaína. Esta vez fuimos a mi casa y estuvimos juntos tres días, pero no siempre los dos solos.

—¿Quién más fue?

—Por ejemplo, vino otro medio amigo mío.

—¿Cuándo?

—Me parece que entre el miércoles y el jueves.

—¿Recuerda quién es ese *medio amigo*?

—Se llama Alex, a él también lo había visto solo una vez.

—¿Alex qué más?

—No recuerdo su apellido. Lo guardé en el móvil como Alex Tiburtina.

—Alex Tiburtina.

—Porque lo conocí en una pizzería en la Tiburtina.

—Bien. Entonces él apareció entre el miércoles y el jueves.

—Sí, pero Alex llegó en un momento en que… prácticamente… estábamos bajo el efecto de los estupefacientes… pero… todavía dentro de una lógica de los…

—Todavía tenían conciencia de ustedes mismos.

—*Conciencia*, eso es. Podíamos mantener una conversación.

Manuel hablaba con esa voz suya frágil y cambiante, parecía cohibido, luego su hablar se volvía fluido, un par de intervenciones más e incluso se veía abrumado por el aburrimiento, todo era «prácticamente» y «sinceramente», que son el ruido de fondo de Roma, este eterno desorden donde uno se encuentra a alguien por casualidad en una pizzería y luego vuelve a encontrárselo en el escenario de un crimen horrendo.

—Vino este tal Alex —dijo Manuel—, en cierto momento, también apareció un amigo de Marco… no recuerdo el nombre… ¡Damiano! Se llama Damiano. Luego, en cambio, cuando llegó Luca…

—¿Qué significa «cuando llegó»? Ustedes buscaron a Luca, ¿no?

—Yo ni siquiera lo conocía. Fue Marco quien le envió unos whatsapps.

—¿Cuántos estupefacientes consumieron?

—Muchos. No sabría cómo cuantificarlo.

—Entonces dígame cuánto se gastaron.

—Pues… yo cogí mi dinero… luego, sobre todo, ocurrió que Marco… digamos… también sacó del cajero automático de este Damiano. En total habremos gastado algo así como mil quinientos euros. Muchísimo. En cualquier caso, esos tres días Marco hizo varias cosas por iniciativa propia, por ejemplo, cogía mi teléfono y llamaba a alguno de mis contactos, o bien me…

—¿Marco es gay?

En teoría, era una pregunta irrelevante, pero el fiscal se había olido algo y estaba siguiendo el rastro.

—Sí, es gay —respondió Manuel. Acto seguido sintió la necesidad de puntualizar—. Bueno, yo soy heterosexual… aunque, de todas formas… quedo con Marco… bueno, «quedo» es mucho decir… es la segunda vez que nos vemos… el hecho es que, cómo decirlo… yo *no sé* si los amigos de Marco son gais o heterosexuales.

—Marco, por ejemplo —dijo Scavo—, ¿sentía interés por usted?

—Sí.

—¿Lo manifestó claramente?

—Sí.

—¿Usted lo entendió?

—Sí —dijo Manuel en voz muy baja.

—¿Y de alguna manera usted correspondió a sus deseos?

—A Marco lo conocí a través de amigos comunes —dijo Manuel—, estuvimos juntos en Nochevieja… y entonces, qué pasa… Marco y yo nos drogamos… él *quiso* quedarse en mi casa con la excusa de ofrecerme más cocaína… y, en este momento, qué pasa… lo que pasa es que… prácticamente… Marco Prato me hizo una felación.

Una relación sexual entre varones no tenía nada de raro. Aun así las palabras de Manuel sugerían un profundo malestar, y el doctor Scavo sabía que ciertas zozobras —insustanciales en sí mismas, pero muy importantes para quien se dejaba torturar por ellas— podían desempeñar un papel importante en el complicado mecanismo que empuja a los hombres a cometer las acciones más insensatas.

—¿Cuándo sucedió?

—Sinceramente, yo... entiendo que tal vez no soy creíble —dijo Manuel—, pero a mí aquello me dio asco. Hasta el punto de que no quería saber nada más de Marco. Pero teníamos amigos en común... así que, por un lado, no quería saber nada más de él, pero por otro *no podía* evitarlo... porque prácticamente, verá, doctor Scavo... estaba el vídeo aquel...

—¿Un vídeo?

—Sí.

—¿Quién lo hizo?

—Los dos —dijo el chico—, lo hicimos juntos. Un vídeo en el que salía Marco haciéndome una felación.

Al día siguiente aún seguía nublado. Llovía y paraba de llover continuamente. Un sol débil y distante iluminaba los campos de la Storta cuando llegó el coche de los carabinieri. Giuseppe Varani llevaba un buen rato despierto. No sabía si había dormido o no. La tensión lo mantenía en un estado de lucidez difícil de describir. Tensión y angustia. Hubo tensión y esperanza la primera vez que lo vio. Veintitrés años antes, cuando lo habían adoptado. Luca lo sabía. Todo el mundo lo sabía. Su esposa se quedaba embarazada y perdía al niño, había pasado más de una vez. Los médicos dijeron que se estaba volviendo peligroso. Entonces Silvana y él se informaron. Supieron de gente que se había ido a Brasil. Otros hablaban de parejas a las que les había bastado con ir a un orfanato en Emilia Romaña o nada más salir del Lacio. Si a uno le interesa el tema, al final acaba oyendo de todo. Giuseppe y Silvana hicieron múltiples solicitudes. Si se juega en varios frentes, las probabilidades aumentan.

Giuseppe hizo su primer viaje a la antigua Yugoslavia con un macedonio de guía. El país estaba destruido por la guerra. Llegaron a Bitola, cerca del lago Prespa. Allí estaba el orfanato. Las monjas fueron muy amables. Le pidieron su documentación, lo registraron, le hicieron rellenar formularios. Le dijeron que en cuanto se desbloqueara algún caso se pondrían en contacto con él. Se despidieron y regresó a Roma sin saber qué pensar.

En mayo del año siguiente, en 1993, Giuseppe Varani recibió una llamada telefónica. Era del orfanato de Bitola. Silvana y él partieron de inmediato. Durante el viaje vieron a los cascos azules. La guerra había terminado. Les aconsejaron que se dieran prisa: había peligro de atentados.

En el orfanato se encontraron con la sorpresa. Los niños para adoptar eran nada menos que tres, y tendrían que elegir a uno de ellos. No se lo habían imaginado así, creían que la asignación sería automática, basándose en los documentos y las prioridades; en cambio, todo dependía de su arbitrio. Llegaron tres empleados de la institución, cada uno con un niño en brazos. Parecía la escena de una película, pero era un momento dramático. Si eliges a uno, perjudicas a los otros, pensó. Su esposa y él se miraron nerviosos. El primero de nosotros que reconozca a nuestro hijo en uno de esos niños da el paso, dijeron, y el otro tendrá que aceptarlo. Pero aún no habían terminado de hablar cuando uno de los tres niños sonrió. Una magnífica sonrisa, dirigida precisamente a ellos. Giuseppe lo tomó en sus brazos, y ya está, ya habían elegido. Los empleados del orfanato salieron de la habitación llevándose a los otros niños. La sensación era increíble: miras por última vez a quien podría haber sido tu hijo. Si hubieran elegido de forma diferente, habría sido otro. Otro y no él. Él y no otro.

Irían a su casa a entrevistarlos. No los dejarían en paz durante todo el año siguiente. Giuseppe no flaquearía. Hablaría, y gritaría, y despotricaría, y protestaría. Se ganaría fama de irascible y exaltado. Todo el mundo diría: «Normal, le mataron a su hijo, yo habría hecho algo peor». Luego, sin embargo, por detrás hablaban mal de él, reprobaban sus salidas de tono, su origen humilde. Pese a todo, lo necesitaban. Había páginas que llenar, programas de televisión que sin una entrevista suya valían la mitad. Volvían a engatusarlo. Al principio se mostraba cohibido ante las cámaras, pero después de unas cuantas intervenciones se empezó a soltar; hablaba en dialecto romano, reconstruía la historia con su profundo espíritu analítico, minado por los cambios de humor. De repente se le quebraba la voz. La forma infame en que lo habían matado. Le habían hecho lo que le habían hecho y, no contentos con ello, encima lo habían calumniado. Procedían de familias acomodadas, tenían buenos abogados, harían de todo con tal de salirse con la suya. ¡Cadena perpetua! ¡Cadena perpetua! A partir de ahí ya no tenía freno. Gritaba con los ojos clavados en la cámara. El reportero le decía al operador que grabara en primer plano. El cinismo era el aire que respiraban todos, nadie se lo reprocharía.

De vez en cuando, un periodista inteligente le hacía una pregunta distinta.

—Señor Varani, ¿qué sintió al regresar a Italia con ese niño?

—Una sensación de victoria —respondía con orgullo.

—¿Y en qué momento exacto se sintió *realmente* el padre de Luca?

—De inmediato, rápidamente. Cuando lo cogí en brazos. Entonces sentí que era nuestro hijo.

—¿Quién eligió el nombre?

—A mi mujer le gustaba Luca. Le gustaba ese nombre. Estaba bien.

—¿Cómo era Luca de niño?

—Era un niño avispado. Un niño aceptado por todo el mundo. Se hacía querer, se relacionaba con cualquiera, era abierto, radiante. ¿Ha entendido cómo era? Así era Luca de pequeño.

Los periódicos publicarían decenas de fotos de Luca. A los quince, a los dieciocho, a los veinte años. Era un chico guapísimo. Mirada dulce, ojos grandes, pómulos altos. Con el torso desnudo y un gatito en brazos. Posando como un rapero. Bien vestido con americana negra y camisa blanca, con piazza Colonna de fondo. Luego las fotos con Marta Gaia. Docenas de imágenes en las que los dos novios se abrazan.

Luca y Marta Gaia llevaban juntos desde que tenían catorce años. Para algunos era el culmen del romanticismo. Otros lo encontraban un poco asfixiante. A esa edad es bueno experimentar, decían, uno no puede estar toda la vida con la misma chica.

Había trampillas por las que Luca desaparecía de vez en cuando. Momentos del día en que nadie sabía dónde se encontraba. Roma siempre te permite esconderte si quieres dedicarte a tus cosas. Se había matriculado en el instituto técnico. En un determinado momento lo suspendieron, entonces empezó a asistir a las clases nocturnas. Abandonó el nocturno a un paso de la graduación, y se puso a trabajar en el taller. Pero habría regresado a clase, dijeron los profesores después del asesinato. Era un muchacho inteligente, se le daban bien las matemáticas, sentía curiosidad por todas las cosas. Se habría graduado, decían, seguro que habría acabado haciéndolo.

Los carabinieri llamaron al timbre. Giuseppe Varani fue a abrir. Los observó. Iban solos.

–Entren, por favor –dijo.

Había dos de paisano y dos de uniforme. Mientras les daba la espalda y los conducía al interior, Giuseppe reflexionaba. Luca no los acompañaba. Dada su ausencia, si hubieran sido buenas noticias les habrían llamado por teléfono.

–En fin, ¿qué ha pasado? –preguntó sin esperar a que llegaran a la sala de estar.

–Sí, mire, ahora se lo contamos –respondió uno de los carabinieri.

–Pero ¿saben dónde está Luca? –insistió.

–Lo hemos visto –dijo otro carabiniere en tono vago.

La atmósfera era tan rara que hablar sin rodeos resultaba difícil. El señor Varani empezó a angustiarse.

–¿Puede ofrecernos un café? –Uno de los carabinieri intentó descargar la tensión.

–Claro, ¿cómo no? Ahora mismo se lo preparo –respondió.

Después de que le pidieran café, el señor Varani pensó que Luca se había metido en problemas con la justicia. Lo habían detenido. Eso era lo que había pasado. Una pelea. Se habría liado a tortas con alguien.

–Por la noche los chicos se encuentran en diez mil situaciones extrañas –dijo meses después, reconstruyendo las sensaciones de esa mañana.

Era cierto, a los chicos puede pasarles de todo. Pero lo que él era capaz de imaginar no era nada comparado con lo que tenían que decirle. La realidad es demasiado brutal para que la mente humana pueda soportarla. La mente humana está estructurada precisamente para bloquear la realidad. Reorganiza el misterio terrible del tiempo. Oculta el pensamiento de la muerte. Presta un nombre a las cosas desnudas, luego las convierte en símbolos.

—¿Podemos echar un vistazo por la casa?

Los carabinieri se movían a tientas. No había un manual de instrucciones. No debían atenerse a un protocolo predeterminado. Siempre se confiaba en la sensibilidad de quien debía ocuparse de comunicar los hechos. Era difícil, entre otras cosas porque los destinatarios de la noticia a menudo se daban cuenta de lo que estaba sucediendo. Se daban cuenta, pero preferían esperar. Entonces los carabinieri se sentían obligados a echarles una mano, empezaban todos a la vez a darle vueltas al asunto para lograr de algún modo que *eso* no fuera cierto el mayor tiempo posible.

—Adelante, adelante, ¿acaso les he dicho yo que no?

Los carabinieri se dispersaron por la casa. Desaparecían detrás de una puerta. Luego regresaban. Él nunca se quedaba a solas. «Pero ¿cómo se lleva con su hijo?» «Bien, bien. Vamos, normal.» «¿Y es verdad que lo adoptaron?» «Sí, sí, es adoptado», confirmó. «Pero ¿qué hábitos tiene Luca?» Las preguntas le llegaban de todas partes. Giuseppe respondía, intentaba dar lo mejor de sí mismo. Luca está muerto. Lo dijo uno de los carabinieri de repente. Primero debe entrarse en una situación absurda para que pueda comunicarse una noticia absurda.

—¿Muerto? ¿Cómo que *está muerto*? Cómo que *muerto,* ¿eh?

—Lo han matado —dijo el carabiniere.

En ese momento Giuseppe Varani podría haberse desplomado al suelo. En cambio, permaneció de pie, quieto delante de los agentes del orden. Se habrá iniciado una pelea y alguien habrá sacado las navajas, pensó. Semejante al sonido de un cuerpo en movimiento, el razonamiento llegó antes del colapso que lo estaba produciendo. «Los hemos pillado, han confesado», se apresuró a decir otro carabiniere. «¿Dónde, dónde lo han matado?», preguntó el señor Varani. Cuanto más destruía la realidad los límites de lo soportable, más se apresuraba el razonamiento a reconstruirlos unos metros más allá. «En un apartamento», dijo el carabiniere, rompiendo de nuevo las barreras mentales del hombre.

—¿Un apartamento?

Tenía que haber sucedido en la calle para que la cosa tuviera un mínimo de sentido. Un chico no se detiene en el semáforo, un automovilista lo insulta. Los dos llegan a las manos. Caída, fatalidad. O: le haces algún feo a alguien peligroso. La calle es el lugar ideal para que te las hagan pagar. Pero tampoco había sido eso.

Unas horas más tarde lo acompañaron a la morgue para el reconocimiento. «Ahí está», dijeron los empleados del complejo. Se lo mostraron detrás de una mampara de cristal. «Ahora ya puede mirar.» La petición era insoportable, todo era insoportable desde hacía unas horas, pero hizo lo que debía hacerse. El cuerpo estaba tendido sobre una camilla de metal. La garganta abierta. Los dientes rotos. Se habían ensañado de un modo impresionante. Pero lo que vio después lo dejó aún más turbado. En la cara y en el abdomen de su hijo había varios cortes superficiales. «Unas marcas muy, muy finas», explicó. Había todos esos garabatos, como bordados, en las mejillas y la frente. El señor Varani permaneció en silencio unos segundos. «Infames —dijo al final—, han querido divertirse.» No se habían contentado con matarlo. Era un concepto imposible de asimilar, pero Giuseppe Varani al final también logró eso: consiguió pensar lo impensable. Solo entonces tuvo la seguridad de que había entendido la situación. No fueron esos cortes los que provocaron la muerte de su hijo, pero precisamente en esos cortes había una explicación.

—Ellos han saltado el foso —dijo—, mientras que yo sigo estando aquí.

Quería decir que él esperaba que los responsables de la muerte de Luca estuvieran en la orilla de lo humanamente comprensible, adonde quienquiera que hubiera hecho esa carnicería tarde o temprano acabaría regresando. Quizá por eso, durante las entrevistas televisivas, incluso cuando llegaba al culmen de su rabia y levantaba la voz golpeando el dorso de la mano derecha en la palma de la otra mano, Varani rara vez llegó a definir como «monstruos» a los responsables del asesinato. Dijo que habían hecho algo monstruoso, que se habían comportado como monstruos, pero eran seres humanos, criaturas a las que había que corregir y a las que no les bastaba con la abstracta enunciación de un principio moral.

—Deben ir a prisión —atronaba—, y recibir la pena justa por lo que han hecho.

Lo estafaron. Luego también le robaron. Pero desde el Janículo la vista era fantástica. El turista holandés se sentó en un bolardo de cemento. Desde allí se contemplaba uno de los panoramas urbanos más hermosos del mundo, pero las cosas pasaban abajo, entre las calles, el tumulto, la peste. La persona con la que tenía que verse llegaba con retraso. Bueno, es normal que se demore, pensó. Una de las leyendas de los últimos tiempos decía que Roma era la única capital europea que no había sufrido atentados gracias a su sempiterna informalidad. Dos terroristas planean hacer saltar por los aires el McDonald's de piazza di Spagna. Sincronizan los relojes, pero no llegan a encontrarse: huelga de los transportes, cierre anticipado del metro, una manifestación no autorizada en via Nazionale.

En el Coliseo le habían endilgado dos entradas falsas. Dos días después, entre Lepanto y Manzoni, le birlaron la cartera del bolsillo. Se dio cuenta en Colle Oppio. Por suerte había dejado en el hotel la documentación y la tarjeta de crédito. Era la quinta vez que venía a Roma en los últimos dos años, había aprendido las reglas: lo que la ciudad te quitaba no era nada comparado con lo que te daba, pero había que ir con cuidado. Se alojaba en el Ariston. Pero luego, a diez minutos de piazza dei Cinquecento, había cogido una segunda habitación donde no era necesario registrarse.

En el móvil apareció un mensaje. El turista holandés lo leyó y respondió.

El cañón del Janículo efectuó su disparo habitual y acto seguido se oyeron las campanadas de las iglesias de los alrededores. Una bandada de estorninos se alzó de los árboles.

Había sido ingeniero de la Boeing, ahora estaba jubilado.

Los turistas de su clase –hombres mayores, cierta cultura, buena posición social, viudos o solteros– venían a Roma para sumergirse en el pasado. Contemplaban el *Moisés* de Miguel Ángel, malinterpretándolo, se quedaban atónitos frente a los mosaicos de Santa Prassede. Convencidos de que sabían de arte por haber leído cuatro libros, esperaban que lo poco que les quedaba de vida los acercara al misterio de esas obras inmortales. No era así. Los mortales a los mortales. La naturaleza extraordinaria de Roma no estaba en la llamada de la trascendencia, que solo podían sentir los idiotas, sino en la conciencia omnipresente de que todo es humano y todo se corrompe. Esta era la lección del pasado. Ningún presente es más valioso que el de quien sabe que tiene que morir. Un chico y una chica que se reían en un bar, un taxista que dormía con la boca abierta, los ojos de un niño entre los puestos de manzanas en un mercado. Por eso estaba él allí. En Porta Portese le habían colocado una baratija haciéndola pasar por un auténtico jarrón etrusco, los argumentos del timador habían sido tan refinados y tan descaradamente engañosos que al final, admirado, se llevó la mano a la cartera. En el Lungotevere Marzio vio algo cuya lógica le costaba comprender: un niño había tirado por un puente una bicicleta flamante.

En Monti se internó por las callejuelas del barrio. Voces. Colores. Chicas elegantísimas. En un momento dado, un terrible hedor estuvo a punto de dejarlo inconsciente. Un negro olor a muerte. La carnicería de via Panisperna. Era allí donde compraban los más altos cargos del Estado. El presidente Giorgio Napolitano, Carlo Azeglio Ciampi, antes de ellos Francesco Cossiga. La carnicería también la frecuentaba la gente normal, personas dispuestas a desembolsar algunos euros de más para saborear lo mismo que el jefe del Estado en la mesa. «O para cagar la misma mierda», decían los ingeniosos. Ahora la carnicería había quebrado. Cuando los oficiales llegaron para precintarla, desconectaron la electricidad sin darse cuenta de que en la cámara frigorífica todavía guardaban muchos quintales de carne.

El turista holandés dobló la esquina. El hedor disminuyó. Como un náufrago en busca de salvación, se asomó a via Nazionale. Allí vio a los automovilistas que pasaban con rapidez, rompiéndose la espalda por los baches.

«Los baches aparecen debido a que las empresas, para hacerse con la adjudicación, pagan una mordida a un funcionario del Ayuntamiento —explicó el presidente de Anticorrupción durante una rueda de prensa celebrada unos días antes—, el emprendedor recupera ese dinero extra haciendo mal las obras; de este modo, muy pronto hay que rehacer esas obras, lo que nos lleva a más mordidas, a nuevos beneficios ilegales, a nuevos baches en el asfalto.»

Luego todos, honestos y deshonestos, se caían en esos baches.

El turista holandés verificó su móvil otra vez, levantó la cabeza y vio al hombre. Se separó del bolardo de cemento, dio la espalda a la belleza de las iglesias y salió al encuentro con la vida.

—Esta, esta parece interesante —dijo unos minutos después, mientras señalaba una de las fotos que el hombre estaba mostrándole.

—Cuando llegó Luca es como si se hubiera activado un acuerdo tácito entre Marco y yo —dijo Manuel.

—¿Un acuerdo tácito para hacer qué?

—Era como si esa cosa que había entre él y yo… esto es, verá, *aún estuviera viva*.

Eran las dos menos veinte de la madrugada.

—Recapitulemos —Scavo dio un paso atrás—, Marco le envía ese whatsapp a Luca, ¿y usted en qué momento se entera?

—Cuando Luca se presenta en mi casa.

—¿Y qué pensó cuando llegó Luca? ¿No pensó «quién diablos es este chico»?

—Sí, lo pensé, pero considerando lo que estábamos haciendo… entre la cocaína, el alcohol, gente entrando y saliendo de casa… bueno, tampoco es que resultara tan extraño.

—Está bien —dijo el doctor Scavo—, entonces díganos qué recuerda de cuando Luca entró en su casa. ¿Hablaron? ¿Intercambiaron algunas frases?

—Yo lo único que recuerdo —dijo Manuel— es que, sinceramente, ese chico era adoptado. Y que era chapero.

—¿Chapero?

—En resumen, se prostituía.

—¿Y usted cómo lo supo?

—Eso es lo que me dijo Marco.

—¿Adónde fue a parar el teléfono de Luca?

—Lo tiramos a un contenedor de basura. De hecho, tenía dos móviles. Creo que Luca también vendía droga.

Prosiguieron durante unos minutos más. De pronto, sin que tuviera nada que ver con las preguntas, Manuel sintió la necesidad de precisar un detalle.

—Verá, doctor Scavo, en mi círculo de amigos todos somos chicos que... bueno, no es que no podamos enamorarnos, pero tendemos a dar... pensamos más que nada en el sexo... y a veces pagamos. Así que —siguió con dificultad— no quisiera que pensara que yo, por el hecho de no tener ninguna relación estable a nivel sentimental... no quisiera que pensara que yo puedo ser uno de esos tipos incapaces de... No era un Anders Breivik, no era un Charles Manson. Eso es lo que estaba intentando explicar a quien tenía delante. A pesar de que los hechos parecían demostrar lo contrario, él era *humano*. Manuel parecía pedirles a sus acusadores que le aclararan lo que había pasado: explicadme vosotros qué es lo que he hecho, ayudadme a entenderlo. Los crímenes que llenaban las crónicas de sucesos tenían como protagonistas a individuos que se autodeterminaban en sus actos criminales. Aquí, por el contrario, parecía que un asesinato extremadamente violento —precedido por horas de tortura— se había consumado prescindiendo de la voluntad del perpetrador. No parecía haber ningún móvil. No parecía haber ningún vínculo emocional con la víctima.

—Mire, nosotros no hacemos juicios éticos —dijo Scavo.

—No estamos aquí para emitir juicios morales —aclaró el coronel Donnarumma para reforzar el concepto.

—Escucha, Manuel —dijo el abogado defensor—, ¿te acuerdas de si, por casualidad, Marco te incitaba o te instigaba a ejercer violencia sobre ese chico?

—Sí —respondió Manuel—, eso también ocurrió. Sin embargo, no se trata de que ahora Marco es el malo y yo, en cambio, soy el bueno. Yo soy responsable.

El doctor Scavo se levantó de su escritorio a las tres menos cinco de la madrugada. El interrogatorio había acabado. Dio orden de apagar la grabadora. Se despidió de Manuel y abandonó la habitación. Luego le pidió a un carabiniere que escribiera a la directora del centro penitenciario de Regina Coeli.

Con las primeras luces del amanecer, Manuel Foffo ingresó en la cárcel por primera vez en su vida. Marco Prato recibió el alta del hospital unas horas después. Los carabinieri lo escoltaron a la comandancia de piazza Dante. Allí, dos agentes llevaron a cabo una incautación bastante singular. «El día 6 de marzo de 2016, a las 19.20 horas –según se escribió en el acta–, se procedió a la incautación de pelo falso (peluquín), dado que se considera cuerpo del delito.» Luego Marco también fue trasladado a Regina Coeli, con la prohibición absoluta de hablar con sus familiares y con Manuel Foffo.

Oír las puertas de la cárcel cerrarse detrás de uno por primera vez es una experiencia que nadie olvida. En Regina Coeli esta desazón se mezcla con otras sensaciones. La institución se halla encajada en una de las zonas más bellas de la ciudad. No muy lejos está el Janículo con sus vistas. El Tíber fluye por el lado este. Ese es el punto mágico donde, en un pestañeo, se capturaría la sinagoga, los vastos espacios de Ponte Garibaldi, el campanario de San Bartolomeo reflejados en la superficie del agua. Todo lo que de magnífico puede pedírseles a las formas está al alcance de la mano. Pero bajo la película verdusca, el río auténtico es ciego y frío, y en el fondo cenagoso está poblado por criaturas sin rostro.

SEGUNDA PARTE

LA SUPERFICIE DEL AGUA

Si el individuo no puede saber nada, ¿por qué todos juntos iban a saber más?

GUSTAVE FLAUBERT

Los medios de comunicación primero nos convencieron de que lo imaginario era real, y ahora nos están convenciendo de que lo real es imaginario.

UMBERTO ECO

Cristina Guarinelli me telefoneó a las dos de la tarde del martes 8 de marzo. Me preguntó si quería escribir un reportaje sobre el asesinato de Luca Varani. Rechacé la propuesta. Unas horas más tarde la llamé y le dije que aceptaba el encargo. Cristina Guarinelli trabajaba en el suplemento *Il Venerdì* de *la Repubblica*. A pesar de los ritmos demenciales del periodismo, era una buena profesional llena de calidez humana. De acuerdo con Attilio Giordano, el director del suplemento, había decidido dedicarle al caso un análisis en profundidad. El domingo anterior, cuando había oído la noticia, me había quedado hipnotizado delante de la tele. A pesar de que los elementos de la historia aún resultaban confusos, enseguida me pareció captar algo familiar. La sensación había sido similar a cuando vas andando por la calle y de pronto reconoces en un transeúnte los rasgos de una persona a la que no has visto durante años. Me detesté por ver el reportaje hasta el final y apagué el televisor.

Estaba en una época tranquila de mi vida. No me ocurría desde hacía tiempo. Las semanas se sucedían sin sobresaltos. Estaba inmerso en la escritura de un libro. Mi matrimonio iba bien. Mantenía las cosas bajo control. Por regla general, controlamos lo que entendemos. Me refiero a que enseguida temí que el caso Varani podía hacer que descarrilara todo lo que me esforzaba en proteger. Por eso me irrité al recibir la llamada del periódico: yo nunca había escrito crónicas de sucesos, ¿qué probabilidades tenía de que me pidieran cubrir precisamente el caso del que pretendía mantenerme a distancia?

Le respondí a Cristina Guarinelli en un tono que debió de resultarle antipático. Dije que no tenía tiempo para un trabajo tan exigente y colgué.

Una vez concluida la llamada, sin embargo, volví al ordenador. Retomé el trabajo con buena disposición anímica y fue allí, sentado en mi escritorio, cuando me encontré mirando atónito cómo el texto al que había dedicado todos los días de los últimos meses se desmoronaba página tras página bajo mi mirada impotente, desbancado no por una idea brillante para un nuevo libro, sino por una *fuerza* –y una fuerza más bien oscura– de la que, de hecho, yo no sabía nada. Seguí trabajando con obstinación. Cuanto más excavaba entre las comas, menos encontraba.

Cuando mi esposa llegó a casa por la noche, enseguida se dio cuenta de que había tenido un mal día. Le expliqué lo que había pasado, pero antes de que pudiera entrar en los detalles, ella dijo:

–Qué suerte.

Era una verdadera suerte que me hubieran pedido que cubriera precisamente el caso en el que –«Confiésalo», dijo Chiara– no hacía más que pensar últimamente. Si se tenían en cuenta ciertas historias de mi pasado, un caso semejante no podía dejarme indiferente. Por decirlo de otro modo, era imposible que yo fuera capaz de escapar de un caso como ese. A menudo, huimos de lo que no tenemos tiempo de entender, y cuando pasados los años *esa cosa* reaparece con un nuevo aspecto suele ser para que nos preguntemos cómo no conseguimos hacerlo entonces.

«Estoy intentando liberarme de los compromisos. Hablamos cuando puedas.»

Con este sms, preocupado por salvar las apariencias, me puse otra vez en contacto con Cristina Guarinelli.

Cuando acepté el encargo del *Venerdì* habían pasado cuatro días desde el asesinato y dos desde su aparición en la escena mediática. Las noticias se habían superpuesto de un modo frenético, luego la historia tomó la forma en la que la opinión pública la reconocería largo tiempo, la forma inevitablemente errónea en cuyo seno se desencadenaron las pulsiones más descontroladas.

Al principio, el caso se presentó como una explosión de horror incomprensible. Los detenidos eran dos chicos normales, el asesinato carecía de móvil, era difícil entender lo que había pasado.

«Pero, bueno, ¿en qué mundo vivimos?»

«Parece que al pobre chico lo mataron porque los asesinos estaban aburridos.»

«¡Esta ciudad da asco!»

Los comentarios en las redes sociales se limitaron durante unas horas a transmitir un desconcierto genérico. Pero luego llegó el lunes, empezaron a conocerse algunos detalles. El asesinato adquirió las dimensiones del delito social.

«Un pobre chico asesinado brutalmente por dos cerdos y asquerosos asesinos, ociosos hijos de papá.»

«Espero que la justicia condene a Marco Prato a cadena perpetua, pero tratándose de un comunista radical chic, ¿qué apostáis a que todo acabará en una farsa?»

Un oscuro universitario repetidor, hijo de un diligente restaurador, trabaja amistad con el desinhibido hijo de un asesor cultural, amigo de amigos de gente importante, y juntos se divertían torturando a un joven veinteañero adoptado por dos vendedores ambulantes de la Storta. Tres clases sociales, tres niveles de ingresos, tres zonas diferentes de la ciudad, y ahora sí que las cuentas cuadraban perfectamente.

«Disolvedlos en ácido, ¡ya me gustaría ver qué efecto les hace!»

«Quemadlos vivos con la misma indiferencia que tuvieron ellos.»

«¡Pena de muerte con mucho sufrimiento! ¡Bestias drogadictas!»

La posibilidad de invocar la ley del talión entusiasmó a los más sañudos. Pero los progresistas no fueron menos. Algunos usuarios de Twitter utilizaron el asesinato para atacar a Matteo Salvini y a la Liga: los que mataron a Luca Varani no eran inmigrantes, sino dos muchachos blancos, ricos, italianísimos, bien educados, hijos de supuestas familias respetables, rugieron los comentaristas a su vez blancos, italianos, procedentes de familias respetables.

La oleada de indignación contagió a los primeros personajes públicos. La presentadora de televisión Rita dalla Chiesa, hija del general asesinado por la mafia, escribió en su muro de Facebook: «Si pidiera la pena de muerte para estos malditos monstruos, la llamada intelectualidad se me echaría encima. Pues bien, ya podéis hacerlo, porque esta vez exigiría la pena de muerte. La exigiría con todas mis fuerzas».

La discusión se prolongó hasta altas horas de la noche. Entonces, con el nuevo día, llegaron otros datos. Se supo que Marco Prato era gay. Se supo que Manuel Foffo, pese a declararse heterosexual, había tenido relaciones sexuales con él. El asesinato «clasista» se contaminó con el tema de la orientación sexual.

«Luca Varani asesinado por gais pervertidos.»

«Maricones de mierda #lucavarani.»

«Hagamos que estas mierdas adopten niños #lucavarani.»

El muro de Facebook de Marco Prato estaba lleno de publicaciones en las que su homosexualidad emergía con naturalidad, textos y vídeos llenos de ironía y sutileza, en realidad inofensivos; sin embargo, la desenvoltura aumentó la irritación de muchos comentaristas.

«Si Marco Prato fuera un fascista, todo el mundo le daría vueltas y más vueltas a la cuestión. En cambio, es un activista LGBT, el clásico intelectual radical chic, un burgués baboso mimado desde su infancia.»

«@marcoprato, ¡te cortaré los pulgares y te mataré!»

Al principio, el odio se concentró en Prato. Pero con el paso de las horas la ausencia de Manuel Foffo del panorama digital comenzó a despertar sospechas. ¿Por qué Manuel no estaba en las redes sociales? No se encontraron fotos suyas ni siquiera buscando en Google, y en los periódicos apareció una descolorida fotografía tamaño carnet en la que no quedaba claro qué cara tenía. Alguien especuló que su familia era realmente poderosa; los Foffo tenían tantas conexiones, dijeron, como para hacer desaparecer al chico de internet en veinticuatro horas.

Luego apareció el post sobre Adán y Eva.

Quien se tomó la molestia de examinar el perfil de Facebook de Luca Varani se encontró con algo inesperado. A primera vista, era el clásico tablón de anuncios de un joven veinteañero: mensajes de amor para la novia («Me gustaría despertar a tu lado con tu cuerpo entre mis brazos y decirte una última verdad… ¡te quiero!»), buenos propósitos («Cada día que pasa es una oportunidad para superarse»), desahogos sin un objeto específico («¡Dais asco!»), vídeos cortos en los que las películas de Disney estaban dobladas en dialecto romano («Blancanieves y los siete enanitos cachondos»).

De vez en cuando, no obstante, aparecía algo diferente.

Se trataba, en su mayoría, de publicaciones de otros usuarios que Luca había compartido. En una había una foto comentada de Cécile Kyenge, la primera ministra de origen africano de la historia de la República. «Soy italiana», le hacía decir a Kyenge el autor de la publicación. «Y yo soy un gato», respondía un perro en la viñeta de abajo. En otro post se imaginaba un diálogo entre Cécile Kyenge y Benito Mussolini. «Las leyes italianas de inmigración son una vergüenza», decía la ministra. Y Mussolini: «La vergüenza es ver a gente venida del Congo dictando leyes a un pueblo orgulloso de su historia».

La mala suerte quiso que se añadiera a estas publicaciones una que olía a homofobia, y que fuera la última publicada por Luca Varani antes de ser asesinado. Una imagen religiosa con una leyenda debajo: «Dios creó a Adán y Eva, no a Adán y Claudio».

¿Estas publicaciones decían algo definitivo sobre la personalidad de Luca Varani y sobre sus opiniones? ¿Hacían de él un homófobo convencido? ¿Un partidario de la extrema derecha? ¿No era imprudente convertirlas en el manifiesto de un veinteañero del que nada se sabía? Aun así, despreciando toda precaución, para un gran número de comentaristas Luca Varani se convirtió al instante en un heterosexual asesinado por dos gais por su apoyo a la familia natural. Cabalgando esa nueva ola estaban precisamente aquellos de quienes, por su papel, cabría esperar prudencia y serenidad: los políticos.

El primero en saltar a la palestra fue Mario Adinolfi. Exdiputado del Partido Democrático, Adinolfi era un católico antiabortista, partidario acérrimo de la familia tradicional. En ese año de equipos de gobierno decapitados, Adinolfi iba a presentarse en las próximas elecciones para alcalde de Roma. Escribió en su perfil de Facebook: «El último post del pobre Luca Varani es una imagen bíblica con la inscripción: "Dios creó a Adán y Eva, no a Adán y Claudio". Si lo hubiera publicado yo me habrían tratado de homófobo durante semanas. Luca Varani fue brutalmente asesinado por dos gais que lo aturdieron, drogaron y torturaron. La *Repubblica* titula así la noticia: "Sexo, movida y otras locuras: la ruina de Manuel y Marco". Para encontrar la palabra "gay" hay que llegar al final del artículo. Yo afirmo que en el mundo de la comunicación existe un lobby homosexual que endulza cualquier noticia que pueda dañar la imagen de la comunidad LGBT. ¿Qué titulares leeríamos en los periódicos si el muerto fuera un gay asesinado por un par de Centinelas cristianos? Espero que unos jueces honestos se pregunten por qué se eligió precisamente a Luca como chivo expiatorio. Es importante para comprender si toda esa inmunda violencia que se descarga sobre nosotros —solo porque intentamos decir que estamos en contra del matrimonio homosexual— no está generando un delirio persecutorio del que este acto es la culminación».

También una parte de la comunidad LGBT empezó a hacerse oír, y también en este caso fueron los representantes del mundo político los que tomaron la iniciativa. Vladimir Luxuria, la primera transgénero que llegó a ser parlamentaria en Europa, explicó que había conocido a Marco Prato tiempo atrás. Luxuria mostró en Twitter un pantallazo de un antiguo mensaje de Prato, donde el relaciones públicas la invitaba a presentar su último libro durante una velada en el Os Club. Luxuria dijo que estaba profundamente afectada por lo sucedido («los monstruos pueden incubarse dentro de quien no te esperas»), y ofreció su opinión sobre la conducta de la víctima: «A menudo los mayores homófobos son homosexuales reprimidos, por lo tanto, yo investigaría en esta línea. La víctima tenía poco más de veinte años, y tenía novia, entonces ¿qué hacía allí, un viernes por la noche, en un apartamento en la periferia romana con dos muchachos decididamente homosexuales y aficionados a las drogas, en vez de estar con ella? La respuesta es obvia».

Otros activistas afirmaron que el problema era el odio a uno mismo. La no aceptación generaba dolor y frustración, el dolor y la frustración generaban violencia, ¿y de dónde nacían el dolor, la frustración y, al final, la violencia, sino de la cultura homófoba y patriarcal que dominaba históricamente nuestras vidas? La intolerancia, introyectada a pesar de los deseos de cada uno, generaba desastres: había sido la falta de aceptación de su propia homosexualidad la que empujó a Foffo y a Prato a matar a Varani.

No faltaron opiniones interesantes de criminólogos y expertos en sociología. Hubo incluso quien mentó al diablo.

«Quien utiliza los instrumentos del diablo espera adquirir poderes que otros no tienen.

»¡Seres malditos y despreciables, discípulos de Satanás!»

La red es emotividad sin frenos, pensé tras leer esos mensajes durante horas. No obstante, me pregunté si no había una parte de verdad en ese desenfreno: los tonos de las redes sociales, que lo deformaban todo en una hoguera de simplificación y maniqueísmo, ¿no llegaban a tocar, de una forma errónea, aspectos que recorridos más civilizados alcanzarían con más lentitud?

—¡Nicola!

Pero ¿qué sucede cuando, precisamente las personas involucradas en casos como este, deciden lanzarse a la máquina simplificadora del relato público?

—¡Nicola, corre!

Era mi esposa, me llamaba desde el salón. Me reuní con ella y la encontré de espaldas, señalando la televisión, el viejo e inoxidable electrodoméstico en cuya pantalla aparecía encuadrado ahora el enorme rostro de Valter Foffo, quien, a los cuatro días del crimen y a solo dos de la confesión de su hijo, cuando Manuel acababa de entrar en la cárcel y Luca Varani aún estaba por enterrar, había aceptado la invitación de un programa de entrevistas a fin de explicar, para beneficio de algunos millones de italianos, su inolvidable versión de los hechos.

«Pero ¿cómo se le metió esa idea en la cabeza?» Esta fue la pregunta que se hicieron los más indulgentes a medida que Valter Foffo iba hablando en la tele, ofreciendo a una gran audiencia ocasión para el escándalo, la indignación, la invectiva, todo atribuible a dos motivos principales: lo que Valter Foffo estaba logrando decir, y lo que estaba logrando *no* decir.

—Dejémoslo, nos aconsejaron mal.

Algún tiempo después, Valter Foffo reconocía su error. Estaba menos trastornado que en los primeros días. El shock inicial había sido reemplazado por la ordinaria gestión del estado de alarma: los desconocidos que lo insultaban por la calle, los negocios a pique, las largas discusiones para ver cómo salir de todo aquello.

—El abogado. Fue él quien nos convenció.

Valter Foffo lo decía fijando la mirada en otro lado, como para expulsar un pensamiento que amenazaba con hacerle perder el control. Pero ¿adónde podía mirar? Adondequiera que se girara los problemas se le echaban encima.

—Es cierto, yo les aconsejé que lo hicieran. Pero era imposible predecir lo que iba a salir de su boca. Yo no sé qué le pasó.

El abogado Andreano reconstruía el episodio desde otro punto de vista. La aparición de Valter Foffo en la tele fue un desastre, de acuerdo. La gente, de todos modos, no se imagina lo que hay detrás. Nada sabe de la ansiedad, de la presión, ignora la verdadera locura que se puede desencadenar en torno a la familia de un reo confeso cuando un caso como ese pasa a ser de dominio público. Los periodistas, los directores de cadena, todos, en algún momento, lo acosaron. Querían que les entregara al padre del chico. Querían a la madre del chico. O, como mínimo, aceptarían también al hermano del chico.

—Lo siento, los familiares de Manuel no van a hacer declaraciones.

Al principio, Andreano repelió los ataques, rechazó todas las peticiones de entrevista. Sin embargo, la situación cambiaba de hora en hora, el fuego abrasador del desprecio estaba empezando a moverse hacia su cliente: el silencio de los Foffo corría el riesgo de añadir culpabilidad a la culpabilidad, los jueces no siempre son insensibles a esto. Los propios familiares de Manuel, asediados por los periodistas, pedían consejo. Andreano empezó a pensárselo. Una entrevista. Una única aparición pública capaz de cambiar, aunque solo fuera en parte, la narración que se estaba creando alrededor del caso.

—Está bien, iré.

Si era necesario jugar esta carta por el bien del muchacho, que al menos fuera en el programa de entrevistas más conocido del país. En *Porta a Porta* sucedían cosas que no eran posibles en otros lugares. Fue allí donde Silvio Berlusconi firmó su contrato con los italianos. Fue en *Porta a Porta* donde —descolocando incluso a su experimentado presentador— el Papa en persona decidió intervenir en directo por teléfono. También fueron invitados los familiares del *boss* Vittorio Casamonica, del mismo modo que, al cabo de pocas semanas, apareció el hijo de Totò Riina para contar la historia de la familia.

Valter Foffo se presentó en los estudios de televisión hecho un brazo de mar, americana oscura sobre camisa blanca, corbata color rubí, el pelo canoso bien peinado, las mejillas perfectamente afeitadas.

Antes de concederle la palabra, Bruno Vespa dio paso al reportaje que resumía la historia.

Mientras la voz en off relataba el asesinato, en la pantalla empezaron a pasar las imágenes de Marco Prato, de Luca Varani, de Manuel Foffo. Entre una imagen y la siguiente, se mostraron páginas enteras del interrogatorio de Manuel, las palabras pronunciadas por la voz en off estaban resaltadas en amarillo («Salimos en el coche, recuerdo que teníamos el deseo de hacerle daño a alguien»; «Nos decíamos que debíamos matarlo»), pero luego había otras frases que se mostraban de pasada sin que la voz las leyera («Luca se prostituía»; «La noche de fin de año mantuve sexo oral con Marco»). Para los espectadores era difícil barajar toda la información. El reportaje se desvaneció rápidamente, la cámara volvió a enfocar a Bruno Vespa.

—Valter Foffo es el padre de Manuel —empezó Vespa presentando al invitado en el estudio—, fue a él a quien Manuel confesó haber matado a Luca. Señor Foffo, veamos, ¿cómo se lo dijo?

Valter Foffo soltó un suspiro. Localizó la cámara que lo enfocaba. Un segundo de silencio. Luego empezó a hablar. Contó la historia del viaje en automóvil. Dijo que, antes de confesarle el asesinato, su hijo le dijo que había tomado cocaína.

El presentador lo interrumpió.

—Disculpe, su hijo dijo que tomaba cocaína desde hacía diez años…

El señor Foffo se puso a la defensiva:

—¿Diez años? Mire, a mí esto no me suena.

—Bueno, es lo que dijo su hijo, yo qué sé.

—No, escuche —puntualizó el hombre—, en el acta está escrito que tenía algunos años más.

Vespa se dio cuenta del malentendido:

—¡No, no, por Dios! —se apresuró a decir—. No *a la edad de diez años*; desde que tenía diecinueve, *hace diez años*.

¿Cómo podía pensar Valter Foffo que le estaban preguntando si su hijo se había convertido en un adicto a la cocaína cuando era un niño de diez años? ¿Lo pensó porque estaba confuso? ¿Porque en la televisión pasa de todo? ¿Porque se estaba acostumbrando a la idea de que todo a su alrededor se había vuelto posible? Lo cómico, una vez más, se paseó por la escena cuando las posibilidades de lo trágico se habían agotado.

—Sí —se apresuró a decir Valter Foffo—, en el acta está escrito eso.

—Y usted, en todo este tiempo —preguntó el presentador—, ¿nunca se dio cuenta de nada?

Valter Foffo era un emprendedor con una larga experiencia, estaba acostumbrado a moverse en situaciones que habrían provocado una crisis a la mayoría de los hombres del espectáculo. Sin embargo, nunca había estado en un estudio de televisión. Y así, aturdido por las luces, por el juego de las cámaras, cansado de los últimos días, perseguido por la que en televisión seguía siendo la madre de todas las preguntas («¿Sabe que su hijo se droga?»), Valter Foffo se lanzó al vacío.

—No, verá —dijo—, yo nunca me di cuenta de nada, dado que Manuel siempre fue un chico modélico. Un chico enemigo de la violencia. Un autodidacta. Un chico muy bueno, quizá *excesivamente* bueno. Y también reservado. Un chico con un cociente intelectual superior a la media.

—Mire, yo esto no se lo cuestiono —lo interrumpió el presentador midiendo perfectamente los tiempos y, tras conceder al entrevistado la posibilidad de que su hijo estuviera dotado de una inteligencia superior, le pidió que volviera a centrarse en los hechos del asesinato.

Valter Foffo contó lo poco que sabía. Pero fue todo lo que dio por sentado, una vez más, lo que provocó la sorpresa de los telespectadores. Dijo que al principio no creyó en la confesión de Manuel («Lo vi demasiado tranquilo, tenía una tranquilidad *glacial*»), y así fue como se le vino a la cabeza la sospecha de que la cocaína le había hecho decir cosas que no habían pasado. Vespa preguntó si era cierto que su hijo había tenido problemas con el alcohol. «Sí, yo mismo lo envié a ver a un psicólogo», fue la respuesta. «¿Y qué le dijo el psicólogo?» «No habló del tema conmigo, debido al secreto profesional.» «Sí, claro –dijo el presentador–, pero ¿el psicólogo no le dijo al menos que la situación de su hijo era alarmante?» «No, no, en absoluto –dijo Valter Foffo, luego repitió–: Manuel... un *chico modélico*.» En ese momento intervino la psicoterapeuta Vera Slepoj. Se encontraba entre los invitados en el estudio, le preguntó a Valter si no tenía una imagen demasiado idealizada de su hijo. Valter Foffo respondió que de su hijo más bien tenía la imagen de que era un chico estudioso. La psicóloga destacó que un chico con problemas de alcohol y cocaína debería de haber despertado alguna sospecha. Valter Foffo dio signos de impaciencia. Bruno Vespa acudió al rescate de ambos: «En definitiva, ¿cómo veía usted a su hijo?». «Yo lo veía *perfectamente* –respondió Valter Foffo–, en lo que se refiere al alcohol, como ya he explicado, intervine de inmediato. Pero el alcoholismo de verdad, doctora, es *otra cosa*», dijo un tanto enojado a Slepoj. «Alcohólico es el que bebe todos los días, mientras que Manuel podía pasar meses y meses sin beber.» En el estudio también estaba el escritor Maurizio de Giovanni. Afirmó estar desconcertado por lo ocurrido. El abogado Andreano, en conexión desde Milán, dijo que era necesario averiguar hasta qué punto Manuel estaba en condiciones de entender y de querer hacer aquello que hacía mientras lo hacía. Valter Foffo expuso la hipótesis de que a fuerza de esnifar, su hijo y Marco Prato habían perdido la luz de la razón. «Probablemente son también dos personas que se manipulaban mutuamente», planteó la psicóloga. «Esa es una hipótesis *muy remota*», respondió resuelto Valter Foffo. De Giovanni preguntó si era verdad que Manuel se había hecho algunos análisis médicos para recuperar su carnet de conducir. «Sí, porque una noche salió de la discoteca –respondió Valter Foffo–, dio un bandazo con el coche y llegó la policía.» «Ya, pero no se hacen análisis de ese tipo salvo si existe una motivación toxicológica o alcohólica», señaló De Giovanni. «Sucedió hace un año y medio –se defendió Valter Foffo–, desde entonces Manuel no ha vuelto a probar el alcohol. Se hizo los análisis. Los repitió. Fueron negativos.»

—Señor Foffo —Bruno Vespa puso fin a la discusión—, como padre puedo sentirme cerca de usted. Como periodista creo que se ha emitido una película diferente.

Nadie supo cómo las actas de los interrogatorios terminaron en manos de los redactores del programa. Mostrarlas en televisión podría ofrecerles una ventaja a los abogados de Prato, proporcionando elementos de los que, de otro modo, no habrían tenido noticia. También dar garantías sobre la prolongada sobriedad de Manuel con esa seguridad podría haber sido una idea poco afortunada. Se avecinaban días complicados. La televisión todavía tenía el poder de hacer famosos en un instante a quienes, para bien o para mal, lograban hacerse un hueco en la pantalla. A Valter le costaba salir de casa sin que lo insultaran. «¡Asesinos!», le gritaban por la calle. Y luego estaba la red. Fue allí donde el rechazo se convirtió en una avalancha.

«Si yo fuera el padre de Manuel Foffo, no pensaría en Vespa, sino en el suicidio.»

«10 años de cocaína y el papaíto no se dio ni cuenta.»

«¡Esta es la educación que le dio a su hijo! ¡Que se esconda en vez de salir en televisión! ¡¡Ha criado a un monstruo y lo defiende!!»

«Este señor solo piensa en defender la imagen de su hijo y la de sí mismo como padre.»

«Qué gente más repugnante. La silla eléctrica para él y para toda su familia.»

Valter Foffo se dio cuenta demasiado tarde de que no había reflexionado sobre otros aspectos. Por ejemplo, parecía haberse olvidado que esa noche delante del televisor estarían también los padres de Luca Varani, sus amigos, su novia, Marta Gaia. ¿Por qué no se dirigió a ellos? Esa sí que habría sido una buena jugada en el plano mediático. Podría haberse mostrado terriblemente afligido por Luca, podría haberle dedicado unas palabras, podría haberse dirigido a los padres de la víctima, pedir perdón mirando a la cámara, invocar alguna clase de perdón. ¿Por qué no lo hizo?

A nadie lo persigue más la compulsión de repetición que a aquel que comete graves errores. Y así, en los días siguientes, Valter Foffo cometió otro, y luego otro más.

Marta Gaia Sebastiani se encontró con la vida destrozada de un día para otro.

Marta tenía veintidós años, era novia de Luca desde los catorce, en un mismo día se enteró de que su novio estaba muerto, que no había sido un accidente, que dos tipos de los que nunca había oído hablar lo habían torturado en un apartamento donde Luca había entrado por su propia voluntad y, por si no fuera suficiente, que cabía la posibilidad de que llevara una doble vida.

—Es un chapero —habían dicho.

¿Un chapero? *¿Luca, un chapero?*

Y ahora, dado que la locura del mundo no tenía límites, en el primer canal de la Rai, un señor de mediana edad estaba diciendo impasible que su hijo, el reo confeso, era un chico modélico.

Cuarenta y ocho horas antes, las cosas se sucedían con absoluta normalidad. Ahora todo estaba arrasado.

Marta Gaia vivía en los Casalotti, en una calle de edificios bajos y de magnolios. Hacía poco que trabajaba en una empresa de restauración. Se sentía afortunada de haber encontrado ese puesto, aunque en realidad quienes debían considerarse afortunados eran los que la habían contratado, al dar con alguien como ella. Marta Gaia era una chica de fiar y concienzuda, si era capaz de realizar una tarea, la hacía con la máxima dedicación, y cuando se daba cuenta de que no estaba a la altura, intentaba aprender. En los cursos de hostelería le habían dado tan solo unas nociones básicas, no tenía ni idea de lo que significaba trabajar entre mesas y cocina hasta que puso un pie allí. Lo que al principio le faltaba en experiencia lo compensó con la testarudez, el sentido de lealtad, la capacidad para trabajar en equipo. Uno se daba cuenta de que era una buena inversión. Y, además, en cualquier caso, Marta Gaia lo tenía a *él*.

1. Eres guapísima.
2. Estás fascinante con cualquier cosa que te pongas.
3. Cada una de tus miradas me emociona.
4. Vendería mi vida al diablo por tu sonrisa.
5. Eres dulce y cariñosa.
6. Cuando ríes, el sol se sonroja.
7. Para mí eres sinónimo de vida.
8. Sabes cómo calmarme.
9. Conoces mis mayores sueños.
10. Custodias mi corazón.
11. Nos entendemos con una mirada.
12. Te gusta hacerme partícipe de tu vida.
13. Cuando leas esta carta, corregirás mis faltas.
14. Sabes tocarme y hacer que sienta escalofríos.
15. Cada vez que piensas un poquito en mí, siempre es con acierto.
16. Soportas mis inútiles arrebatos.
17. Te comes lo que cocino (qué valiente).
18. Cuando duermes, resplandece todo a tu alrededor.
19. Te sorprendes cuando te doy sorpresas obvias que ya conoces.
20. TE AMO.

Veinte razones para decirle que la amaba, escritas en dos hojas pautadas.

El veinte era un número mágico para ellos. Lo habían transformado en un grito de guerra: «¡Marta Gaia + Luca unidos para siempre contra todo y contra todos, desde el 20/10/2007 en adelante!».

Se conocieron cuando tenían catorce años. Después de la escuela cogían el mismo autobús. Él se quedaba en la parte de atrás, charlaba con Vincenzo Giunta. Marta Gaia conocía a Vincenzo, pero a ese guapo chico moreno, alto y estilizado, nunca lo había visto.

—¡Oye! *¿Quién ha sido?*

Luca había lanzado la mochila entre los pasajeros del autobús. Marta había tropezado con ella. «Había hecho un poco el macarrilla para llamar la atención», recordaba Vincenzo riendo. «¿Quién ha sido?», repitió Marta Gaia. Luca la miraba en silencio. A Marta le pareció que sus ojos eran muy bonitos. Mientras tanto, el autobús se acercaba a una de las últimas paradas; dentro de poco, Marta se bajaría.

Fue ella quien le tendió la mano antes de que fuera tarde:

—Encantada, Marta Gaia.

Él se la estrechó.

—Me llamo Luca.

Marta y Luca se volvieron inseparables. Se veían a la menor oportunidad, durante el día se llamaban constantemente, o intercambiaban mensajes. Ella era la «esposita», él era la «mascotilla». «Me juego cien euros a que esos dos acaban casados», decían sus amigos. Cada uno tenía su escuela, cada uno tenía su círculo de amistades. Marta se veía con los amigos de los Casalotti, a los que Luca conocía. Luca tenía amigos en Battistini, y a esos chicos, en cambio, Marta Gaia nunca los había visto. No los veía a propósito. A ella no le gustaban nada de nada.

—Pero ¿me quieres?

—Claro que te quiero.

—¿Me cambiarías por otra?

—No.

—¿Y si esta otra fuera mi versión mejorada, sin defectos, más delgada, y te dejara hacer todo lo que quieres?

—La perfección no puede mejorarse.

Marta Gaia tenía un carácter enérgico, era obstinada, voluntariosa, y tampoco le faltaba sentido común. Luca era esquivo sin ser egoísta, inquieto sin ser mala persona, encontraba paz y refugio entre los brazos de ella. De vez en cuando hablaban del futuro. Se irían a vivir juntos, encontrarían mejores trabajos, se casarían y tendrían hijos. Sabían que los tiempos eran difíciles, que no se les regalaría nada, no eran ricos, no tenían amigos importantes, no disfrutaban de ninguna clase de privilegio, eran conscientes de que seguir juntos iba a requerir compromiso, capacidad de imponerse a los propios defectos, propensión a la lucha. Todo esto los exaltaba.

–Eres la mujer de mi vida. ¡Te quiero, esposita mía!

En los mejores momentos, escuchándolo hablar, a Marta Gaia le parecía que Luca era el chico más tierno del mundo. En otras ocasiones, se volvía impetuoso, sombrío, se enfadaba por motivos que solo él entendía. Entonces desaparecía de la circulación. Era como si en él la vida profunda fluyera con la impetuosidad que experimentan los niños, cuyo mundo interior, día tras día, deja emerger nuevas tierras y sufre violentas sacudidas. Cuando Luca dejaba que se perdiera su rastro, Marta Gaia se cabreaba muchísimo, lo machacaba con mensajes hasta que él respondía, se peleaban furiosamente vía WhatsApp –se recriminaban, se echaban en cara de todo–, pero luego siempre acababan haciendo las paces. La terminal del 905 era su lugar de reencuentro. Discutían, luego resurgían de las sombras de la noche abrazándose el uno a la otra. Iban a comer una pizza y él le decía: «Tú mejoras a las personas».

Después del asesinato, los maliciosos dijeron que a Marta Gaia solo le importaba mantenerlo atado con la correa. Se veía obligada a hacerlo si no quería que un buen día desapareciera y no regresara: Luca era tan guapo, decían, que cualquiera se moría por él, y llevaban tanto tiempo juntos solo por la tenacidad de ella. Otros dijeron que el mundo no se dividía entre los que sabían las cosas y los que las ignoraban, sino entre quien tenía la valentía de saber y quien iba por el mundo con una venda en los ojos. Marta Gaia, en definitiva, había contado con todos los indicios que le habrían permitido sacar conclusiones, solo le faltó el valor para hacerlo.

El jueves él había ido a verla. Debían de ser las cinco de la tarde. Estuvieron charlando un rato. En un momento dado, Luca dijo que necesitaba un nuevo cable para cargar el teléfono móvil. «Voy a ver si le saco algo de calderilla a Cornelia.» Siempre estaba sin blanca. Mendigaba calderilla para cigarrillos o bien para gasolina, decía algún amigo. Cuando salía con Marta Gaia, a menudo invitaba ella. De vez en cuando Luca le pedía pequeños préstamos, Marta accedía, así que ahora él le debía casi cien euros. Sin embargo, cuando Luca llevaba un billete en el bolsillo, no le importaba gastarlo en los demás. Era generoso, cubría de regalos a Marta Gaia, la llevaba a cenar y al día siguiente estaba de nuevo sin blanca. En el taller de planchistería cobraba ciento cincuenta euros a la semana. Por desgracia Boccea estaba llena de salas de juego. Luca gastaba mucho dinero en las máquinas tragaperras.

Luca reapareció antes del anochecer. Acompañó a Marta Gaia a voleibol. Cuando jugaron el partido amistoso, actuó de anotador. Fue divertido. Los entrenamientos acabaron a eso de las diez y media, justo a tiempo del último trayecto del 31. A las once menos diez, Luca y Marta se besaron rodeados por la noche de la periferia romana.

Al día siguiente empezaron a enviarse whatsapps desde la mañana. («Gatita mía, ¿qué haces?» «Me acabo de despertar, he de ir al trabajo.») Él le escribió que estaba yendo al taller de planchistería, pero igual que le había mentido a su jefe, ahora le mintió a ella. (En los días posteriores Marta Gaia calculó que le había escrito los últimos mensajes cuando ya estaba en el apartamento de Manuel Foffo.) Al cabo de unos minutos cesaron los mensajes, Marta Gaia envió otros whatsapps, Luca no respondió. Ella intentó llamarlo. El teléfono sonaba en vano. Lo había hecho otra vez, pensó. Había desaparecido en la nada. ¡Qué chico más imposible! Supuso que se había peleado con sus padres. ¿Y si tampoco había ido a trabajar? ¿Se había ido con esos colgados de la pandilla de Battistini? Marta empezó a enviarle mensajes furibundos, volvió a llamarlo. ¿Dónde coño se había metido? Al cabo de unas horas, el móvil de Luca empezó a dar la señal de apagado. De acuerdo, venga, vamos a calmarnos, pensó Marta Gaia. Luca era un despistado, podía haber olvidado el móvil en alguna parte. O a lo mejor el teléfono se había quedado sin batería. El cargador no funcionaba bien, ¿verdad? Eso es lo que había pasado. Pero llegó la noche y el teléfono seguía apagado.

Al día siguiente, sábado, Marta Gaia habló con el señor Varani.

El domingo por la mañana Marta Gaia estaba en el trabajo. El menú del día incluía fettuccine all'amatriciana, calamares con setas, escalopines con cítricos. Como siempre, a finales de semana venía un montón de gente, se trabajaba a un ritmo acelerado. En un momento dado, Marta Gaia levantó la mirada y se encontró a su madre delante. Qué raro. «Hola, mamá, ¿ha pasado algo?» La mujer la miraba con una cara que Marta Gaia no le había visto nunca. Se encontró entre sus brazos.

Marta Gaia ahora sollozaba. «Muerto», decían. Pero todo en su cuerpo afirmaba lo contrario. Era como si le estuvieran asegurando que afuera nevaba mientras sus ojos aún veían el sol. Todo el mundo hablaba de Luca. Todo el barrio hablaba de él; poco después, toda la ciudad; por la noche hablaba de ello toda Italia. Uno encendía la televisión y en la pantalla aparecía una fotografía suya. El teléfono de Marta Gaia empezó a llenarse de mensajes, empezaron a llamarla sus amigos, sus profesores, gente de todo tipo le preguntaba si podía ir a verla.

También llegó la llamada de los carabinieri.

Marta Gaia se presentó en la comandancia de piazza Dante después de la hora del almuerzo. Dio sus datos personales, estrechó la mano del subteniente y empezó a responder a las preguntas. Llegó a sentirse sorprendida por sus propias palabras. Obligada a explicar los hechos ateniéndose a la verdad, dijo cosas que parecían probar la existencia de algunas zonas de sombra, ambigüedades a las que nunca había prestado la debida atención. ¿Cuánto necesitamos reflexionar sobre lo que sabemos que no sabemos de las personas a las que amamos? Y, aunque fuera posible saberlo todo sobre ellos, ¿sería objetivo?

Después de la entrevista con los carabinieri, Marta Gaia regresó a casa. Estaba aturdida, abatida, necesitaba un lugar que la hiciera sentirse segura. Abrió Facebook. Su muro estaba lleno de mensajes. Una montaña de breves comentarios electrónicos, todos para ella. Le llegaban pésames, le daban muchos ánimos, breves frases de solidaridad. Quienes los escribían eran amigos, pero sobre todo un montón de desconocidos. Sinceramente impresionada por esas manifestaciones de afecto, Marta Gaia escribió un mensaje de agradecimiento.

Muchas gracias a todos, de verdad, por vuestros pensamientos, por las palabras… personas a las que no he visto nunca o conocidos que me ofrecen palabras de consuelo. Y luego, GRACIAS a los amigos de siempre, me han llegado muchísimos mensajes y llamadas. El dolor es prácticamente inmenso e indescriptible, a pesar de todo no puede acabar así. Me gustaría que todos recordaran a Luca como ese chico dulce y sensible y no como el «débil» y a veces demasiado presuntuoso. No me interesan los rumores, no me interesa nada. Lo amo y lo amaré siempre, pero no al Luca que era con todo el mundo, sino al Luca que era conmigo... Mejor dicho, mi MASCOTILLA.

Solo más tarde se fijó en Valeria Proietti. Se topó con ella en el Messenger, le pedía que chateara con ella en un privado. Qué extraño. Valeria Proietti formaba parte de la pandilla de Battistini, era una rubia de calendario, y tenía todo lo que a Marta Gaia no le gustaba. Era llamativa, exuberante (en las fotos ponía en primer plano los labios pintados con un lápiz muy brillante, o bien sacando la lengua para mostrar el piercing) y se divertía provocando con frases agresivas. «Siempre he dicho que cuando consigues que te odien, sabes que estás haciendo lo que tienes que hacer.» Tenía diecisiete años.

Marta Gaia y Valeria no eran amigas, ninguna de las dos tenía el número de la otra, se conocían pero no se trataban. Valeria era la novia de Alessandro Mancini, luego estaban los otros dos hermanos Mancini, estaba la hermana de Valeria, Daniele Spada, Gabriele Rivetti, luego un tal Adriano, una tal Alessia, y a saber quién más. Era la pandilla de Battistini. Se rumoreaba que algunos de ellos se metían coca. Fuera cierto o no, tenían fama de ser unos vagos incapaces de pensar en el menor proyecto y sin interés en mejorar en la vida. Marta Gaia nunca había querido tener nada que ver con ellos. Pensaba que para alguien como Luca esos tipos eran la tentación perfecta, la compañía ideal para apartarlo de todos sus buenos propósitos. El hecho de que hubiese continuado saliendo con ellos fue el único motivo por el que Marta accedió a chatear con Valeria. Clicó en el icono. Luego leyó.

Oye Marta esos han dicho que lo conocian desde hace poco, pero en realidad cuando luca salia con nosotros... con ese marica ya se hablaba y a nosotros nos decia que le prestaba dinero y desaparecia una media horita y volvia... no se que iba a hacer alli... pero te lo juro que desa manera no me lo hubiera esperado nunca era tan buena gente… y tu no te preocupes que el siempre estara cerca de ti.

Porque a mi siempre me lo decia que te amaba con locura te protegera de todo estoy segura…

Aunque Valeria mostraba un dominio más que inseguro del italiano escrito, estaba muy claro lo que quería decir. Marta Gaia se quedó atónita.

No tengo palabras. ¿Y por qué iba a buscar dinero? ¿Qué hacía con él? No me lo puedo creer. No sé si tú sabes algo, pero si lo sabes dímelo por favor.

Valeria Proietti respondió.

Si
….pos yo creo que el se iba alli y tenia relaciones con este…. porque el noslo dijo a mi alessandro filippo mi hermana…. Pero al final eso era asunto suyo…. era un amigo mio lo queria tal como era siempre fue bueno con nosotros…. filippo cuando supo la cosa perdio la cabeza… realmente lo querian…. pero su telefono donde fue a parar??? Puedes partir de ahi y llegar a algo, aunque siempre lo borraba todo….
Drogarse si lo hacia….
Yo siempre le decia que te llevara con el de vez en cuando o que te dijera cuando estaba con nosotros y salia…. el siempre decía que tu querias que no estuviera con alessandro y filippo…. Que al final siempre lo han querido….y al final los trapicheos los hacia de todas formas por su cuenta….

¿Era solo una impresión, o el hecho de que Marta Gaia no quisiera que Luca saliera con los chicos de Battistini se volvía ahora en su contra? ¿No olía aquello a un ajuste de cuentas?

Turbada por lo que le parecía haber leído entre líneas, Marta Gaia evitó contestar. Esto no desanimó a Valeria Proietti, quien volvió a la carga.

Marta mira que si te he escrito es solo para ayudarte tambien porque aparte del dolor de perder a un amigo no gano nada... Vete tu a saber la verdad de todo... vete tu a saber en casa de esos cuanto se ha drogado... cuanto lo habran condicionado.... O tal vez precisamente porque no quiso tener relaciones se cabrearon y lo hicieron x la fuerza.

Pero solo te aconsejo que lo recuerdes como dijiste.... como era porque al final siempre a sido bueno con todos se hacia querer... y confia en que esta cerca de ti y siempre te protegera porque tu eras la mujer de su vida... siempre me hablaba de ti!!! Un abrazo.

Perdona si sigo escribiendote.

Pero te juro que Filippo a estado tol dia en casa llorando.

Un concentrado de maledicencia y supuesto espíritu filantrópico. De manera que, al final, Marta Gaia cedió.

No lo sé... No puedo creer que Luca se prostituyera...

La respuesta de Valeria no se hizo esperar.

Pero yo creo que solo lo hacia cuando necesitaba dinero porque no siempre iba. Podria ser que lo dijera en plan de broma. Pero que iba con el y volvia luego con dinero... estoy de eso mas que seguraaaaa. Al principio nos dijo que se lo regalaba. Pero no ay nadie que te regale dinero....

Tras otros intercambios de esta naturaleza, Marta Gaia se puso nerviosa.

Dices un montón de chorradas.

Valeria Proietti cambió de registro.

Ya ves tu. Jajajajajajaja. Que sentido tendria. Jajajaja
Vale pues Martaaaa

Piensa lo que quieraaaas
Tranquila que as sido una tonta Durante nueve años Jajaja-
jajaja
Ya no te escribo maaas
Adiooooos

Marta Gaia estaba desconcertada, ciertamente no se esperaba una reacción semejante y tuvo el único fallo de toda la
conversación.

Y además no fueron 9 años, nos habíamos dejado y además
lo que hacía cuando no estábamos juntos era problema suyo.

Era verdad. Hacia finales de 2010 Luca y ella lo dejaron
un tiempo. El hecho de que Marta hubiera utilizado ese
argumento como defensa debería haber inspirado compasión. Pero Valeria Proietti no era persona que se dejara con-
mover.

Ah es verdad sabia que abiais cortado una buena temporada
pero
valeeeeee pero es que pasaba tambien cuando estabais juntos
porque te enviaba mensajes diciendo que estaba en clase pero
estaba con nosotros
Asi que adiooooos
No minteresa
Tienes razon digo chorradas
No creo tenga sentido decirte chorradas no digo cosas malas
de el. Pero como que lo conocia y casi todos los dias lo veia
podia ayudarte.

Marta reunió las fuerzas que le quedaban para acabar con
la conversación.

Vale, vale, oye, no me escribas más, de verdad no tengo ganas
de oír más gilipolleces sobre él.

¿Qué coño le pasaba a la gente? ¿Qué volvía tan crueles a las personas?

Marta Gaia estaba demasiado alterada para profundizar en estos asuntos. Entre otras cosas, porque al mirar la pantalla, vio algo más. Su última publicación, donde daba las gracias a quienes la habían consolado, había recibido más de dos mil likes. Otra de unos días antes del asesinato no llegaba a diez likes. Y dado que, tras el intercambio con Valeria, Marta Gaia empezaba a sentirse también muy enfadada, decidió experimentar sus nuevos poderes colocando de nuevo sus dedos en el teclado.

No hablo porque todo lo que os estáis inventando os pone al mismo nivel que los asesinos de Luca. Deshonrar el recuerdo de una persona para mí esencial solo para conseguir atención o dinero es verdaderamente indescriptible. A vosotros os pasa porque afortunadamente no os afecta, yo este dolor lo llevaré conmigo toda la vida. [...] ¿Que las leyes italianas dan asco? ¿Que lo sucedido da asco? ¿O simplemente dan asco los que siguen inventando idioteces sobre Luca?

Apenas tuvo tiempo de publicar el texto cuando le llegaron ya las primeras reacciones. Docenas, luego cientos de likes y pequeños corazones. Una multitud de nuevos seguidores quería interactuar con ella.

«¡Debemos unirnos para q se haga justicia!»

«Todos queremos justicia porque lo que le pasó a tu novio podría pasarnos a todos.»

«No te preocupes x los que hablan a la ligera, sigue recta x tu camino, guerrera.»

«Somos muchos, mejor dicho, muchísimos los q pedimos como tú justicia para Luca.»

Todos estaban de acuerdo con ella y todos le mostraban su solidaridad. En poco tiempo recibió más de tres mil likes. Al cabo de pocas horas llegaron las llamadas telefónicas de los periódicos y de la tele. Ya no era la chica de unos días antes, aunque tal vez ni siquiera fuera la chica de unas horas antes.

Marta Gaia Sebastiani se había convertido en un personaje público.

Al día siguiente le tocó a Marco Prato ofrecer su versión de los hechos.

El imputado compareció ante el juez para las investigaciones preliminares en la sala de magistrados de la cárcel de Regina Coeli. Junto a él estaban el doctor Francesco Scavo y el abogado defensor Pasquale Bartolo. A pesar de su reciente paso por el hospital, Marco apareció en buenas condiciones de salud. Estaba tranquilo y en posesión plena de sus facultades. La ausencia del bisoñé le arrebataba algo de su encanto, otorgándole, no obstante, un aire adecuado a la partida que iba a disputarse ahí dentro, empezando con una acusación –asesinato premeditado– que podría acarrearle la cadena perpetua.

–Entretanto, empecemos por los datos personales. Su nombre es Marco Proto, ¿verdad? –preguntó el juez.

–Prato –lo corrigió el chico.

–¿Nacido en?

–En Roma, el 14 de junio de 1986.

–¿Vive usted solo o con otras personas?

–Actualmente en casa de mis padres.

–¿Quiénes integran su familia?

–Tengo una hermana mayor que está casada.

–Entonces su hermana no vive con usted.

–Vive en el mismo edificio, pero no en el mismo apartamento.

–¿Está usted casado? ¿Cuál es su estado civil?

Y aquí, a los pocos minutos del interrogatorio, Marco Prato se tomó su primera licencia.

–Núbil.

—Querrá decir «célibe» —corrigió el juez.

—Célibe, disculpe —dijo Marco.

Los periodistas perseguían a Ledo Prato y a Maria Pacifico, los padres de Marco, exactamente como habían hecho con el matrimonio Foffo en días anteriores. Todas las peticiones de entrevista fueron rechazadas por el abogado Bartolo. Los cronistas empezaron a montar guardia en la zona de piazza Bologna, se apostaron en todas las esquinas de la calle, en cada bar o local donde era posible que tarde o temprano apareciera un familiar o un amigo de Marco. Cuanto menos conseguían, más nerviosos se ponían. Cuanto más nerviosos se ponían, más tentados estaban de escribir mal sobre él.

Fue Bartolo quien hizo de escudo. El día del interrogatorio, en via della Lungara, justo enfrente de la cárcel de Regina Coeli, el abogado se ofreció como carnaza a los periodistas.

—¡Doctor Bartolo, espere un minuto!

Bartolo aminoró el paso. Un pequeño ejército de cámaras de televisión rodeó al instante a ese hombre calvo, envuelto en un abrigo oscuro, el rostro enjuto y un tanto nervioso.

—Solo puedo decirles que hemos decidido contestar a todas las preguntas que se nos formulen.

—¿Así que el acusado no se acogerá a su derecho a no responder? —preguntó una periodista.

—Aclarará cuál es su papel en este asunto.

La periodista cambió su tono:

—¿Cómo está su cliente? ¿Han hablado entre ustedes?

—Está como un chico que acaba de intentar suicidarse.

—Pero ¿se ha mostrado arrepentido?

—Mire —dijo Bartolo—, se ha mostrado arrepentido como un chico que, después de haber hecho una cosa, intenta suicidarse. No creo que haya nada más que añadir.

Sí, pero ¿de qué *cosa* se trataba?

El padre de Luca Varani estaba empezando a hablar. El señor Foffo, con su entrevista en *Porta a Porta*, había dado a la prensa carnaza durante semanas. Los Prato creaban el vacío a su alrededor. Ni el padre ni la madre ni la hermana de Marco, ni el resto de parientes o de amigos más cercanos, habían dejado escapar la más mínima declaración.

–Es inútil, no sueltan prenda –decían desconsolados los periodistas.

Sin embargo, cuando los carabinieri exhiben una orden regular de registro es difícil eludirla. Los investigadores estaban impacientes por echar las manos a los ordenadores de Marco Prato. Las cartas de despedida escritas en la habitación del hotel San Giusto eran claras: «Destruidlos, esconden mis lados más oscuros». Los carabinieri llamaron a la puerta de la casa de los Prato a las 20.40. La señora Pacifico fue a abrirla. Los agentes inspeccionaron el apartamento. En la habitación de Marco encontraron un ordenador portátil. Faltaba el segundo ordenador. La señora Pacifico dijo que se lo había entregado a su abogado para que este pudiera desempeñar mejor su actividad defensora. La respuesta no agradó a los carabinieri. El ordenador podía haberse entregado al defensor para destruir pruebas. Se firmó una solicitud urgente de incautación también para el segundo ordenador.

Después de analizar el iPhone y los dos ordenadores, el núcleo operativo señaló la presencia de algunos archivos para incluir entre la documentación del juicio: «Dos vídeos claramente pedopornográficos» («Me los enviaron unos conocidos sin que pudiera evitarlo», fue la defensa de Marco), a los que se añadían tres vídeos en los que Marco practicaba sexo oral a otros chicos, incluido Manuel Foffo. Los carabinieri indicaron también las páginas de internet que Marco había consultado con el móvil antes de que se le incautara: un artículo sobre adopciones de parejas gais; unos vídeos porno; varias búsquedas en Google para pedir una cena a domicilio; varias búsquedas en Google para saber cómo suicidarse con una sobredosis de Minias.

El problema era la nube, es decir, los documentos que Marco tenía la costumbre de colgar en ella, y que cualquiera que tuviera la contraseña podría modificar o borrar en cualquier momento. Cuando los carabinieri entraron en la nube no encontraron nada importante, pero se habían producido algunas modificaciones recientes que nadie fue capaz de reconstruir.

–La verdad es que me parece absurdo que Apple no les ayude cuando hay un asesinato de por medio –le dije algún tiempo después a uno de los carabinieri que se había ocupado del caso con más celo.

Me miró con aire de sorpresa, como si yo acabara de aterrizar procedente de otro planeta.

–Perdone –dijo–, ¿conoce usted la masacre de San Bernardino?

Si Apple se había negado a darle al FBI la contraseña del iPhone de un terrorista que había provocado catorce muertos en nombre del ISIS, ¿qué podía esperarse cuando la petición llegaba de un cuartel de los carabinieri del Esquilino por el asesinato de un chico de barrio?

–¿Qué titulación tiene usted? –preguntó el juez continuando el interrogatorio.

–Ciencias políticas en la Luiss –respondió Marco Prato–, y luego un curso de especialización en marketing y organización de eventos en París.

–¿Cuál es su trabajo?

–Organizo eventos, precisamente. Tengo registrado un número de identificación fiscal, y una marca compartida con dos socios que se llama A(h)però. Trabajo de asesor y director artístico para diferentes locales.

–¿Cuánto tiempo lleva desempeñando esta actividad?

–Desde que volví de París. En París estuve mal, intenté suicidarme después de una relación sentimental en 2011. Regresé a Italia para lamerme las heridas.

—Regresó a Italia.

—Sí, pasé un tiempo en una clínica psiquiátrica.

—¿Puede explicarme qué problemas tuvo usted?

—A ver —dijo Marco sin hacerse de rogar—, los problemas de una personalidad como la mía son complejos y hay que tener en cuenta varios aspectos. Uno de estos tiene relación con el hecho de que mi hermana está enferma, con distrofia muscular. Sucedió cuando ella tenía catorce años y yo siete. Desde ese momento, el amor de mi madre se focalizó en ella, y para mí empezó una búsqueda constante de amores que llenaran ese vacío. En mi familia las figuras femeninas son las preponderantes. Mi madre es una mujer con una personalidad fuerte. Mi hermana, a pesar de su discapacidad, tiene una fuerte personalidad. Mi abuela también tuvo una personalidad fuerte. El modelo de referencia es el femenino. Esto en mí ha desarrollado una homosexualidad... y, además, en un momento dado, el deseo de cambiar de sexo.

—Entonces es usted homosexual.

—Sí, pero más que homosexual —especificó Marco—, me siento atraído por los heterosexuales. He tenido muchas relaciones con homosexuales. Pero mi verdadera atracción es por los hetero.

Así como Manuel había reivindicado el derecho a la desorientación, Marco hacía ostentación de conciencia, arrastraba las palabras como si exhibiera un tormento con la pretensión de que nadie lo cuestionara. Me conozco, sé quién soy, parecía estar diciendo, y vosotros no lo sabéis. Tomad nota. Taquigrafiad. Ahora os lo voy a explicar.

—Me imagino que conoce los hechos de los que se le acusa —dijo el juez—. Se trata de una imputación muy grave. Asesinato con agravantes en complicidad con Manuel Foffo. En primer lugar, tengo que preguntarle: ¿admite usted esta acusación o la niega totalmente?

—No la niego totalmente.

No negaba haber estado en casa de Manuel. No negaba haber sido el intermediario con Luca Varani. No negaba haberlo visto morir. A pesar de todo, había que hacer algunas precisiones.

—Mire, verá. A Manuel Foffo lo he visto en dos ocasiones en mi vida. Cuatro días, del 1 al 4 de enero. Luego otros cuatro días la última vez.

La última vez era la muerte de Luca.

—¿Y tenían una relación amistosa? ¿O bien entre ustedes había algo más?

—Digamos que yo era su muñequita.

—¿Su qué? —dijo el juez.

—Su muñequita. Su objeto sexual en estos cuatro días. Y dado que Manuel se considera heterosexual, se negaba a que yo… en fin, no quería que yo fuera un hombre. Por eso me depilaba. Utilizaba sus maquinillas de afeitar. Luego me pintaba las uñas. Todavía llevo en los dedos el esmalte de su madre.

En síntesis, Manuel lo maquillaba de mujer.

—Sí.

—¿Y esto sucedió en enero?

—Seguramente usted habrá visto algunas fotos mías antiguas que están circulando en estos días. Se habrá fijado en que en esas fotos tengo barba. En cambio, ahora no llevo barba. Me afeité en casa de Foffo. Él me quería así. Me afeité, me depilé el vello de las manos. El esmalte, como decía, es de la madre de Foffo. El perfume también es de su madre. El lápiz de labios y el maquillaje…

—De acuerdo, de acuerdo, volvamos a los días de enero —dijo el juez—, ¿en esa ocasión consumieron ustedes alcohol?

—Alcohol y cocaína.

—¿En qué cantidad?

—Para pasar cuatro días con Manuel sin sentir cansancio, especialmente por las cosas que me hacía hacer, es difícil que me tomara poca.

—¿La cocaína la compraba usted?

—La compraba yo, pero el camello venía a su casa. Y como Manuel se avergüenza de la opinión de los demás, bajaba directamente él a recogerla. No quería que los vecinos me vieran vestida de mujer.

Hablaron del vídeo que Manuel había filmado con el móvil.

–Él quería estar seguro de que ese vídeo no circulara.

Luego Marco volvió a hablar de sí mismo. Dijo que hacía un año que no se hablaba con su madre, que en los últimos meses había tenido otra relación («con un chico homosexual, uno que me aburría increíblemente»), agregó que, en marzo, cuando volvió a via Igino Giordani, Manuel y él compraron más cocaína y habían invitado a algunas personas. Había ido ese tal Alex Tiburtina. Luego llegó otro chico.

–Un empleado del restaurante del padre de Manuel. No recuerdo su nombre –dijo Marco–. Yo lo llamo Chichabomba.

–Así que llegó… –el juez se interrumpió–, perdone un momento –dijo–, ¿esta persona no tiene nombre? Intente usted recordarlo, por favor, de lo contrario acabaré llamándolo Chichabomba yo también.

Marco explicó que habían llamado también a Damiano Parodi, un amigo suyo, un buen chico bastante rico. Fue él quien le presentó a Luca.

–Luca Varani era un mecánico de Valle Aurelia –dijo–, de Valle Aurelia o de Primavalle, no lo recuerdo.

–Y, si lo he entendido bien –dijo el juez–, Luca era un tipo de persona que se prostituía.

–No era «un tipo de persona que se prostituía» –puntualizó Marco–, se prostituía y punto.

–Se prostituía… –repitió el juez.

–Un chapero –apostilló Marco–, pero también era un traficante. De vez en cuando me llamaba para venderme coca.

El juez preguntó cómo había conseguido atraer a Luca hasta la casa de Manuel.

–Le dije: «Ven, te daremos ciento cincuenta euros».

–Entonces ¿hubo… un acuerdo explícito por teléfono?

–Claro.

–En el que… por tanto… –dijo el juez.

—«Ven, somos dos, hay un amigo mío heterosexual y yo voy vestida como una zorra: te damos ciento cincuenta euros.» Creo que le dije algo así.

—¿Él dijo que sí?

—Dijo que sí.

El juez preguntó qué había pasado después. También sobre esto Marco dio su versión de los hechos. Tenía a sus espaldas dos intentos de suicidio, se ponía hasta las cejas de alcohol y cocaína, le faltaba el cariño de su madre, le habían dado el alta del hospital, acababa de pasar por la experiencia de la cárcel, donde presumiblemente se quedaría mucho tiempo, había atravesado cuatro días de delirio que culminaron con la muerte de un chico; sin embargo, hablaba como si todo lo tuviera bajo control, como si fuera capaz de reorganizar cada detalle, cada instante, incluso los estados alterados de conciencia, de acuerdo con un orden coherente para exponerlos de modo irrefutable en beneficio de sus acusadores.

Marco acabó de reconstruir la dinámica del asesinato, ofreció su propia versión de quién había hecho qué entre Manuel y él, en particular declaró que él no había golpeado en ningún momento a Luca.

—Hay enormes discrepancias entre los dos interrogatorios —dijo el doctor Scavo.

—Sí —confirmó el juez—, hay notables discrepancias entre su versión de los hechos y la que proporcionó Manuel Foffo. Oiga —se dirigió a Marco—, ¿usted ha visto la televisión estos días?

Se refería a la posibilidad de que Marco Prato y su abogado hubieran establecido la línea de defensa basándose en lo que Manuel había explicado al doctor Scavo, informaciones de las que no dispondrían de no ser por la entrevista en el programa de Vespa.

—Nosotros también fuimos invitados a participar en ese programa —dijo el abogado defensor—, pero nos negamos. Sin embargo, viendo la tele, no pude evitar percatarme de que se mostraba el acta del interrogatorio.

—No había necesidad de mostrarla —dijo el fiscal.

—Les aseguro que a Manuel le resulta más fácil pensar que mató a alguien por el gusto de hacerlo que imaginarse que es gay —cambió de tema Marco Prato.

—Está bien, puede firmar —dijo el juez, dando por acabado el interrogatorio.

La gente competía por ver quién tenía más amigos en común con ellos en Facebook.

Yo tenía tres en común con Marco Prato. Todos los de mi círculo de amistades tenían amigos en común con Marco Prato. Ninguno con Luca Varani. Muy pocos con Marta Gaia Sebastiani.

Mi círculo de amistades estaba formado por escritores, periodistas, profesores de instituto, personas que trabajaban en la radio o en el mundo editorial. En el círculo de Marco había interioristas, estilistas, actores de televisión, gerentes de locales. Los dos mundos se comunicaban entre sí. Un par de llamadas telefónicas y estaba en un bar del Trastevere con Stefano.

—Un tipo que esnifa, suda en los locales y cree que todo el mundo está en su contra. Ese era Marco Prato.

Stefano tenía cuarenta y siete años, gestionaba varias tiendas de ropa de la zona de Cola di Rienzo, se movía entre Prati, el barrio de Monti, Ponte Milvio y la *gay street* de San Giovanni. Esos eran los lugares de encuentro. Raras veces los conocidos de Marco iban a la periferia.

—¿Y esta historia de Dalida? ¿No te parece la ridiculez *suprema*? —dijo.

Stefano tomó un trago de su zumo de arándano. Nuestros ambientes tenían puntos de contacto. Pero el círculo de amistades de Stefano y Marco Prato, a diferencia del mío, tan prudente e intachable, estaba formado por personas a las que les gustaba el riesgo, al menos un poco. Abrían boutiques, locales nocturnos, galerías de arte. Se arriesgaban. Manejaban algo de dinero.

–Llevaba un bisoñé porque tenía complejo de calvo. Intentaba dejarse ver con gente famosa. Había llegado a fingir que era el novio de Flavia Vento.

–¿Flavia Vento, la corista?

Stefano dijo que las noches que organizaba Marco Prato no eran gran cosa. ¿Había estado alguna vez en A(h)però? Bastaba un poco de sentido estético, dijo, para no dejarse impresionar.

–¿Qué clase de gente son sus padres? –le pregunté.

–Con sus padres debe de haber habido las habituales incomprensiones. Pero esto no tiene nada que ver. Todos habíamos tenido una historia familiar complicada, dijo, todos habíamos luchado para impedir que nos destruyeran.

–Mi padre era terrible. Cuando supo que soy una maricona me retiró el saludo. Hace años que no nos vemos. ¿Crees que yo voy por ahí matando a gente? ¡Qué coño!

Se lo está tomando demasiado a pecho, pensé. Vivíamos en una ciudad en la que reaccionar a las tragedias con rencor era una forma de no sucumbir. Nos llenábamos de cinismo para sobrevivir al cinismo que en Roma era la primera lección de vida.

–Alguien como Marco no aguanta en la cárcel –dijo Stefano de mal humor–, pero los Prato tienen un montón de conocidos, pueden permitirse los mejores abogados.

Stefano había llegado a Roma veinte años atrás, procedente de Calabria. Había trabajado como un burro. Camarero, vendedor, profesor de natación. Abrió la primera tienda con el dinero de un finiquito. No le perdonaba a Marco que hubiera acabado en una historia tan horrible partiendo de una posición privilegiada.

–¿Te imaginas cómo tuve que partirme el lomo para salir adelante en esta ciudad? Roma ya no produce nada –negó con la cabeza–, no hay industria, no hay cultura empresarial, la economía es parasitaria, el turismo es de tercera. Los ministerios, el Vaticano, la radio y la televisión, los tribunales…

de eso está hecha Roma, una ciudad que ya solo produce poder, poder que recae sobre otro poder, que aplasta a otro poder, que abona a otro poder, todo sin ningún progreso, es normal que luego la gente se vuelva loca.

Pidió otro zumo de arándano.

—Déjame que te explique la que montó tu Marco la última vez que estuvo en Mikonos —dijo cada vez más despectivo.

Hablamos un rato más. Luego me dirigí hacia la siguiente cita.

—Fue la noche de las brujas, a tal punto que luego se desató ese terrible temporal sobre toda la ciudad —estaba diciendo Elisa.

Nos encontrábamos en piazza Vittorio, a unos pasos de la comandancia de los carabinieri donde interrogaron a Manuel. Elisa era unos años más joven que yo. Nos conocíamos desde hacía tiempo. Rubia, esbelta, con dos largas cejas negras. Trabajaba en un estudio gráfico, frecuentaba el círculo de los DJ, de los publicistas, de los jóvenes diseñadores que soñaban con trabajar para Gucci.

—Por la noche se desató el pánico en la *gay street* —dijo—, todo el mundo se puso a mirar el móvil, por si se reconocían como víctimas potenciales. Marco tenía varios perfiles en Grindr.

Nos encaminamos a Colle Oppio. Fuera o no verdad, dijo, el rumor sobre la ruleta rusa se había extendido. Marco Prato y Manuel Foffo, se decía, habían enviado decenas de mensajes a personas elegidas al azar en sus móviles. Una invitación a una fiesta. Quien mordía el anzuelo se arriesgaba a firmar su pena de muerte. Así que ahora, en via San Giovanni in Laterano, uno de los puntos de encuentro más frecuentados por la comunidad gay, a todo aquel que había recibido un mensaje de Marco Prato en los días previos le daba un ataque de histeria.

Entramos en Colle Oppio. A la izquierda estaba el bar rodeado de pinos, allí el aire era fresco; la luz, velada; en los bancos dormían los vagabundos.

–Tendencias manipuladoras, complejo de superioridad, una ausencia total de empatía. Añade a todo esto las drogas –dijo Elisa intentando dar su versión personal de los hechos.

–Por lo visto se metieron veintiocho gramos de cocaína en tres días –comenté–, pero ¿cómo se las apañaron?

–Casi todos mis amigos son maricas –dijo cambiando de tema–, la cultura homosexual en ciertos ambientes ha cambiado con respecto a cuando éramos jóvenes, pienso en los que razonan según categorías mercadotécnicas. Todo el mundo desempeña un papel definido, todo el mundo interpreta un personaje. Todos compiten contra todos. Por eso el clima es tan tenso.

–Tampoco es que el mundo hetero funcione de manera diferente –dije.

Elisa volvió a hablar de la lluvia torrencial que había caído justo después del asesinato. Era como si la ciudad, cargada durante semanas de sus males, hubiera encontrado una forma de desahogarse. Pero era un alivio temporal, la roña volvía a salir al poco de haberse quitado.

Fue entonces cuando lo vimos. El antiguo anfiteatro apareció de repente al final de la avenida, pálido y gris, semejante a la luna cuando está baja en el horizonte y parece que se le echa a uno encima. El Coliseo en el aire frío de marzo, entre los papeluchos, los sintecho, el agua pútrida de las fuentes. A poca distancia, tapado apenas por un seto, un señor de mediana edad estaba meando al aire libre. El hecho es que en Roma todo el mundo hace lo que le viene en gana, pensé. Los hinchas del Feyenoord se metían borrachos en la Fontana di Trevi y la emprendían a botellazos contra la Barcaza de Bernini, en Villa Borghese los vándalos decapitaban las estatuas de los poetas, grandes bolsas de basura volaban de un edificio a otro, todo el mundo meaba por todas partes, una indulgencia plenaria flotaba en el aire, y yo mismo, que en otra ciudad hubiera dejado que me estallara la vejiga, me había encontrado más de una vez humedeciendo las Murallas Servianas.

–Qué lugar más increíble –dije, pensando en voz alta.

–¿Cuándo os mudasteis aquí tu esposa y tú?

–Yo hace dieciocho años; ella, dieciséis. Ella, desde Piacenza; yo, desde Bari.

–¿Y qué piensas de vosotros aquí, ahora?

–Cuando llegamos todo era fantástico –dije–. Roma no se acababa nunca. Tampoco ahora se acaba, pero de una manera diferente.

–¿Os sentís asfixiados?

–Digamos que de vez en cuando nos sentimos hundidos. A veces me temo que, en cierto sentido, nosotros también formamos parte de la *cosa* sin darnos cuenta.

–Hay un tipo –dijo Elisa–, se llama Michele. Él conocía a Marco mucho mejor que yo. Ve a hablar con él.

Media hora más tarde estaba en Portico d'Ottavia. Cogí el autobús hasta piazza Venezia. En Torre Argentina vi un taxista que llegaba a las manos con un cliente. Cerca de piazza del Gesú, entre la iglesia y el edificio que quedaba enfrente, me pareció oír un viento que retumbaba entre las calles, como un lamento, como el llanto inconsolable de un anciano. Encontré el pub donde el tal Michele estaba tomando algo con sus amigos. Me presenté. Ahora estábamos hablando fuera del local.

–Fue un niño obeso. Torpe. Lo acosaban en la escuela debido a su homosexualidad. A los padres les cogió por sorpresa. Podía haber acabado destrozado –dijo–, en cambio desapareció unos años de la circulación y regresó a la escena siendo otra persona. Mucho gimnasio.

Michele tenía treinta y cinco años. Alto, cabello largo y sedoso, chaqueta tejana y gorra negra.

–No es cierto que fueran un circo –continuó–, A(h)però en los últimos tiempos había crecido. Iban algunos VIP. Nadia Bengala, ex miss Italia. De vez en cuando se dejaba ver algún actor de cine. Empezaban a venir los maricas que pasaban de las veladas gais, que es lo máximo a lo que puede aspirar una velada gay. A Marco se le daba bien, era rápido, intuitivo, también era un excéntrico, pero ¿a quién no le gusta ser el centro de atención?

—Era un cabrón egocéntrico y un acosador —interrumpió un tipo que nos había escuchado hablar—. Encantado, soy Alessandro.

—Pero ¿por qué habláis de Marco siempre en pasado?

—Contactó conmigo vía Grindr hace meses —dijo como toda respuesta—, salí con él un par de veces. Marco era pasivo, se definía a sí mismo bipolar, chorradas para hacerse el interesante. De todos modos, yo no era su tipo y él no era mi tipo, pero algunos amigos dicen que él los perseguía.

—¿En qué sentido los perseguía?

—Amigos hetero. Oye, me voy a ver a unos tipos en Re di Roma, por si quieres acompañarme.

Me llevó a un lugar cercano a via Faleria, me presentó a sus amigos. Todos eran más jóvenes que yo. Nos sentamos a beber.

—Repetía hasta el agotamiento la vieja canción de que una mamada hecha por un hombre es incomparable con respecto a lo que puede hacerte la más voluntariosa de las chicas —dijo un treintañero que se llamaba Roberto—, los machacaba una y otra vez hasta que alguno cedía. Se sentía una mujer hasta tal punto que se centraba directamente en los heterosexuales.

—Era extraño en todo. Cuando se metía coca, parecía apagado.

—Por cierto, ¿alguien viene al baño a meterse un tirito?

—Donde él estaba se montaba un follón.

—Una vez, secuestró literalmente a un chico heterosexual. Los padres querían llamar a la policía.

—Me parece que no fue así.

—En el instituto estaba en un grupo de izquierdas. Durante el cinefórum se exhibía. Hablaba, hablaba. Se le daba bien. Se peleaba con los fachas.

—Una calidad excelente —dijo uno de los chicos al regresar del lavabo.

—En el colegio daba clases particulares gratis a sus amigos.

—El año pasado no le fueron bien los negocios. Se había maleado.

—En Mikonos se coló en la villa de unos ricachones milaneses. Al final resultó que quería pasar las vacaciones de gorra. Lo pusieron de patitas en la calle.

—Era una de las personas más inteligentes y sensibles que he conocido en mi vida —dijo un chico con un jersey trenzado—, me parece que no entendéis una mierda.

—Estaba angustiado por la calvicie precoz.

Siguieron hablando de él como si estuviera muerto. Incluso quienes lo defendían tomaban distancia. Tuve la sensación de que el miedo no se debía tanto a que se les relacionara con un asesinato, sino con un episodio ridículo a más no poder, como si eso —la ridiculez, no el horror— representara el verdadero peligro.

—El domingo, cuando se supo lo del asesinato, en el Os Club estaba a punto de empezar el A(h)però.

—Los socios de Marco estaban conmocionados. No sabían qué hacer. En el manual de instrucciones para el aperitivo perfecto no se dice cómo comportarse en estos casos. Al final, el evento se celebró de todas formas.

—La situación era increíble.

—Todo el mundo bebiendo spritz y hablando del asesinato.

—Parece que hicieron un casting para elegir a la víctima.

—Veintitrés mensajes todos iguales. *The Ring* ambientado en el Collatino, por 20th Century Maricón. ¿A quién le toca ir al baño?

La alusión cinematográfica la hizo uno que se hacía llamar Vainilla, un chico de unos treinta años que hablaba sacando continuamente el pie regordete de la zapatilla de cuero y presionándolo contra el suelo como si quisiera apagar un cigarrillo. En el local entró una persona a la que conocía. «¡Paolo!», agité los brazos. Él sonrió, saludó también a los demás.

Tenía que ser de la casa. Trabajaba en una imprenta fuera de Roma, nos habíamos conocido años antes. Se sentó con nosotros.

–¿Alguno de vosotros conoce a Manuel Foffo? –pregunté cuando se reanudó la conversación.

–Nunca había oído hablar de él antes del domingo –dijo Roberto.

–No es de nuestro círculo de conocidos.

–Nunca lo había visto ni oído.

–Un desgraciado, por lo que parece.

–¿Y a Luca Varani?

–¿El chapero? Ni idea.

–Chapero *never covered*.

–Chapero *nevermind* –dijo otro, agitando la mano, como para librarse de un pensamiento molesto.

–¿Un cigarrillo? –dijo Paolo nervioso después de otras intervenciones de esta clase.

Al salir del local, retomamos la conversación. Veía los coches circulando velozmente por la carretera.

–¿Has oído cómo hablan? –dijo Paolo llevándome aparte–. Se hacen los estupendos en la *gay street*, pero luego en Navidad van a visitar a sus padres al pueblo y les explican que se han echado una novia en Roma. Aquí todos odian a todos, pero sobre todo se odian a sí mismos.

Paolo tenía mi edad. Venía de un contexto diferente del que estábamos ahora. Había salido del armario cuando era poco más que un niño, con orgullo y determinación. Cuando yo era adolescente sentía una gran admiración por personas como él, chicos que se zambullían con los ojos abiertos en el misterio de su sexualidad y salían de allí desafiando los prejuicios de la gente. Chicos de quince, dieciséis años, chicos que amaban a chicos y no tenían miedo de amar incluso a hombres mucho mayores. Era siempre una cuestión de deseo, entonces.

—No entiendo ese desprecio hacia Luca Varani —dije.

—Clasismo puro y duro —dijo Paolo—, recuerda que una parte de la cultura homosexual ahora ya es de derechas.

—Pero si todos votan al Partido Democrático.

—Confunden el culto al dinero con el culto a la belleza. La belleza para ellos son los ochenta millones de seguidores de Rihanna. Poder. Yates. Vacaciones en los trópicos. Quien no lleva esa vida no tiene derecho a existir. El problema es que los primeros en no llevar esa vida son ellos.

Aunque no sabían nada de Luca, daban por sentado que se prostituía, pensé, y aunque esto era moralmente irrelevante respecto a lo que había sucedido, se esforzaban en atribuirle un valor discriminatorio: utilizaban la reprobación para ocultar su propia cacería de débiles. A esto se añadía el hecho de que imputar el asesinato a la prostitución y no al azar les hacía sentirse seguros. Eso nunca me podría pasar a mí, pensaban.

Mientras tanto, a nuestro alrededor los coches formaban un enjambre gigantesco, se ramificaban radialmente desde piazza Re di Roma y luego corrían por la Appia, bajaban impetuosamente hacia Cinecittà. Los faros en la oscuridad de la noche, las luces de freno. Era así como el colapso de Roma recuperaba de repente su propia lógica. El cinismo se revertía en la fe, el aburrimiento se convertía en la esperanza, la pereza se desvanecía en la laboriosidad. Era el recorrido de la coca, la blanca red eléctrica que envolvía la ciudad. Cuanto más se vaciaban las calles de significado, más las llenaba la coca con el suyo, empujaba fuera de casa a empleados, profesionales, estudiantes, trabajadores, directivos, dentistas, basureros; relacionaba a todos con todos sin distinción de raza, sexo, religión, clase: un formidable pegamento social que llevaba a personas que nunca lo habrían hecho a relacionarse entre sí. Los obligaba a conocerse, a hablarse, a estrechar lazos de todo tipo.

—Viviendo en un mundo que en el fondo nos desprecia —estaba diciendo Paolo—, los gais nos hemos visto obligados a esforzarnos más para construir una gramática sentimental. Pero en ellos —señaló a los otros chicos—, la falta de referentes es apabullante. Si deseas evitar el esfuerzo bestial de comprender quién eres, la sociedad te ofrece cientos de moldes vacíos. La superficie del agua, pensé, incapaz de ver qué había debajo.

—¿Por qué te interesa este caso? —preguntó Paolo.

—Porque encuentro algunas cosas que me conciernen.

—¿En qué sentido?

No me veía capaz de mentirle, pero tampoco tenía ganas de contarle mis cosas.

—Cosas que me sucedieron cuando era niño.

—Sea lo que sea —dijo—, me parece poco probable que puedas encontrar analogías. Nosotros somos criaturas del pasado. Las nuevas generaciones tienen problemas, recursos, paranoias, cualidades que a nosotros nos cuesta imaginarnos. El pasado ya casi no existe. Y el futuro es todo de ellos, por suerte para nosotros.

Era medianoche pasada. Tenía sueño, me despedí de todos, crucé los jardines de via Carlo Felice, luego Santa Croce in Gerusalemme. El cielo estaba lleno de estrellas. Las pizzerías de los egipcios estaban cerrando, también las tiendas de los paquistaníes con las mercancías desparramadas por todas partes. Superé la zona muerta entre via Micca y via Balilla. Apoyado en una persiana metálica, un hombre inhalaba un cigarrillo mirando al vacío.

Una vez en casa, me puse el pijama y encendí el ordenador. Revisé mi correo, respondí a algunos mensajes. Como hacía desde unas noches atrás, dejé para el final lo que más me interesaba. Alertas de Google. Cientos de nuevas notificaciones sobre el caso Varani. Leí los primeros artículos. Me dio un vuelco el corazón. Lo último que me habría esperado encontrar. Ledo Prato se había lanzado. El sensato y sobrio profesional de la burguesía católica había decidido romper su silencio. No lo había hecho a la manera de Valter Foffo, no había sido tan imprudente como para confiar en el ojo de una cámara de televisión. Había escrito una larga reflexión en su blog. Cliqué en el enlace. *Sigo siendo yo, a pesar de todo.* Este era el título del texto. Empecé a leer.

Queridos amigos y amigas:

Quiero agradeceros públicamente los numerosos mensajes que me habéis enviado expresando vuestra cercanía, afecto, dolor, empatía ante esta tragedia que ha sacudido a mi familia, a mis parientes. La vida nos depara muchas sorpresas, algunas agradables, otras no. Todas la connotan, la marcan, le dan color, forma, sustancia. [...] En estos largos años he intentado transmitir a muchas personas esperanza, coraje, confianza, construir belleza, preservar los valores fundamentales de la vida, creer en un buen futuro. Algunas veces lo conseguí, otras no, como demuestra esta tragedia. A veces pensamos que podemos desempeñar un papel decisivo en las relaciones humanas y familiares, pero no siempre es así.

En ocasiones nos atribuimos capacidades que no tenemos y el ejemplo de una vida inspirada en los valores de la honestidad, del respeto a la vida propia, y a la de los demás, que nos ha sido dada y de la que no somos dueños absolutos, choca con contextos difíciles, relaciones humanas alteradas, opciones no siempre compartibles, contravalores que borran valores y parecen frustrar la misión de una vida a la que lo has dado todo, sin reservas.

En estos días en los que la prensa ha destrozado la vida de tres familias afectadas, cada una de un modo dramáticamente distinto, hemos podido leer juicios sumarios, verdades parciales o de conveniencia, utilizar expresiones de los tiempos más oscuros de la vida civil. Se me viene a la cabeza un pasaje del Evangelio de hace unas semanas. Lo protagoniza una higuera que no da frutos y, por ello, deciden cortarla. Pero luego resuelven lo contrario, se sanea alrededor, se riega y se establece un plazo: si dentro de tres años no da frutos, será cortada. No es solo un acto de misericordia, es un acto de sabiduría que sugiere prudencia, paciencia, porque los tiempos de la búsqueda de la verdad no son breves y la justicia humana tiene límites profundos. [...]

Hoy debéis sentiros libres de abandonar esta página, de retirar vuestra amistad si esta tragedia nuestra os provoca sufrimiento o intolerancia, si ya no estáis interesados en leer, en compartir algunas reflexiones porque habéis perdido la confianza que teníais en el autor. [...] Quiero reproducir aquí solo un breve fragmento, entre muchísimos, que me ha escrito un muy querido amigo, más grande que yo en todos los sentidos, a quien conozco desde hace más de veinte años. Ha escrito: «Tu ilimitada capacidad para unir, mediar, desdramatizar, buscar la rendija por donde vislumbrar una solución o un pequeño desnivel donde colocar una cuña, te permitirá permanecer firme en tu fe, no caer en el agujero negro, reconfirmarte en el valor de las cosas que has hecho y también ayudar a Marco. Eres una persona capaz de revertir el mal en el bien y esta vez te toca demostrarlo de un modo que asombre al mundo».

Puedo hacerlo, se lo debo a toda mi familia, a mis parientes, a mis muchos amigos. [...] Con vuestra ayuda, con la del Señor que nunca nos deja solos porque está dispuesto a mezclarse en nuestra historia también de pecadores, nos disponemos con paso ligero a cruzar esta tormenta. Que Dios ayude a los que lo necesitan.

LEDO PRATO

En los días anteriores había escuchado atentamente, si se puede decir así, el silencio de Ledo Prato. Lo había vigilado en su ausencia, sin saber muy bien qué pensar. Su discreción podía ser una admirable prueba de respeto o, por el contrario, el subterfugio con que algunas personas impiden que los demás sepan lo que se les pasa por la cabeza. Cuando sentí la tentación de culpar a Ledo Prato, enseguida sospeché que era por mi mala conciencia; en cambio, cuando estaba a punto de considerarlo un raro ejemplo de virtud, temí haber caído en una trampa retórica. Pero ahora Ledo Prato había roto su silencio, poniendo sus buenos principios al servicio de la más ingrata de las tareas. Aun así, su escrito me había dejado una sensación de malestar. Releí el texto. Formalmente no había nada erróneo en su razonamiento, ni una sola frase que el gramático pudiera desaprobar o condenar. Lo que me dejaba perplejo era lo que me parecía ver entre líneas. Ledo Prato presumía de ser un buen padre de familia, atacaba a la prensa, celebraba los valores de honestidad y respeto como si quienes los pisotearan fueran más los periodistas que quien había matado a Luca Varani, se congratulaba de los mensajes de solidaridad que estaba recibiendo, mostraba comprensión hacia quienes lo culpaban. Citaba el Evangelio. Detrás de esta profesión de humildad yo sentía emerger la indignación ante su propia reputación amenazada. Es esto lo que lo ha empujado a escribir, pensé. No juzguéis y no seréis juzgados, me aleccionaba al mismo tiempo. Es un hombre exhausto, me decía, atosigado por algo mucho más grande que él y, por mucho que se esfuerce en mantener la calma, no es dueño de sus actos.

No obstante, yo seguía receloso. ¿Era por el modo en que se arriesgaba a poner a las tres familias implicadas al mismo nivel? ¿Era por sus esfuerzos para mostrarse tan virtuoso? ¿O era su tono sereno, el intento de confinar la tragedia en el recinto de la razonabilidad, la convicción de que mediante golpes de sentido común podía someter algo a lo que solo podía rendirse? Luego, cuando lo leí por tercera o cuarta vez, me topé con algo que no había visto antes, un detalle que no había enfocado, pero cuya presencia había sentido todo el tiempo. O tendría que decir la ausencia. Ledo Prato nunca mencionaba directamente a su hijo. La única vez en que aparecía el nombre de Marco era en boca de un amigo de la familia, quien se refería al chico con el único propósito de resaltar las dotes humanas de su padre. De repente, Marco Prato me pareció la persona más solitaria del mundo. Y, como prueba de hasta qué punto esa historia era una maraña inextricable de contradicciones, el texto de Ledo Prato que tanto me estaba exasperando produjo en mí un sentimiento de signo contrario. Me sorprendí sintiendo compasión hacia un joven acusado de un asesinato espantoso.

Cuando Marta tenía deberes de clase, fotografiaba el problema y se lo enviaba. A él se le daban muy bien las matemáticas. Le enviaba la solución a través de WhatsApp. Un día se presentó en su casa con una hoja llena de ecuaciones construidas a partir de las fechas importantes de la historia de los dos: también le demostró que según la ley de los números estaban destinados a estar juntos siempre.

Ahora que él ya no estaba Marta Gaia pensaba esto.

El subteniente de los carabinieri le preguntó:

—¿Qué quieres decir cuando afirmas que el jueves Luca quería gorrear pasta para el cable del cargador del iPhone?

—Cuando tenía que comprar cosas baratas, a menudo decía que iría a gorrear por ahí —respondió Marta Gaia—, aunque solo fuera para comprar una porción de pizza. Era algo así como su filosofía de vida. Vivía al día.

—¿Me das un beso? —decía Luca.

—Los besos no se piden, se dan —respondía Marta Gaia.

Para celebrar su primer mes juntos, le hizo un regalo. «La baratija.» La llamaron así en broma después de que ella abriera el paquete.

—Te he comprado un colgante en forma de corazón, a las chicas os gustan estas cosas.

—Yo no soy como las otras.

—Lo compré porque me recordaba a ti, que eres mi corazón, pero me daba vergüenza decírtelo.

—Eso está mejor.

El subteniente preguntó:

—¿Luca solía desaparecer de la circulación? ¿Se marchaba de casa sin dar explicaciones?

Marta Gaia respondió:

—Cuando nos peleábamos, no respondía a mis llamadas. Cuando se peleaba con sus padres, podía ocurrir que se marchara de casa un par de días; en esos casos dormía en el coche, al menos hasta que tuvo que desguazarlo.

«Amor mío», le escribió ella por WhatsApp una noche de unas semanas antes. Y unos minutos después «Cachorro mío». Luego, «Desastre mío». «¡Eh! –escribió al final Marta Gaia–. ¿Por qué no me contestas?» «Esta noche no estoy bien», escribió Luca. «Entonces te llamo.» «No estoy en condiciones de hablar.» Claro, cómo no, pensó ella. «Vale, está bien, pero me estás ocultando algo.» Se habían peleado un millón de veces, y un millón de veces Luca le prometió que no volvería a suceder nunca más. Aun así, seguía sucediendo.

El subteniente preguntó:

—¿Alguna vez le propuso tomar sustancias estupefacientes?

—A mí me decía que esas sustancias le daban miedo –respondió Marta Gaia–, y yo ni siquiera fumo cigarrillos.

Como todas las parejas, habían inventado un alfabeto completamente propio. Fingían que eran niños. Utilizaban expresiones como: «¿kaaaceees?» (*¿qué haces?*), o «amoooo nesesito besitoooo» (*amor, necesito un beso*). Aquello los divertía locamente. «Tiii» era *sí*, «pisto» era *esto*, mientras que «piso» significaba *eso*. Escribían sus nombres por todas partes. «Marta + Luca XSMP.» O bien «L+M 20/10/2007». Una vez, al principio de su relación, durante un aguacero, Luca intentó protegerla con una hoja arrancada de un árbol. Años después, para celebrar el recuerdo, él hizo que le sacaran una foto con un trébol en la cabeza.

El subteniente preguntó:

—¿Conoce a alguno de sus amigos cercanos?

Marta Gaia respondió:

—Conozco a un tal Filippo Mancini y a sus hermanos. Luca tenía una pandilla en Battistini, pero yo nunca quería ir allí: alguno de ellos se drogaba, la cosa no me gustaba nada. Un amigo en común, Edoardo Petroni, me confesó que Luca consumía cocaína *en cantidad*. También me dijo que Luca fumaba coca de una botella y que traficaba. No sé si era verdad.

Era la Nochevieja de 2012, buscaban un lugar donde comer. A él le encantaba el McDonald's, pero se lo encontraron cerrado. Se dirigieron hacia un chino de comida para llevar. Lo celebraron en el coche, se hicieron un selfi. En la foto él sacaba la lengua, ella levantaba el pulgar mientras sostenía la comida en la bandeja de aluminio. Se les veía radiantes.

–¿Con qué otra gente se relacionaba Luca? –preguntó el subteniente.

–Era el típico chico «amigo de todo el mundo». –Marta Gaia se detuvo un instante–. Edoardo me contó que a veces Luca se dedicaba a atracar con los hermanos Mancini, en el sentido de que iban por ahí robando collares.

–¿Tenía lo que llamamos vicios? –preguntó el subteniente.

En otra ocasión fue durante el Carnaval. Luca la estaba acompañando de regreso a casa. De repente, detuvo el coche en un aparcamiento, puso a todo volumen «A te» de Jovanotti en el radiocasete, salieron del coche y empezaron a cantar a voz en cuello grabándose con el móvil.

Marta Gaia respondió:

–¿Vicios? Bueno, las tragaperras: ese era su vicio. Ganaba ciento cincuenta euros a la semana en la planchistería y se los gastaba jugando. Hasta el punto de que cuando salíamos era yo la que pagaba. No siempre, pero sucedía a menudo. *Siempre* tenía problemas de dinero, a veces yo pensaba que por dinero podría hacer cualquier cosa, una vez le pregunté si aceptaría dinero a cambio de sexo con mujeres.

En cierta ocasión ambos sacaron una mala nota en clase. Los padres los castigaron, Marta logró obtener cinco minutos de libertad, lo llamó por teléfono. Él preguntó: «¿Con qué apodo me llamabas esta mañana?». Y Marta Gaia: «¿Amorcito cito?». Y Luca: «No, yo pensaba en Mascotilla tilla». Silencio.

Luego Luca se echó a reír. Se reía y repetía: «Amorcito cito. Mascotilla tilla». Reía inesperada, ruidosamente. Nunca le había oído reír de esa forma.

–Él me contestó que nunca me engañaría con ninguna –le dijo Marta Gaia al subteniente–, las veces en que él me invitaba a cenar o me hacía algún regalo, le preguntaba de dónde había sacado el dinero. Él me decía que se lo daba un tal Giorgio. Este Giorgio, al que yo nunca he visto, sé que es homosexual. Tenía el pelo canoso y llevaba gafas. Lo veía en su perfil de WhatsApp en el teléfono de Luca. A veces Luca me reenviaba los mensajes que le enviaba Giorgio. «Eres guapo. He soñado que follábamos.» Le pregunté a Luca qué quería este tipo a cambio del dinero, me respondió que él no se sentía atraído por los homosexuales.

Dos semanas antes, estaban en el cenit de uno de sus chats nocturnos.

«Buenas noches, amor mío», le escribió ella.

«Hasta mañana, pekeña», respondió Luca.

«Te echo de menos.»

«Yo también.»

Y ella: «Está bien, un beso entonces».

Y él: «No lo aguanto más, quiero dormir contigo».

Y ella: «¡Dios mío, qué dulce!».

Entonces, de repente, tal vez sin saber siquiera por qué, Marta Gaia le escribió: «Oye, Luca, necesito hacerte una pregunta».

«Dime», escribió él.

«¿Me juras que nunca has vendido tu cuerpo por sexo, para ganar unos cuartos, o para regalarme algo a mí?»

«Pero ¿qué clase de persona repugnante crees que soy?»

«Era una pregunta.»

«Y la mía era una respuesta. Yo nunca haría nada semejante.»

«Me gustaría tenerte aquí.»

«Amor mío –escribió Luca–, estoy junto a ti, en tu corazón.»

¿Cómo se le había ocurrido esa pregunta? ¿Tenía motivos para sospechar algo? ¿Las piezas del puzle se le habían encajado en la cabeza antes incluso de que Marta fuera consciente de ello? ¿O todo era un gigantesco error?

En esos mismos días, Manuel Foffo empezó a atacar a su familia. Lo hizo desde la cárcel de Regina Coeli, donde el fiscal estaba interrogándolo de nuevo.

—A lo largo de los años he ido acumulando mucha ira —le dijo al doctor Francesco Scavo—, siento un profundo resentimiento hacia mi padre.

—¿Qué tipo de resentimiento? —preguntó el fiscal.

—Verá, doctor —dijo Manuel—, mi padre siempre ha preferido a mi hermano en vez de a mí. En cuanto nací, él pensó: «Este no es hijo mío, este ha salido a su madre».

Manuel se puso a enumerar una larga lista de carencias, abandonos, prepotencias que, según él, Valter no le había ahorrado a lo largo de los años.

—Mi padre, por ejemplo, quería que yo estudiara Derecho. Yo, en cambio, quería hacer Economía, porque tengo un cerebro más económico que legal. En cambio, nada, al final tuve que hacer Derecho.

El doctor Scavo lo miraba.

—Él piensa que siempre tiene razón —continuó Manuel—, estaba convencido de que haciendo Derecho sería más útil para las actividades familiares. Lástima que luego me echara de la empresa.

El fiscal intentó llevarlo de nuevo a las circunstancias del asesinato.

—Allí también —dijo Manuel—, creo que perdí la cabeza sobre todo cuando salió el tema de mi padre.

—¿Qué quieres decir?

—El tema de mi padre —repitió el chico—, cuando se toca el tema de mi padre, me sube por dentro otra vez todo el veneno.

—Escuche —dijo el doctor Scavo—, ¿no será que usted montó toda esta carnicería para vengarse de él?

—No lo descarto —respondió Manuel.

—Y por casualidad —aventuró Scavo—, ¿Marco Prato y usted no hablarían también de matar a su padre? Aunque solo fuera en abstracto.

—Probablemente sí.

—¿Qué significa «probablemente»?

—Significa que me ha venido este flash.

—Este flash, ¿le ha venido ahora, o le vino ya anteriormente?

—Me ha venido esta noche. Yo tuve un arrebato porque… eso es, porque siento el peso de toda esta historia sobre mí… esta historia que sigue y sigue desde hace años.

—Entonces ¿Manuel Foffo mató a Luca Varani para vengarse de su padre?

—Vamos a ver, ¿Valter Foffo va a la tele para elogiar a su hijo asesino y su hijo lo putea de esta forma delante de los jueces?

Los reporteros volvieron a lanzarse. Entrevistar a Valter Foffo volvió a convertirse en una prioridad para todos los medios.

Alessio Schiesari era un joven reportero que trabajaba para *Tagadà*, el programa vespertino de actualidad en La7. La cadena había dedicado muchos reportajes al caso, y el público seguía ávido de conocer los progresos. Las personas que estaban cubriendo el asesinato empezaron a conocerse entre sí, de manera que comenzaron a reunirse, a escribirse, a intercambiar opiniones y documentos. Me puse en contacto con Alessio gracias a un amigo común. Me dijo que acababa de sufrir dos días de plantón inútiles. Había estado con el equipo en el Bottarolo (que encontró desierto) y luego en via Igino Giordani (la cosa no fue mejor).

La noche de nuestra primera conversación, Alessio decidió regresar al Bottarolo. Había que tentar a la suerte. Esta vez no llevaba a su equipo con él, entró en el restaurante acompañado por una amiga. Camuflados entre los escasísimos parroquianos, los dos se sentaron, pidieron la comida y empezaron a hablar de esto y aquello fingiendo ser clientes normales. Pasaron unos minutos. Luego Alessio lo vio.

Valter Foffo estaba discutiendo con un camarero. Terminó de hablar, recorrió el pasillo, miró alrededor y salió del restaurante. Alessio se levantó de inmediato. Al no tener al cámara con él, encendió la cámara de vídeo del teléfono móvil. Mientras tanto, Valter se dirigía hacia un coche estacionado.

La excusa más fácil del mundo.

—Perdone, ¿tiene fuego?

—Cómo no —dijo Valter Foffo, acercando el encendedor al rostro del joven.

—¿Puedo aprovechar la ocasión para hacerle una pregunta?

En ese momento el hombre lo entendió.

—Y dale —exclamó—, ya van treinta y siete solo hoy.

Llevaba una camisa de color claro, el cárdigan sobre la camisa, tenía la voz cansada.

—Soy un periodista de La7 —se presentó el chico—. Me gustaría entender algo de las declaraciones que han aparecido en los periódicos.

—¿Qué declaraciones?

—Las que su hijo hizo ante el fiscal. Aquellas en las que Manuel... —buscó el término más apropiado— dijo que se había *calentado* después de hablar de usted con Marco Prato. ¿Ha conseguido darse una explicación?

Valter Foffo suspiró:

—Y, en su opinión, ¿cómo puedo darles una explicación? Ahora la pregunta se la haré yo a usted. Estoy esperando el final —dijo—. Quiero leer todas las actas, quiero ver las pruebas de toxicología.

—Como padre, ¿cómo se lo explica?

—Tengo plena confianza en el doctor Scavo —respondió a la defensiva el señor Foffo—, me remito a él y a las autoridades.

—Al parecer, su hijo explicó que usted le había hecho una serie de imposiciones a lo largo de su vida —insistió Alessio—, por ejemplo, la elección de la carrera universitaria. Manuel quería hacer Economía pero usted lo obligó a estudiar Derecho.

¿Estaban realmente hablando de eso? ¿Del hecho de que su hijo se había convertido en un asesino porque, diez años atrás, hubo una discusión familiar sobre la universidad a la que debería acudir?

—Son puras fantasías —interrumpió el hombre—, no sé cómo ha llegado mi hijo a decir tales cosas.

—¿Todavía cree en la inocencia de Manuel?

—A estas alturas ya no creo en nada. Esperemos los análisis. La Científica está trabajando en ello. Están los carabinieri. Son gente preparada, ¿no crees? Escucha —dijo—, ¿cómo te llamas?

—Alessio.

—Escucha, Alessio, yo entiendo que estás haciendo tu trabajo. Pero ¿tú te imaginas cómo estamos?

—Créame —dijo el joven—, yo disfruto cuando tengo que explicar los escándalos de la política italiana. Cuando estoy en situaciones como esta, sin embargo, lo paso mal.

—Aquí no hay actividad —dijo el hombre—, el restaurante está vacío, hay gente que nos grita: «¡Sois unos asesinos!». ¿Entiendes cómo estamos? Gente que nos grita. Gente que inventa cosas.

—Porque es una historia alucinante.

—Asesinos —repitió Valter Foffo—, a mí, que nunca le he hecho daño ni a una mosca.

—No me gusta robar imágenes con mi teléfono móvil —dijo el chico—, así que le pido: ¿estaría dispuesto a responder a estas preguntas delante de una cámara de televisión? Diez minutos, el tiempo del cigarrillo que acabamos de fumarnos.

—Alessio —dijo el hombre—, yo entiendo que tú estás trabajando. Sin embargo, seamos realistas, vosotros, los periodistas, vivís de las desgracias ajenas.

—Si los focos de los medios de comunicación se han vuelto a encender ha sido por las declaraciones de su hijo —intentó explicarle el chico—, él dice que toda la ira le vino de la relación que tenía con usted.

—La relación que tiene conmigo —observó el hombre—. No sé qué responderle. Se lo preguntaremos algún día, si lo vemos libre.

—Hace unos días fui a casa de los Varani.

—¿En serio? —preguntó con curiosidad—. ¿Y qué clase de personas son?

—Venden dulces.

—Dulces —repitió el hombre, como si no lo entendiera del todo.

—Venden dulces en las ferias.

—Vendedores ambulantes.

—¡Ambulantes, sí! —dijeron a coro Alessio y su amiga.

—Luca Varani no era su hijo biológico —precisó la chica.

—Escuchad una cosa —dijo Valter Foffo con renovado empuje—, ¿quién acostumbra a adoptar a un niño? O son personas como los grandes actores, los que tienen una enorme capacidad económica... aunque, en ese caso, más que adoptarlos, los ponen en manos de una niñera. O bien a los niños los adoptan esas familias que no pueden tenerlos, adoptan a un niño, y ese niño... cómo decirlo... se convierte en su pequeño tesoro. Tú entiendes que alguien les ha arrebatado a los Varani ese pequeño tesoro. Entonces: ¿cómo vas a hablar con los padres de Luca Varani? ¿Quién tiene el coraje de enfrentarse a ellos? Voy a su encuentro y ¿qué les digo? ¿Que lo siento?

—¿Ha hablado con los padres de Prato?

—No conozco a la familia de Marco Prato, sé que se trata de una buena familia. Aquí todos somos de buenas familias. El problema son los hijos. Yo todavía no puedo creerme que esté aquí hablando con vosotros de estas cosas.

El martes siguiente, Valter Foffo fue a ver a su hijo a la cárcel. Pasaron otros dos días, y aunque Valter se había prometido a sí mismo no tomarse demasiadas confianzas con los periodistas, volvió a hacerlo. No quedaba claro si siempre caía en la misma trampa o si estaba esperando la oportunidad para decir lo que quería a una audiencia cada vez más amplia. Esta vez sucedió en el exterior de un bar en la Tiburtina, no lejos del restaurante. Camilla Mozzetti del *Messaggero*. La mujer se presentó.

—Míreme —dijo Valter, se pasó una mano por la cara como demostración—, se me está agrietando la piel. Los médicos dicen que es el estrés.

La mujer puso la directa.

—En el interrogatorio Manuel dijo que le habría gustado matarle a usted.

—No ha dicho eso de ninguna de las maneras —contraatacó el hombre—, no se refería a mí. Me lo dijo cuando fui a verlo. Puede verificarlo, en la cárcel lo graban todo.

—¿Le confesó que fue él quien mató a Luca Varani?

—Me dijo que la primera y la última puñalada las dio Marco Prato.

—Los dos están empezando a acusarse mutuamente.

—Mi hijo fue chantajeado. Conoció a Prato unos meses atrás, por Nochevieja. En esa ocasión tuvieron relaciones. Prato lo grabó todo con el móvil, amenazó con difundir ese vídeo. Mi hijo se sintió contra las cuerdas.

—¿Está diciendo que su hijo es una víctima?

—Estoy esperando a que salga todo —dijo volviendo al viejo guion—, confío en el fiscal, estamos esperando los análisis toxicológicos, estoy convencido de que la cocaína, y a saber qué otras sustancias, contribuyeron a nublar la lucidez de mi hijo, quien, por otra parte —agregó—, no es gay.

—¿Antes drogadicto que homosexual?

Valter Foffo permaneció en silencio. La periodista lo presionó.

—Según las actas, parece que su hijo tuvo relaciones sexuales con Marco Prato poco antes de cometerse el asesinato.

—Eso tampoco es cierto. Solo tuvieron relaciones sexuales una vez, el 31 de diciembre. A nosotros, los Foffo, no nos gustan los gais —dijo—, nos gustan las mujeres de verdad. Y a mi hijo igual.

Esa misma noche, Alessio Schiesari me volvió a llamar. Dijo que al día siguiente, temprano, regresaría con su equipo a via Igino Giordani. ¿Me apetecía ir con él?

La gente rebuscaba en los contenedores de basura. Es algo que sucede en todas las ciudades, pero desde la última vez que estuve en Roma las cosas habían cambiado. Primero eran los inmigrantes y los sintecho. Ahora lo hacían los ancianos. Lo hacían los chicos. Chicos blancos, bien vestidos, con la cabeza metida en un contenedor de basura. En piazza dei Quiriti, un treintañero con tejanos y una sudadera gris había puesto un trozo de madera para mantener abierta la tapa y trabajaba a conciencia. El turista holandés pasó por delante de él, alcanzó via Cola di Rienzo y paró un taxi. «Avenida Trastevere», dijo.

El taxista condujo como un loco, aullando y blasfemando. El turista holandés salió del taxi sujetándose el estómago. Se internó en el barrio. Callejones y tejados rojos. El fondo de oro del mosaico de Santa Maria in Trastevere lo deslumbró.

Madre común de todos los pueblos. Enorme garaje de la clase media de Italia. Es lo que sucede cuando los monumentos de una ciudad duran demasiado tiempo.

Al llegar al restaurante, preguntó por el señor Franco. Los camareros comenzaron a agasajarlo. Y cómo está usted, doctor. Y qué placer volver a verlo. «¿No se cansa de estar en Holanda?» «Pues claro que está cansado —dijo otro—. De lo contrario no estaría aquí.» El señor Franco aún no había llegado. Pero ¿por qué no se sentaba mientras tanto? Hoy había pasta y garbanzos, había brotes de achicoria. El turista holandés se sintió molesto, no era nada bueno que lo reconocieran. Al mismo tiempo, sabía que no era un miedo racional. En cuanto saliera del restaurante, para ellos nunca habría existido; en

Roma uno pasaba por la memoria de quienes te mostraban confianza como el agua sobre los guijarros.

El turista cedió a los cumplidos, se sentó y pidió de comer, esperó a que le sirvieran, escuchando la conversación entre los clientes.

—En Villa Torlonia, donde está el archivo de guerra —estaba diciendo un hombre a dos amigos suyos sentados frente a él—, leí las cartas que el papa Pacelli mandaba que les escribieran a los generales de las fuerzas aéreas británicas y estadounidenses durante la guerra. Una decía así: «Amable general Henry Arnold, tenemos la esperanza de que os encontréis bien; escribimos en nombre del Santo Padre, nos gustaría rogaros, si acaso es vuestra intención continuar con los bombardeos sobre Roma, que os abstuvierais de hacerlo entre las dos y las tres y media: aquí en el Vaticano a esas horas Su Santidad reposa. Paz y bien». Su Santidad reposa. ¿Has visto qué tío, el Papa?

Una dracma de oro para compensar la longitud de las tinieblas. Un mercado donde todos se confiesan públicamente para apretar con más fuerza los nudos del secreto.

El camarero trajo el café. El turista holandés pidió la cuenta. El camarero lo miró casi con pena: de ninguna manera le dejarían pagar. Dijo que el señor Franco no iba a llegar, vio la decepción en el rostro del turista.

—No, hombre, no, ¿qué ha entendido usted? —dijo el camarero, el señor Franco estaba tomando su café en el bar Caruso, donde lo esperaba.

En una mesa cercana alguien estornudó. El turista holandés se sintió molesto, se limpió la mano con una servilleta de papel, se levantó de la mesa, echó a andar en dirección al Caruso. Una vez llegó al bar, le dijeron que el señor Franco había ido a resolver unas gestiones cerca de allí. El turista holandés no tenía ganas de un segundo café, pero se lo tomó para no parecer grosero. *Il Messagero* desplegado a toda página sobre el mostrador. Titular: «Si tuviera un hijo homosexual, lo tiraría dentro de una caldera y le prendería fuego». Lo había dicho un consejero regional de la Liga. En otra mesa, dos hombres hablaban de funerales.

—En un momento dado cayó una lluvia de pétalos de rosa. Empezó la música. La gente lloraba. Todos estábamos emocionados.

El muerto era el *boss* de la segunda organización criminal más importante de la ciudad. La más importante, bromeaba la gente, eran los contratistas especuladores. Las exequias habían sido dignas de un jefe de Estado. Flores lanzadas desde un helicóptero, una fotografía gigante del capo vestido de blanco como el Papa, la banda había acompañado el ataúd con las notas del *Padrino* de Nino Rota.

—Un día del que sobra la mitad. Perdona si te he hecho esperar —dijo una voz a su espalda.

El turista holandés se dio la vuelta.

El señor Franco sonreía, el rostro rojo como un tomate, las gafas de montura gruesa, idéntico a como lo había dejado el año anterior. Vestía una bonita americana azul sobre la camisa a rayas. El turista holandés hizo ademán de levantarse, el señor Franco dijo que podían quedarse allí tranquilos, nadie se fijaría en ellos. Metió una mano en el bolsillo de su chaqueta, sacó el sobre, en cuyo interior estaba la llave del apartamento y una nota con la dirección. El turista holandés a su vez sacó su billetera, contó los billetes, siete de cincuenta. El dinero cambió de manos. Estuvieron hablando de esto y aquello por educación.

En Roma, todos los taxistas estaban locos de un modo único. Este, por ejemplo, en el enésimo atasco hizo algo que el turista holandés nunca había visto. El taxista cogió la calderilla que tenía en el salpicadero, bajó la ventana y se puso a lanzar las moneditas contra los vehículos que ocupaban indebidamente el carril reservado. «¡Eh, tú, gilipollas! ¡Lárgate de ahí.»

Los modales bruscos eran un signo distintivo de la ciudad. Pero ahora la gente estaba más nerviosa que el año anterior.

Ahora estaba encanallada. Se había producido un empobrecimiento, la ola negra de la crisis los estaba arrastrando, tenían buenas razones para estar nerviosos. Aunque, en el fondo, pensó, seguían siendo los flojos de siempre. A la altura del Ponte Sublicio le pareció ver a un hombre que tiraba una bicicleta al río. Se quedó anonadado. Debía de ser uno de los misterios de la ciudad que todavía le estaban vedados. El taxi se detuvo en Santa Maria Maggiore. No lejos estaba San Pietro in Vincoli. Había estado allí unos días antes, había superado la umbrosa escalera que lleva a la basílica, luego entró, se quedó para observar el objeto del supremo malentendido de tantos y tantos turistas. A los ojos de los idiotas, el *Moisés* de Miguel Ángel era la quintaesencia de la fuerza interior, la glorificación de la fe que hace posibles las mayores hazañas. Nada podría ser más falso: era la documentación de un fracaso. Si quien llegaba hasta ahí se hubiese tomado la molestia de informarse, leyendo al menos dos páginas en algún libro de texto de historia del arte, habría sabido que la mirada apasionada de Moisés no expresaba fe, sino agravio. Miguel Ángel había paralizado al profeta instantes antes de descargar la furia, cuando, tras descender del Sinaí con las Tablas de la Ley, sorprende al pueblo elegido bailando alrededor del becerro de oro. En el instante posterior —lo que la estatua no documentaba— Moisés destroza las tablas lanzándolas contra el suelo.

—Son veinte euros, doctor.

El turista holandés entró en el hotel y subió a su habitación, donde se lavó la cara, se cepilló los dientes, se cambió de ropa. Estuvo contemplando el magnífico espectáculo de los tejados y de las iglesias. La humanidad estaba perdida desde siempre. Cogió las llaves que le había entregado el restaurador, salió del hotel.

Uno doblaba la esquina y el paisaje cambiaba de golpe. Ahora caminaba por via Cattaneo. Un minuto antes, los oros y los mármoles de las iglesias; ahora, los borrachos y los sintecho. Piazza Manfredo Fanti era un estercolero. Leyó la dirección en la nota. Cruce con via Turati. Las pequeñas tiendas de los chinos. Ese era el portal. Sacó las llaves. El zaguán era oscuro y húmedo, se metió en el ascensor, subió al quinto piso. Por el hueco de la escalera ascendían gritos en idiomas desconocidos. Introdujo la llave en la cerradura. El apartamento era pequeño y sórdido. Una cama de matrimonio con una manta encima, una mesita de noche, un armario horrendo. La sensación era embriagadora. Ahí adentro ya no había nadie. No había ningún registro donde estuviera escrito su nombre. La capital de los vicios. El más hermoso cesto para estas manzanas podridas.

Llegué a via Igino Giordani pasando por Casal Bruciato. Los vi de lejos. Alessio Schiesari y los hombres de su equipo charlaban a unos pasos de la iglesia de Gesú di Nazareth, tan imponente como desprovista de gracia. Delante estaba el edificio del que había salido Manuel Foffo para ir al funeral de su tío. Aparte de Alessio, se encontraban allí un ingeniero de sonido, un camarógrafo y dos chicos del equipo. Ni tiempo tuvimos de saludarnos. «Capullos», dijo una voz a nuestras espaldas. Fuera de un bar, un pequeño grupo de hombres nos estaba mirando con hostilidad. Escupitajos al suelo, desprecio por los buitres que venían a su casa a dar picotazos. «Mierdas», dijo otro, henchido de desprecio. «Vámonos», aconsejó Alessio.

Cruzamos la calle, luego la verja del conjunto de bloques. El portal estaba cerrado. Alessio pulsó aleatoriamente los botones del interfono, hasta que alguien abrió.

Empezamos a subir las escaleras, inmersos en una lívida quietud, iluminados por las luces artificiales. La construcción parecía un gigantesco intestino de cemento lanzado hacia arriba. A medida que subíamos, el silencio se hizo tan profundo que fue posible oír los ruidos de las vajillas. Platos, vasos, ollas chocando en los fregaderos. La gente estaba atrincherada en sus apartamentos. Debían de sentirse perseguidos. Y angustiados, cabreados, asustados. A pocos metros de las moradas en que vivían, se había cometido el asesinato del que todo el mundo hablaba, el edificio ya había sido filmado y retransmitido cientos de veces por televisión y en páginas de internet, lo habían bautizado como «el bloque de la pesadilla», o «el edificio maldito». En el cuarto piso, un señor bastante mayor, jersey y pantalones de chándal, desapareció por la puerta de su apartamento en cuanto nos vio. En el rellano siguiente, dos puertas se abrieron y se cerraron sin que nadie saliera ni entrara. Entonces un chico del equipo aportó su grano de arena, se volvió hacia Alessio y hacia mí, nos miró con un rostro inexpresivo y dijo que, por absurdo que pareciera, tenía la sensación de que todo el bloque estaba sumergido en una bañera de sangre. Se podía notar el olor. No era exactamente un olor real, sintió la necesidad de puntualizar, más bien era la *idea* de una nauseabunda emanación, capaz de volver loco a cualquiera que hubiera estado expuesto a la misma durante mucho tiempo.

—Aquí está, graba.

Al llegar al noveno piso, Alessio le hizo una señal al cámara para que lo siguiera. Se acercó a la puerta para leer el nombre en la placa. «Hemos llegado», dijo. El apartamento de la madre de Manuel. Alessio pulsó el timbre. La mujer abriría y se encontraría con la cámara encima, pensé, dentro de unas horas su desconcierto se convertiría en el entretenimiento de cientos de miles de telespectadores. Alessio pulsó de nuevo el timbre con el dedo. Una segunda, una tercera vez. La puerta no se abrió.

En ese momento, mientras Alessio intentaba conseguir su primicia, miré el tramo de escaleras, vacío y frío en la mañana soleada. Empecé a subir.

Cuando llegué al décimo piso, lo primero en que me fijé fueron los barrotes. En lugar de las clásicas ventanas de los bloques, había una media luna abierta al exterior rodeada por gruesas barras de metal para evitar que alguien, al asomarse, pudiera caer abajo. Sentía el viento en la cara. Desde esa altura se dominaba la periferia oriental. Se veía la autopista hacia L'Aquila, las torres de alta tensión. En el otro lado estaban las naves, las salas de bingo, las casas ilegales repintadas de blanco en el vacío urbano. El viento seguía colándose entre los barrotes, se perdía en un remolino por las escaleras. En ese momento me di la vuelta. A unos metros, en un cono de sombra permanente debido a la disposición de las paredes, estaba el apartamento. La puerta permanecía sellada con los precintos de los carabinieri. Las cintas, en franjas rojas y blancas, estaban colocadas en asterisco sobre el panel, donde se encontraban colgadas tres hojas idénticas con el aviso judicial. Todo había ocurrido allí dentro. Avancé un poco más, me habían educado para no creer en el carácter sobrenatural de las casas marcadas, pero el sentimiento que estaba experimentando frente a esa puerta era real. Era como si un aumento imprevisto de la masa en derredor redujera la velocidad del tiempo hasta rozar un éxtasis donde no había quietud, sino únicamente estulticia, soledad, desesperación.

Como haber metido una mano en el Estigia y notarla todavía tumescente de sombra, pensé después de volver a casa. ¿Existe una maldad de los lugares?, me preguntaba, ¿podemos hablar de la persistencia física del mal después de haber sido cometido? ¿O es solo sugestión?

Por la tarde, salí a pasear por el Esquilino. Estaba nervioso. Después de ir dando tumbos por las tiendas de los chinos, me encontré en Porta Maggiore, luego enfilé la Casilina. Caminaba hacia Tor Pignattara, a la derecha quedaban las vías de los trenes regionales; delante, el paisaje abierto de par en par. Más allá de la carretera de circunvalación, pasados los últimos edificios, superado el campo, lleno de zanjas y ruinas, se alzaba suavemente la zona dei Castelli. Mirando las colinas desde lejos, bañadas en la luz azul, noté aflorar la respuesta a la sensación que había experimentado frente al apartamento de Manuel Foffo. Alejarse de todo esto. Huir de Roma.

Un pensamiento como ese nunca había logrado ni siquiera formularlo y, de repente, me pareció lo único que podía hacer.

Cuando llegué, veinte años atrás, no conocía a nadie. Tenía poco dinero y un trabajo ridículo y, sin embargo, a las pocas semanas la ciudad ya me había abrumado con su desordenada generosidad; era caótica, vital, tremendamente cínica, por lo tanto, incapaz de tomarse en serio su propia maldad. Si tenías un mínimo de ambición, te la echaban por tierra; si te atrevías a confesar que querías abrirte camino en la vida, o incluso triunfar, te daban una palmadita en la espalda y empezaban a burlarse de ti. ¿Dónde te creías que estabas? Roma existía desde hacía 2.700 años, las había visto de todos los colores, contenía la irrepetible concentración de parálisis y artificio retórico de la política italiana, albergaba además el epicentro de la desilusión teocrática mundial. Por aquí, la gente no era tan ingenua como para pensar que la autoafirmación o, peor aún, la gloria, valieran algo en sí mismas. En Roma conocías a gente de todos los tipos, te mezclabas con otros cuerpos; si la cosa te iba bien, te metías algo de dinero en el bolsillo, te morías, y el ponentino barría hasta las cenizas de tu recuerdo.

Todo permanecía suspendido entre la armonía y el desorden, la belleza y el abandono, la sociabilidad y la decadencia. Luego, sin embargo, todo empezó a deslizarse rápidamente hacia la parte nocturna. Hubo el escándalo del Mondo di Mezzo. La investigación involucraba a particulares y a cargos institucionales por delitos de todo tipo. Adjudicaciones manipuladas, corrupción, estafas, especulación en sectores como la vivienda social, la inmigración, la recogida de residuos; compra y venta de funcionarios públicos, extorsión, reciclaje... algo gigantesco. El nombre de la operación lo habían tomado de una escucha telefónica de los carabinieri: «Es la teoría del Mondo di Mezzo, tío —decía uno de los interceptados—, los vivos están arriba y los muertos abajo. Nosotros estamos en el medio porque hay un mundo, un Mondo di Mezzo, donde todos se encuentran. Tú dices: "Coño, ¿cómo va a ser posible... no sé, que mañana me encuentre cenando con Berlusconi?". En cambio, es posible. En el Mondo di Mezzo todos se encuentran con todos. Encuentras personas del *supramundo* porque tal vez tienen interés en que alguien del *inframundo* le haga algunos favores que nadie más puede hacerle».

El Mondo di Mezzo no era una novedad. En Roma todo el mundo siempre hallaba la manera de encontrarse con todo el mundo. En las noches del año 40 después de Cristo, Mesalina, la esposa de diecisiete años del emperador Claudio, se sacaba el ropaje real y («el cabello oscuro debajo de la peluca rubia, los pezones dorados», escribió Juvenal) iba a prostituirse a los barrios bajos de la ciudad.

Superé el Pigneto. Seguía caminando junto a la línea de ferrocarril. Roma había muerto y resurgido muchas veces, y yo no era tan arrogante como para creer que el actual colapso fuera el definitivo. Sin embargo, si establecía una comparación con mi expectativa de vida, y la de la gente a la que quería, corría el riesgo de ser definitivo. La ciudad de abajo se estaba comiendo a la de arriba, los muertos devoraban a los vivos, lo informe iba ganando terreno. Mantener una esperanza ya no era visto como una ingenuidad, sino como un insulto mortal; lo que quedaba de vital atraía la agresión, el mordisco del contagio, y esa pequeña barrera revestida de madera, la puerta del apartamento de Manuel Foffo —pensé mirando de nuevo las colinas en la distancia—, simbolizaba la estación terminal de un largo proceso degenerativo. Al mismo tiempo, era una premonición, una promesa. «Todos pasaréis por aquí, si es que no habéis pasado ya.»

–Luca Varani no se prostituía. Pondría la mano en el fuego. Lo conozco. Sé quién es. He sido su profesor.

Davide Toffoli, cuarenta y tres años, enseñaba lengua y literatura en el Instituto Einstein-Bachelet, donde Luca asistió a las clases nocturnas.

–Era un chico transparente –prosiguió–, le costaba ocultar sus verdaderos sentimientos, así que es imposible que llevara una doble vida.

Me había reunido con Toffoli en un bar de Primavalle. Bebíamos un té frío. Eran las cinco de la tarde, una luz dorada se posaba sobre los edificios, infundiendo en derredor una sensación de paz e inmensidad. Era un hombre de aspecto apacible, de tez morena, el físico enjuto de quien practica deporte. Como profesor era atento y reflexivo, participaba en numerosos proyectos de integración a los estudios que lo mantenían ocupado mucho más allá del horario de las clases. Me causó de inmediato una excelente impresión.

–¿Cómo era en clase?

–Directo, vivaz, siempre tenía su punto de vista sobre las cosas, lo defendía sin pasarse. Cuando tenía un buen día, no dejaba de hacer preguntas, se convertía en un charlatán; no podías pedirle que estudiara mucho en casa, pero era el clásico chico que hace la mitad del trabajo manteniéndose atento en clase. Y luego los lazos sentimentales. Tenía una madurez poco común para su edad, siempre hablaba de Marta Gaia, su relación era preciosa.

–Entonces crees que lo que escriben los periódicos es falso.

Toffoli me miró enarcando las cejas, pero sin irritación. Solo estaba molesto, terriblemente molesto, de que los seres humanos pudieran alcanzar esos niveles de mezquindad.

—Cualquiera que haya conocido a Luca sabe que hay cosas que no habría hecho nunca. Estos días circulan los rumores más extraños, hablan como si lo ocurrido también fuera culpa suya. Me parece una acusación desconcertante. ¿Queremos hallar por fuerza alguna culpa en Luca? La ingenuidad. Se ha vuelto peligroso confiar en las personas que nos rodean. Es duro admitirlo para alguien que hace mi trabajo.

Lo que Toffoli había dicho de un modo tranquilo lo encontré en formas cada vez más vehementes a medida que me acercaba a la Storta.

—Era solo un niño —dijo la dueña de un estanco—, venía aquí a comprar cigarrillos. Los paquetes de diez, para gastar menos.

—De vez en cuando se quedaba sin gasolina —dijo un hombre de unos cincuenta años que trabajaba cerca—, me acuerdo del verano pasado. En via della Storta se había formado una cola larguísima, yo avancé a todos con la moto y me di cuenta de que delante estaba él. Iba empujando el coche a mano. Entonces me paré, saqué diez euros, pusimos gasolina.

—Me molesta leer los periódicos —dijo un chico de unos veinte años, delgado, alto, pelo ondulado, chaqueta de cuero—, las noticias que están saliendo son vergonzosas. La camarilla de periodistas. Les echan basura encima a los que no pueden defenderse.

—Me enteré en Facebook de que había muerto —dijo otro veinteañero, pelo muy corto, camisa blanca, cazadora bomber y cadenita al cuello—, los rumores que están circulando por ahí son absurdos. Hasta dicen que era maricón. Qué maricón ni qué ocho cuartos. Maricones lo serán ellos.

—Luca no se prostituía ni traficaba —dijo la chica que lo acompañaba, el pelo peinado hacia atrás, cejas bien cuidadas—, siempre lo veíamos en los Casalotti. Si hubiera habido algo extraño nos habríamos dado cuenta.

—Miserables. Cabrones. Están calumniando a un pobre chico muerto. –Este era Stefano. Camiseta blanca, mirada torva, charlamos fuera de un salón de juegos–. Lo que escriben en los periódicos es para vomitar –prosiguió–, la gente no tiene dignidad. Se ganan la vida a base de mentiras. Parásitos. Por detrás de nosotros se oían los ruidos de las tragaperras. –¡Pero cómo iba a ser un traficante! ¡Y un maricón! –se rio una chica a la salida del cine multisalas Andromeda–. Le gustaban todas mis amigas.

Aunque los límites de las generalizaciones siempre son muy amplios, después de pasar unos días haciendo preguntas me dio la impresión de que grosso modo los amigos de Luca se dividían entre adolescentes de la pequeñísima burguesía y los que antaño se habrían llamado chicos del arroyo. Pero el nuevo siglo había cambiado, o tal vez trocado, el significado de estas categorías.

Si Marco procedía de ambientes progresistas, muchos amigos de Luca no soportaban esos ambientes. No eran exactamente de derechas, ni tampoco podría decirse que simpatizaban con el fascismo (en una época de confusión, definir de izquierdas a muchos amigos de Marco Prato habría sido igualmente engañoso), pero sin duda detestaban a los profesionales de las buenas causas, lo políticamente correcto, la cultura del arcoíris y una bien definida ostentación de valores que asociaban a las clases dominantes. Decir que algunos amigos de Luca eran homófobos, como alguno escribió, era igualmente erróneo. En la mayoría de los casos no detestaban a los homosexuales, ni los marginaban, lo cual no les impedía mirar con desconfianza la cultura gay, que en su opinión utilizaba la orientación sexual como herramienta discriminatoria a nivel social. Naturalmente, además de miembros del lobby gay, consideraban a Marco Prato y a Manuel Foffo dos privilegiados hijos de papá que tendrían que pudrirse en la cárcel hasta el final de sus días.

Los muchachos de la pandilla de Battistini, en cambio, eran jovencísimos, alocados, no mostraban en sus conversaciones ninguna idea política, pero precisamente por eso eran la vanguardia más política de todas. Si los chicos del arroyo pasolinianos permanecían confinados en una prehistoria encantada, medio siglo después los chicos de la pandilla de Battistini —a pesar de la floja educación, de las lecturas inexistentes, de la absoluta falta de protección ideológica— eran más modernos que sus coetáneos del centro. Los chicos de los Parioli escuchaban a De Gregori encerrados en sus cuartos. Los chicos de Battistini asistían a conciertos de música techno y bailaban toda la noche entre gente sudada y pasados de éxtasis. Los chicos del centro presumían de ropa bonita, los chicos de Battistini a menudo tenían cuerpos preciosos. Entre sus padres no había notarios, periodistas, presidentes de fundaciones, sino fontaneros, trabajadores de almacenes, peluqueros, porteros de noche. No vivían en casas bonitas, no podían permitirse coches caros, se centraban en sus cuerpos: lisos, firmes, musculosos, agresivos, retocados en algunos casos por un cirujano plástico, exhibidos de todas las formas posibles por la calle y en las redes sociales. Los cuerpos eran su patrimonio y su venganza. Además, eran atrevidos, exuberantes y cruzaban por la adolescencia acompañados por la sospecha de que ni la edad adulta, ni una dosis normal de suerte, iba a emanciparlos de su condición.

Pero tanto si se trataba de los chicos de Battistini como de los más concienciados de Primavalle o de la Storta, todos rechazaban con ira la hipótesis de que Luca estuviera prostituyéndose.

La rechazaban porque la consideraban deshonrosa, porque víctima y verdugos se habrían situado así al mismo nivel, y también porque aceptarla habría significado compartir el relato del enemigo. No importaba solo la verdad de los hechos, sino la forma en que se contaban, la retórica que los apoyaba, y rechazar la idea de que Luca se prostituyera significaba negar una narración falsa, aunque fuera cierta, más podrida cuanto más llena de buenas intenciones.

Este asunto de la doble vida de Luca estaba envenenando el corazón de la historia, pensé. Era el engaño retórico perfecto, podía ser importante para la relación personal entre Marta Gaia y él, del mismo modo que Giuseppe y Silvana podían llegar a preguntarse por lo que hacía Luca cuando no estaba con ellos. Pero, al margen de las relaciones personales, en el plano ético, así como en el de la mera responsabilidad, aquello no tenía nada que ver con su muerte.

¿Por qué entonces este tipo de relato se extendía con tanto éxito, empujando a la gente a creer que Luca se lo había buscado o, peor aún, que compartía un destino con sus asesinos? ¿Era culpa de los periodistas? ¿Era su eficacia dramatúrgica? (Vivíamos en la era del *storytelling*, un periodo en que profesionales sin escrúpulos manipulaban el material con que se fabrican las historias de ficción para crear aquiescencia y alimentar el odio.) ¿O se trataba del hambre del público, siempre presa de los bajos instintos?

Me esforzaba en comprender, pero era como mirar dentro de un pozo después de la puesta del sol, y fue quizá porque en la oscuridad uno cree ver las cosas más absurdas, o se presienten las más interesantes, por lo que llegué a pensar que era la historia, en su intrínseca maldad, la que lo distorsionaba todo; pensé que esa entidad tenía una voluntad propia, unos intereses propios: el mal llama al mal y ciertas formas retóricas son sus instrumentos de contagio; de manera que el mal nos saca de quicio, seguí pensando, juega a confundirnos, usa esquirlas de realidad para convencernos de cosas que no son ciertas.

Seguí deambulando por la Storta, pedía informaciones, hacía preguntas, reclamaba recuerdos, buscaba elementos que me ayudaran a entender. Luca desmontaba un eje de transmisión en el taller. Se reía con los amigos. Hablaba con Marta Gaia por teléfono, estaban planeando comprar un Micra juntos. Marta le reprochaba a Luca que nunca fuera capaz de ahorrar un céntimo. Luca la acompañaba a voleibol, ella estaba nerviosa porque el entrenador no la dejaba jugar en los partidos oficiales. Luca decía: «Te llamo más tarde», luego desaparecía. Marta Gaia entonces lo llamaba mentiroso, afirmaba que era imposible seguir juntos si él actuaba de esa forma; peor que las fugas eran los silencios, escribía en sus mensajes, el modo en que él se cerraba en banda, no hablaba. Pero Luca, dondequiera que se encontrara, siempre hablaba de ella. «¿Cuándo vas a dejar de fumar?», preguntaba Marta liberándose de su abrazo. «En febrero», se reía Luca. «¿Le has cambiado el agua a Stoppino?» Stoppino era su hámster. Luca iba de vez en cuando a Battistini. Marta no quería que viera a esa gente, pero él tenía ganas de salir. A veces regresaba tarde. Sus padres estaban durmiendo; Luca, entonces, tras intercambiar mensajes con Marta, se iba a la cocina y sacaba una cacerola, se calentaba la sopa rodeado por el silencio de la Storta, los árboles danzaban en la oscuridad, más allá estaban los campos iluminados por la luna, miraba afuera, o pensaba solo en comer, la cabeza gacha sobre el plato... ¡y ya está! La llama de repente se encendía en mi cabeza y me parecía estar viéndolo, liberado de las espirales que reducían lo inconmensurable a un esquema narrativo: este es Luca, pensaba con seguridad.

En pocos instantes la llama se apagaba y ya no podía verlo. Fuera de determinadas intuiciones uno se siente como sin fe. Volvía a ser esclavo del relato. ¿Cómo se llegó al asesinato?, me preguntaba. ¿Había algo en particular —un gesto, un diálogo, un intercambio de palabras— que acabaría revelándose como determinante para que lograra entender?

Durante las semanas siguientes, los hechos me llevaron de vuelta al centro. Barrio de Prati, tenía una cita con Savino Guglielmi.

Guglielmi era el abogado de Marta Gaia Sebastiani, quien había decidido constituirse en acusación particular. El bufete del abogado se encontraba en via Valadier. Era un hombre de unos cuarenta años, delgado, con americana y corbata, excelente conversador. Me dijo que, como era lógico, el impacto que Marta había sufrido por lo ocurrido era terrible. «Su relación sentimental fue durante años una especie de zona franca: cuando Luca y ella estaban juntos, era como si el resto del mundo desapareciera.» Lo que, obviamente, no impedía que el mundo, ahí fuera, siguiera existiendo. Marta Gaia empezaría un proceso de aceptación, tendría el apoyo de un psicólogo. No había leído todas las actas del proceso, algunas partes eran muy duras, las afrontaría cuando estuviera preparada.

La vida que creemos haber vivido. La vida como un día se nos presenta.

—¿Está usted casado? —me preguntó de repente el abogado Guglielmi.

—Sí —respondí temiéndome adónde quería ir a parar.

—¿Cree que conoce a su esposa?

—La conozco muy bien.

—Bien —repitió él—, ¿pondría la mano en el fuego por que su esposa no lleva una doble vida?

Casi me pareció verla, una gran llama rojiza, a la derecha del abogado, entre el cenicero y el código civil. Solo tenía que tender la mano, y esta moderna ordalía habría certificado la absoluta transparencia de mi vida conyugal.

—No, no pondría la mano en el fuego —dije—, entre otras cosas por respeto al libre albedrío de mi esposa. Sobre todo —agregué sonriendo—, no la pondría porque nunca lo sabemos todo, hasta el fondo, de las personas a las que amamos.

—*Nosotros* no lo sabemos —el abogado sonrió también por su parte—, pero Facebook a lo mejor sí.

Hablamos de ese terrible intercambio de mensajes entre Marta Gaia y Valeria Proietti. Hablamos de los whatsapps de Luca Varani encontrados en el móvil de Marco Prato, de los miles de informaciones —sms, whatsapps, conversaciones, cronologías, geolocalizaciones— capaces de desestabilizar en cualquier momento la vida privada de cualquier persona, informaciones a las que, por suerte, no teníamos acceso por la parte que tocaba a nuestros afectos, y que las grandes empresas informáticas custodiaban en sus servidores como bombas sin estallar.

El coronel Giuseppe Donnarumma estaba al frente de la unidad operativa de los carabinieri a la que se había confiado el caso. Lo conocí el 11 de marzo, una semana antes de que el cadáver de Luca Varani fuera devuelto a la familia. El examen de las muestras de la autopsia había requerido más tiempo del previsto, desde hacía días los funerales se anunciaban en los periódicos y luego se desconvocaban. Llegué a piazza di San Lorenzo in Lucina a las nueve de la mañana. Una luz transparente encendía los edificios y la iglesia de la plaza. Era la primera vez desde principios de año que la temperatura superaba los quince grados. Desde Montecitorio, los parlamentarios se acercaban hasta aquí para disfrutar del sol y un café en Ciampini.

Me anunció un joven carabiniere de ojos claros. Subí la escalinata que conducía al primer piso.

—¿Permiso? —pregunté delante de la puerta que me habían indicado.

—¡Entre, entre, Nicola! —dijo una voz enérgica.

El coronel Donnarumma me recibió en su gran y ordenadísima oficina. Era un hombre imponente, de unos cincuenta años. Me estrechó la mano y de inmediato me preguntó cuántos años tenía, dónde había nacido, qué estudios había cursado, qué tipo de trabajo hacía. No era un interrogatorio. Era el Estado que depositaba su atención sobre uno de sus hijos para conocer mejor la historia. A sus espaldas, la enseña tricolor y una fotografía del presidente de la República.

—Adelante, tome asiento.

En Italia, la distancia entre los hombres de poder y los hombres de las instituciones a menudo es abismal. Los hombres de poder que yo había conocido siempre tenían un aspecto atareado y, en definitiva, desaliñado, ocupaban despachos desordenados, llenos de papeles y de objetos inútiles, o bien se sentaban en despachos demasiado asépticos, donde el paso de un diseñador de interiores era el único testimonio de un trabajo de verdad. En ellos la voracidad no se diferenciaba de un fuerte sentido de falta de permanencia: estaban a punto de morder una ración de bien público, pero de repente desaparecían para ocupar otros cargos. Eran jugadores de azar. Por el contrario, los hombres como Donnarumma —viejos directores de colegio, lingüistas insignes y otras personas buenas y honradas para quienes el espíritu de servicio era más importante que su carrera— trabajaban en ambientes despejados. Eran despachos dignos, nunca lujosos, incluso cómodos, a veces de un tamaño excesivo.

—Veamos —dijo Donnarumma—, ¿en qué puedo ayudarle?

Me había preparado una batería de preguntas, pero primero intenté explicarle por qué ese caso me parecía interesante. Hablé genéricamente de Luca Varani, de Marco Prato, de Manuel Foffo, dije que la vida de cada uno de ellos iluminaba de forma diferente la ciudad, hablé de cómo la prensa y la opinión pública estaban reaccionando a lo sucedido, remarqué el absurdo que rodea a ciertos crímenes que en apariencia carecen de móvil, hablé de violencia desenfrenada, de cómo personas consideradas normales podían llevar a cabo acciones indescifrables para sí mismas.

—Pobres chicos —dijo Donnarumma en un determinado momento.

El coronel partía del supuesto de que el hombre es una criatura frágil, y que solo una ética a prueba de bombas, y una inquebrantable fuerza de voluntad, le impiden a veces sumirse en el desastre.

—Además, lo que tienen a su alrededor no ayuda —agregó.

Se refería a la ciudad.

Le pregunté qué pensaba del Mondo di Mezzo. La investigación llenaba los diarios todos los días junto con el caso

Varani. Las dimensiones del sistema de corrupción eran objetivamente impresionantes. Aun así no era irrefutable –y las opiniones al respecto chocaban en el debate público– que el delito pudiera calificarse de asociación mafiosa.

–Siento un enorme respeto por la judicatura –dijo el coronel–; sea cual sea la decisión de los jueces, la consideraré justa. Sin embargo, si uno lo piensa, es difícil saber qué es peor.

Si la ausencia de una verdadera organización mafiosa –con sus rituales de iniciación, rígidas jerarquías, arsenal paramilitar– nos habría permitido suspirar de alivio, esto podría significar, de todas formas, que la corrupción en Roma había asumido una forma indefinida. Sus fronteras eran inciertas, era una gigantesca presencia gaseosa que, mezclada con el poco aire puro que quedaba, todos respirábamos. En ambientes donde la corrupción está muy extendida, dijo, la gente llega a cometer delitos sin darse cuenta.

–Volvamos a nuestro caso.

–Usted estuvo con el doctor Scavo en el apartamento –dije.

–Llevo muchos años de servicio –respondió el coronel–, he visto muchas cosas. Pero cuando estuvimos en ese apartamento... bueno, salimos de ahí turbados.

Había asesinatos, luego había este otro tipo de asesinatos. La crueldad, la violencia salvaje, la total gratuidad de lo que había ocurrido. Todo desplazaba la historia a lo más oscuro de las zonas de sombra.

–Nicola, ¿usted cree en Dios?

Nadie me había hecho esta pregunta desde hacía muchísimo tiempo. Me habría gustado contestar que tendía a creer en el Hijo, pero no en el Padre. En cambio, dije que practicaba con banalidad el culto de muchos: yo era agnóstico. El coronel Donnarumma me preguntó a qué me refería. Se lo expliqué.

–Bueno, siempre hay cosas que aprender. Verá, Nicola –afirmó–, yo digo que nosotros, los carabinieri, para poder desempeñar bien nuestro trabajo, debemos tener en cambio una protección especial.

—¿Una protección? —No estaba seguro de haberlo entendido.

—Un aura, una mampara que nos proteja de las cosas con las que debemos trabajar.

El mal. Tenían que trabajar todos los días con el mal. El coronel dijo que el mal no era un concepto abstracto, pero tampoco había que imaginarlo como una entidad plenamente definida. El mal era móvil, multiforme y, sobre todo, contagioso. Cuanto más tiempo estabas cerca de él, más te arriesgabas a empezar a comportarte de acuerdo con sus planes. No había nada más triste, dijo, que un carabiniere que mancillaba el uniforme. Era algo que sucedía a veces. Por eso, quien estaba rodeado por un aura protectora —quien actuaba de manera que se hacía merecedor de la misma, me pareció que quería decir— tenía esperanzas de llevar a cabo su trabajo sin caer.

Le pregunté qué pensaba de Marco Prato y Manuel Foffo.

—Se conocieron —dijo Donnarumma—, y este es el problema.

Los delitos de este tipo en los que había cómplices que se conocían desde hacía poco tiempo seguían casi todos el mismo patrón. No tres, ni cinco, ni ocho. Dos era el número recurrente. Un íncubo y un súcubo. Un manipulado y un manipulador, aunque esos papeles eran a menudo intercambiables. Se trataba de individuos que, tomados por separado, difícilmente habrían cometido los crímenes por los que se encontraban en la cárcel casi sin darse cuenta. No estábamos tratando con asesinos en serie. En teoría, eran personas normales.

—Pero, al final, ¿cuál es la verdad sobre la vida privada de Luca Varani? ¿Y sobre la de Foffo y Prato?

Yo también traté de formular mis preguntas a bocajarro.

—Verá, Nicola —sonrió el coronel Donnarumma—, lamentablemente esto no se lo puedo decir. Nos hemos hecho algunas ideas, y a medida que avanzamos con las pesquisas estas ideas se van reforzando, digamos que debe prepararse para cualquier clase de escenario.

—¿Es cierto que Foffo y Prato enviaron veintitrés sms todos iguales para elegir a la víctima? ¿Algo así como «la lotería de la muerte»?

—Enviaron los mensajes. No juraría que fueron exactamente veintitrés como escriben los periódicos, y no lo definiría forzosamente como «la lotería de la muerte». Pasaron tres días encerrados en casa esnifando cocaína y hablando sin tregua; en un momento dado, también enviaron esos mensajes.

—¿Es cierto que Manuel quería matar a su padre?

—Manuel ha acumulado resentimiento hacia su familia. Lo vi durante el interrogatorio, fue dramático.

—¿No se ha dado cuenta de que en esta historia hablan sobre todo los varones, mientras que las mujeres permanecen en silencio?

—Escuche, Nicola —el coronel cambió de tono—, las indagaciones continuarán, en algún momento se harán públicas. Usted continuará con su investigación, supongo que conocerá a mucha gente, hará entrevistas, juntará piezas, y pieza más, pieza menos, logrará reconstruir toda la historia por completo. Nosotros haremos cuanto sea posible para que la ley se aplique de la mejor manera. Pero imagino que usted quiere ir más al fondo. Lo veo. Y entonces, si me lo permite —dijo—, me gustaría darle un consejo al respecto.

El coronel Donnarumma abrió un cajón. Sacó lo que a simple vista parecía un dosier de prensa. En efecto, eran recortes de periódicos. Comenzó a hurgar entre los papeles, sacó uno.

—Aquí lo tengo —dijo—, esto es en lo que debería concentrarse.

El papel cambió de manos. Empecé a leer. Al principio pensé que se había equivocado de artículo, levanté la mirada hacia el coronel, Donnarumma asintió. Volví diligentemente a poner mis ojos en la página.

Era un artículo de *il Giornale*. El texto, publicado algunos días atrás, reproducía las palabras del padre Amorth, uno de los exorcistas más famosos del mundo. Anciano y enfermo, Gabriele Amorth se sintió conmocionado por el asesinato de Luca Varani. «Detrás de este crimen solo se puede esconder la huella de Satanás –dijo el sacerdote a sus colaboradores–, en este sentido hago mía la frase de un célebre psiquiatra ateo, el profesor Emilio Servadio, quien dijo: "Cuando una perfidia alcanza cimas que no son humanamente explicables, yo allí veo la acción del demonio".»

Si en ese momento me hubiera levantado y le hubiera dado la espalda a Donnarumma, me habría fijado en un certificado de mérito colgado en la pared. Era una medalla al valor civil entregada en 2007 por el presidente de la República, Giorgio Napolitano. Años antes, en Cagliari, el entonces capitán Donnarumma había desempeñado un papel decisivo en el rescate de varias personas atrapadas en un edificio en llamas, todo ello sin estar de servicio. Después de dirigir la evacuación del edificio, se lanzó otra vez hacia su interior. Subió al cuarto piso, se introdujo en uno de los apartamentos del que nadie había salido aún. Dentro encontró a una anciana inmovilizada en una cama ortopédica. Donnarumma la cogió en brazos, la salvó a ella también, se intoxicó por el monóxido de carbono, lo hospitalizaron durante una semana.

Con esto quiero decir que frente a mí estaba un hombre valiente hasta los límites del heroísmo, cuya rectitud estaba fuera de discusión, y cuya inteligencia –tenía una licenciatura en Ingeniería industrial– descansaba sobre bases racionales. Y, pese a todo esto, estaba relacionando el asesinato de Luca Varani con un caso de posesión demoniaca. Y, al verme con una expresión levemente sorprendida –no quería faltarle al respeto, además sentía que en su punto de vista había algo interesante–, él prosiguió hablando.

Dijo que, en cierta ocasión, hacía muchos años, cuando prestaba servicio en el norte de Italia, tuvo la oportunidad de investigar un caso espeluznante. Familia muy pobre, una madre con tres hijas. Una casa en la provincia profunda, no lejos del río Adda. El padre muerto o desaparecido. La madre se sustentaba con trabajos humildes. La hija menor, una chica de dieciocho años, trabajaba de camarera. En un momento dado, esta chica se comprometió con un guarda forestal. En un entorno como aquel, significaba la posibilidad de un ascenso social. El guarda era, entre otras cosas, un hombre guapo, lo que a ella no le parecía mal. Pero los sentimientos humanos siguen los caminos más tortuosos. Por mucho que le costara admitirlo –al menos cabía asumir que al principio fue así–, la madre se encontró sintiendo hacia su hija un ardiente sentimiento de celos. Cuantos más días pasaban, más le hervía la sangre. Una noche, mientras estaba en la cama, la madre oyó a su hija y al guarda forestal en la habitación contigua. Unas horas después, el guarda salió de la casa para sus rondas de trabajo. La madre se levantó de la cama, se asomó al cuarto de baño, donde se estaba lavando su hija. La mujer cogió un escobón y empezó a golpear a la chica salvajemente con esa arma improvisada, hasta que la mató.

–Teníamos una serie de pruebas, pero nos faltaba la confesión –dijo Donnarumma–, así que convocamos a la madre al cuartel y empezó el interrogatorio. Nunca lo olvidaré. Le dejé claro a la mujer que no tenía escapatoria, que sería mejor que confesara. Ella me miraba sin decir palabra. Entonces cambié de tono. «¡Madre degenerada! ¡Mira que tenemos muchas pruebas en tu contra! También te vamos a acusar por el ocultamiento de un cadáver. ¡Significa cadena perpetua! ¡Confiesa, miserable madre, confiesa!» En ese momento la mujer me cogió del brazo y yo sentí un calor indescriptible expandirse por todo mi cuerpo. Confesó y, a continuación, se desmayó. Yo aún me sentía estremecido. A eso me refiero: verá, en ese calor antinatural había algo parecido a lo que se sentía al entrar en el apartamento de Manuel Foffo.

Charlamos un poco más de esto y de aquello. Escuchaba e intentaba reflexionar. Resultaba demasiado fácil relegar a la superstición la última parte del razonamiento del coronel. Donnarumma era católico, pero si desvinculábamos la religión de sus palabras, quedaba el armazón de una argumentación interesante. Si se imaginaba el mal como posesión, entonces se podía luchar contra él sin perder del todo la esperanza en los seres humanos. No éramos irremediablemente malvados. Éramos débiles. Y alguien, ahí fuera, era mucho más fuerte que nosotros. Esta era una posible explicación. Según las etimologías, *él* era «el adversario», «el calumniador», «el portador de la luz», era también «el que divide». ¿Qué nos estaba dividiendo de ese modo a unos de otros en esos años tan turbulentos? ¿Y qué calumniador, para tener éxito en su intento, no necesita ser al mismo tiempo un buen narrador?

Alex Quaranta estaba hablando por teléfono con su novia cuando dieron la noticia por televisión. Ya había oído hablar del asesinato. En esa época no tenía ni un céntimo, a menudo dormía en albergues y en casas de amigos. Le pasaban cosas raras. En Roma continuamente ocurrían historias raras.

—Perdóname un momento.

Alex alejó el teléfono de su oreja. El reportaje estaba mostrando el apartamento donde se había cometido el asesinato.

—Pero qué coño...

No es raro que en la televisión cuenten historias de personas a las que les suceden las cosas más increíbles. Pero ¿qué ocurre cuando la persona de la que están hablando eres tú?

—Te llamo más tarde —le dijo Alex a la chica. Sentía que el corazón le latía muy rápido.

Habían podido matarle y solo ahora lo descubría. Y tenía una especie de nombre artístico que aparentemente todo el mundo conocía, excepto él. Alex Tiburtina.

Unos días antes le había tocado a Damiano Parodi.

El domingo por la tarde Damiano iba en coche a Milán. Se dirigía al San Raffaele para tratarse del trastorno obsesivo-compulsivo que había sufrido durante años. Escuchó en la radio la noticia del asesinato de un joven de veintitrés años. No prestó demasiada atención a lo que dijo el locutor, cambió de emisora.

Unas horas más tarde, sin embargo, su amigo Angelo Vecchio lo llamó por teléfono. En ese momento se encontraba en el gimnasio del hotel.

Angelo tenía una voz muy preocupada.

–Pensé que estabas muerto, o que estabas implicado en ese asunto de Roma –dijo.

–¿Por qué, qué ha pasado? –Damiano no sabía de qué le estaba hablando.

Angelo Vecchio le dijo que el chico asesinado era Luca Varani, y que habían detenido a Marco Prato.

Tiziano De Rossi se enteró por su madre. Ella le dijo que el telediario había difundido la noticia del descubrimiento de un cadáver en casa de Manuel. «No me lo puedo creer», dijo Tiziano tratando de mantener a raya las emociones, y recordó lo que había sucedido unas noches antes.

Los carabinieri los escucharían y luego los periodistas los perseguirían. Los tres no se conocían entre sí, tampoco estuvieron juntos en ningún momento. Sin embargo, con respecto al asunto, quedaron vinculados para siempre. Habían sido los únicos en ver, en poner un pie en el apartamento del Collatino antes de que llegara Luca Varani. Si las cosas hubieran ido de diferente forma, ¿le habría tocado a uno de ellos? ¿Tenían que imaginarse como supervivientes, como escapados de un desastre? Ciertas preguntas son inevitables, aunque al mismo tiempo no sirven para nada.

El funeral de Luca Varani se celebró el 19 de marzo, dos semanas después de su muerte. El Departamento de Ciencias Forenses de la Sapienza comunicó al doctor Scavo los resultados de la autopsia. El fiscal dispuso la restitución del cuerpo a la familia. Ese día era sábado, el sol brillaba en toda la ciudad. La iglesia de Santa Gemma, una construcción que se remontaba a los años cincuenta del siglo XX, comenzó a llenarse de curiosos desde primera hora de la mañana. Imponente y cuadrado, el edificio despuntaba sobre un pequeño grupo de casas en la localidad de la Porcareccia, no lejos de la Storta. La gran plaza se veía llena de equipos de televisión y de carabinieri, en la escalinata estaban depositados ramos de flores y coronas. Flores del Instituto Einstein. Flores de los familiares de Luca. Flores de los amigos. Luego, muchos globos blancos unidos por un cordel. En la puerta de la iglesia estaba escrito: «Por voluntad expresa de la familia Varani, se prohíbe el acceso de periodistas, fotógrafos y cámaras de televisión».

En cuanto estuve dentro, me di cuenta de que el espacio estaba abarrotado hasta los topes. Imposible acercarse al altar. Había un pequeño balcón, así que intenté instalarme allí. El balcón también estaba abarrotado. Adultos con la cabeza gacha. Chicos con los puños apretados. Encontré un hueco al fondo. El párroco, tapado por la multitud, estaba citando las Bienaventuranzas. Su voz resonaba con claridad. Dijo que los hombres y los pueblos de los que se hablaba en las Bienaventuranzas eran hombres y pueblos «ausentes», eran hombres que sufrían la violencia, que sufrían la injusticia, pero Dios les decía: «No perdáis la esperanza, esta no es la última palabra sobre vuestra vida, soy yo vuestro garante». La gente escuchaba con emoción. El párroco dijo que la última palabra sobre Luca no podía ser lo que había sucedido, Dios no había querido que el chico muriera de esa manera; podía pensarse que su trayectoria vital la definía, pero el misterio que todo hombre representa no podría agotarse, aunque ese hombre en concreto viviera cien años; siempre falta una parte, continuó, la parte que no vemos, y es la que da sentido al conjunto. Dios la ve. Era Dios quien se hacía garante de Luca. «Y nosotros con él», dijo el párroco invitándonos a abrir las manos con las palmas hacia arriba. El órgano empezó a sonar y una chica se puso a cantar, seguida poco después por una voz masculina. Isaías 62. Se me erizó el vello de los brazos. La mujer cantaba maravillosamente, su voz era melodiosa, y la voz del joven, firme y seria, era el contrapunto ideal. El pasaje de la Biblia al que le habían puesto música hablaba del rescate del pueblo elegido tras la destrucción de Jerusalén. «Por amor de Jerusalén no he de estar quedo, hasta que salga como resplandor su justicia y su salvación brille como antorcha.»

Entonces el órgano dejó de sonar y, en el más absoluto silencio, la chica cantó la melodía principal.

No se dirá de ti jamás «Abandonada»,
ni de tu tierra se dirá jamás «Desolada».

La mujer que estaba a mi lado rompió a llorar. A dos filas de distancia, una señora empezó a sollozar. Junto a ella, un hombre, con los brazos extendidos y las manos abiertas, apretaba los dientes con las mejillas llenas de lágrimas. Sentí que se me hacía un nudo en la garganta. Como sucede desde hace milenios en los ritos colectivos, cientos de personas vibraron al unísono. Estábamos tan poco acostumbrados a sentir una emoción semejante que nos vimos abrumados también por la sorpresa. De pronto sabíamos que no estábamos solos, vivíamos en una ciudad que incluía a todos, a los vivos y a los muertos. El párroco pidió a Dios que acogiera las lágrimas de los padres de Luca, de su novia Marta Gaia, de sus amigos. Dijo que tener fe no eliminaba la esperanza de que la justicia humana siguiera su curso. Llamó al púlpito a Davide Toffoli, el profesor de lengua y literatura con quien yo había hablado unos días antes. Me puse de puntillas para verlo.

—Quien siembra la muerte es mísero e inaceptable —estaba diciendo Toffoli desde el púlpito—, es mísero e inaceptable quien confunde a la víctima con el verdugo. «Llora más suavemente al muerto, porque ya reposa», dice Sirácides, «que la vida del necio es peor que la muerte».

Terminada la misa, la gente abandonó la iglesia. Caras rojas. Miradas febriles. Y, mantenida a raya hasta ese momento, la cólera.

—¡Cabrones! —se podía oír el murmullo entre la multitud.

Los hombres y las mujeres, los chicos y las chicas, cargados con la energía que los había mantenido juntos durante la misa, empezaron a dispersarse en la gran plaza como si supieran perfectamente qué hacer, qué palabras decir, qué perfil mantener. Los periodistas se lanzaron sobre ellos.

—Trabajaba conmigo en el taller —dijo un joven veinteañero en cuanto le colocaron el micrófono delante—, la última vez que lo vi fue el día antes del asesinato. Una persona excepcional. Venía a trabajar con una sonrisa en los labios y se marchaba también con una sonrisa. Ahora lo importante es que se haga justicia con esas bestias, tengo miedo de que no cumplan la condena justa.

—Lo recuerdo en el colegio —dijo otro con una chaqueta negra—, era un chico como nosotros. Fue un ingenuo, le tendieron una trampa.

La madre y el padre de Luca recibían un abrazo tras otro. Marta Gaia, con gafas de sol y un vestido oscuro, lloraba entre la muchedumbre.

Los que hablaban con los periodistas eran excompañeros de estudios de Luca. Algunos habían realizado un collage en el que Luca aparecía fotografiado en diferentes momentos de su vida: lo sostenían dos chicas, mostrándolo como una prueba, un testimonio. Luego estaban los de Battistini. Ellos, en cambio, se mantenían alejados de las cámaras y de los carabinieri. Miradas orgullosas, incisivas, controlaban el espacio circundante como si los verdaderos garantes del orden fueran ellos. Se oyó un clamor, empezaron los aplausos. El ataúd había salido de la iglesia. Llevado a hombros por ocho personas fue colocado entre las flores, en la parte trasera de un coche fúnebre. El párroco se abrió paso entre la multitud, se acercó al ataúd, lo bendijo. Todo el mundo empezó a confluir hacia el coche fúnebre. Quien lo lograba metía la cabeza en el habitáculo y besaba el ataúd. Primero, los parientes de Luca. Luego los chicos del Einstein. Ahora le tocaba a Marta Gaia. Al final, los chicos de Battistini. El líder era un chico alto, delgadísimo, la boca carnosa, el pelo rapado a los lados y un tatuaje a la altura de la ceja derecha. Puso ambas manos sobre el ataúd. Alguien, detrás de él, siseó: «Cadena perpetua para esos cabrones». El chico seguía mirando el ataúd con los brazos cruzados, la mirada grave se convirtió en una sonrisa amarga, como si estuviera dialogando con el fantasma de Luca y solo él estuviera autorizado para hacerlo. Al final, le dio un manotazo a la madera, a modo de saludo, dejó que el fantasma se marchara. Hacía calor. La multitud cada vez estaba más agitada. Alguien cortó el cordel, los globos empezaron a ascender hacia el cielo. Una salva de aplausos, luego las voces. La gente levantaba sus puños al cielo.

—¡Justicia!

—¡Justicia!

—¡Justicia!

TERCERA PARTE

EL CORO

Mis propios asuntos me aburren siempre
mortalmente; prefiero los de los demás.

OSCAR WILDE

Todo lo que dices habla de ti: en especial
cuando hablas de otro.

PAUL VALÉRY

—Cuando era pequeño –le dijo Marco Prato al fiscal–, a veces me iba a la cama y rezaba. Rezaba para que, por la mañana, mágicamente, pudiera despertarme en el cuerpo de una niña. Lo deseaba muchísimo.

FEDERICA VITALE

Conozco a Marco Prato desde hace unos quince años. Estuvimos en la misma clase hasta la selectividad. Nuestra relación se intensificó con el tiempo, tal vez porque ambos somos homosexuales. Siempre pensé que Marco era una persona sensible. En la escuela, sus compañeros lo machacaban, le tomaban el pelo tanto porque era homosexual como porque estaba gordo. Después de graduarse, se matriculó en la Luiss y empezamos a vernos menos.

En 2011 intentó suicidarse. Estaba haciendo un máster en París. Nunca entendí muy bien lo que había pasado, me parece que había roto con el novio de esa época.

Hacia finales del año pasado, volvimos a vernos con frecuencia. Yo estaba contenta. Nos reuníamos para comer una pizza una vez por semana. Me hablaba de su nueva actividad como organizador de eventos. Durante una de estas charlas me confesó que quería cambiar de sexo. Tuve la impresión de que me lo estaba diciendo tan solo para que aprobara su decisión. Inmediatamente después me preguntó si yo también tenía el propósito de hacer lo mismo. Le contesté que no. Nunca he pensado en cambiar de sexo.

La última vez que se suponía que íbamos a vernos fue el 2 de marzo. De repente canceló la cita, me escribió que le habían cambiado una reunión de trabajo. Tres noches después, estaba en el restaurante con mis amigas. De pronto me llama Ornella Martinelli. Estaba muy nerviosa. Al parecer, los carabinieri habían telefoneado a Lorenza, le habían dicho que Marco estaba ingresado en el hospital y que había que avisar a su familia. Empezamos a hacer llamadas para entender lo que estaba sucediendo. No lo conseguimos. A la mañana siguiente me enviaron un enlace con la noticia de dos chicos detenidos por un asesinato cometido en el Collatino. Entonces lo entendí.

SERENA PALLADINO

De pequeños solíamos jugar en el mismo campo de voleibol. Considero a Marco mi mejor amigo. Con el tiempo desarrollamos una relación casi simbiótica. Siempre he creído que, pasara lo que me pasara en la vida, él estaría allí.

Casi siempre nos veíamos en mi local. Yo salgo a la una de la noche, él siempre se venía a tomar la última copa.

Últimamente no tenía un novio de verdad, mantenía relaciones ocasionales tanto con gais como con heterosexuales. Quiero precisar que se trataba de relaciones entre adultos y consentidas. Lo digo porque he leído algunas cosas extrañas en los periódicos.

Muy raramente, más o menos una vez al mes, tomaba cocaína. Yo quería que lo dejara. Él también quería dejarlo, así que en noviembre hicimos un pacto: Marco me entregaría las ganancias que se sacaba con las veladas, yo se las guardaría. Durante un mesecito funcionamos así.

Por desgracia, los negocios no le iban bien. Ya no trabajaba como antes, lo que significaba que tenía mucho tiempo libre, y esto era un problema.

Inteligentísimo. Culto. Brillante. Una memoria de elefante. Hábil con las palabras. Ese es Marco Prato. No lo creo capaz de agresiones físicas, no es una persona violenta. Es muy empático y compasivo. Y generoso.

Hace más o menos un mes, mientras cenábamos juntos, dijo que se había prometido a sí mismo hablar con su madre. La situación no era fácil. Marco decía que ya no existía diálogo con ella, sufría por ello, creía que el amor de su madre estaba condicionado por la cuestión de la homosexualidad. Le había dicho que era gay cuando era solo un chiquillo. Recuerdo que su madre me llamó por teléfono en esa época. Me dijo que su hijo estaba enfermo, que había que llevarlo a un psicólogo. «¿Un psicólogo?» Le contesté que no hay absolutamente nada malo en ser homosexual, no estamos hablando en modo alguno de una enfermedad. A partir de ese día, la madre de Marco ya no quiso tener nada que ver conmigo.

El domingo pasado leí el artículo en el sitio web de *la Repubblica*. Corrí al hospital Pertini, pero no me dejaron entrar.

LORENZA MANFREDI

Cursábamos una diplomatura en la Luiss, él era amigo de mi novio.

Durante sus años de secundaria había tenido problemas por su aspecto físico. Estaba regordete. Nos lo había explicado él mismo, incluso nos había mostrado las fotos. La verdad es que cuando lo conocimos todavía le sobraban algunos kilos, no tenía el físico que tiene ahora, hablaba del tema con ironía, pero creo que nunca superó del todo esa clase de malestar.

Al finalizar los tres años, se marchó a Francia, hizo el máster en París. Fue allí donde intentó suicidarse. Mezclando pastillas con alcohol. Nos envió un mensaje a las amigas. En el mensaje había frases sacadas de las canciones de Dalida.

Cuando recibimos ese mensaje de texto, recuerdo que nos movilizamos al instante. No sé cómo, conseguimos localizar a una chica que vivía en París, una conocida. Fue ella quien acudió en su auxilio. La causa del intento de suicidio era un chico que se llamaba Nicolas, un francés. Por lo que parece, habían roto.

En vista de lo sucedido, Marco no terminó el máster. De regreso a Roma, intentó suicidarse nuevamente. La causa era otra vez Nicolas. Lo extraño es que, por lo que yo recuerdo, fue Marco quien dejó a Nicolas, no al contrario. Marco debió de reaccionar mal cuando se enteró de que Nicolas estaba saliendo con otros chicos.

Después de estos acontecimientos, nos perdimos de vista. Yo me fui a Chile.

Volvimos a hablar casi por casualidad en septiembre. Me contó que ahora las cosas le iban bien, añadió que se gastaba como un idiota todo lo que ganaba en cocaína. Me quedé de piedra. Por lo que yo recordaba, en su vida se había fumado ni un canuto.

Durante esa misma llamada telefónica me explicó un episodio que me inquietó.

Dijo que una noche, al regresar de una fiesta organizada por él, pasando por la estación de Tiburtina, que queda cerca de donde vive, había visto a dos tipos dentro de un coche aparcado. Le pareció que iban un poco achispados, y que eran extranjeros. Marco dio unos golpecitos a la ventanilla, les preguntó a esos dos chicos si por casualidad necesitaban algo. Resultó que eran australianos, y sí, en efecto, realmente necesitaban ayuda. Se habían perdido. Buscaban su b&b. Entonces Marco, con la excusa de ayudarlos, los llevó a su casa.

MAURIZIO VALLI

La primera vez que hablé con él fue el 6 de septiembre de 2015. Lo recuerdo porque era el cumpleaños de mi amigo Paolo Lepore. Paolo y yo llegamos a la Isla Tiberina a las doce y media de la noche. Allí trabajaba Claudio Bosco, otro amigo nuestro. Estábamos un poco borrachos y, a pesar de que no soy de la clase de personas que toma estupefacientes de manera habitual, acepté la invitación de Marco Prato cuando decidió incendiar la noche.

Pero procedamos con orden. Cuando llegamos, la situación estaba tranquila. Claudio se encontraba en la barra. No muy lejos, Marco Prato nos miraba. Él también trabajaba, por así decirlo: llevaba la gestión del local con otros socios. Primer cóctel, segundo cóctel, la velada empezó en serio cuando Claudio salió con esa estúpida broma suya, es decir, dijo que yo me parecía a Kim Rossi Stuart. A lo que Prato levanta la cabeza y dice: «Vale, vale, venga, eres un chico guapo, pero no exageremos». Yo estaba de acuerdo, no nos parecemos tanto. Marco se acercó y nos preguntó a qué nos dedicábamos en la vida. Yo le expliqué que estoy en el mundo del cine, en el sentido de que al terminar la Academia comencé a hacer montaje y desmontaje, trabajo con los vídeos, cosas así. Paolo dijo que él es operador financiero, aunque en realidad se pasa el día sentado ante el ordenador controlando la situación, básicamente quien hace las cosas de verdad es ese algoritmo que le permite invertir en valores jugando con una serie de factores.

Charlamos, debo decir que agradablemente. En un momento dado, Marco va y nos dice: «Eh, ¿os va el perico?».

Quizá habíamos bebido, quizá era el ambiente general de celebración, el hecho es que Paolo y yo dijimos que sí. Claudio, en cambio, se fue a casa, al día siguiente tenía que levantarse temprano.

Marco empezó a preparar las rayas, no demasiado gruesas ni tampoco demasiado largas. Después del primer tirito, nos propuso continuar en su casa. Era amable. Cuando le dijimos que queríamos pagar las copas, respondió: «¿De verdad creéis que os voy a dejar pagar?». Antes de marcharnos, le confesé que no esnifo muy a menudo. Él dijo: «Vale, bueno, pero ¿qué te crees?, yo tampoco me meto demasiada».

Marco vivía en un semisótano. Un pequeño apartamento que estaba restaurando. Había tuberías que sobresalían de las paredes, también faltaba la cocina esquinera. En el salón había sofás, una mesita baja con un ordenador, ni siquiera había línea telefónica, de modo que utilizaba el móvil como rúter. Marco vestía pantalones cortos y una camisa de fantasía abrochada hasta el cuello. Hacía calor, de manera que en algún momento propuso quitarnos los pantalones y quedarnos en calzoncillos. Le hicimos caso. Marco, mientras tanto, preparaba las copas. Vodka, gin-lemon. Bebimos. Volvimos a esnifar de nuevo. Al principio, Paolo y yo estábamos uno al lado del otro; luego Marco se colocó entre los dos.

Entonces empezó una charla un poco ambigua, que yo definiría como «avanzadilla». «Sé que no sois homosexuales —dijo—, sé que tenéis miedo, pero no tenéis de qué preocuparos, ahora vamos a ver una película porno.» Mientras tanto, la música seguía sonando. Esnifamos de nuevo. En ese punto, sintiéndome a mis anchas, embriagado por todo lo que estábamos haciendo, quise mostrarle a Marco unos vídeos que yo estaba realizando. Son vídeos subidos a mi web, es mi trabajo, quería enseñárselos a alguien que pudiera darme algún consejo. Marco los estuvo viendo. Luego dijo: «Bueno, ahora veamos porno». Se ofreció incluso a darnos un masaje en los pies. Aceptamos. La sensación era agradable.

Al principio era Marco quien elegía las películas, navegaba por XTube, por TubeGalore, por YouPorn. TubeGalore, a decir verdad, fue idea mía. Vimos unas cuantas. Marco dijo que le gustaban porque él se identificaba con las mujeres.

En este punto entramos en una dimensión que yo definiría como «de confesionario». Marco empezó con una frase que venía a decir: «Bueno, Maurizio, ahora vete allí y Paolo me cuenta un secreto suyo». De pronto me encontré fuera de la habitación. Intenté escuchar a hurtadillas, pero no entendí un carajo de lo que se estaban diciendo. Entonces me senté en el suelo y empecé a fumar. Al cabo de unos veinte minutos, reaparece Paolo. «Paolo, ¿qué ha pasado?» Él me dio a entender que habían tenido una relación oral. Luego dijo: «Vamos, Mauri, una vez en la vida… ¿qué más te da?, ¡pruébalo tú también!». Le contesté que ni se me pasaba por la cabeza hacer lo que había hecho él.

Regresé a la habitación donde estaba Marco Prato. En cuanto me vio, se ofreció a darme un segundo masaje en los pies. Me dijo: «Vamos, relájate». Yo lo dejé hacer. Era agradable. Después de un rato, mientras seguía en ello, le dije que lo único que estaría dispuesto a dejarme hacer sería masturbarme, con tal de que él, en cualquier caso, lo hiciera con un objeto y no con las manos. Marco se quedó atónito. «Pero ¿qué va a cambiar eso, perdona? –dijo–. Ese objeto, si lo piensas, solo sería un sustituto de la mano.» En ese momento regresó Paolo. Se acercó y me dijo, por si quería saberlo, que hasta el mismo Claudio, a quien no hay duda de que le gustan las mujeres, había estado en esa casa. Quizá esa revelación fue decisiva.

Marco empezó utilizando ambas manos. Sentado en el centro del sofá, con la derecha me masturbaba a mí, con la izquierda masturbaba a Paolo. Paolo no tenía erección. Yo sí. Marco no recuerdo si la tenía. Procuraba no mirarlo. Ya me impresionaban bastante las piernas peludas, tenía las caderas anchas, un gran trasero, un poco deforme. Seguían viéndose los vídeos porno.

Mientras continuaba masturbándome, poco antes de correrme, lo detuve. «Para», le dije. Le cogí la mano y la aparté.

Marco me regañó: «Es estúpido no dejarse llevar por el deseo; a mí no me gustan las personas que se castigan a sí mismas de esta manera».

Traté de responder de un modo tranquilo, tenía mucho cuidado de medir las palabras, era su invitado y noté que mi rechazo lo había contrariado. Volvimos a esnifar otra vez.

Al cabo de una hora decidimos marcharnos. Marco se ofreció a llevarnos en coche puesto que Paolo no era capaz de conducir el ciclomotor.

Una vez en casa, me sentí fatal.

Empecé a sentirme mal tanto física como mentalmente. Estaba tan mal que le pedí a mi padre que me llevara a un psicólogo. A mi padre solo le conté lo de la coca. Sentía un nudo en la garganta, me daba asco, ni siquiera era capaz de masturbarme, y eso que lo hacía todos los días. Necesitaba hablar, tenía que contarle *todo* a mi novia. Ella es danesa, en ese momento ni siquiera estaba en Italia, le envié un mensaje de texto, luego nos llamamos vía Skype. Se lo conté todo. Dije que si no se lo explicaba tendría un ataque de pánico. Era también una forma de respeto hacia ella. Cuando terminé de hablar, mi novia me tranquilizó. Me apoyó. Lentamente las cosas volvieron a situarse en su lugar.

El problema es que tres días después tuve que buscar a Marco Prato. Había olvidado mi carnet de conducir y mi tarjeta sanitaria en su coche. Me angustiaba la mera idea de tener que verlo. Nos citamos cerca de mi casa. Cuando se presentó, el corazón me iba a mil por hora. Me preguntó cómo estaba, le dije la verdad, que me sentía una mierda. Él tuvo una reacción como: «Madre mía, lo que faltaba…».

Hacia noviembre lo busqué una vez más. Le envié un whatsapp. A decir verdad, le escribí algo un poco perverso. Quería que me ayudara a montarme un trío con dos chicas. Me había dicho que tenía unas amigas suyas que podría presentarme. Le escribí: «Si consigues que esté con dos amigas tuyas, te dejaré acabar lo que no terminaste».

No me respondió.

ORNELLA MARTINELLI

Es capaz de crueldades psicológicas, sin duda alguna es un manipulador, pero nunca ha sido agresivo. Quiero decir en sentido físico.

Me llamo Ornella, tengo veintinueve años, llevo un bed and breakfast con mi padre. Conozco a Marco Prato desde que íbamos a la guardería.

Abiertamente homosexual ya entonces, tenía relaciones amistosas muy estrechas con nosotras, las chicas. Buscaba rodearse de mujeres con una personalidad fuerte; a nosotras, sus amigas, nos pedía que lo aceptáramos de forma total e incondicional, algo que quizá no había tenido de su madre. Nos imponía sus excesos, una cierta intrusión afectiva, y no dejaba de juzgar nuestras vidas. Lo he visto utilizar su ingenio para herir a la gente. Lograba hacerlo de una manera muy sofisticada, tenía un archivo mental de todo lo que las amigas habíamos hecho en el pasado, lo utilizaba en el momento oportuno.

Cuando intentó suicidarse en París, comencé a entender que detrás de todo ese exhibicionismo, ese narcisismo, había una persona que sufría.

Al salir del hospital, se apuntó a un gimnasio. Cambió de vida. Se dedicó, por así decirlo, al culto a la belleza. Adelgazó. Se puso el peluquín. En cuanto estuvo recuperado físicamente, se sintió más seguro, empezó a descuidar a sus amistades de toda la vida, se alejó de nosotras para sumergirse en la comunidad gay romana.

La última vez que lo vi fue hace tres semanas. Llegó a casa con Monica y Serena. Prácticamente me vació la nevera, hasta se bebió el limoncello que me había traído. Estaba enfadado como hacía mucho tiempo que no lo veía. Dijo algo extraño sobre unos somníferos. Sé que lo estaba tratando una psicóloga, la doctora Crinò. Teniendo en cuenta que Marco es capaz de imponer a los demás su versión de la realidad, me pregunté si la tal Crinò se había enterado de algo, si se había dado cuenta, vamos, de que Marco estaba pasando por un periodo realmente caótico.

Apareció un archivo de la S. Alessandro que se remontaba al 2011. S. Alessandro era la clínica donde estuvo ingresado Marco Prato tras los primeros intentos de suicidio.

Se lo comenté a Chiara Ingrosso, una periodista que trabajaba para *il Fatto Quotidiano*.

Nos reunimos en piazza di Pietra. Yo venía de la zona de la Ostiense donde, medio escondida entre el Tíber y la estación, había una escuela italiana para solicitantes de asilo. Era allí adonde cada día llegaban algunas de las historias más increíbles de las que era posible tener conocimiento en Roma a principios del siglo XXI: los Hamid, que habían cruzado el mar en un bote lleno de niños muertos, los Shorsh, torturados durante meses en Libia con un cuello de botella, los Ali, los Syoum, los Gabriel... A pesar de la excepcionalidad de las vidas de estos hombres, la mayoría de nosotros prefería ignorarlos, fingíamos que no existían, como si hubiera un hechizo, un maleficio que nos impedía destapar los oídos, abrir los ojos a lo que teníamos tan cerca.

—He llegado a soñar con Marco Prato y Manuel Foffo algunas noches.

En el centro, café y zumo. Abogados. Funcionarios de la Rai. Un mundo completamente distinto.

Me había puesto en contacto con Chiara Ingrosso después de escuchar una de sus intervenciones radiofónicas. Por la forma en que hablaba sobre el asesinato estaba claro que había caído en sus garras. Era quince años más joven que yo, había trabajado algún tiempo en una discoteca y entretanto escribía pequeños reportajes para la página web del periódico. Sin embargo, desde que cubría el caso no podía pensar en otra cosa. («Sábado, 5 de marzo. Me encargo de las listas en la discoteca. Me voy a dormir al amanecer. Unas pocas horas después, estoy medio aturdida, me llama el responsable del área web del periódico. Me asigna el asesinato suponiendo que el ambiente en el que se cometió es el que yo frecuento. Me levanto con gran esfuerzo de la cama, salgo de casa, empiezo a entrevistar a chicos que conozco. Así es como empezó todo. Ya no hubo vuelta atrás para mí, todo lo demás de mi vida se desvaneció.») Chiara dejó su trabajo en la discoteca, seguía el caso día y noche, entrevistando a gente, recopilaba documentación, era como si el asesinato le hubiera dado «un centro» también en el plano emocional. Al mismo tiempo, le abrió de par en par los ojos sobre su verdadera vocación profesional: la crónica de sucesos. Marco Prato y Manuel Foffo, dijo, eran las personas en las que más pensaba durante todo el día.

—Veamos esos papeles.

Del informe médico de la S. Alessandro se desprende que Marco intentó suicidarse en París el 28 de mayo de 2011 (antihistamínicos mezclados con alcohol), y luego en Roma el 15 de junio del mismo año (un frasco de Tranquirit, licor, cortes superficiales en las muñecas). La anamnesis psiquiátrica hablaba de una personalidad «premórbida», caracterizada por sensación de vacío, inestabilidad anímica, búsqueda de atención constante. El examen psicológico reveló que era un chico con un buen nivel intelectual, acostumbrado a observar atentamente el mundo circundante. Necesitaba tener siempre el control de la situación, recopilaba información sobre las personas que trataba. Aun así, el llamado «método racional», que también manejaba perfectamente, empezaba a chirriar cuando se acercaba demasiado a los demás, especialmente si la relación se convertía en afectiva. Su enfoque «intelectualizador» de las emociones (hablar de ellas más que vivirlas) podría tener un propósito defensivo. Pero ¿defenderse de qué? Fue dado de alta con un diagnóstico de trastorno narcisista de la personalidad.

—Quizá nunca se recuperó de sus traumas infantiles —dije trivialmente—, quizá el silencio de la madre. O el acoso en la escuela.

—A mí me recuerda a uno de esos filósofos radicales de las últimas décadas del siglo XIX —dijo Chiara. Mientras, yo miraba una bicicleta carbonizada cerca de un contenedor con la habitual basura volcada sobre el asfalto.

—¿En qué sentido?

—En el sentido de que, a base de exagerar, de forzar límites, de violar fronteras, tengo la impresión de que se encontró delante de una especie de vacío definitivo, un agujero negro capaz de quitarle significado a todo lo demás. ¿Recuerdas lo que escribió en una de sus cartas de despedida? «He descubierto cosas horribles dentro de mí y en el mundo.»

—¿Qué es lo que te apasiona tanto de este caso? —le pregunté.

—Quiero entender. He visto a muchos chicos como Marco. Tal vez no se meten en historias tan horribles, pero el recorrido es semejante. Los reconozco de inmediato, miro a Marco y veo a los demás. Es mi generación, ¿sabes? Las discotecas, los afters, el chem sex, he trabajado en una discoteca, las he visto de todos los colores: una vez que empiezas a llevar esa vida, es fácil caer al otro lado. Si no hubiera llegado a ocuparme de este caso, tal vez en algún momento habría caído yo también. ¿Quién sabe?

—En casa, mis padres nunca han estado unidos —le dijo Manuel al fiscal—. Desde que nací he presenciado sus discusiones. Cuando era pequeño me iba a la cama aguzando el oído para saber si estaban discutiendo. Mi hermano y yo... siempre estábamos listos para saltar en caso de pelea.

—Oiga... —dijo el fiscal.

—Verá, doctor Scavo —dijo Manuel a su vez—, yo de joven tenía un ciclomotor. En esos días mi vida era muy bonita, salía con una chica, jugaba a fútbol, en el instituto todo me iba bien. Y entonces ¿qué pasa? Al acabar la secundaria, mi padre, sin venir a cuento, le regaló mi ciclomotor a un tipo que trabajaba en un bar. Me sentó como un tiro.

—¿Por qué lo regaló?

—Es lo que siempre me he preguntado. A ese ciclomotor le tenía un cariño enorme. Y luego el Yaris. Le pregunté a mi padre: «¿Me compras un Yaris?».

—¿Un Yaris?

—Entonces ya había planeado cómo iba a vivir. Por ejemplo, tendría un coche tranquilo. El Yaris era perfecto. Cómodo, pequeñito, idóneo para alguien que acaba de sacarse el permiso de conducir. Mi padre en cambio decía que yo necesitaba un coche resistente, por los accidentes. Me compró un Escarabajo. Este Escarabajo me causó un montón de problemas, justo después de que me lo dieran, empecé a beber, empecé a consumir drogas, me vi obligado a dejar el fútbol, rompí con mi chica. Me pasó todo a la vez... una serie de situaciones que, por muy tonto que parezca, me llevaron al fracaso, tenía esa chica guapísima... tenía el ciclomotor que mi padre...

—Se vendió —acudió Scavo en su ayuda.

—No —precisó Manuel—, lo regaló y punto. Sin decirme nada. Con el Escarabajo tuve muchos accidentes. Una vez choqué contra una pared, el airbag se disparó, el coche se incendió, tuve que saltar para salvarme... Pero yo le había dicho a mi padre: «Cómprame un coche sencillo». Porque, verá, doctor Scavo, muchos chicos, especialmente los que provienen de familias acomodadas, es mejor que no tengan de inmediato un coche grande, porque las mujeres... las chicas, a esa edad, no van detrás del dinero... piensan *más tarde* en el dinero... en cambio, de jóvenes a las chicas se las conquista de otra manera... así que, si tienes un coche grande, quedas como un tipo que está cargado de dinero, pero ese dinero no lo ha ganado por sí mismo. ¿Me entiende? Por eso el Escarabajo era un error. Yo, dentro de ese coche, que incluso me daba asco, tuve que cambiar de personalidad. Porque ¿cómo te comportas? Es decir, yo al final no sabía cómo...

—Disculpe —dijo el doctor Scavo—, ¿acaba usted de decir que el Escarabajo lo obligaba a cambiar de personalidad?

—Tal vez yo...

—Me parece un poco inquietante como afirmación.

—Tal vez he exagerado —dijo Manuel—, el hecho es que me siento muy tenso.

GIORDANO PEROTTI

Trabajo como empleado en una cooperativa de servicios. Conocí a Manuel cuando yo tendría unos quince años. Éramos amigos, pasábamos mucho tiempo juntos. Últimamente nos veíamos menos. Manuel empezó a tener problemas después de un largo viaje a Ibiza. Cuando regresó ya no era el mismo. En ese momento tomábamos cocaína de manera esporádica, como máximo un gramo los sábados por la noche, y ni siquiera todos los sábados. Más adelante, dejé la coca. Él, en cambio, después de ese viaje, esnifaba con mayor frecuencia, y también bebía mucho.

Empezó a suceder cada vez que salíamos. Manuel se emborrachaba. Su forma de vivir las cogorzas era muy rara. Después de beber se ensimismaba, no hablaba con nadie, se quedaba quieto con la mirada perdida. Al principio, cínicamente, los amigos nos reíamos. A la larga, la situación se volvió incómoda. Teníamos intención de afrontar el problema, nos decíamos que debíamos hablar con él, pero nunca lo hicimos. Al contrario, lo que hicimos fue alejarlo.

El 2 de marzo Manuel creó de la nada un grupo de Whats-App llamado «Cristian». En él estábamos Luciano Invernizzi y yo. Ese nombre lo utilizábamos hace muchos años para referirnos a la coca. Decíamos: «Esta noche salimos con Cristian». Manuel creó ese grupo y empezó a enviarnos unos extraños mensajes. En la práctica nos invitaba a esnifar en su casa. «Blanca», «perico», «nieve»… Utilizaba palabras que no estaban en su vocabulario. Con Luciano comentamos la extrañeza de lo que estaba pasando, pero no le respondimos.

—Tuve que dejar el fútbol por culpa de mi madre —le dijo Manuel al fiscal—, porque, prácticamente, si uno es demasiado bueno, ¿qué pasa? Los otros chicos empiezan a ser unos envidiosos. Mi madre, que es medio psicópata, llegó a pensar que podrían hacerme daño, lloraba todos los días… así que al final lo dejé.

—¿Qué relación tiene con su madre?

—Mi madre es un ama de casa —dijo Manuel—, de esas muy simples… no puedo hablar de nada con ella… en fin, no es una mujer de cultura… es una mujer que, de todas formas, sabe cocinar muy bien, nunca me ha faltado un plato de pasta en la mesa… y esto me hace feliz, me llena el corazón, la quiero… pero, entendámonos, no va más allá. Yo, cuando tengo un problema, la verdad es que no puedo contar con mi madre.

—¿Quién es entonces su punto de referencia en la vida?

—Nadie.

—¿Nadie?

—Mi padre —dijo Manuel—, después de obligarme a estudiar Derecho porque de esa manera estaría más cerca de la empresa, puso a mi hermano en la empresa y me echó a mí. Prácticamente, me pusieron de patitas en la calle, así que me encontré completamente descolocado, sin la carrera universitaria que quería, sin trabajo, estaba realmente perdido… ahí es cuando me dije: «Manuel, aquí lo único que te queda es emprender un camino autodidacta». Me puse a leer un montón de libros. Me gustaba mucho leer… leía constantemente… revistas de negocios, de economía, de todo… hasta que, al cabo de tres años, puse en marcha este hermoso proyecto, la aplicación sobre fútbol… My Player. Fui a la FIGC, me entrevisté con gente, llevé a mi hermano, elegí a los mejores ingenieros informáticos… casi estaba hecho… hablamos con el secretario general… el secretario estaba entusiasmado: «Ahora tiene la palabra el presidente»… si llegaba la firma del presidente, ya sería millonario… no es solo por el dinero… es la satisfacción… estaba a un pelo de la línea de meta… no lo conseguí… cada vez que esnifaba pensaba en el dolor que tengo dentro… lo cierto es que siempre he sido un incomprendido. Anna, mi camarera, me lo decía siempre: «Manuel, eres un genio incomprendido…». Esto tal vez significa que el estrés, la cocaína, el alcohol y toda esta incomprensión, un día me desquiciaron e hice lo que hice.

El fiscal lo miraba.

—Marco Prato, en cambio —dijo Manuel poco después—, me decía que las relaciones con sus padres eran espléndidas.

MAURO BERGAMASCHI

Manuel y yo nos conocemos desde el colegio. El primer tatuaje se lo hizo en el brazo izquierdo. Sería allá por 2007 o 2008. Se hizo tatuar la M y la F, sus iniciales, pero tal como estaban diseñadas también podían ser las iniciales de sus padres. El segundo tatuaje representa una carpa. Esa vez yo también estaba allí. Mantuvo el contacto con los tatuadores de la carpa, hasta el punto de que más tarde fue allí a que le tatuaran una geisha. El siguiente tatuaje fue un arquero. Al final, se hizo tatuar un barril en el tobillo. El barril debía recordar el nombre del restaurante de la familia, «Dar Bottarolo». En los últimos tiempos se pasaba toda la tarde dentro del restaurante. Quizá trabajaba en el ordenador. O reflexionaba. Quizá navegaba por la red. Una vez le abrí un perfil de Facebook para hacer que participara en un torneo de Fútbol de fantasía. Nunca utilizó ese perfil, temía que alguien le pidiera amistad y verse obligado a aceptarlo. No quería que los demás supieran sus cosas. De todas maneras, últimamente estaba hecho polvo. Yo no entendía por qué. Luego, hojeando los periódicos, leo acerca de ese vídeo en que se les ve a él y a Marco Prato manteniendo sexo oral. Pensé que el cambio de su estado anímico estaba relacionado con la existencia de este documento.

La última vez que hablé con él fue el 2 de marzo. Charlamos de nimiedades. Luego, el 5 de marzo, a las 18.56, inesperadamente, me llegó al móvil un mensaje muy extraño. Reproduzco textualmente: «He sido un amigo sincero con todos, pero creo que no me merezco vuestra amistad. Aunque no puedas entenderlo, me gustaría ser olvidado».

Loredana Casella

Todo como la seda hasta 2015. El verano pasado empezaron los problemas.

Tengo cuarenta y nueve años, trabajo en el sector de la restauración. Conocí a Marco Prato en el verano de 2013, cuando me puse al frente de un restaurante en Testaccio. Marco venía como un mero cliente. Era amable, simpático y sabía cómo comportarse. Yo notaba que sabía cómo comportarse. Dos años después, con mi hijo y mi nuera, asumimos la gestión de un restaurante de pescado para la temporada de verano de la Isla Tiberina, el Mediterráneo. Marco también entró en el Mediterráneo como socio.

Claudio Bosco

La farlopa, la farlopa, la farlopa… La farlopa, la farlopa… Dios mío, no puedo sacármelo de la cabeza.

Tengo veintiséis años, soy asesor inmobiliario, toco el bajo eléctrico en una banda, pero en el verano de 2015 podrías encontrarme en la Isla Tiberina. Yo era uno de los chicos que trabajaban en el Mediterráneo. Los propietarios eran Loredana, su hijo y su nuera. Más tarde se incorporó él como socio.

Creo que Loredana había dejado entrar a Marco Prato porque tenía la esperanza de que atrajera a nuevos clientes del ambiente homosexual. Al mismo tiempo, confiaba en que la ayudaría a gestionar el restaurante. Nada más equivocado. Marco estaba ocupado con sus veladas de A(h)però y casi nunca venía al restaurante. Añadamos a eso la cocaína.

Eran muchas las cosas que Marco tendría que haber hecho en el restaurante y que no hacía, y las que hacía y no tendría que haber hecho. Loredana, por ejemplo, le había encargado el suministro de bebidas alcohólicas, imagínese. Al final, Loredana tenía que ocuparse de ello, cargaba todas estas botellas en el coche y, vamos a ver, ella ya tiene cierta edad. Otro problema, los llamados amigos VIP a los que Marco invitaba al restaurante sin cobrarles. Lo mismo con las drags que participaban en las veladas de A(h)però y luego venían a nuestro restaurante. Se había fotografiado con Flavia Vento en varias ocasiones, una vez incluso mientras se besaban. Fingían tener un flirt. Estas fotos salieron en los periódicos.

Recuerdo a Damiano Parodi. Homosexual, muy buena persona, dicen que fue él quien presentó a Luca Varani a Marco Prato. Damiano era un tipo tranquilo, tenía un carácter diferente. Una vez le oí soltarle un zasca: «Yo, para irme a la cama con un hombre, no necesito drogarlo».

En realidad, nadie obliga a nadie en este tipo de cosas. Al cabo de una semana trabajando en el restaurante, Marco me preguntó:

–Oye, ¿tú te metes algo?

Al principio pensé que lo decía porque había decidido echar a los que consumíamos coca. Nada más equivocado. Empezó a preguntarme si quería esnifar con él. «Quieres farlopa, quieres farlopa, quieres farlopa…» La llamaba así, «farlopa». Era un machaque constante. Al cabo de unas semanas de estar trabajando en el restaurante, accedí a esnifar con él. Yo llegaba a la isla alrededor de las cinco de la tarde. Loredana llegaba a las 19.30. Marco, más tarde. De vez en cuando esnifábamos después del cierre del local. Marco empezó a hacerme una serie de cumplidos sobre mi aspecto físico, luego empezó con las bromitas: «¿Me mojas tu galleta en el capuchino?». Cosas como esas.

Yo soy heterosexual. La primera vez que fui a su casa nos metimos cocaína, bebimos, luego me hizo elegir pornografía en internet. Con la excusa de que hacía calor en el apartamento, hizo que me desnudara para hablar. Empezó a tocarme. Digamos la verdad: no tuvo que ponerse muy persuasivo. Monté un poco una escena, pero al final le dejé hacer. Era algo agradable, aunque en realidad... ni siquiera logré tener una erección. Esa noche también hablamos de música, de los VIP que decía haber logrado seducir, de las chicas que me gustaban.

Al día siguiente me vi asaltado por sensaciones como: «Oh, Dios mío, ¿qué he hecho?». Como se sabe, el bajón de la coca hace que te cojan algunas paranoias. De manera que llamé a Diego, un amigo de confianza. Me dijo: «¿Te lo has pasado bien? ¿Sí? Entonces tranquilo, no hay ningún problema».

Pero luego pasó lo de Loris. Como decía, toco el bajo en una banda. Loris, la batería. Para abreviar, Loris también terminó en casa de Marco Prato. Lástima que no fuera un día como otro cualquiera. Teníamos un concierto importante, Loris desapareció toda la tarde, me llamó a las ocho de la noche, estaba colocado, me dijo que estaba listo para venir a tocar. Nunca me presentaría a un concierto con un integrante de la banda en esas condiciones, entre otras cosas porque esa era la primera vez que mi padre venía a vernos. Al final el concierto se suspendió. Me puse furioso.

Pero vayamos a la segunda vez que fui a casa de Marco. Me había invitado. De acuerdo, él es homosexual, me dije, pero en definitiva la última vez me lo había pasado bien. Tal vez empezamos a meternos un poco en el restaurante. En su casa seguimos esnifando. «Otra raya, otra raya, venga...» Me dejé llevar. Empezó a hacerme una felación, aunque yo, como de costumbre, no tenía erección. En un momento determinado le dije que lo sentía. Lamenté no poder corresponderle con una penetración. Me tranquilizó: «Por favor, no te preocupes, eres mi invitado...». Era su invitado. Siguió ofreciéndome coca sin cesar. En resumen, en algún momento me entra un ataque de pánico. Mejor dicho, me entra *el ataque* de pánico. A diferencia de los ataques que había tenido de niño, con solo un poco de ansiedad y alguna dificultad para respirar, esta vez me puse malísimo. Taquicardia, sudoración, dificultad para hablar. Me temblaba todo. Me parecía ser *otra cosa* con respecto a mi cuerpo, pensé que iba a morir.

Marco, debo admitirlo, acudió inmediatamente en mi ayuda. Me abrazó, me ofreció agua para beber, me hizo acostar en el sofá, intentaba poner la música adecuada, decirme las cosas adecuadas, hasta que me quedé dormido. Me desperté al cabo de dos o tres horas y nos fuimos a comer un kebab.

Después de este episodio comenzó a hacer bromas del tipo: «Oye, recuerda que te salvé la vida». De lo otro parecía que se había calmado. Pero duró pocos días. Empezó de nuevo. «Quieres farlopa, quieres farlopa, quieres farlopa…», como una gota malaya. Empezó a gastarme bromas también del tipo: «Mira que si no aceptas haré que te despidan». Yo le decía: «Sí, muy bien, despídeme, ¿y luego qué le vamos a contar a Loredana?». Luego cambiaba de tema: «Vamos, para ya, te haré tocar en los locales de la gente que conozco…».

Aparte de lo que pasó la noche del ataque de pánico, debo admitir que Marco Prato es un chico inteligente, carismático, incluso simpático cuando quiere. Tenía maneras que te hacían reír. En otros momentos lo odiaba.

Después del ataque de pánico, empecé a sentir odio hacia la cocaína. También comencé a odiar la profesión de camarero. Es un trabajo que te lleva a ver cocaína por todas partes, así que fue creciendo en mí el malestar.

Cuando me enteré del asesinato, hablé del tema inmediatamente con Loris. Me dijo que tenía ganas de vomitar, se encontraba en estado de shock, dijo que algo semejante le podría haber sucedido a él. Yo también me sentía mal. Era incapaz de leer los periódicos. Mis padres no notaron nada. Bueno, mi madre me hizo algunas preguntas, sabía que Marco había sido mi jefe. También hablé con el padre de Marco. Después de hablar con él, me sentí mejor.

En cualquier caso, intento no pensar nunca en el asesinato de Luca Varani. Como decía, soy asesor inmobiliario. Es un trabajo en el que el cliente percibe de inmediato cuál es tu estado de ánimo.

—Pero ¿sufría usted por el hecho de que su hermano fuera el favorito de su padre?

—Mire —contestó Manuel—, que era su hijo favorito siempre lo he sabido, pero nunca sentí envidia. Yo quiero mucho a Roberto. Cuando pasó lo que pasó, justo después del arresto, pensé que *yo* podría haber soportado cincuenta años de cárcel incluso, mientras que *él*... Roberto lleva el mismo apellido que yo, tiene treinta y dos años, dos hijos, trabaja una barbaridad, es una persona respetable, él también me quiere mucho... pues eso, que pensé que le había destrozado la vida. Lo que no quita, por supuesto, que recibimos un trato desigual.

—¿Esa desigualdad se produjo desde que eran pequeños?

—La primera vez que mi madre se quedó embarazada, mis padres no querían un hijo, y el caso es que nació Roberto, que fue muy querido. El segundo hijo, que era en cambio un hijo deseado, al final, paradójicamente, habría sido mejor que no hubiera nacido. Al hacerme mayor, traté de entenderlo. Preguntaba: «Mamá, ¿me cuentas cómo papá te hablaba de mí?». Entonces una vez mi madre me dijo algo que no he olvidado. La anécdota se remonta a una época en la que yo bebía mucho. Al parecer en esa época mi padre le dijo un día a mi madre: «Besarás a tu hijo frío». ¿Cómo puedes olvidar una frase semejante? Cuando discutía con mi padre, él me hablaba en plural: «Vosotros habéis hecho esto, sois responsables de esto otro...». Me pregunté durante mucho tiempo por qué usaba el plural. Al final lo comprendí. Nos metía a mi madre y a mí en el mismo saco, como diciendo que ella y yo estábamos hechos de la misma pasta.

—De todos modos, ¿está usted seguro de que su madre era completamente sincera cuando hablaba de su padre?

—¿Puede repetir la pregunta?

—Su madre —dijo el fiscal Scavo—, tal vez sea una persona que le guarda rencor a su padre.

—Sin duda alguna. Pero mi madre también me ha contado que ha pasado muy buenos momentos con él.

—Decía usted que es incapaz de considerar a su padre como un punto de referencia.

—Intentaré ponerle otro ejemplo. Entre mis amigos hay tíos a los que se les dan muy bien las chicas... quiero decir, que se habrán tirado a más de cuatrocientas, quinientas chicas... Esos amigos míos saben que a las chicas de hoy les gustan mucho las barbas. Pero si yo me dejo crecer la barba en mi casa... bueno, pues entonces soy un impresentable...

El fiscal estaba perplejo.

—A mi padre no le gusta la barba —continuó Manuel—, le despierta recelos. Dice: «Si alguien lleva barba no me fío, quien lleva barba es un impresentable...». Tanto es así que los amigos me preguntaban: «Manuel, pero ¿por qué no te dejas barba alguna vez?». Con el resultado de que cuando empecé a dejarme crecer la barba, entre otras cosas para fastidiar a mi padre, mis amigos pensaron que había sufrido un cambio de personalidad... Así que por una razón u otra, doctor Scavo, casi todo el mundo me toma por medio loco.

—¿Cómo definiría su relación con las mujeres?

—Fundamentalmente basada en el sexo. Permítame ser claro, no soy un playboy. Las relaciones que he mantenido con las chicas son, sin embargo... verá... como le decía, nunca ha habido una auténtica situación de amor... porque, a fin de cuentas, a las mujeres no puedo gustarles por como soy. Yo, a una mujer, no puedo garantizarle una estabilidad económica real... ni puedo garantizarle, ya lo hemos visto, el buen humor... porque incluso eso, el buen humor, junto con la estabilidad económica, es importante para una relación de pareja.

—Oiga —dijo el fiscal Scavo—, hábleme de algunas chicas que hayan sido algo más importantes para usted últimamente.

—Sinceramente, no...

—Chicas, digamos, con las que se ha acostado tres o cuatro veces por lo menos.

—Ah, bueno —dijo Manuel—, una se llama Marcella.

—Marcella, ¿qué?

—Santoro. Marcella Santoro. Esta Marcella... prácticamente... bueno, es una chica un poco feúcha... es fea, pero me da igual, porque cuando estoy en casa, sin hacer nada, llamo a Marcella, ella viene, me hace una felación y luego le digo que se vaya. Ella se queja porque yo, en realidad, con ella nunca he tenido una relación sexual completa. El caso es que no me gusta lo suficiente. Por lo demás, está bien. De ella, sin embargo, no solo me interesa el sexo oral. Siempre me paso también un par de horas charlando, porque ella... vaya, que también valoro el cerebro que tiene... es licenciada en Económicas, dice cosas interesantes... yo siempre le hablo de mis negocios, ella me da un montón de consejos.

—Su padre ha venido a visitarle a la cárcel.

—Mi padre, cuando vino a verme a la cárcel, empezó diciendo que me quería mucho. Para mí, doctor Scavo, es algo que... es como el Jubileo, que ocurre una vez cada veinticinco años. Son cosas conmovedoras. Me pasé media hora llorando. Luego, sin embargo, acabado el momento en el que te conmueves y eso... al final todo vuelve a salir. Me refiero a la rabia. Me volvió a salir la rabia.

MARCELLA SANTORO

Tengo veintisiete años, soy licenciada en Económicas, estoy haciendo prácticas en una empresa de consultoría. A Manuel lo conocí hace diez años a través de amigos comunes.

Un tipo tranquilo, sosegado, inteligente, muy amable incluso. Nunca se ha mostrado violento, nunca levanta la voz.

Sabía que durante los fines de semana consumía cocaína con sus amigos.

Lo que estoy a punto de explicar ha pasado unas cuantas veces. Cuando él y yo nos veíamos en su casa, después de estar un rato hablando, intercambiando opiniones, etcétera, no era raro que acabáramos en la cama. Él entonces, justo en lo mejor, se echaba para atrás. Lo que quiero decir es que se echaba para atrás respecto a la posibilidad de mantener relaciones sexuales completas. Porque luego, en cambio, me pedía que lo satisficiera de otra forma. Durante los últimos cinco meses, me habré visto con él solo unas dos o tres veces. Hablábamos mucho. El tema preferido para Manuel era su proyecto de informática. Hablaba de eso sin parar. Decía que le gustaba ponerse a prueba conmigo, me consideraba una persona inteligente. Yo le daba bastantes consejos. No olvidemos que de economía entiendo un poco.

Al final, de todos modos, si no hubiera tenido que insistir para tener relaciones sexuales completas, entonces tal vez nos habríamos visto un poco más. O tal vez habría bastado que me dijera claramente que yo solo le interesaba para hablar. No había nada de malo en ello. Pero no lo hizo. De modo que en un determinado momento dejé de hacerle caso, sobre todo en los últimos tiempos.

—Escuche, Manuel —dijo el doctor Scavo—, ¿no será que su padre, en ciertos momentos de su vida, ha representado una coartada para usted?

—Mi padre siempre ha ido en mi contra —dijo Manuel—. Una vez trató de arrearme solo para desahogar su nerviosismo. Me acuerdo muy bien, estaba también su nueva mujer… que, además, esa mujer… él es de los que les gusta hacerse ver, se depila las cejas, toma rayos UVA… se gusta mucho, mi padre…

—¿Cuándo trató de agredirle?

—En 2014, acabábamos de abrir el Bottarolo. Mi padre es uno de esos que cuando abre un nuevo negocio dice hacerlo por la familia. Si va a hablar con él, doctor Scavo, le contará que trabaja por el bien de sus hijos. No es así, se lo aseguro, lo hace por satisfacción personal... Pero déjeme que le cuente otra historia... En 2010 abrimos otro restaurante, un restaurante creado y diseñado por mi padre y mi tío Pietro, una persona estupenda. ¿Sabe usted lo que se les ocurrió? Pues montar un restaurante de lujo en Pietralata... es decir, en una zona que, por mucho que pueda gustar, muy exclusiva no es que sea... no será Tor Bella Monaca, pero tampoco estamos hablando de un barrio fino como Parioli. Pues ellos van y montan ese restaurante de lujo y lo llaman Les Chic. Se veía ya desde fuera... parecía estar... era muy llamativo... los clientes se sentían en la obligación de hablar en voz baja... resultaba todo incómodo. Al principio, mi padre y mi tío querían que el restaurante fuera de pescado. Al cabo de un mes, los ingresos eran escasos y cambiaron: solo carne. Al cabo de otro mes y medio, el restaurante seguía yendo mal... porque, seamos sinceros, al final el restaurante ese no era ni carne ni pescado... mientras tanto, ni una pizca de publicidad... es decir, pensaban que podían hacer que funcionara un restaurante de lujo sin atraer a gente de un cierto nivel. En Pietralata. El problema es que intenté decírselo, que el restaurante no iba a funcionar, la gente hoy saca la información de internet, las cosas ya no funcionan como en el pasado... Nada, no tomaron en cuenta mis consejos. Al final el restaurante quebró.

—Y eso es lo que provocó en usted...

—Estrés —dijo Manuel—, me provocó estrés. Pero la cosa no acaba ahí. Tomemos el Bottarolo. Soy yo el que inventó la fórmula. ¿Lo sabía? Empecé con el llamado *food cost*, estudié toda una serie de situaciones comerciales... el plan mediático... *todo*, me lo estudié... en ese momento voy a ver a mi hermano, porque mi padre nunca me habría escuchado... voy a ver a Roberto y le propongo montar ese restaurante... un restaurante con cierta decoración, cierto perfil, la gente que podría levantarse de la mesa y servirse el vino directamente de las barricas, la cocina romana... mi cuñada diseña el logo, mi hermano encuentra este bonito nombre, Dar Bottarolo.

—Y así nace el restaurante.

—Básicamente, me lo inventé yo. Al principio éramos tres trabajando. Mi hermano, mi cuñada y yo, cada uno con un cometido diferente.

—¿Y luego?

—Los primeros cinco meses me dediqué a ser camarero... Luego, leyendo *Millionaire* y otras revistas de economía a las que estoy suscrito, se me ocurrió la idea de la startup... empecé a ir menos al restaurante... y así fue como mi padre...

—¿Su padre lo echa del negocio? —indagó el fiscal.

—Mi padre en apariencia decía: «Decidimos nosotros, los Foffo». En realidad, siempre era él quien decidía, o bien mi hermano y él.

—¿Y llegaron a discutir por eso?

—No, simplemente me di por vencido. Me dediqué a la startup. Me puse a trabajar en ella como un loco. Tenía tanta rabia dentro que prácticamente luego por la noche... vaya, que bebía.

—¿Por qué no encontró la fuerza para reaccionar?

—¡Lo intenté! —dijo Manuel—. Por ejemplo, una vez, hace mucho tiempo, dado que las relaciones en la familia eran siempre tan turbulentas... me inscribí en internet en una agencia de colocación... en definitiva, que me fui a Londres a trabajar. Vivía en el barrio de Whitechapel con otros chicos... me iba bien, por la mañana curraba en un café, preparaba capuchinos, llevaba los platos... en unos meses me solté con el idioma, incluso empecé a soñar en inglés... *increíble*... soñar en inglés... me sentía bien, por fin era independiente... pero en un momento dado, ¿qué ocurre? Que me llama mi hermano y me dice: «Mira, Manuel, tienes que volver a casa porque mamá no se encuentra bien».

—¿Qué le pasaba a su madre?

—Mi madre tiene problemas de estabilidad mental. Esquizofrenia paranoide. Lo han dicho algunos médicos. Mi hermano, a su vez, es de esos que en cosas así... no puede solo con ellas... si mamá está enferma, hace como que no lo ve, hasta que no se le obliga... por eso me pidió que volviera... Así que volví a casa, a Italia.

—Así que volvió por su madre.

—Después de la separación, mi madre tuvo que batallar con mi padre por la pensión alimenticia... esa mujer ha sufrido tanto...

—¿A usted le molestaba cómo trataba su padre a su madre?

—Claro que me molestaba. Dese cuenta de que una vez... estábamos en un restaurante en Belpoggio... me acuerdo como si fuera ayer... mi padre le echó una buena charla a mi hermano... mi padre estaba iracundo ese día, dijo que se merecía respeto porque si él dejaba que mi madre *se derrumbara* psicológicamente entonces me habría *derrumbado* yo también... si se derrumba la una, se derrumba el otro... como si hubiera un vínculo... entre ella y yo, no entre él y yo... ¿se da cuenta del razonamiento...? Mi vida familiar siempre ha estado llena de malentendidos, de tensiones... hasta el punto de que, cuando yo era pequeño, algunas noches me metía en la cama y, antes de quedarme dormido, pensaba: «Aquí, o me hago futbolista o habrá problemas».

AURORA VELENTI

Me encontraba en la playa de Ostia junto con unos cuantos amigos. Estábamos a principios de agosto. Manuel y otro chico, que trabaja de guardia urbano, se unieron a nosotros en la orilla. El guardia urbano conocía a uno de estos amigos míos. Nos presentamos. Así fue como empezó.

En Roma empezamos a salir juntos. Él era muy callado. Algunas noches no abría la boca. Le preguntaba en qué estaba pensando, y me respondía: «Medito». O bien: «Estoy pensando en la startup». Yo me había dado cuenta de que tenía problemas con su padre, le pesaba el hecho de que muchos de sus amigos fueran ricos. Su familia no es que estuviera mal tampoco. Solo que a Manuel le costaba pedir dinero. Nuestras relaciones sexuales eran absolutamente normales. En cambio, me pareció un poco absurda la forma en la que me hicieron entrar en la familia. Primero me invitaron al bautizo del hijo de su hermano. Llevábamos saliendo muy poco tiempo. Recuerdo que durante la cena del bautizo se acercó su tía, me miró, luego miró a Manuel entre la incredulidad y el asombro: «¿Has visto, Manuel? ¡Has encontrado realmente a una chica estupenda!». Lo dijo como si fuera algo extraordinario. Parecía como si a Manuel le estuviera pasando todo por primera vez.

Empezamos a salir casi todas las noches. Él de vez en cuando se paraba en un bar y pedía ginebra con cola. Al principio no le di mucha importancia a la cosa. En cambio, otro detalle sí que me llamaba la atención. Manuel siempre estaba sin coche. Perennemente, crónicamente, sin coche. Cuando le preguntaba por qué, me contestaba que se lo había prestado a su madre. Vaya, qué coincidencia, pensaba. Me preguntaba cómo era posible que su madre necesitara el coche cada vez que yo salía con él. Empecé a freírle a preguntas. Al final, arrinconado, me confesó que le habían retirado el carnet. Conducción en estado de ebriedad. Había ido a chocar medio borracho con unos contenedores de basura.

De vez en cuando salían a colación su padre y su hermano. Llegó a decirme que su padre lo había amenazado de muerte. En mi opinión no era verdad, a veces Manuel exageraba. El día del bautizo, por ejemplo, noté que fue su padre quien se acercó a él. Pero Manuel lo evitó.

De su madre me contaba que era esquizofrénica, decía que si ella ahora estaba enferma era por culpa de su padre.

El asunto del alcohol se convirtió en un problema. Manuel era capaz de beberse media jarra de vino de una vez. Vaciaba un vaso tras otro, como si siempre le faltara algo. Y no se limitaba al vino. Una vez nos peleamos en serio. Habíamos cenado en el restaurante de sus padres, y ya allí se había tomado media jarra. Del restaurante terminamos en un bar. Nos sentamos al aire libre, y él venga a darle a la ginebra con cola. Empecé a ponerme nerviosa. Entre otras cosas, dado que soy abstemia, me pareció una falta de respeto hacia mí. Además, me estaba aburriendo. Eso también se lo reproché. Se cabreó muchísimo, levantó la voz. Yo no me quedé atrás. Una pelea espantosa. Estábamos dando el espectáculo, todo el mundo nos miraba. En un momento dado él dijo que para estar peleándonos de esa manera, lo mejor era que me marchara a mi casa. Cogió el teléfono y llamó a un taxi. Lástima que no fuera capaz de decirle a la central ni siquiera dónde nos encontrábamos. Estaba tan borracho que no podía leer el número de la calle.

Luego llegó la gota que colmó el vaso.

Una noche, después de cenar juntos y después de haber pasado por un bar como de costumbre, nos fuimos a dormir a su casa. Manuel no podía conciliar el sueño. En un determinado momento, en medio de la noche, se levantó de la cama y se fue a la cocina. Volvió a la habitación en un estado entre delirante y alucinado. Farfullaba cosas incomprensibles. Le pregunté: «Manuel, ¿qué estabas haciendo allí? ¿Te has tomado las gotas? ¿Por qué estás mascullando?» Y él: «No se te puede esconder nada… sí, me he tomado las gotas». Lo dijo en un tono que aún era aceptable. Extraño, pero aceptable. Supongo que eran gotas de ansiolíticos. Se volvió a meter en la cama. Pero poco después, de repente, se levantó otra vez de un brinco, se dirigió a los cajones del armario y empezó a abrirlos furiosamente uno tras otro. Abría los cajones y hurgaba entre la ropa, buscando los trajes de baño. «¡Tengo que encontrar un bañador que ponerme, porque si no me van a ver!» Y yo: «Manuel, pero ¿quién te va a ver?». Estaba empezando a asustarme. Tuve la sensación de que en cualquier momento podía pasar algo malo.

Manuel seguía rebuscando en los cajones, mientras me decía: «¡Estoy hasta los cojones de ti! ¡Siempre estás queján-

dote! ¡Igual que mi padre y mi madre! ¡Ya no aguanto más!».
Luego se fue unos minutos a la cocina, volvió a la cama, se metió bajo las mantas, cerró los ojos y por fin se quedó dormido.

Las gotas, pensé, las gotas han surtido efecto. Ahora dormía. Yo, en cambio, no podía pegar ojo. Estaba aterrorizada. Quería irme de allí. Al mismo tiempo, me sentía petrificada por el miedo. Así que decidí esperar a que se hiciera de día, de modo que pudiera levantarme con normalidad de la cama, salir de su casa y no volver a verlo nunca más.

Me ha venido a la cabeza otro episodio. Cuando empezamos a salir, una noche me reuní con él en el restaurante de la familia. Llevé conmigo a un amigo homosexual. Este amigo mío se hizo un selfi y lo publicó en Facebook. Etiquetó también el restaurante. Al día siguiente me llamó Manuel. Estaba cabreado. Me gritó al teléfono que le dijera a mi amigo que quitara de inmediato esa foto, no quería que la gente viera que «él salía con maricones».

También esa vez nos peleamos de mala manera.

Nuestra relación, en total, habrá durado un año y medio, más o menos.

Ornella Martinelli

Esa noche fuimos todos a cenar al hindú. Luego volví al bed and breakfast. Me llegaban huéspedes y tenía que atenderlos. Los demás se reunieron conmigo más tarde. Nos metimos en una de las habitaciones del b&b, nos pusimos a beber y a charlar. Quiero remarcar que no consumimos ninguna sustancia estupefaciente. A la mañana siguiente me enteré de que Samuele no había vuelto a casa. En ese momento se montó un jaleo de mil demonios.

Fulvio Rosini

Tengo sesenta y dos años, trabajo en la Agencia Tributaria. El 20 de enero de 2016, no hace dos meses siquiera, presenté en la comisaría de policía de Roma Vescovio una denuncia por la desaparición de mi hijo. Soy el padre de Samuele.

Samuele Rosini

Lo confirmo, esa noche fuimos al hindú. Luego nos trasladamos al bed and breakfast de Ornella Martinelli. Además de Ornella estaban Enrico Bevilacqua, Serena Palladino y Marco Prato. Estuvimos charlando. En un momento dado alguien dijo que lo que hacía falta era una botella de vodka. Yo me ofrecí a ir a buscarla. Marco se vino conmigo. Nada más salir a la calle me fijé en la silueta oscura. Era un hombre, nos estaba mirando, de estatura baja, pelo corto y revuelto, un extranjero, sin duda de Europa del Este. Ese hombre, en realidad, lo estaba esperando a él.

Marco se acercó, confabularon un rato, se fueron juntos a un cajero automático. El hombre, evidentemente, era un camello. Marco volvió a donde yo estaba. Antes de ir a buscar el vodka volvimos al edificio. Allí mismo, en el rellano, Marco preparó una raya en la pantalla del teléfono móvil. La esnifó. Preparó una para mí también. Acepté. No debería haberlo hecho, pero estaba cansado, llevaba dos meses encerrado en casa preparando la tesina.

Fuimos a por el vodka.

De vuelta al bed and breakfast, empezamos a beber y a charlar. Yo me sentía al borde de la euforia, los demás se estaban divirtiendo, Marco me sirvió un trago, me dijo en voz baja que en el baño había otra raya preparada. Cuando volví del baño, mi vaso de vodka estaba lleno de nuevo.

Alrededor de las tres de la mañana comenzamos a dispersarnos. Le dije a Enrico que lo llevaba a casa en el ciclomotor. Mientras bajábamos las escaleras, Marco se me acercó y me susurró: «Dime dónde vives, nos vemos debajo de tu casa para un último tirito». Le di la dirección. No contento con eso, le di también mi número de teléfono.

Salimos a la noche de Roma. Acompañé a Enrico y me volví a mi casa. Mientras ataba el ciclomotor, advertí que el coche de Marco Prato ya estaba frente a mi puerta. Teniendo en cuenta lo que me había dicho, me subí al coche. Una vez dentro, sin embargo, en vez de preparar la coca como creía que iba a hacer, puso en marcha el motor y nos fuimos. No entendía lo que estaba pasando. Le pregunté adónde íbamos, al día siguiente tenía que trabajar en la tesina y no quería acostarme mucho más tarde.

—No te preocupes —dijo—, es solo que no me apetece estar en el coche. Vivo aquí cerca. No tardaremos mucho y te traigo de vuelta.

De esta forma terminamos en su casa.

El apartamento todavía estaba en obras, no había terminado de amueblarlo. Me senté en un saco de cemento cerca de una mesita. Pero nevera sí que había, tanto es así que sacó otra botella de vodka, preparó dos vasos, colocó las rayas, reanudamos nuestra charla. En un momento dado me confió que quería cambiar de sexo, quería someterse a una operación quirúrgica, hablaba y hablaba, y mientras tanto seguía sirviéndome tragos. Luego empezó a entrarme. Sus escarceos se volvieron cada vez más insistentes. Me desabrochó el pantalón, me lo bajó, me hizo una felación. Todo sucedió de repente, sobre el saco de cemento.

En ese momento le dije que tenía que irme a casa. «La tesina de licenciatura», añadí. Y luego me quedé dormido.

O eso creo por lo menos. El recuerdo no está del todo claro.

Lo que sí recuerdo bien, sin embargo, es que nada más despertarme Marco me pidió la contraseña de mi cuenta de Facebook. Al parecer, mis padres me estaban buscando. Yo le di la contraseña, escribió en Messenger a mis hermanos. Ellos se dieron cuenta de que no era yo quien escribía, el estilo era diferente. Creo que eran las once de la mañana. Las persianas estaban bajadas, era difícil saberlo. Debí de quedarme dormido de nuevo. En un determinado momento Marco tenía una cara rara, miraba la pantalla del móvil, parecía preocupado. Poco después, empezó a sonar el móvil, contestó Marco, me pasó la llamada. Era Enrico Bevilacqua, me dijo que mis padres habían presentado una denuncia. Pensaban que me habían secuestrado. Yo empecé a ponerme nervioso, se estaba montando un follón de narices. Tengo que espabilarme, pensé. Volvió a sonar el móvil de Marco. Era mi madre. Marco me pasó la llamada. Hablé con ella. Colgué. Corrí a lavarme la cara, me puse la chaqueta, le dije a Marco que tenía que irme.

Al día siguiente, Marco volvió a dar señales de vida. Empezó a mandarme mensajes por WhatsApp. Estaba cabreado. Exigía una disculpa por parte de mis padres, consideraba absurdo que hubieran presentado una denuncia, él no era ningún criminal: si no se le presentaban esas disculpas, procedería a «encargar» a sus abogados que intervinieran. Sentí que me atenazaba la ansiedad. Llamé a Marco e inmediatamente le pasé a mi madre. Empezaron a hablar. Al cabo de unos minutos escuché a mi madre disculparse con él, supongo que era una forma de acabar con el asunto.

Una última aclaración. Yo llevaba diez años sin consumir drogas.

Los periódicos asociaron a Marco Prato y a Manuel Foffo con los degolladores del ISIS. Había que imaginárselos como combatientes extranjeros metropolitanos, escribían. Algún columnista defendió que el asesinato de Luca Varani evocaba la antigua práctica del sacrificio ritual, con la diferencia de que en el pasado el chivo expiatorio moría en virtud de un pacto social estipulado para aplacar la ira de los dioses, mientras que aquí, ahora, solo había repulsión y deseo obsceno, desorden y autodenigración, y una calamitosa incapacidad para ver nada fuera de ellos mismos.

Me hallaba en un bar de la Flaminia. Estaba esperando saber dónde me reuniría con el periodista que había prometido dejarme leer el informe criminológico de la fiscalía. Escuchaba las conversaciones de los clientes sentados a las mesas cercanas. A unos metros de mí, un señor de unos sesenta años, un hombre de aspecto más bien dejado, de pelo largo y barba descuidada, entrelazaba sus dedos con los de una mujer mucho más joven, más hermosa, y se diría que más rica que él. No muy lejos, como para ofrecer una compensación instantánea, un chico besaba apasionadamente a una mujer que podía doblarle la edad. Llegó el mensaje del periodista. Se citaba conmigo en Termini. Pagué la cuenta. Esos eran los momentos, pensé mirando las mesas del bar, en los que la ciudad te reserva algunas buenas sorpresas. En Roma las barreras sociales, de edad, las discrepancias estéticas, podían derrumbarse en un instante.

Bajé por el Lungotevere. Llegué al barrio de Prati. Pasada la zona de piazza Mazzini, me di cuenta de que llegaba temprano. Decidí entonces bajar por la escalinata que lleva al carril bici, donde el ruido del tráfico se atenúa, el río fluye lentamente a unos pasos, la vegetación crece de forma desordenada en las orillas. Mientras caminaba, encajada en un tramo de tierra emergida, entre las aguas grises del Tíber, vi los restos de una bicicleta. La sombra del puente Umberto I sobre la cabeza. El cielo de nuevo. Unos chicos que escuchaban música a unos pasos del cieno, entre los árboles que emergían de las aguas. Un poco más adelante, otra bicicleta. Estaba varada en un islote. Algo se encendió en mi cabeza, al principio no conseguía distinguirlo bien, pero sabía que estaba a punto de revertir la sensación que había tenido en el bar. Cuando, cinco minutos después, vi algo que pudo haber sido una bicicleta pero que ahora era un amasijo de chatarra, probablemente pasto de las llamas, o repetidamente pateada, martilleada, la situación se hizo clara de golpe. Durante toda la semana, caminando por ahí, había visto continuamente bicicletas abandonadas. Bicicletas con el cuadro doblado o partido en dos, con las ruedas destrozadas, con el sillín hundido, con el manillar arrancado, bicicletas arrojadas al suelo, tiradas bajo los puentes, metidas con brutalidad en los contenedores de basura. Bicicletas, entre otras cosas, perfectamente idénticas entre sí. A tal punto formaban parte del mobiliario urbano que no me había dado cuenta. Eran los modelos del nuevo servicio de bicicletas de alquiler. Desde hacía unos años, en Roma, alguien apostaba por las bicis de alquiler. Al principio, lo intentó el Ayuntamiento y fracasó. Luego fue el turno de algunas empresas extranjeras, multinacionales americanas, chinas. Anunciaban con gran pompa su proyecto, y unas semanas más tarde cientos de bicicletas nuevas de fábrica aterrizaban en la ciudad. En el plazo de un mes, de esas bicicletas no quedaba nada. Los romanos las tiraban de los puentes, las quemaban, las destrozaban de todas las formas imaginables, las destruían con una furia ciega y primigenia.

En pocas palabras, rechazaban la limosna. Llevar esas bicicletas a Roma significaba tener la arrogancia de curar a un moribundo a base de aspirinas, era una ofensa, una humillación, y, peor aún, era pretender conectar con las últimas novedades tecnológicas a una ciudad que se había sacudido de encima el concepto de progreso y flotaba en el estancamiento, en el vacío cronológico, algo parecido al polvo de las pirámides tras el fin de la civilización egipcia, con la paradójica diferencia de que Roma, en cambio, seguía rebosante de vida. Me reuní con mi contacto en la estación de Termini. El periodista trabajaba para un importante periódico nacional. Era un hombre que rondaba la cincuentena. Nos conocíamos desde hacía algunos años. «Oye, ¿buscamos algún sitio tranquilo?», dijo. Nos acomodamos en un bar de mala muerte en via Marsala, pedimos algo de beber, sacó de la mochila un documento de unas setenta páginas, que contenía los perfiles criminológicos de Marco Prato y Manuel Foffo, y el llamado análisis victimológico de Luca Varani, el cual, por supuesto, a diferencia de los perfiles de los acusados, era el resultado de un trabajo realizado *in absentia*, una investigación sobre alguien que ya no estaba allí.

GIUSEPPE VARANI

Vayamos al grano, que si no, no hay quien se entienda. Luca fue al Collatino de buena fe. Se marchó de aquí con la mochila para ir a trabajar. ¿Entendido? Sin imaginarse ni remotamente lo que podía pasar. La de cosas que dice la gente aprovechándose del hecho de que la víctima no puede hablar. Que si mi hijo fue para prostituirse... que entró en el apartamento por ciento veinte euros... eso han dicho. Pero ¿quién lo dice? A Luca el dinero no le hacía falta. ¡Él trabajaba! Eso de la prostitución es una historia inventada para dar carpetazo a una fiestecilla que salió mal... pero, lo repito, la fiestecilla la montaron Prato y Foffo... y lo repito, las razones son las que son... La razón era ver sufrir a una persona. Era *disfrutar* de ese sufrimiento. Y disfrutaron, hasta el final. Hay que decirlo. Hay que terminar con esto. Dicen que *él* era un chapero. Pero no dicen quiénes son *ellos*.

No pararé hasta que se haga justicia. Cadena perpetua. No hay nada más que decir.

MARIO ACETO

Soy el dueño del taller de planchistería de Valle Aurelia donde Luca Varani venía a aprender el oficio. Aparte de trabajar para su padre, por supuesto. Era un chico muy dispuesto, serio. Me parece que tenía alguna deuda con Hacienda por una historia de impuestos impagados.

El 4 de marzo me envió unos whatsapps diciéndome que no vendría a trabajar. Al día siguiente me llamó su padre. No había manera de encontrarlo.

Luca nunca me pidió dinero prestado. Como mucho, le adelantaba pequeñas sumas que le descontaba luego del salario, estamos hablando de diez o quince euros. Nunca pensé que consumiera estupefacientes. Siempre se lo dejo claro a los que trabajan para mí: no quiero gente que se drogue.

ANTONELLA ZANETTI

Esa mañana me topé con Luca Varani. Lo conozco desde hace años, íbamos juntos al colegio. Me encontraba con él cuando iba a trabajar, porque solíamos tomar el mismo transporte. Esa mañana nos vimos en el bar de la estación La Storta-Formello. Yo me tomé un café, él se compró un paquete de cigarrillos. Estuvimos charlando un rato, le pregunté qué tal estaba. «Bien», me contestó. Luego montamos en el mismo tren. Yo me senté donde suelo ponerme, mientras que él se fue al compartimento de arriba, donde están los enchufes porque tenía que recargar el móvil. Entre Appiano y Valle Aurelia, un cuarto de hora después, se asomó a las escaleras y me hizo señas. Me acerqué. Me pidió información para llegar a Tiburtina. No entendí bien si tenía que ir justo a la estación o simplemente a la zona. Luego nos despedimos, nos deseamos un buen fin de semana y no nos volvimos a ver.

EDOARDO PETRONI

«Luchetto», candado, ese era su apodo. Lo conocí de una forma un tanto curiosa. Me encontraba en un autobús de la línea urbana, y en cierto momento nos quedamos él y yo. Solos en el autobús, quiero decir. Nos pusimos a charlar. Hablamos de novias y de cosas así. Era simpático, tranquilo, sociable, resul-

247

taba agradable hablar con él. Luego dejé de verle durante un tiempo. Volví a encontrarme con él cuando empecé a salir con una pandilla de la zona de Battistini, cerca de la parada de metro. Por lo que yo sabía, Luca era un chico de carácter débil. Se gastaba el poco dinero que tenía en las máquinas tragaperras solo porque se lo decía la gente de su alrededor. Le decían que jugara. O simplemente los veía jugando, y con eso bastaba.

Desde este verano ya no me veo con esa pandilla, en parte porque están lejos de mi casa, yo vivo en Casal del Marmo, en parte porque en cierto momento Luca y yo tuvimos una discusión. Lo que ocurrió es que le tiré los tejos a Marta Gaia. No lo volví a ver después de eso.

Leí la noticia de su muerte en Facebook, luego vi los periódicos y puedo decir con absoluta certeza que los dos tíos sospechosos del asesinato no formaban parte de nuestra pandilla.

MARTA GAIA SEBASTIANI

Todos me preguntaban «Pero ¿cómo estás tan segura de que lo querrás para siempre?». Yo contestaba «Simplemente, lo sé y punto». Esta respuesta no bastaba, así que me ponía a enumerar con paciencia todas las razones por las que sabía con certeza que Luca iba a ser el único, pero seguía sin ser suficiente, me tomaban el pelo, veía caras que se reían y contestaban: «Ya verás como acabáis rompiendo, ¿sabes a cuántos conocerás con el tiempo?».

Es cierto, he conocido a muchos, he hablado con muchos, me he reído con casi todos, pero solo él me dejaba sin palabras, simplemente porque lo entendía todo sobre mí con solo mirarme, y no es fácil comunicarse sin decir nada: si lo consigues con una persona eso significa que existe algo grande entre los dos.

Así que me gustaría deciros que, si nunca habéis querido tanto a una persona, entonces no ofendáis los sentimientos de quien, en cambio, puso cabeza, tiempo, alma y corazón en ello. Soy una soñadora, creo que todas las personas tienen en el fondo algo bueno, vivo con la esperanza de que algún día las cosas cambiarán en positivo. Nadie puede quitarme del pensamiento que tan solo Luca sería el único.

(De una publicación en Facebook del 10 de abril de 2016)

ALICE PEPE

Conocí a Luca a principios de noviembre. Me acuerdo porque por aquellos días, el 17 de noviembre para ser exactos, me ennovié con Filippo Mancini. Vivo en Muratella, tengo diecisiete años, a Luca Varani lo veía en Battistini, en un bar que queda cerca de un colegio, o bien nos reuníamos en el McDonald's de Cornelia. Él iba a trabajar a un taller en Valle Aurelia, salía alrededor de las seis de la tarde, nos veíamos después. No hablaba mucho de su trabajo, aunque se quejaba del dinero, le habría gustado llevar a cenar a su novia, hacerle regalos, pero el dinero, la verdad, no era mucho y no conseguía ahorrar nada.

En esos días lo pasaba mal a causa de Marta Gaia. Lo habían dejado temporalmente justo el día que nos conocimos. No sé muy bien lo que pasó.

Era risueño, simpático, cuando nos veíamos me decía que se sentía bien porque yo le devolvía la sonrisa. Nunca se vestía de manera ostentosa. Al contrario, desde que ya no estaba con Marta Gaia iba incluso un poco descuidado. Luego, cuando volvieron a salir, me parece que en enero, lo vi mucho mejor. Aunque claro, desde ese momento empezó a dejarse ver menos en la pandilla. Ella era celosa.

Se sentía a gusto con nosotros, los de Battistini. Con quien mejor se llevaba era con Filippo Mancini. Se conocían desde hacía un montón. Yo conocí a Filippo cuando trabajaba en una pizzería de los Casalotti, después lo dejó y ya no buscó ningún otro trabajo.

La última vez que vi a Luca fue después de mi cumpleaños. Yo ya había roto con Filippo. Luca estaba en Cornelia. Estaba solo. Tal vez estuviera esperando a Marta Gaia.

Marta Gaia Sebastiani

¡¡¡¡¡Buenos días a todos!!!!!
Esta noche emitirán la entrevista que me han hecho en el programa de Rai 3 *Chi l'ha visto?* No sé exactamente a qué hora (es muy probable que el programa empiece con la entrevista), pero por lo que he sabido se hablará de Luca en varios momentos, de manera que se le dé voz y se le vea, y viva a través de mis ojos y mis palabras. Doy las gracias de corazón a todo el equipo y a quienes vean el reportaje esta noche.

(Publicación en Facebook del 13 de abril de 2016)

—Luca es la persona con quien habría compartido la vida —dijo Marta Gaia mirando a la cámara—, nunca me enamoré de nadie más. Le decía: «Solo tus ojos son más hermosos que las estrellas». Me bastaba con mirarlo para ser feliz. Sé que era un chico como cualquier otro, pero para mí lo era todo.

—¿Cuáles eran vuestros planes? —le preguntó el entrevistador.

—Él quería casarse conmigo. Me lo decía todos los días: «Venga, casémonos, aunque sea en secreto, que nadie lo sepa».

—¿Cuánto tiempo llevabais juntos?

—Nueve años. A Luca no le gustaba mucho estudiar —a sus labios afloró una sonrisa—, pero en un momento dado decidió retomar las clases nocturnas. Sus padres son vendedores ambulantes de dulces, Luca decía que de mayor le gustaría continuar con ese trabajo. Le gustaba estar entre la gente.

–¿Luca era lo que Manuel Foffo y Marco Prato dicen que era? –preguntó el periodista en un momento determinado. Cuando las entrevistas llegaban a ese punto, por lo general la atmósfera cambiaba.

–No, ese no es Luca –dijo la joven frunciendo el ceño–, están hablando de otra persona. Ese no es mi Luca.

–Pero sabemos que Marco Prato tenía su número de teléfono.

–Yo no lo sabía. –Tenía la mirada llena de dolor.

–¿Qué relación tenía Luca con el dinero?

–Le encantaba ganarlo para gastárselo, como a todo el mundo, porque si no para qué vamos a trabajar... –respondió Marta un poco atónita.

–En realidad, si le hago esta pregunta –le explicó el entrevistador–, es por una razón concreta. En la mañana del 4 de marzo parece ser que Marco Prato le envió a Luca un sms donde hacía referencia a una posible ganancia. Se habla de ciento veinte euros. ¿Luca se habría vendido por ciento veinte euros?

–No. Nunca –dijo la joven–, no se habría vendido nunca por ninguna cantidad en absoluto. Rotundamente no.

–Entonces, en su opinión, y es una pregunta que se hace mucha gente, ¿qué pasó realmente esa mañana? ¿Por qué fue a casa de esas dos personas?

–Sinceramente, no lo sé. Esa pregunta me la hago todos los días, y no encuentro respuesta.

VALERIA PROIETTI

Tengo diecinueve años, vivo cerca de Torresina, conozco a Luca Varani desde hace aproximadamente un año. Sé que trabajaba. También sé que tenía novia. Yo a ella no la conozco. Pero veía a Luca cuando llamaba a Marta Gaia. Cuando hablaba con ella por teléfono le mentía a menudo, le decía que estaba en clase, cuando en realidad estaba con nosotros en Battistini. De vez en cuando, desaparecía durante una horita, iba a casa de un amigo suyo maricón. Nosotros pensábamos que iba a tener sexo, quizá a cambio de dinero. Pienso así porque una vez leí unos mensajes en los que Luca decía que tenía que ir a recoger algo así como treinta euros. Esos mensajes se los vi de refilón, vi el número de la persona con la que se escribía, estaba grabado en el móvil como «Maricón». Y de todos modos no siempre iba a casa de ese tío.

—Fue Damiano Parodi quien me presentó a Luca Varani —dijo Marco Prato al fiscal—. Damiano venía mucho a mis eventos. Es una persona acaudalada, muy acaudalada. Homosexual. En ocasiones recurre al sexo de pago, en ciertas circunstancias consumía cocaína. Yo he participado. No en el sexo de pago, sino en alguna de esas juergas. Debió de ser hacia octubre o noviembre. A Luca lo vi por primera vez allí. Nos conocimos en casa de Damiano, en piazza Ungheria. Luca iba a verlo más o menos cada semana. Damiano le daba dinero incluso sin tener sexo. Verá —continuó—, Damiano sufre de un síndrome obsesivo-compulsivo, creo que le daba el dinero a Luca por miedo.

DAMIANO PARODI

Soy un estudiante repetidor de la Luiss, de Derecho. A pesar de haberme matriculado en la universidad nunca llegué a terminar mis estudios debido a la enfermedad por la que estoy bajo tratamiento tanto en Milán como en Roma. Vivo en Roma, mis padres viven en Lugano, tengo treinta años, padezco un trastorno obsesivo-compulsivo.

Conocí a Marco Prato una noche del pasado octubre por mediación de mi amigo Angelo Vecchio.

Esa noche Angelo y yo fuimos a bailar al Lanificio. Luego fuimos a mi casa, en piazza Ungheria. Desde que rompí con mi novio, vivo aquí solo. Marco Prato llegó tarde, invitado por

Angelo. Poco después llegó también Luca Varani, invitado a su vez por Andrea. Este Andrea es un chico de veinticinco años con el que, hacia finales de septiembre, tuve sexo a cambio de dinero. En resumen, un prostituto. Fue Andrea quien me engatusó cerca de piazza dei Cinquecento. Así que, en definitiva, a Varani lo trajo Andrea, mientras que a Prato lo invitó Angelo. Fue así como se conocieron Prato y Varani. Marco tenía cocaína, bebimos y esnifamos, para mí era la segunda o tercera vez. En poco tiempo la casa empezó a llenarse de gente. Se presentaron también dos drag queen. La situación empezaba a estar un poco descontrolada, Marco permanecía enfurruñado en el balcón; un viejo amigo mío, Ivan Beretta, que apareció también por casa, estaba, por decirlo suavemente, desconcertado. En un momento dado, Andrea dijo delante de todo el mundo que Luca también se prostituía, añadió que Luca la tenía más larga que él, de modo que Luca, a modo de demostración práctica, se bajó los pantalones. Estábamos todos borrachos. La gente empezó a marcharse.

A Marco volví a verlo un mes después, vino a verme otra vez a piazza Ungheria. En esa ocasión compramos trescientos euros de cocaína. La cocaína se la proporcionaba un tal Armando que era, por decirlo así, su camello de confianza. Armando tenía unos cuarenta y tantos, pelo castaño corto, de un metro setenta de altura como mucho. Por una especie de minusvalía que no entendí muy bien, no puede conducir, por lo que exigía que le pagáramos el viaje en taxi, solicitud que siempre atendimos. Armando no es italiano, me contó que es un periodista albanés perseguido en su país. Marco lo grabó en su agenda como Trovajoli. Armando Trovajoli.

Pero vayamos a nuestros últimos encuentros. A finales de febrero Marco y yo fuimos a la discoteca Qube. Al acabar la velada nos marchamos a mi casa, Marco llamó a su camello, Armando, que vino a vernos con la coca. Pedimos alcohol, luego usamos Grindr para intentar contactar con chicos. No encontramos a nadie para invitarlo a casa. Poco después, sin embargo, oí el timbre de la puerta, fui a abrir y me encontré frente a dos chicos a los que nunca había visto. Se presentaron como amigos de Marco, los dos se llamaban Alessandro, uno se refería a sí mismo como Alexander porque era de origen alemán, y el otro «Alessandro el japonés», porque tenía rasgos faciales claramente asiáticos. Después de preguntarle a Marco si los conocía –los conocía–, los dejé entrar. Consumimos cocaína, bebimos alcohol. Tuve sexo oral con Alexander, yo le hice una felación. Luego Marco y Alexander se encerraron bajo llave en mi estudio, mientras yo me entretenía charlando con el «japonés». Estuvimos hablando de muchas cosas. Alessandro el japonés es hetero.

Cuando entré en mi estudio, noté que Marco y Alexander habían roto una cortina. Alessandro el japonés, antes de marcharse, me pidió que le prestara unas gafas de sol. Me gustaban muchísimo esas gafas, quizá eran las únicas que yo podía soportar, no sé por qué, al final se las di. Al día siguiente intenté recuperarlas, le pedí a Marco que llamara a Alessandro el japonés, le pedí su número. Pero nada, Marco no me lo dio.

Hace un par de días me di cuenta de que me faltaban dos anillos. Los anillos estaban guardados en el estudio donde Marco y Alexander se habían encerrado. El primero es un anillo de oro de mi madre, heredado de mi abuela, que vale diez mil euros. El segundo anillo tiene un gran valor sentimental para mí, es un anillo de los tiempos de la antigua Roma, de oro también, con una piedra engastada, tengo una foto de mi abuelo donde lo lleva. Esos dos anillos estaban guardados en un cajón de metal debajo del escritorio. Estoy seguro de que esos dos me los robaron, estoy pensando en presentar una denuncia oficial por robo, obviamente además de lo que ocurrió con el cajero automático.

Ivan Beretta

Cuando Damiano me dijo que Marco Prato le había dado a probar estupefacientes me preocupé. Damiano es un amigo mío muy querido, fuimos pareja hasta el verano de 2015. Sufre de un trastorno obsesivo-compulsivo, toma medicinas, mezclarlas con cocaína creo que es peligroso.

Sabía que Marco y Damiano habían empezado a verse, estaba al corriente de que tomaban coca, pero quería enterarme mejor de la situación, así que el sábado por la noche me fui directo a piazza Ungheria. Encontré los restos de una fiesta, había botellas esparcidas por todas partes. Aparte de Damiano y Marco, también estaban allí dos tipos a los que no conocía, dos chicos muy jóvenes, creo que uno era de origen extranjero. Le pedí a Damiano que les dijera que se fueran: tenían todo el aspecto de ser unos gigolós. Luego me llevé aparte a Marco Prato y le dije que dejara a Damiano en paz, entre otras cosas porque a gente como esa nunca la había visto en esa casa.

Me temo que Damiano pudo haberse encontrado en una situación de dependencia psicológica. También pensé que, desde que rompí con él, había entrado en un periodo de soledad. Y entonces Marco se aprovechó.

FILIPPO MANCINI

Soy el único que sabe cómo estaban las cosas.

Me llamo Filippo, tengo diecinueve años, vivo en la Storta, conozco a Luca desde hace mucho tiempo. Mi amistad con Luchetto se reforzó cuando un día —yo estaba como de costumbre de pie en la parada del autobús— se ofreció a llevarme en coche. Tenía un Micra blanco. Yo volvía de Montespaccato para verme con mi peña. A partir de ese día Luca se unió a nuestro grupo de amigos.

En la pandilla, Luca hablaba con todos, pero fue de mí en particular de quien se hizo amigo. Creo que porque tenemos un carácter muy parecido. Ambos somos personas sencillas y, sobre todo, no nos relacionamos con la gente por interés.

Con el tiempo, Luca hizo cosas que consolidaron nuestros lazos. Yo le correspondía porque era una verdadera relación de amistad. Por ejemplo, él me acompañaba a ver a mi chica en coche, y me esperaba hasta que volvía. Por mi parte, yo me fui del taller donde trabajaba y él empezó ahí gracias a mi recomendación. Básicamente, me despedí para dejarle mi sitio a él.

En la época en la que lo conocí dormía en el coche porque había discutido con su padre, pero no sé por qué motivo. Cuando me entrevistaron para el programa *Chi l'ha visto?*, afirmé que Luca no se prostituía, pero lo hice por respeto hacia él. Empezó por dinero. Me decía: «Eh, por favor, hermanos... no digáis nada a nadie». Luca era de esos que si te dejas diez mil euros encima de la mesa y te marchas ni se le ocurriría robártelos, no lo haría nunca, no hacía cosas así, pero eso otro por desgracia sí que había empezado a hacerlo, tal vez le pareciera más «honesto», dado que necesitaba el dinero.

Lo descubrí hace aproximadamente un año. Era la primavera de 2015. Luca iba a casa de uno en la zona de Selva Nera, en los nuevos adosados. No sé quién era ese tipo. Uno mayor que nosotros, para mí que tenía treinta y cinco años. Luca iba a verlo, y yo lo acompañaba. Una vez que llegábamos al edificio, yo me quedaba esperándolo una hora, él volvía cada vez con cien euros. Las primeras veces me dijo sin más que ese tipo le debía dinero, pero con el tiempo aquello ya no colaba. Así que la tercera vez le pedí que me contara qué iba a hacer de verdad a la Selva Nera. Entender lo que ocurría no era difícil, pero tenía que decírmelo él. Al final Luca me lo dijo. Estoy seguro de que Marta Gaia no sabía nada de esa historia.

Luca discutió con el de la Selva Nera en un determinado momento, creo que por cuestiones de dinero.

Luego llegaron Marco Prato y Damiano Parodi, y empezó, por así decirlo, una nueva época.

—¿Puedo hacerle una pregunta? —preguntó Flaminia Bolzan a Marco Prato.

Flaminia Bolzan, de veintinueve años, era la criminóloga que el doctor Scavo había designado como consultora para la fiscalía.

—Claro —dijo Marco.

—¿En qué consideración tenía usted a Luca Varani?

—¿En qué sentido?

—A nivel humano —dijo Bolzan.

—No lo conocía lo suficiente —dijo Marco—, aunque es verdad que, en casa de Damiano, charlando una vez mientras consumíamos estupefacientes, empezó a hablar con demasiada desenvoltura de su doble vida. Eso me incomodó, me dolió porque pensé en su novia.

—¿Recuerda haberlo definido alguna vez como «un chapero que no pasó ni de segundo de primaria»?

La frase («No soy un chapero que no pasó ni de segundo de primaria») había sido utilizada por Marco en un intercambio de whatsapps con Damiano Parodi. Según Parodi, Marco se refería a Luca.

—«Un chapero que no pasó ni de segundo de primaria». Oh, Dios mío… no lo sé —dijo Marco—, me parece demasiado mordaz para mi…

—En suma, podemos decir —intervino el doctor Scavo— que no tenía usted en gran consideración a Luca Varani.

—¿Desde qué punto de vista, doctor Scavo? —dijo Marco—. A nivel intelectual obviamente no, no le tenía en gran consideración. Pero Luca era una persona muy alegre, siempre se estaba riendo, nunca lo olvidaré. Una vez fui a una fiesta de disfraces a casa de un amigo, una fiesta muy especial, había varias personalidades importantes, ese amigo mío es un gran abogado, yo iba travestido de bailarina de televisión, me habían maquillado profesionalmente, incluso me puse unas prótesis en el pecho… Después de la fiesta llamé a Luca, nos citamos. Nada más verme, Luca empezó a cubrirme de halagos, dijo que estaba *impresionante*. Me hizo mucha ilusión, por eso me parece extraño que luego pudiera denigrarlo. Por supuesto, intelectualmente es probable que no le tuviera en mucha estima, pero separaría el lado humano del intelectual.

—¿No lo consideraba usted una persona capaz de satisfacer todos sus deseos tan solo con pedírselo? —preguntó Scavo—. ¿No era para usted, en pocas palabras, una persona débil que habría aceptado...?

—La verdad es que no —lo interrumpió Marco—, todo lo contrario. Un chico que crece en la periferia, que trafica con droga, que se prostituye, bueno... esa es la clase de persona a la que alguien como yo debería *tenerle miedo*, no considerarlo un débil. Alguien como yo lo lógico es que piense que alguien como él podría ir armado o, en todo caso, podría ser violento. De todas formas, lo que sí pensaba es que Luca por dinero habría hecho lo que fuera. Estaba al tanto de su situación económica. Sabía que su familia tenía problemas. Luca se confiaba conmigo.

FILIPPO MANCINI

Una noche, un jueves o un viernes, lo acompañé a piazza Ungheria, pero antes pasamos a recoger a un chico que se llamaba Andrea. Este chico nos estaba esperando en los bancos del metro. No sé cómo lo había conocido Luca. Creo que es tunecino.

Esa noche yo había salido con una chica que se llamaba Giorgia, una de Milán que había venido de vacaciones a Roma. No la he vuelto a ver y no me dio tiempo de pedirle su número de teléfono. Yo conducía, ella estaba sentada a mi lado, Andrea y Luca se pusieron detrás. Andrea me preguntó si podía acompañarlo a piazza Ungheria, tenía que recoger algo de dinero, luego me pidió que le prestara el móvil. Se lo dejé. Le oí decir: «¿Me pasas a Damiano?».

Cuando llegamos a piazza Ungheria, inesperadamente, Luca se bajó del coche con Andrea, me pidió que pasara a recogerlo alrededor de la medianoche.

Tampoco fue tan *inesperadamente*. Durante el trayecto, Luca y Andrea estuvieron cuchicheando entre ellos. Aun así yo los oía. Oí la palabra «mamada» con claridad. Después de la medianoche, Luca empezó a llamarme. Tres, cuatro, cinco llamadas telefónicas. Al principio no las oí porque estaba en una fiesta en la otra punta de la ciudad, había ido con la chica de Milán. Luego vi las llamadas. Volví a piazza Ungheria, sería la una y media o así. Me bajé del coche, miré alrededor, me acerqué al portero automático y pulsé el mismo botón al que había visto llamar a Andrea. Esperaba que me contestara una voz desconocida. En cambio, me contestó Luca. Le dije: «Venga, tío, baja que es tarde». Él, con una voz un poco rara, respondió: «Hola, tío… oye que me quedo aquí, pero mientras tanto voy a bajar un momentín para darte la pasta». Se refería al dinero de la gasolina. Yo le contesté: «Oye, tío, ¿te quedas de verdad?, mira que si tu padre te pilla te revienta». Era tarde y su padre era muy estricto. Entre otras cosas Luca tenía que venirse conmigo porque yo estaba sin carnet. Le conté por el telefonillo, él respondió que podía conducir la chica de Milán. Sí, claro. El caso era que la chica de Milán se había largado. Le pedí a Luca que me dejara subir, a esas alturas quería ver qué pasaba. Él contestó: «No, no, ahora mismo bajo yo un momento, que tú no puedes subir».

Solo que, en vez de bajar Luca, se presentó Marco Prato. Se me quedó mirando. Me quedé mirándolo yo también. Me tendió veinte euros y dijo: «Esto es de parte de Luca». Le pregunté por qué no había bajado Luca. «Porque Luca está ocupado y no quiere bajar», contestó. Estaba empezando a darme cuenta de lo que pasaba, así que le di a entender que yo también estaba «abierto», me refiero al consumo de drogas. Más que nada, quería ver lo que estaba ocurriendo arriba. Marco Prato dijo: «Espera». Desapareció dentro y volvió con una bolsita de cocaína. Serían unos cinco gramos. Me propuso una raya, le dije que de acuerdo, la extendió un poco en el móvil, nos metimos el tirito, y solo entonces me invitó a subir.

«Ven –dijo–, he hablado antes con Luca, ya sé que podemos fiarnos de ti.»

Así que subimos. Nos abrió un chico de unos treinta y cinco años. Era el dueño de la casa, Damiano. Ya por la voz te dabas cuenta de que era gay. En ese momento oí las voces de Andrea y de Luca. Era difícil no oírlos porque estaban discutiendo. A grito pelado. Pasaron por delante de mí y salieron de la casa haciendo mucho ruido. Corrí tras ellos por las escaleras, Andrea estaba cabreado como una mona, decía que Luca había sacado más que él, le habían dado cien mientras que a él solo cuarenta, y mira que a esos clientes se los había presentado él. Luca intentó darle veinte euros, Andrea cogió el billete y se lo rompió delante de sus narices, le dijo a Luca que no volviera a comportarse así, luego dio media vuelta y se marchó.

A esas alturas, lo lógico habría sido que nosotros también nos hubiéramos ido. En cambio, volvimos arriba para recoger las cosas de Luca, el chaquetón y la mochila.

Pero nada más volver, Marco nos llevó a una habitación donde había muchos libros, un sofá y una mesita. Un despachito, vaya. Marco sacó la coca y empezó a preparar cuatro rayas. Alguien sirvió vodka en los vasos. Yo casi no lo probé porque el vodka me da asco. Empezamos a esnifar. La cosa siguió durante un rato, Marco preparaba cada vez tres rayas grandes para nosotros y una pequeña para Damiano, me parece a mí que Damiano de estas cosas no entendía nada. Marco se aprovechaba de la situación. Más de una vez, esa noche, fue a retirar dinero con la tarjeta de Damiano.

Conmigo Damiano ni lo intentó. Me preguntó si era bisexual, le dije que tenía novia y bastó con eso. Marco, en cambio, tras el segundo tirito, empezó a molestarme. Decía: «¿Qué te crees, que has venido a esnifar gratis? Por lo menos tienes que dejar que te hagamos una mamada, los gais las hacemos mejor que las mujeres…». Faltó poco para que le sacudiera. A mí esos jueguecitos no me hacen ni puta gracia. Le di a entender a Marco que solo con que intentara acercarse habría lío. Ni siquiera me tocó.

Pero luego Marco se acercó a Luca, y Luca se bajó los pantalones, se bajó también los calzoncillos y se quedó así, con la polla fuera. Yo entonces perdí los papeles, la escena me impresionó, les grité que hicieran esas cosas en otra parte, aunque luego el que se fue de la habitación fui yo. Me quedé en el pasillo sin hacer nada. Al cabo de un rato me decidí a llamar, ellos no respondían. Abrí la puerta, los encontré en la misma situación.

Entonces me fui a la sala de estar, encendí la televisión y me tumbé en el sofá. Damiano se había ido al dormitorio. Marco y Luca seguían encerrados en el estudio.

Nos abrimos cuando llegó el ex de Damiano. Luca y yo nos despedimos, bajamos, subimos al coche y nos largamos.

De los cien euros que Luca había ganado esa noche, Andrea le había roto veinte, diez los gastamos para comprar cigarrillos, los veinte que me había dado a mí para la gasolina nos los jugamos en las máquinas, de modo que a él solo le quedó un billete de cincuenta.

Nunca volvimos a hablar de aquella noche, porque a mí esas cosas me dan asco.

Mi amigo el periodista pidió un segundo café. Sentado frente a él, yo seguía hojeando el informe de Flaminia Bolzan, la criminóloga de la fiscalía.

El documento dejaba claro que el asesinato no tenía ninguna finalidad instrumental, había sido consumado de forma confusa –a excepción de la escena del crimen, un espacio bien elegido, íntimo, familiar, inaccesible para los extraños– con una impresionante dosis de salvajismo y de crueldad. El informe hablaba de «retraimiento psíquico» en relación con Marco Prato. Se trataba de un estado mental que llevaba a enajenarse de una realidad considerada intolerable (en el caso de Marco, esta intolerancia, argumentaba el informe, podría estar asociada con una débil o ausente percepción de un yo masculino debida a problemas de la infancia, tal vez a la relación con los padres). Por lo tanto, se trataba de un «retraimiento» a una dimensión extática que encontraba en la perversión una posible vía de acceso.

En el caso de Manuel Foffo, se presumía la presencia de rasgos narcisistas y paranoicos debidos a la frustración experimentada durante un largo periodo: las heridas relacionadas con los rechazos familiares, fueran reales o percibidos como tales, podrían haber generado en él fantasías grandiosas destinadas a hacerse añicos constantemente contra el principio de realidad.

Pasé a leer lo relativo a Luca Varani.

«Varani no tenía un título de estudios superiores ni las habilidades necesarias para encontrar un empleo mejor retribuido que el que desempeñaba en el taller de planchistería –señalaba la criminóloga–, probablemente ni siquiera tenía las habilidades relacionales necesarias para el trato social en un contexto diferente al de procedencia, ni la posibilidad de acceder a este más que como *chapero*.» Dejando claro el presupuesto de que ninguna víctima merece serlo (el «se lo ha buscado» es siempre una idiotez), Luca Varani, explicaba la criminóloga, corría el riesgo de ser una especie de víctima ideal frente a Prato y Foffo. Por clase social, debilidad económica, hábitos de comportamiento, índole, constitución física, falta de habilidades y títulos de estudio, a lo que había que añadir la forma con que se relacionaba con Marco cuando trataba de pedirle dinero —un acercamiento «de inferior a superior», señalaba el informe—, Luca tenía más probabilidad de caer en la trampa respecto a quienes lo precedieron en el apartamento.

Las conversaciones vía WhatsApp, extraídas del móvil de Marco Prato, parecían confirmar esa clase de dinámica. («¿Puedes venir a piazza Ungheria esta noche con Andrea?», le preguntaba Marco a Luca en uno de los intercambios. «No creo», contestaba Luca. Y Marco: «¿Por qué no? ¡Os pagaré!». Y Luca: «¿A qué hora?».) (En otra conversación era una vez más Marco el que buscaba a Luca: «¿Qué tal estás? ¿Qué haces?». Luca contestaba: «Medio despierto, cuéntame». Y Marco: «Estoy en casa de Damiano, esnifando a tope y bebiendo. Si no tienes nada que hacer, pásate». Luca contestaba: «No, gracias, ya no me interesa esa vida. Lo único que necesito es dinero. Así que gracias, igualmente, Marco, y gracias, igualmente, Damiano». Pero luego, pocos minutos después, era Luca el que volvía a escribir: «Necesito 50 euros: si hay de eso esta noche puedo pasarme. Mira, sabes lo que te digo, me paso de todas formas».) (En otra ocasión fue Luca quien se puso en contacto con Marco: «Buenas noches, querido, ¿me puedes ayudar? Tengo 1 de nieve para soltar. ¿Te viene bien?». Marco contestaba: «No, Luke, no me hace falta». Y Luca: «Joder, necesito 50 euros para el médico». Marco acababa con el asunto de manera lapidaria: «Luche, no voy por ahí soltando pasta».)

Cuando llegué al whatsapp que Luca había sentido la necesidad de escribirle a Marco en Nochebuena («Felices fiestas para ti y tu familia»), me di cuenta de que tenía la visión borrosa.

—¿Oye? ¿Hay alguien ahí? —preguntó impaciente mi amigo periodista.

El caso es que sentía rabia, tenía la impresión de que en Luca se consumaba un conflicto del que salía cíclicamente derrotado. Él hubiera preferido no tratarse con Marco, pero al final acababa cediendo. Marco había desarrollado a su vez una habilidad poco común para reconocer el titubeo, la debilidad en los demás, sabía lanzarse al ataque o permanecer agazapado. Pero tampoco era esa la cuestión —pensé mientras mi amigo periodista me miraba con perplejidad—, la verdadera causa de mi frustración concernía al mecanismo donde todos corríamos el riesgo de terminar. El asesinato arroja luz sobre la víctima y el verdugo, y siempre es una luz parcial, una luz perversa: el asesinato es el mal y el mal es el narrador de la historia. El asesinato arroja luz sobre sí mismo para dejar el resto en sombras, para que víctima y verdugo se confundan en la excepcionalidad de lo sucedido. Al mostrarnos a los verdugos como monstruos nos impide acercarnos a ellos a nivel emocional; reduciendo a la víctima a lo extraordinario de su suerte la aleja de nuestra empatía. El trapicheo y la prostitución eran actividades ajenas a los hábitos de la gente corriente, era difícil identificarse con Luca a través de ellas. Sin embargo, fuera de este engañoso cono de luz, quedaba todo lo demás: Luca que trabajaba en un taller de planchistería, Luca que se calentaba un plato de pasta en casa, Luca que discutía con Marta Gaia, Luca enzarzado con sus antiguos profesores. Pero incluso eso, pensé —sacar las cartas adecuadas de la baraja, ir en busca de los momentos de la vida ordinaria de Luca para suscitar un reconocimiento—, era ofensivo, puesto que arrojaba a la víctima a un aberrante contexto probatorio. La víctima inculpable no necesita pruebas, su cuerpo es sagrado. Si el narrador, es decir, la trama del asesinato, aspira a distorsionar nuestra mirada (llevándonos por un lado a no sentir amor por la víctima; por otro, a hacernos la ilusión de que lo que despreciamos del verdugo nos es ajeno) el movimiento para liberarnos de esta trampa debería ser doble. Deberíamos amar a la víctima sin necesidad de saber nada de ella. Deberíamos saber mucho del verdugo para entender que la distancia que nos separa de él es menor de lo que pensamos. Este segundo movimiento se aprende, es fruto de una educación. El primero es bastante más misterioso.

—¿Quieres explicarme qué demonios te parece tan interesante en este caso? —volvió a preguntarme el periodista, después de beberse el café.

DAMIANO PARODI

Más de una vez Luca me confesó que Marco le caía mal. Era un chico educado, despierto, muy amable y humilde. Creo que se prostituía porque le hacía falta el dinero, no por gusto, desde luego. Más de una vez me buscó para pedirme un préstamo. Más de una vez accedí a sus peticiones, le daba de veinte a treinta euros. A veces me pedía directamente ciento cincuenta euros y luego bajaba la cantidad. Insinuaba que me recompensaría sexualmente. A menudo me decía que necesitaba el dinero para llevar a su chica a cenar. Me provocaba mucha ternura, de verdad, casi le tenía cariño, a pesar de haberlo visto pocas veces. Decía que estaba muy unido a esa chica, creo que estaban juntos desde que eran pequeños.

Si Marco ha dicho que le prestaba dinero por miedo, se equivoca. Nunca le tuve miedo a Luca Varani.

Sí, es verdad, creo que trapicheaba con drogas. Ya las primeras veces que nos vimos me dijo que si quería una coca mejor que la que llevaba Trovajoli, que se la pidiera a él. Podía conseguirla de un tipo fantasmagórico que estaba metido en el rollo. Quién sabe si era verdad. Nunca recurrí a él para comprar coca.

De vez en cuando, Luca venía acompañado por ese tal Filippo. También Filippo se ofreció a venderme alguna sustancia estupefaciente, pero siempre me negué.

Le regalé a Luca un Rolex. Un Rolex falso, de mi padre. Él no dejaba de mirarlo, así que se lo di. «Venga, quédatelo», le dije. Como es lógico, le advertí que era una baratija. Él no se alteró. «Creo que podré sacar algo de dinero por él», dijo.

—«Chicos, hago de todo, pero soy activo.» En eso siempre fue claro —dijo Marco Prato al doctor Scavo—, él podía penetrarme a mí, yo podía hacerle una felación a él, podía lamerlo de la cabeza a los pies, él podía orinarme encima, podía hacerme un montón de cosas (el sexo tiene matices infinitos), pero nunca se la metería en la boca, ni se dejaría sodomizar. En eso era categórico. Yo creo que de esa manera trazaba la línea que separaba su vida normal de su vida secreta, y conservaba su heterosexualidad ante sus propios ojos. Siempre que no sobrepasara el límite entre *actividad* y *pasividad*, en definitiva, Luca podía seguir viéndose con su novia como heterosexual.

FILIPPO MANCINI

La siguiente vez fue unos días más tarde. Luca y yo estábamos juntos en el taller cuando recibió la llamada. Me pidió que lo acompañara a Prati. Tenía que ir a casa de uno. Nos fuimos del taller, nos metimos en el coche. Al llegar al lugar de la cita, Luca bajó y me pidió que lo esperara. Estuve esperándolo durante más de media hora. Al final lo llamé. No contestaba. Me puse nervioso. Teníamos que volver al taller. Después de varios intentos, acabó contestando, me dijo: «Vete, vete, ya me llevan estos de vuelta».

En los meses siguientes nos vimos muy poco, Luca estaba saliendo otra vez con Marta Gaia, ella era muy celosa, así que él se dejaba ver cada vez menos en el grupo. De todos modos, creo que Damiano seguía dándole dinero. Luca me dijo que a veces, cuando Damiano no estaba en casa, le dejaba el dinero directamente debajo del felpudo.

La mayor parte de ese dinero Luca se lo fundía en las máquinas.

Estoy bastante seguro de que lo vi por última vez en el Joker, que es un sitio de tragaperras. Me acuerdo porque ese día perdí casi setecientos euros. Luca estaba allí jugando solo. Antes de irse me dio treinta euros para el taxi. También me los jugué en las máquinas. El sábado siguiente me llamó su padre. Me dijo que Luca no había vuelto a casa, llevaban dos días intentando localizarlo. Entonces le escribí: «Eh, tío, ¿dónde coño te has metido? Me ha llamado tu padre, dice que no has vuelto a casa, dime algo y llámame».

Ya no tengo los mensajes que intercambié con Luca. Tiré la tarjeta telefónica porque decidí cortar con los viejos conocidos. He cambiado de vida. También he cambiado de ciudad. Desde hace dos semanas trabajo en un centro comercial de Verona.

Leonardo Maggio

Y así llegó el 31 de diciembre, cuando Marco y Manuel se conocieron. Aquella noche Lorenza, mi novia, y yo cenamos en casa de un amigo de mi hermano. Otros amigos habían decidido irse con Manuel a comer al Bottarolo. Al terminar nuestras respectivas cenas, todos nos fuimos a la celebración de fin de año que Marco Prato había organizado en el Quirinetta. Fue ahí, por decirlo así, cuando las dos líneas de la historia se encontraron.

—Pues verá —dijo Manuel Foffo—, a Marco lo conocí la mañana del 1 de enero. Después de pasar la velada con unos amigos, algunos decidimos irnos a mi casa. Allí se presentó Marco Prato, yo nunca lo había visto, era un amigo de Lorenza, nos pusimos a charlar, hablamos de esto y de aquello, esnifamos un poco de coca. En un momento dado, al ver que en casa no tenía bebidas alcohólicas, dijo Prato: «¿Quién se viene a comprar un poco de vodka?». Dado que conocía la zona, me ofrecí a acompañarlo. Bajamos, compramos el vodka. Mientras volvíamos a casa, va Marco Prato y me dice: «Oye, ¿qué te parece si pillo un poco más?». Se refería a la coca. «Pillo un poco más, pero luego ¿puedo quedarme en tu casa?» Yo todavía no me había dado cuenta de nada.

—No se había dado cuenta... —dijo el doctor Scavo.

—De que estaba ligando conmigo. No me había dado cuenta.

—¿Y qué hacía Marco? ¿Le puso las manos encima? ¿O se limitó a las palabras?

—No, no, de palabras nada… Marco se me acercó sin cortarse, y empezó a toquetearme por todas partes. Y yo… verá… aunque nunca en mi vida había tenido una fantasía homosexual, aunque en el fondo la idea me daba un poco de asco… pues, nada, que va y se me pone dura.

Los trenes entraban en Termini sin cesar. Los escasos taxis de piazza dei Cinquecento eran tomados al asalto por los viajeros recién llegados a la ciudad. El murmullo se elevaba lentamente de la calle. El turista holandés observaba la puesta de sol por la ventana. Las antenas de televisión. Dos inmensas nubes sobre la vieja torre de agua. Los mendigos entre los listones de mármol. Los chinos en sus tiendas. Por el hueco de la escalera seguían subiendo los gritos. Gritos de indignación. Gritos de placer. Las antenas de televisión se tiñeron de rojo, relucieron y luego volvieron a su color habitual. El sol había desaparecido.

El turista holandés abrió la ventana, el viento vespertino le acarició la cara. Una ciudad en la que todo había pasado ya. Al cabo de una semana de estancia aquí en Roma, el presidente de Estados Unidos se convertiría en un gilipollas cualquiera. Quien sienta necesidad de tener ilusiones, es mejor que evite pasar largas temporadas en la ciudad. En Roma, los poderosos se miran al espejo y ven una calavera, la conciencia de que estamos destinados todos a ser sombra. Que después de Augusto está Tiberio. Que todo hombre tiene un precio. Que la carne es débil. Que en la intersección entre via di Porta Maggiore y viale Manzoni trabaja un limpiacristales con un solo brazo.

La mujer del piso de abajo seguía gimiendo. Dejó de fingir, estalló en una larga carcajada.

Un triunfo de asaduras y de vino aguado. Eterno vacío de memoria.

El turista holandés oyó que los pasos en la escalera se acercaban cada vez más. Oyó que llamaban a la puerta. La puerta se abrió y apareció el chico.

Era moreno, delgado, de pelo rizado. Iba vestido con vaqueros y un jersey de algodón claro. Libio, egipcio tal vez, o tunecino. No tenía más de quince años. El turista holandés sacó la mano del bolsillo, le enseñó el billete de cincuenta. El chico empezó a desvestirse. Sin florituras. Él no podía prescindir del cuerpo del chico, el chico no podía prescindir de su dinero.

–Dúchate antes –dijo en inglés.

El chico asintió sin sonreír.

—¿Me explicas por qué demonios te parece tan interesante este caso?

No le dije al periodista que cuando tenía diecisiete años estuve a punto de matar a una chica a la que no conocía. El verano siguiente volví a correr un riesgo parecido. El caso es que estaba muy rabioso. Mis padres se habían divorciado cuando tenía cinco años y gestionaban mal la situación. En aquella época vivía en Bari. No me detendré a contar los silencios, las mentiras, los golpes bajos, los intentos de hacerse daño de mi padre y de mi madre. Me limitaré a decir que no estaban preparados para afrontar la situación y, obviamente, tampoco lo estaba yo. En esos años, en ciertas zonas de Italia, sobre las familias de divorciados pendía un estigma social. Veníamos de un pueblo pequeño, donde los reproches pueden ser feroces. Mis padres se vieron enfrentados a la hostilidad de sus amigos, incluso de sus familiares. La incomodidad era tal que, en el colegio, en primer curso, mentí como un bellaco. Dije que mis padres todavía estaban juntos. Seguí con esa ficción hasta la escuela media. Fue doloroso, vergonzoso, viví el final de la escuela media como una liberación: en cuestión de unos meses, pensaba, un nuevo colegio me permitiría partir desde cero. Sin embargo, el primer día de la escuela secundaria me encontré a tres antiguos compañeros del colegio anterior en clase. La suerte no me ayudaba. Le di vueltas y más vueltas, pero no me sentí con fuerzas para hacer nada, dejé que los demás hablaran por mí, condenándome a mantener en pie la ficción, con el agravante de que quien edificaba su vida social sobre una mentira era ahora un adolescente que al final del instituto sería mayor de edad. Yo solo me había metido en una trampa. Cuando lo pienso ahora, todo me parece inverosímil, pero en ese momento no había nada más cierto en mi vida. Pasaba los días angustiado, sin saber si mis compañeros, mis profesores habían intuido algo; me preguntaba, entre otras cosas, si mis padres eran conscientes de la situación. Si no se daban cuenta, estaban ciegos. Si en cambio lo sabían, ¿por qué no me ayudaban a salir de aquello? Luego, para mi sorpresa, comprendí que mis padres no solo estaban al tanto de la situación –aunque procuraran constantemente olvidarse de ella–, sino que la apoyaban. En lugar de ayudarme a liberarme de la mentira, me secundaban, por decirlo de algún modo, en el silencio. Estaban aún más avergonzados que yo mismo. Empecé a beber. En esa época empezaba también a salir por la noche. Bari era una ciudad abierta y, a su manera, cosmopolita, por lo menos en comparación con el pueblo de dónde veníamos. Por un lado, en la ciudad me trataba con la gente de mi edad. Por otro, la situación en la que me había metido me hacía sentir inferior. Por las noches me emborrachaba. Bebía y gritaba a pleno pulmón. O bebía y me caía en redondo por la calle. A mis amigos, al principio, estas exhibiciones les parecían interesantes. Muy pronto el asunto se complicó. Una noche de junio, una de esas magníficas veladas de verano en las provincias del Adriático, hubo una fiesta en el último piso de un edificio en via Camillo Rosalba. Yo estaba allí con algunos amigos. Después de beberme todo lo que encontré en el frigorífico del dueño de la casa, empecé a delirar, me pegué a algunas personas que estaban bailando y las importuné con peroratas muy extrañas. No sé qué les dije. En cambio, recuerdo muy bien cuando empecé a lanzar botellas desde la terraza. Cinco o seis botellas de vodka, que empuñé una tras otra y luego lancé al vacío, una caída de ocho pisos. Me puse a bailar de nuevo. El telefonillo empezó a sonar como un loco. Diez minutos más tarde me vi arrinconado por una chica muy enfadada que me tachaba de gilipollas. Otras personas se sumaron a los gritos. Yo estaba sorprendido, no entendía lo que pasaba. En pocas palabras, me explicaron, esa chica iba caminando por via Camillo Rosalba cuando, de repente, a pocos metros de ella, una botella de vodka estalló sobre el asfalto. La chica gritó. Diez segundos después, se estampó contra el suelo una segunda botella, luego una tercera; quedó aterrorizada, pero por suerte ilesa. La chica había entrado en la fiesta solo para mirar a la cara al imbécil que había estado a punto de matarla. Iba vestida con una camiseta blanca y un pantalón de peto. Me increpaba con tanta furia que, entre los vapores de la borrachera, el hecho de que alguien me dedicara todas esas atenciones me halagó. Farfullé una declaración de amor. Lo hice de manera que todo sonara ridículo. Me sentía tan inseguro y, al mismo tiempo, tan encendido, que quise anular las de por sí nulas eventualidades de éxito.

—¡Vete a tomar por culo! —gritó antes de irse.

Hubo otros episodios. Una noche de la semana siguiente, después de beber demasiada cerveza, obligué a cuatro amigos a montar en un ciclomotor conmigo. Chocamos contra un camión de la basura. Dos meses después, repetí el lanzamiento de botella. Esta vez viajaba en un tren camino a Calabria, me iba de camping a Sibari a pasar las vacaciones de verano. Durante el viaje me emborraché (Cointreau) y luego arrojé la botella vacía por la ventanilla. Poco después, un señor empezó a abofetearme. La botella había chocado contra un pilón a pocos metros de las vías y una lluvia de cristales, al entrar por la ventanilla del siguiente compartimento, había caído sobre los viajeros.

—Pero ¿qué tienes en la cabeza? ¿Mierda? —gritaba el hombre.

Y yo, completamente borracho:

—¡Sí! ¡Mierda! ¡Mierda!

Una vez en Sibari, conseguí que me echaran del camping a los pocos días por romper a pedradas las luces del jardín. Recuerdo que pasé la noche en la estación.

Vayamos a 1991. Estaba en quinto de secundaria, estudiaba poco, salía con una chica. Seguía manteniendo la ficción con tenacidad. Mi novia no tenía ni idea de nada. Mi madre había empezado una nueva relación unos años atrás. Mi padre se había vuelto a casar y tenía otros dos hijos. Es de imaginar lo complicado que me resultaba esconder todo aquello a una chica con la que me veía dos o tres veces por semana, con quien discutía e intercambiaba confidencias y a la que intentaba llevarme a la cama cada vez que mis padres (sí, pero ¿en qué sentido?) no estaban en casa. Un domingo de finales de mayo uno de mis amigos que cometía la imprudencia de frecuentarme, Cristiano, me invitó a almorzar con él. Sus padres se habían ido, así que, en cuanto entramos en su casa, comprendimos de inmediato cómo aprovechar la situación. Vaciamos en una gran ensaladera tres botellas de ron y cinco latas de Coca-Cola. Nos lo bebimos todo a una velocidad asombrosa. Borrachos, decidimos sellar nuestra amistad con un pacto de sangre. Cristiano tomó una navajita de boy-scout y trató de cortarse la muñeca. Los intentos eran tímidos, no se veía ni media gota de sangre. Impaciente, le dije:

—Déjame a mí.

—Vale —contestó.

Envalentonado por su respuesta, agarré un gran cuchillo de cocina, uno de esos que se utilizan para rebanar el pan. Como demostración, empecé a infligirme grandes cortes en el antebrazo izquierdo. No cejé hasta que la sangre empezó a manar.

—Dame tu brazo —le dije a Cristiano.

Le hice dos o tres cortes hasta que él sangró también. La vista de la sangre nos enardeció. Dijo:

—Ahora lo que hace falta es un sacrificio humano.

Lo vi desaparecer en su habitación. Unos minutos después, volvió blandiendo un grueso libro, *El nombre de la rosa* de Umberto Eco. Su profesora de literatura le había obligado a leérselo durante las vacaciones de Navidad, lo odiaba, y ahora quería vengarse.

—¡Matemos a Umberto Eco!

Cogimos el cuchillo de cocina que habíamos usado para el pacto de sangre y empezamos a apuñalar el libro hasta que lo hicimos pedazos. En ese momento, serían alrededor de las tres de la tarde, me acordé de que tenía una cita con mi novia.

—Tenemos que ir a buscarla —lloriqueé.

—No podemos —dijo Cristiano—, estamos borrachos.

—Ya conduzco yo, que puedo.

—Pero si no tienes carnet —me recordó.

—Tengo el módulo rosa temporal —puntualicé. Hay ciertas historias de chicos que inevitablemente son también historias de permisos de conducir. Cristiano cedió y me dio las llaves del coche. Salimos de casa. Montamos en el Clio de su madre, me puse al volante. Nos dirigimos a toda velocidad al barrio de Poggiofranco, yo conducía con desenvoltura. En realidad, me daba vueltas la cabeza. Como demostración de que el azar es el mejor orquestador de las vicisitudes humanas, o de que algunos lugares guardan memoria de lo que fue, transformando la memoria en magnetismo, en via Camillo Rosalba, la misma calle donde tiempo atrás había tirado las botellas desde la terraza, perdí el control del volante. Nos estrellamos contra un coche aparcado. Por suerte no había nadie dentro, pero el accidente fue violento. El parabrisas quedó hecho añicos, gran estruendo. Unos pocos segundos de oscuridad. Luego recuperé la conciencia.

—¿Estás bien? —pregunté.

—Creo que sí —dijo Cristiano con una voz muy extraña.

—Eh, ¿qué habéis hecho?

—¡Menudo desastre!

—¡Pero qué cojones…!

Esas voces venían del exterior. De pronto me di cuenta de que nuestro coche estaba rodeado de gente. Un momento antes la calle estaba desierta, pero ahora se había reunido un corrillo a nuestro alrededor. Todos varones, nos miraban con hostilidad. De repente me sentí perfectamente lúcido, tal vez fuera la conmoción. Bajé la ventanilla con cuidado, traté de calmar a la multitud que seguía aumentando. Recuerdo haber dicho:

—Estamos asegurados —dije—. Claramente es culpa nuestra —dije—. Pagaremos los daños, nadie ha resultado herido.

En ese momento, oí una puerta abrirse y cerrarse con violencia. Una voz, la voz de Cristiano, gritó:

—¡Hemos matado a Umberto Eco! —Todavía visiblemente borracho, mi amigo había salido del coche. Llevaba la camiseta manchada de sangre, el cuchillo de cocina bien sujeto en la mano, el brazo cubierto de sangre coagulada—. ¡Hemos matado a Umberto Eco! —repitió.

—¡Qué cojones!

El público de alrededor no estaba formado por expertos en la materia. Hay que aclarar que en Bari, en aquella época, los asesinatos no eran infrecuentes debido a los constantes ajustes de cuentas entre clanes rivales. Algunos empezaron a creer que habíamos apuñalado de verdad a un tipo que se llamaba Umberto Eco y que, no contentos con ello, teníamos el descaro de reivindicarlo. Por lo demás, ¿qué explicación tenía toda esa sangre? ¿Y el enorme cuchillo?

—¡Asesinos!

—¡Llamad a la policía!

Oí que la puerta se abría, dos brazos poderosos me levantaron en vilo y me sacaron de un tirón del coche. Sentí el asfalto en los labios, un sabor al que estaba acostumbrado. La multitud nos rodeaba. El riesgo de un linchamiento era evidente. Nos salvó un señor que nos conocía, el padre de una amiga nuestra, que pasaba por ahí por casualidad; nos reconoció y gritó:

—¡Soltadlos!

Aquel hombre, evidentemente un santo, habló largo rato con aquella gente, respondió por nosotros, convenció a los presentes de que no éramos asesinos, logró calmar a la multitud, y luego dispersarla.

Después de este episodio, algo hizo clic en mi cabeza. Cambié de vida. Le confesé a mi novia la verdadera historia de mi familia. Canté de plano ante todo el mundo. Dejé de beber y empecé a estudiar con absoluta entrega. Me licencié en Derecho con notas excelentes en poco tiempo. A la cama antes de las once, despierto antes del amanecer. Todos mis gestos estaban inspirados en una disciplina de acero, pero era joven y aún muy inexperto. Después de la licenciatura me marché de Bari con destino a Milán. Al cabo de menos de un año, me mudé a Roma. Tenía muy poco dinero ahorrado, la promesa de un trabajo y una convicción granítica: no volver a Bari por nada del mundo. En Roma no conocía a nadie. Sentía alrededor la generosidad de la ciudad, pero acababa de llegar, no sabía cómo aprovecharla. Me vi en el paro unos días después de terminar la mudanza. Me había tomado demasiado en serio las palabras de un pequeño emprendedor que había prometido darme trabajo. Había sido un ingenuo, y ahora estaba sin blanca. Si no encontraba una solución en dos semanas, tendría que dejar el sitio donde dormía. Eran los albores de internet. Entre las distintas soluciones que se me ocurrieron para evitar el desastre, estuvo la de poner un anuncio en una página de citas para hombres. Me ofrecí también en otra página como acompañante para damas. Mi heterosexualidad no me impedía darme cuenta de que un mercado era más floreciente que el otro. Tal como imaginaba, las respuestas solo vinieron de la página para hombres. La mayor parte de quienes me escribían eran ancianos. Esperé para contestar. Cuando expiró el plazo que me había impuesto antes de empezar mi carrera de prostituto –una solución que suponía temporal– seguí esperando. Estaba ganando tiempo. No quería degradarme de esa manera. Sin embargo, *también* quería degradarme. Unos días más tarde encontré un trabajo de verdad y nunca más volví a pensar en ello.

Al imputar mis problemas de juventud al divorcio de mis padres, estoy ofreciendo una versión parcial de las cosas. El dolor, a veces, no es más que un pretexto para dar rienda suelta a la imbecilidad personal de cada uno, o al narcisismo más desenfrenado. En lo que a mí concierne, no soy capaz de decir si fue un exceso de imbecilidad o de fragilidad lo que me llevó a meterme en líos. Lo que sí sé con certeza, en cambio, es que, una vez metido en los follones, si no hubiera reaccionado como un insensato, habría sido peor. Esta es la consideración que me cuesta más aclarar: lo que quiero decir es que mis recursos de entonces eran tan escasos que no me habrían permitido salir sin caer en extravíos –y extravíos bastante peligrosos– del callejón sin salida en el que me había metido. Me hizo falta más de un tirón violento para salir de aquello.

Tuve mucha suerte.

Pero ¿qué habría pasado si la botella hubiera alcanzado a la chica?

¿Y si, en vez de chocar con un coche aparcado, hubiera atropellado a un peatón?

Si a cambio de cien mil liras hubiera practicado sexo con un viejo desconocido, ¿qué habría sido de mi autoestima? ¿Habría aguantado? ¿Me habría derrumbado?

Por eso, cuando oí por primera vez la noticia del asesinato de Varani, al instante sentí algo familiar. Una descarga eléctrica. Naturalmente, se trataba de una familiaridad que no llegaba ni a parcial. Lanzar una botella desde un balcón no es desde luego como asestar puñaladas a otro hombre. Yo sabía lo que significaba dar medio paso en el interior del cono de sombra, sabía que había que echarse para atrás lo antes posible. Pero ¿y luego? ¿Qué le ocurría a quien no se detenía o era incapaz de hacerlo? En fin, yo no sabía nada al respecto. ¿Qué pasaba con quien, inmerso en la sombra, seguía descendiendo peldaños? Más allá de cierto umbral se abría un mundo desconocido.

CUARTA PARTE

EN EL FONDO DEL POZO

Es fácil el descenso a los infiernos.

Virgilio

Yo me creo en el infierno, luego estoy en él.

Arthur Rimbaud

Encerrado en su celda, a Manuel le costaba reconstruir determinados acontecimientos. Por la noche, acostado en el catre, los recuerdos le volvían de repente a la memoria. *¡Bum!* La imagen quedaba silueteada en un destello de luz, luego la oscuridad se la tragaba. Manuel le había pedido al guardia un bolígrafo para apuntar esos destellos antes de perderlos para siempre, el guardia penitenciario le respondió: «Procura dormir, te traeré el bolígrafo por la mañana». Pero al día siguiente el bolígrafo brillaba por su ausencia. Tenían miedo de que lo usara para suicidarse.

Por lo que recordaba él, había sido Marco. Según Marco, en cambio, fue Manuel quien le pidió que se vistiera de mujer. Era el 1 de enero, eso sí, de eso Manuel se acordaba, y después del imprevisto –la increíble circunstancia de que dejase que le hiciera una mamada un chico al que acababa de conocer, unido a la circunstancia, aún más sorprendente, de que sintiera la necesidad de filmarlo todo usando el móvil de Marco– habían permanecido juntos en el apartamento hasta que el sol empezó a iluminarlo todo en el silencio desolador.

–¿Qué hacemos?

Terminada la coca, Marco se puso de nuevo en contacto con Trovajoli: «Armandino, guapo –escribió–, tráeme tres cafés bien cargados. Via Igino Giordani 2. ¡Date prisa! Te pago también el taxi». El camello se presentó, Marco y Manuel volvieron a esnifar, deslizándose enseguida en una dimensión de gran intimidad. Manuel le contó a Marco todas sus cosas, le habló de la separación de sus padres, del dolor enorme que sentía por la manera en que lo habían apartado del negocio familiar, de su hermano, de su madre, de la retirada del permiso de conducir, también le habló del «proyecto digital» con el que aspiraba a redimirse.

Marco también se mostró muy locuaz, llegó a explicar a Manuel sus teorías acerca de la sexualidad. Todo hetero, le dijo, poseía un notable lado homosexual del que era un error renegar, «lo que ha pasado entre nosotros es buena prueba de ello, ¿no crees?». Esta toma de posición provocó en Manuel un razonamiento no menos curioso. Los gais como Prato, pensó, acostumbrados a estar marginados, soñaban con una sociedad exclusivamente de homosexuales: si por un lado eso hubiera significado el fin de la discriminación, por el otro lado hubiera hecho posible el deseo inconfesable de muchos de ellos, es decir, vivir en un mundo donde la única unidad de medida reconocida fuera su propia imagen en el espejo.

Marco habló de sus planes para convertirse en mujer. «El proceso de transición es largo y complicado. Tienes que someterte a un año de tratamiento hormonal, después de lo cual empiezan las operaciones: depilación definitiva, mamoplastia de aumento y así sucesivamente». Abajo en la calle, en el salpicadero del Mini, dijo, tenía una guía turística de Tailandia, siempre la llevaba consigo; era donde planeaba ir algún día, allí podría operarse en paz, lejos de juicios y miradas hostiles.

Fue entonces cuando salió a relucir la historia de travestirse.

¿Quién fue el que tuvo la idea?

Manuel solo recordaba que se habían montado en el coche y luego habían ido a San Giovanni. Allí estaba el apartamento de unos amigos de Marco, maquilladores, gente que trabajaba en el mundo del espectáculo. Marco sacó cincuenta euros. Los maquilladores empezaron a vestirlo de mujer, le pusieron una peluca, plastilina, maquillaje; con la complicidad de Manuel, escogieron la falda y el sujetador adecuados. De vuelta a via Igino Giordani, Marco le preguntó: «¿Está tu madre en casa?». Manuel negó con la cabeza y le dio las llaves. Marco bajó a la novena planta y volvió a subir con el esmalte y los perfumes de su madre para completar el trabajo. Volvieron a beber, a esnifar. Según Marco también volvieron a tener sexo. Manuel no lo recordaba. La cuestión no era en realidad lo que habían hecho. Era lo que habían *dicho*. Exaltados por la cocaína, aunque no menos por la extraña energía que se liberaba cada vez que cruzaban una mirada, Marco y Manuel empezaron a hacer planes. Planes bastante excéntricos. No es raro que los jóvenes fantaseen con proyectos gracias a los cuales puedan liberarse del yugo de los adultos. Huir lejos. Apoderarse de una herencia. Encontrar un sistema revolucionario para ganar un montón de pasta. Así era como se harían ricos: con la audacia de Marco, unida a la habilidad empresarial de Manuel. Marco se prostituiría, Manuel sería su chulo, pondría a su disposición una casa donde recibir a sus clientes, clientes adinerados, personas dispuestas a soltar un montón de dinero para pasar un rato con una persona sofisticada y encantadora como él. Fantástico. Maravilloso. Pero ¿por qué conformarse con un chulo cuando hay agentes? Lo mejor era que Marco se sometiera a la operación, que se convirtiera en una estrella porno. «¿Una estrella porno?», dijo uno. «¡Sí, coño, una estrella porno!», respondió el otro. Las hazañas de las estrellas del porno, en internet, consiguen millones de visitas. Marco sería una estrella del porno y Manuel sería su agente, se quedaría con un porcentaje de los ingresos, y con ese dinero desarrollaría definitivamente su aplicación de fútbol. *Triunfar*. Eso es. Y así, con unas cuantas jugadas, habían resuelto los problemas de Marco sobre el cambio de sexo y la necesidad de Manuel de emanciparse de sus vínculos familiares. Pero ¿por qué limitarse a las palabras? ¿Por qué postergar a un futuro incierto lo que se podía hacer de inmediato? «¡Venga! ¡*Venga!*» Al fin y al cabo, Marco *ya* estaba vestido de mujer. Fuera de sí, excitadísimos, salieron de casa y se metieron en el Mini de Marco.

Y así, en el frío de la ciudad semidesierta, Manuel Foffo acompañó a Marco Prato a hacer la calle. Manuel dijo que primero se dirigieron al Lungotevere. Luego fueron al EUR.

Entraron por Cristoforo Colombo, cruzaron la gran arteria que une el centro con la parte sur de la ciudad, giraron justo antes del lago artificial. Allí se les apareció el Hongo, el monumental depósito de agua de más de cincuenta metros de altura que domina esa parte del complejo urbanístico. Aparcaron. Marco se bajó del coche y, se fue a cumplir su misión.

Es difícil imaginarse una escena más alienante y melancólica: Marco Prato vestido de mujer, apostado bajo la gigantesca estructura industrial, esperando algún cliente, sumido en el silencio del EUR. Marco esperaba a los clientes. Manuel lo observaba desde el coche. De vez en cuando se soplaba entre las manos para calentarlas. Marco permaneció valientemente bajo el Hongo esperando acontecimientos. Al cabo de cuarenta minutos, nadie se había detenido para recogerlo. Así que volvió al coche, muerto de frío, sin más dinero del que tenía antes, pero no por ello descorazonado. Habían demostrado que sabían pasar a la acción. No era más que el principio. Todavía imbuidos de optimismo arrancaron y volvieron a casa de Manuel.

Una vez en el apartamento, pidieron más cocaína. «Armando, ¿qué tal? ¿Podrías traernos un par de cafés cargados?» Llamaron por teléfono a King of Delivery, pidieron unas pizzas. Manuel bajó a recoger la coca, no quería que los vecinos vieran a Marco vestido de mujer. La fiesta volvió a empezar. Apenas tocaron la pizza. En un determinado momento estaban otra vez en el coche. ¿Cuánto tiempo había pasado? ¿Era la noche del 2 o del 3 de enero? Ahora querían pasar un rato en la discoteca. Estuvieron en el Alibi. Luego cambiaron de sitio.

Según Manuel, el club de San Giovanni donde Marco lo llevó después de la discoteca «daba asco». Un ambiente oscuro y bastante equívoco. Manuel se sintió incómodo en cuanto lo vio, y de hecho se quedó en el umbral durante unos minutos, sin saber si entrar o no. Cuando por fin dio un paso adelante, el gorila lo sopesó sarcásticamente. «Buenas noches, eh.» «No, disculpe, es que no entendía bien cómo…», balbuceó Manuel. Mientras tanto, buscaba a Marco Prato con la mirada. ¿Dónde se había metido? Manuel empezó a deambular por el local, se movía con cautela de una sala a otra. ¿A qué mierda de sitio hemos venido?, se preguntaba sin cesar. No se trataba de un club gay, ya que también había mujeres, pero estaba claro que no era una discoteca normal. Se dio cuenta definitivamente de que era un lugar «especial» cuando, después de entrar en una salita más oscura que las otras, se topó con una mujer completamente desnuda, sentada entre dos hombres que bebían y fumaban como si no pasara nada. Manuel dedujo que era un local de intercambios. Empezó a sudar. Se sentía fuera de lugar, desprevenido, le parecía tener todos los ojos clavados en él, volvió a preguntarse otra vez dónde estaría Marco. Buscaba un amarre. Después de deambular un rato más, consiguió encontrarlo por fin. Marco estaba charlando con unos chicos al fondo de una de las salitas. De vez en cuando, uno de sus interlocutores se echaba a reír. Manuel se acercó al grupo con cautela. Antes de que pudiera presentarse, Marco lo señaló.

—¿Lo veis? Este es Manuel, mi nuevo chico. Guapo, ¿verdad?

Manuel se sonrojó. Habría querido que se lo tragara la tierra.

Unas horas más tarde estaban de vuelta en su casa, en via Igino Giordani. ¿O habían pasado muchas horas? Probablemente era la tarde del 4 de enero. Ahora estaban teniendo una discusión bastante enardecida. Marco quería que Manuel lo siguiera a otro local, y Manuel temía que quisiera llevarlo allí para presentarlo a la gente otra vez como una especie de novio. Además, Marco quería salir vestido de mujer.

—¡Ni pensarlo, vamos! —espetó Manuel—. No puedes hacer siempre lo que te da la gana.

—¿A qué te refieres con lo que me da la gana? —preguntó Marco con curiosidad.

—¡No puedes ir por ahí diciendo lo que has dicho de mí!

Manuel *no era* el novio de nadie. Él *era* heterosexual. ¿Estaba claro? Marco se encogió de hombros, como dando a entender que no era tarea suya apaciguar las paranoias de las personas con las que tenía relaciones sexuales. Manuel le pidió entonces que lo dejara en paz. En pocas palabras, lo estaba poniendo de patitas en la calle. Entonces Marco se enfadó, lo tachó de mediocre, fue el único momento realmente tenso desde que se habían conocido. Sin embargo, al cabo de unos minutos más, el tono de la discusión se suavizó. Todo volvió como por arte de magia a los cauces de la normalidad. Marco y Manuel se despidieron calurosamente, prometiéndose que volverían a verse pronto.

Al día siguiente, tras un sueño profundo a sus espaldas, disipado el efecto del alcohol y de la coca, Manuel se asomó por la ventana de casa para contemplar el paisaje urbano. Había vuelto a ser, por decirlo así, el Manuel de todos los días, pero, desde esa perspectiva, se dio cuenta de algo muy evidente: se había metido en un lío.

Por lo que creía entender de sí mismo, le gustaban las mujeres. La confirmación le venía de sus propias fantasías. ¿Qué puede ser más de fiar en materia de sexo? Desde la adolescencia, tumbado en una cama, en cuanto cerraba los ojos veía chicas. Las sonrisas, las piernas, los labios, los culos, todo era innegablemente femenino.

Entonces ¿por qué había dejado que Marco Prato se la chupara? Era incapaz de darse tregua. No hay nada más estúpido que comportarse de manera diferente a como es uno. Así sitúas a los demás en condiciones de malinterpretarte, y los demás siempre están dispuestos a juzgar. En este desgraciado caso, los demás eran potencialmente *todos*. Marco le había hecho una mamada y él había grabado la escena, la había grabado con el móvil *de Marco*. ¿Como había podido ser tan incauto? Un simple clic y Marco, solo con quererlo, compartiría el vídeo con sus amigos. Otro haría clic, y lo subiría a internet.

Ponerlo a parir delante de todo el mundo. ¿Sería Marco capaz de hacer algo parecido? Manuel no tenía ni idea, no sabía qué clase de persona era, apenas lo conocía. Siguió rumiando el asunto, se preguntó si no debería llamarlo para empezar a controlar la situación a distancia, podía «monitorearlo» para asegurarse de que no tuviera malas intenciones.

Manuel sopesó todos los elementos de los que disponía, le dio vueltas y más vueltas, valoró las distintas hipótesis de acción, pero al final no se decidió. No hizo nada. Se sintió bloqueado. Al cabo de unos días, fue Marco el que acabó con los titubeos.

«¡Ya veo que estabas muy interesado en la amistad!»

El mensaje sonaba sutilmente recriminatorio.

Manuel miró la pantalla del móvil. Se apresuró a justificarse.

«¡No es que no lo esté –respondió–, es que ando con mucho estrés porque tengo el examen y no salgo de noche porque voy al gimnasio!»

Marco escribió inmediatamente otro mensaje. «Qué falta nos hace otra fiesta en tu casa.» Se refería a otra noche de alcohol y cocaína. Manuel contestó que, hasta que no se hiciera los análisis para recuperar el carnet, no podía hacer nada de eso. «¡Ya me gustaría, pero no puedo!»

Marco insistió, le recordó que los rastros de cocaína desaparecen de la sangre en pocos días, luego lanzó la estocada. «Desde luego no será fácil ganar dinero con ese proyecto, visto tu rigor.»

Manuel siguió justificándose, minimizó el alcance de lo que habían dicho después de Año Nuevo. «Recuerda que estábamos un poco alucinados», escribió. Luego recalcó: «Por un tiempo tengo que estar tranquilo, dedicarme al deporte y al estudio en lugar de a la vida loca. ¡Pero ya verás como habrá más ocasiones, te lo prometo!»

Coba y tenacidad. Por un lado, Manuel defendía su posición; por otro lado, se esforzaba en no contrariar a Marco. «Sentía que tenía que engatusármelo –diría más tarde–, él tenía *el vídeo*.»

En los días sucesivos siguieron escribiéndose. El esquema, sin embargo, no cambió. Uno presionaba, el otro ganaba tiempo. Luego, poco a poco, llegaron a un acuerdo. Se verían respetando las condiciones de Manuel. Nada de drogas, nada de locuras, dos buenos amigos que se reúnen para charlar.

Se citaron en un bar en via dei Monti Tiburtini. Territorio neutral.

Manuel lo vio aparecer al fondo de la calle. Lanzó un suspiro para aliviar la tensión y fue a su encuentro. Marco llevaba un bonito chaquetón oscuro, vaqueros de marca, una cara relajada.

–¿Qué tal?, ¿cómo estamos? –preguntó amablemente.

Se sentaron a una mesita. Pidieron las bebidas, empezaron a charlar. Formalidades. Frases de circunstancias. Marco hablaba, Manuel escuchaba y mientras tanto reflexionaba, buscando el momento adecuado para abordar el tema. Pocos minutos después, desembuchó:

–Mira, Marco, llevo días pensando en una cosa –dijo. Le habló del vídeo–. Me da miedo que circule. Si eso pasa, sería mi ruina.

Marco pareció sorprendido.

–Manuel, pero ¿qué dices? Los vídeos no se difunden por sí solos. A menos que estés insinuando que puedo hacerlo circular yo.

–Sería un follón de narices…

–Bueno, pues quédate tranquilo. No tengo la menor intención.

Pero Manuel no parecía convencido. Le recordó que tenían amigos en común, como Lorenza Manfredi, por ejemplo, que los había presentado: ¿qué pasaría si, quizá por error, el vídeo acababa en sus manos?

–¿Y cómo va a suceder algo así *por error*? No te preocupes, a Lorenza nunca le llegará.

–Escucha, Marco, pero yo, la verdad…

–Vamos, querido, ya basta –dijo Marco con aire aburrido.

Cambiaron de tema. Manuel seguía con el ceño fruncido. De modo que, a la primera oportunidad, recondujo la conversación hacia el asunto del vídeo. Marco se impacientó.

—¿Otra vez con ese dichoso vídeo? Pareces un disco rayado. Ya te he dicho que puedes estar tranquilo. –Luego, más embaucador, prosiguió–: Manuel, ¿me crees o no?

Manuel respondió que sí, claro, le creía, naturalmente, y, sin embargo, la única forma de estar realmente tranquilo era saber que ese vídeo ya no existía.

—Hazme el favor, destrúyelo.

—¿Destruirlo? ¡Pero si me encanta verlo! –se rio entre dientes Marco–. Es una grabación estupenda, sería una lástima no tenerla ya disponible.

Así pues, por un lado, no pensaba borrarlo, remachó, mientras que por otro le daba su palabra de honor de que nadie más, aparte de ellos dos, le echaría nunca un vistazo.

Manuel bajó la mirada.

—Vamos, no pongas esa cara.

Manuel regresó a casa aturdido. El encuentro no había solucionado nada en absoluto. Al contrario, había hecho la situación más complicada incluso. Marco había sido muy hábil al devolverle la patata caliente: a Manuel le correspondía decidir si fiarse o no.

Ahora bien, ¿de qué elementos disponía para *comprender*? ¿Y qué instrumentos tenía para *defenderse* si las cosas se complicaban? Manuel fue a las oficinas de su padre. Allí estaban los ordenadores. Encendió uno y empezó a navegar. Buscó en Google información sobre el aspecto legal del asunto. «Revenge porn.» Aquello resultó imposible. Como solía ocurrir, el material era confuso, interminable y difícil de interpretar, miles de artículos sobre la privacidad en tiempos de la delación mundial. Después de unas horas de penosa consulta, le pareció entender que si Marco hubiera difundido el vídeo en internet habría cometido un delito, pero si se limitaba a verlo con amigos habría sido casi imposible perseguirlo. Considerando el número de conocidos en común, era suficiente para arruinar su reputación.

Pero ¿por qué haría Marco Prato una cosa así?, siguió preguntándose Manuel. Y él, Manuel, ¿estaba seguro de que lo único que quería era que borrara el vídeo? ¿O había algo más? ¿Algo que ni siquiera él era capaz de explicarse bien? ¿Qué se escondía *realmente* detrás de su inquebrantable compulsión por complacer a Marco, detrás de esa amabilidad, de esa disponibilidad, de esa ambigüedad de la que hacía gala cada vez que el relaciones públicas lo buscaba?

En los días sucesivos, Marco y Manuel siguieron escribiéndose. Y fue Manuel, no Marco esta vez, quien mandó, por así decirlo, el whatsapp resolutivo.

«El prox jueves, si puedes, ¡no hagas planes! Te llamo un día de estos. ¡No me he olvidado!»

El mensaje exudaba entusiasmo y buenos modales. Manuel lo había enviado el 24 de febrero, después de hacerse los análisis para recuperar el carnet de conducir.

La respuesta de Marco fue inmediata: «Ok. Perfecto. ¿Cómo quieres que me arregle?».

Manuel puso los puntos sobre las íes: «Normal. Solo como amigos, ¿ok?». Nada de disfraces. Y nada de sexo, era el mensaje implícito.

«¿Qué te apetece hacer?», preguntó Marco.

Respuesta: «Charlar, luego de compras».

Así que nada de sexo, pero la cocaína le parecía perfecto. Qué chico más raro. Cuando Marco, como quien no quiere la cosa, le señaló con un mensaje que, una vez colocados, la situación podría írseles de las manos, Manuel no pareció dar demasiada importancia a estas palabras. Se limitó a contestar: «Ok».

Quedaron para el martes 1 de marzo.

Ese día se mandaron mensajes para saber a qué hora quedaban y de dónde sacarían el dinero para la coca. Marco llegó a via Igino Giordani hacia las diez de la noche. Aparcó el Mini. A pesar de las recomendaciones de su amigo, llevaba consigo una gran bolsa. Dentro había metido una peluca azul eléctrico, un vestido con un estampado de leopardo, un par de mallas, los zapatos de tacón y un sujetador con relleno.

Cogió la bolsa, salió del Mini, se dirigió hacia el gran edificio que se cernía sobre la iglesia al otro lado de la calle.

Marco y Manuel en el décimo piso de via Igino Giordani: ya están aquí otra vez en la misma situación de Año Nuevo. Aunque nunca sea la misma situación. Después de hacerlo pasar, Manuel cerró la puerta tras de sí. Marco dejó la bolsa en el suelo. Por muy explícito que hubiera sido Manuel (nada de travestirse), Marco estaba convencido de que las palabras no correspondían a sus deseos reales.

«Me llevé todo lo necesario porque sabía que acabaríamos así», explicó a los carabinieri.

—Esta vez pagas tú —dijo Marco en cuanto se puso cómodo.

Manuel sacó doscientos euros de su cartera sin pestañear. Pidieron bebidas alcohólicas y pizzas, Marco intercambió mensajes con Trovajoli. Media hora después empezaron a beber y a esnifar. El ambiente era agradable. Pasada la medianoche, sin embargo, pese a que todo iba como la seda, a Marco y Manuel les invadió ese sutil nerviosismo que aqueja a los consumidores de cocaína cuando, ante dos estupendas rayas sobre la mesa, se dan cuenta de que la nieve no tardará en acabarse.

—¿Te queda dinero? —preguntó Marco.

—No. Se me ha acabado por hoy.

Los dos miraron alrededor con impaciencia, como si la solución fuera a lloverles del cielo. Algo que, si por un lado testificaba su nerviosismo, por el otro atestiguaba una verdad indemostrable, a saber, que durante las veladas a base de coca siempre pasan las cosas más inesperadas. Extrañas coincidencias. Pequeños golpes de suerte. Personas que dan señales de vida demostrando ser resolutivas.

¿Qué haces?

En el móvil de Marco Prato apareció un mensaje de Damiano Parodi. «¿Qué haces?»

Marco miró la pantalla, sonrió, tecleó a su vez la respuesta en el teclado.

«Estoy en casa de un amigo bebiendo y drogándome un poco. ¿Te apetece unirte a nosotros?»

Damiano era rico, problemático, de lo más inexperto en situaciones relacionadas con el consumo de estupefacientes. Y quería que le devolvieran sus gafas de sol.

«A lo mejor me paso», respondió.

«¿Y tú qué estás haciendo?»

Entre las técnicas de Marco estaba la de mostrarse particularmente interesado en la situación de quienes podían ayudarlo a conseguir lo que deseaba. ¿Qué tal estás? ¿Te encuentras bien de ánimo? ¿Te sientes solo?

«Me aburro», contestó Damiano.

A ojos de Damiano, Marco Prato era una especie de misterio. Su inconstancia le llamaba la atención. Era capaz de pasar de la empatía a la perfidia en una misma frase. Damiano lo había vivido en propia carne en un par de ocasiones. Y eso lo irritaba. Pero también le hacía sentirse durante breves momentos a merced de Marco, y era complicado establecer si la situación solo le resultaba desagradable.

En los meses anteriores Marco le había pedido dinero prestado.

«Damiano, quería pedirte algo confidencialmente —escribió el 10 de octubre—, pero tiene que quedar *absolutamente* entre nosotros dos. Dado que A(h)però aún no ha vuelto a abrir, me encuentro sin un céntimo. ¿Podrías hacerme un préstamo? El domingo abrimos de nuevo y te lo devuelvo todo.»

«Te daría el dinero con mucho gusto —le contestó Damiano—, pero dentro de nada me llega el cargo de la tarjeta y no puedo sacar pasta.»

Marco cambió de registro: «Damiano, no soy ni un desgraciado ni un chapero. Soy una persona seria que proviene de tu mismo círculo social».

«¿Estás de broma?», replicó Damiano, con mucho cuidado para no ofenderlo, por más que la posibilidad de la ofensa —la referencia a los chaperos— había surgido del propio Prato, como una trampa.

«Podrías usar la tarjeta de tu padre —le escribió Marco—, no se daría cuenta hasta dentro de un mes y yo, mientras tanto, te habré devuelto el dinero.»

«Por favor —añadió Marco al cabo de unos minutos—, ¿es que ya no me respondes?»

«Lo siento, se me había apagado el móvil –le respondió Damiano–, ¿te importaría esperar veinte minutos a que mis padres se vayan de casa? Puede que quince minutos.» «Dentro de quince minutos estoy en tu casa», respondió Marco, y añadió unos emoticonos.

Así fue como Damiano le dio el dinero. No lo había hecho movido por un simple espíritu de generosidad, sino debido al manto de amenaza con el que Marco había logrado envolver sutilmente su petición, haciendo presión no tanto en el sentimiento de culpa, como en la necesidad de no defraudar expectativas que atañían oscuramente a la sanción social. ¿Cómo seremos juzgados si negamos el dinero que tenemos en abundancia a un buen amigo que lo necesita?

Sin embargo, llegó el domingo y Marco no había dado señales de vida para devolver el préstamo. Pasados unos días más, Damiano consideró legítimo tomar la iniciativa para recordarle la cuenta pendiente. Pero era cuando se encontraba en estos atolladeros cuando Marco Prato daba lo mejor de sí.

D: «Hola, Marco, ¿qué tal estás?».

M: «Vaya. No muy bien. ¿Y tú?».

D: «Te escribo porque me dijiste que el domingo me devolverías el dinero que te presté».

M: «Nunca das señales de vida».

La muletilla era de manual.

D: «Tienes razón, no he dado señales de vida y siento tener que pedírtelo así. Pero necesito el dinero».

M: «Damiano, por desgracia todavía no puedo devolvértelo. Me siento como un gusano. Odio tener deudas. A(h)però todavía no ha echado a rodar…

D: «No es necesario que te sientas como un gusano. Lo he intentado porque me hace falta liquidez».

El 17 de noviembre, Damiano lo intentó de nuevo.

D: «Hola, Marco, ¿qué tal? El sábado me voy a Brasil. ¿Crees que podrías devolverme al menos una parte del dinero?».

M: «Estoy fatal, encerrado en casa. Es una mala época».

D: «Vaya, cuánto lo siento. ¿Quieres que salgamos esta noche? ¿Te apetece pasar por mi casa? O si quieres, paso yo a buscarte».

No llegaron a verse esa noche y Damiano se marchó a Brasil. Al regresar a Italia el 2 de diciembre, le escribió.

D: «Marco, perdona que insista. A mí también me incomoda. Necesito el dinero que te presté. ¿No podrías devolvérmelo? ¿Aunque fuera solo en parte?»

M: «Por desgracia, me resulta imposible. ¡Créeme, esto me incomoda mucho más a mí! Qué vergüenza. Para Nochevieja (¡crucemos los dedos!) organizo una velada y debería entrarme una buena cantidad de dinero».

Hubo otros intercambios en las siguientes semanas. Luego, el 5 de enero, Damiano volvió al asunto, aunque de forma indirecta.

D: «¡Feliz Año Nuevo, Marco! ¿Qué tal fue la recaudación?».

Marco no le contestó. Al cabo de una semana, el 12 de enero, Damiano le volvió a escribir. El tono esta vez era de resentimiento.

«Marco, por lo menos podías haberme contestado…»

«Estoy en la cama con fiebre —respondió Marco al día siguiente. Luego asestó el golpe—: Cuando leí tu mensaje de Año Nuevo me quedé muy decepcionado. No das señales de vida ni siquiera para las felicitaciones navideñas y luego me preguntas qué tal ha ido la recaudación. La velada fue bien, pero respecto a las ganancias no tanto. De todos modos, en cuanto me abonen lo que me deben, y se me pase la fiebre, empezaré a darte algo.»

Transformar las propias faltas en las de los demás era un viejo truco, pero funcionó.

«Marco, perdona, no quería ser desagradable. ¿Estabas cabreado conmigo, pues?»

«No estaba cabreado, estaba decepcionado. En cuanto me ponga bien, te escribo.»

«Sí, me gustaría tomar un café contigo. Cuídate.»

«Entonces ¿te pasas por aquí o no?», tecleó Marco en el móvil, mirando a Manuel inclinado sobre una de las últimas rayas de coca.

«Ok, me paso por ahí.»

«Estupendo. Estamos en Collatino, via Igino Giordani.»

Marco apartó los ojos y los dedos del móvil. Miró a Manuel y le informó de lo que estaba pasando.

—¿Estás seguro? Manuel tenía ahora una mirada de decepción. Parecía incluso molesto.

—¿No sería mejor que tú y yo siguiéramos aquí solos charlando? ¿Qué necesidad tenemos de que venga tu amigo? Con lo bien que estamos los dos.

—La coca —cortó Marco.

—Escucha, Marco, hablemos claro. Yo no quiero pasar por maricón otra vez.

—Vamos, no te preocupes —dijo Marco sonriendo—, Damiano nos hace falta por el dinero. Será nuestro cajero automático. Además, es muy simpático, ya lo verás, de verdad que es muy buen chico.

Ni siquiera el propio Damiano tenía claro qué lo había empujado a aceptar la invitación. ¿No sabía cómo pasar la velada? ¿Realmente se aburría tanto? El caso es que estaba preocupado por las gafas de sol.

Siguió maldiciéndose por habérselas prestado a aquel tipo, el amigo de Marco Prato que se había presentado en su casa una noche. Alessandro el japonés. Ni siquiera sabía cómo se llamaba en realidad.

Obviamente, Damiano había tratado de resolver el asunto. Había escrito varios mensajes a Marco, pero este último le había respondido de manera cada vez más evasiva. Así que, a la una menos veinte de la madrugada, Damiano salió de casa y llamó a un taxi. Llegó a via Igino Giordani, pagó la carrera, salió del coche y miró alrededor. No conseguía encontrar el número del portal. El barrio de Collatino, de noche, parecía una gigantesca colmena de hormigón abandonada en un planeta lejano. Escribió a Marco.

«¿Dónde estáis?»

—Este ni siquiera es capaz de encontrar el edificio —dijo Marco después de recibir el mensaje.

Bajaron al portal.

Damiano los vio salir de la oscuridad.

—Hola, Marco —dijo titubeante.

—Damiano, guapo, aquí estamos. Te presento a Matteo.

¿*Matteo?* Manuel se sintió desconcertado. Le tendió la mano a Damiano intentando mostrar normalidad. ¿Por qué lo había presentado Marco con ese nombre? ¿Lo estaba protegiendo? ¿O lo estaba metiendo en el enésimo lío?

Los tres subieron a la décima planta, entraron en el apartamento. Tres rayas de coca estaban ya preparadas en la mesa del salón.

«Ese tal Manuel, al que yo llamaba Matteo —les dijo Damiano a los carabinieri—, al principio estaba bastante taciturno. Llegué a temer que le molestara mi presencia. Luego, en cambio, empezó a abrirse. La atmósfera en su conjunto era agradable. Los problemas empezaron más tarde.»

Los tres esnifaron, juntaron el dinero para comprar más coca, o, mejor dicho, fue Damiano quien aportó el necesario. Doscientos cincuenta euros. No era un consumidor habitual y no tenía idea de si era suficiente. Marco llamó al camello, eran las dos de la madrugada. Después de un par de copas más, Manuel comenzó a soltarse, se puso a discutir con Damiano sobre la universidad. Marco los miraba complacido.

—¿Un e-campus? ¿Y eso qué significa? —preguntó Damiano.

—Significa que estoy haciendo una universidad en línea. Las clases son por internet… es decir… tú solo te desplazas allí para hacer los exámenes y para defender la tesina.

—No te ofendas —dijo Damiano—, pero me parece un poco absurdo que una universidad funcione así.

Manuel intentó explicarse mejor. Marco preparó tres rayas sobre la mesa. En ese momento sucedió algo un tanto divertido. Damiano tenía dificultades para esnifar. No le había pasado con las primeras rayas, pero ahora empezó a costarle.

—Sufro de hipertrofia en los cornetes nasales —explicó—, perdonadme un momento.

Así pues, en medio de la noche, Damiano volvió a llamar a un taxi, hizo que lo llevara a una farmacia nocturna, compró un espray nasal, y luego volvió a via Igino Giordani.

Los tres siguieron esnifando. Ahora era Marco el que llevaba el peso de la conversación. Mientras entretenía a Damiano con su cháchara, vigilaba con el rabillo del ojo a Manuel. Manuel también lo miraba, miraba a Marco, reconocía *el asunto*. Gracias a la cocaína todo había vuelto a empezar como antes, como dos meses atrás, como en enero. El *magnetismo*.

Una onda blanca y luminosa. Ahora volvían a entenderse. Se metieron otra copa entre pecho y espalda, esnifaron; en cuanto la onda les estalló en el cerebro –una explosión suave, incruenta, parecida a una cascada de fuegos artificiales vista a cámara lenta– Manuel y Marco se miraron a los ojos aún más a fondo.

Cuando dos personas bajo los efectos de las drogas se miran así, son muchas las cosas que pueden ver. Pueden tener la sensación de estar leyendo la mente del otro. O, por el contrario, pueden convencerse de que es el otro el que les lee la mente. Lo que puede llevarlos a abrirse de manera que el otro intuya *de verdad* lo que están pensando. O si no, pueden equivocarse estrepitosamente al interpretar los pensamientos ajenos. Quien se mira de esa manera podría salir aterrorizado. O exaltado. Podría sentirse invadido por una sensación de dicha. O de ansiedad espantosa.

Marco se puso en pie de repente.

–¡La entrevista! –exclamó.

Al día siguiente, explicó, tenía una importante entrevista de trabajo. Debía levantarse temprano. De verdad. Hablaba en general, pero no dejaba de mirar a Damiano. Damiano no tuvo ninguna dificultad en entender que era él el destinatario de esas palabras. Se dio cuenta de que sobraba. El estado alterado de conciencia, o la amenaza implícita que aleteaba detrás de cada palabra de Marco –la posibilidad de que se ofendiera por cualquier cosa–, lo indujeron a no hacer demasiadas preguntas.

–Ah, claro, discúlpame –se apresuró a decir.

Se despidió de Marco, se despidió también de Manuel («Adiós, Matteo, encantado de haberte conocido»), llamó a un taxi y se marchó.

En cuanto Damiano cerró la puerta detrás de él, Marco y Manuel se lanzaron hacia la coca. Marco cogió la bolsa de lona que había traído consigo. Corrió al cuarto de baño, se afeitó, se depiló las manos y los brazos, se maquilló, se perfumó, se aplicó esmalte de uñas en los dedos. De la bolsa sacó las mallas, el vestido de estampado de leopardo, el sujetador y los zapatos de tacón.

Eran casi las cinco de la mañana, y la atmósfera había cambiado. Lo que había estado oculto en las sombras se mostraba a plena luz. La charada que había estado aleteando en el aire se mostraba en su propia solución. Marco y Manuel se sentían fuertes, enérgicos, capaces de entenderse, de mirarse en sus honduras, incluso más que antes.

Damiano se despertó antes del almuerzo. Escuchó el ruido de las llaves en la cerradura, los primeros pasos en la sala de estar. Su madre había venido a verlo. Comió con ella. Poco después volvió a la cama, sentía el cansancio de la noche anterior y se quedó dormido al instante.

Cuando de nuevo se despertó, el apartamento estaba sumido en el silencio. Era por la tarde y su madre se había marchado. Se quedó un rato viendo la tele. Al cabo de media hora pensó que era el momento de ir al gimnasio. Sacó la bolsa, la llenó, se preparó para salir. Fue entonces cuando notó que el móvil vibraba. Marco Prato. Le proponía otra velada juntos. Esta vez podían ir a casa de Damiano y dormir allí, le escribía. En pocas palabras, se estaba autoinvitando a su casa. Damiano se apresuró a contestar.

«Hola, Marco, gracias por la propuesta de venir a mi casa ♥, pero esta noche voy a cenar a casa de mi abuela, me quedaré a dormir allí.»

Marco no era de esos que se dan por vencidos ante un emoticono.

«Yo he vuelto a casa de Matteo –le explicó–, vente tú también y luego ya te vas a casa de tu abuela.»

«Me gustaría ir, pero voy al gimnasio.»

Damiano se guardó el móvil en el bolsillo, salió de casa, se encaminó a pie al gimnasio. Cuando ya casi había llegado, Marco volvió a dar señales de vida con otro mensaje.

«A cenar a casa de tu abuela también podrías ir mañana.»

«Te lo agradezco, pero hoy no me viene bien.»

No tenía muchas ganas de volver a ver a Marco tan pronto. Lástima que Marco, de alguna extraña manera, percibiera entre las líneas de la conversación la presencia de una hendidura, y ahora empujara para entrar. Jugó una carta inesperada.

«Damiano, escucha, la verdad es que no me encuentro bien.»

«¿Cómo que no te encuentras bien?»

Marco escribió que sentía el ánimo por los suelos. Estaba «bloqueado», tenía paranoias, se notaba a unos pasos de un ataque de pánico. ¿Quién podía entenderlo mejor que una persona que sufría un síndrome obsesivo-compulsivo?

«No me dejes solo –le escribió–, yo te quiero de verdad.»

«Mañana, si quieres, pasamos todo el día juntos», intentó tranquilizarlo Damiano.

«Escucha, Damiano –el tono había cambiado de nuevo–, tú, cuando estás en una situación difícil, es en ese preciso momento cuando necesitas ayuda. Y ese preciso momento, para mí, es *ahora*.»

«Sí, pero es que he organizado una cena con mis primos de Roma a los que no veo casi nunca.»

Excusas tras excusas. Se agarraba a un clavo ardiendo.

«Tus primos, como tú dices, son de Roma –escribió Marco–, no son de Australia. Puedes verlos cuando quieras.»

«Eso es verdad –admitió Damiano–, pero créeme, no puedo.»

«Damiano, te lo pido *por favor* –insistió Marco–, me parece feo que prefieras abandonar a un amigo en estas condiciones por una cena de formalidades burguesas.»

«Yo también preferiría estar contigo, pero de verdad que me supone un problema.»

«Pues entonces *ven* –escribió Marco–, no quiero dinero, no quiero drogas, lo único que necesito es que TÚ estés aquí. Cuando *tú* me has necesitado *a mí*, siempre he estado a tu lado.»

«Pero si voy no bebo.»

Se había rendido.

«Te vuelvo a escribir la dirección. Via Igino Giordani 2.

Solo te pido un favor. Tráeme todos los tranquilizantes, los ansiolíticos, las benzodiacepinas que tengas. Estoy fatal.»

Al llegar al gimnasio Damiano dio media vuelta. Llamó a un taxi. Le dijo al conductor la dirección y cerró los ojos exasperado. Suspiró y luego le escribió a Marco: «Voy para allá».

Esta vez sabía a qué telefonillo llamar.

Damiano subió a la décima planta. Vio que la puerta ya estaba abierta, pero lo que se encontró delante no era lo que esperaba ver.

—Hola, Damiano.

Marco no daba en absoluto la sensación de ser alguien que está a punto de sufrir un ataque de pánico. Sonreía, bien plantado sobre sus piernas y, por si fuera poco, se había afeitado, depilado brazos y manos, y tenía esmalte en las uñas.

—Pero… ¿por qué te has pintado las uñas? —logró preguntar Damiano.

—Me aburría —fue su respuesta.

El aspecto de Marco Prato era sorprendente. Y sorprendente resultaba también el aspecto del apartamento. En apariencia, era igual que la noche anterior, y sin embargo allí dentro todo parecía flotar en una atmósfera nueva, como si algo burbujeara entre esas paredes o, mejor dicho, como si, tras entrar allí, se viera uno arrojado a miles de kilómetros de distancia. Hacia arriba, o hacia abajo, o en alguna otra dimensión, Damiano no habría sabido decirlo.

—¿Dónde está Matteo?

—Ah, durmiendo en su habitación.

Marco le tendió una copa de vino frío.

Aunque se había prometido a sí mismo no beber («Además estaba a dieta»), Damiano no fue capaz de negarse, acercó los labios al vaso.

—¿Los ansiolíticos? —dijo Marco.

Damiano sacó la caja que había traído. Marco la agarró y empezó a examinarla atentamente.

—¿Cómo ha ido la entrevista de trabajo? —preguntó Damiano.

—Oh, bien, bien —se apresuró a responder Marco—, ahora te preparo otro cóctel —dijo, y volvió a la cocina.

Damiano se sentó en el salón, se vació los bolsillos, dejó sobre la mesa la cartera y el móvil. Miraba alrededor cada vez más desconcertado. Pasados unos minutos, al ver que Marco no volvía, se decidió a ir a buscarlo a la cocina.

—Pero ¿por qué tardas tanto? —preguntó al entrar.

—Me gusta enfriar los vasos con hielo —fue la respuesta de Marco. Le estaba dando la espalda y la arqueó aún más al notar que Damiano se acercaba. Damiano tuvo la sensación de que Marco estaba tapando la parte de la encimera en la que estaba preparando las bebidas. Dio unos pasos más. Marco se volvió con una sonrisa vagamente molesta—. ¿Por qué no te vas para allá?

—¿Y qué hago allí?

—Vete a ver a Matteo durmiendo —dijo.

—¿Ver a Matteo *durmiendo*?

—Resulta interesante —respondió Marco sin cambiar de expresión.

Damiano se encontró así en el pasillo. Ni se le pasaba por la cabeza molestar al dueño de la casa mientras descansaba en su cama, especialmente porque apenas lo conocía. Al mismo tiempo, sin embargo, no quería contrariar a Marco. Al llegar al final del pasillo, se detuvo, permaneció inmóvil para que Marco pensara que estaba siguiendo su consejo, pero no se atrevió ni a rozar la manija de la puerta del dormitorio. Contó hasta diez y volvió a la sala de estar.

—Ah, ya estás aquí otra vez —dijo Marco, y le pasó un vaso con un líquido oscuro dentro.

Parecía un licor de hierbas. Damiano tomó un sorbo. El sabor era raro. Buscó un sitio donde dejar el vaso sin que Marco se ofendiera. En ese momento se oyeron ruidos procedentes del dormitorio, luego pasos en el pasillo. Unos segundos después, Manuel entró en la sala de estar, los saludó a ambos, avanzó con esfuerzo hacia la mesa, se sentó y se puso la cabeza entre las manos.

—Me duele la cabeza —declaró.

Aunque acabara de despertarse, parecía cansado. Los tres empezaron a hablar. Al cabo de pocos minutos llegaron a la conclusión de que había llegado el momento de comprar más cocaína. Damiano sacó su tarjeta y una notita con el pin garabateado. Marco hablaba. Manuel hablaba. Las voces entraban dilatadas en la cabeza de Damiano. El espacio a su alrededor empezó a moverse, las paredes ondeaban como cortinas al viento.

—Pero ¿cómo puede entenderse a alguien así? —le contó Manuel al fiscal—. ¿Quién entiende a un tío que echa ansiolíticos en el vaso del amigo que incluso le ha dado dinero para comprar cocaína?

Manuel declaró que Marco le había dicho que había echado ansiolíticos en el vaso de Damiano. Damiano dijo que no estaba seguro de que hubiera ocurrido algo semejante (además, ¿cómo iba a saberlo?), pero el caso era que sus recuerdos se volvían poco precisos justo a partir de ese momento. Se acordaba de haberse despertado en el sofá. Estaba confuso, entumecido, ni siquiera sabía muy bien qué hora era.

—Vamos a tomar un poco el aire. Venga, bajemos —dijo Marco de repente.

—¿Cómo, bajamos? —preguntó Damiano sorprendido. Le parecía que el apartamento había cambiado otra vez de aspecto.

—Venga, date prisa.

Damiano sintió que debía hacer lo que decía Marco. Manuel también se estaba encaminando a la puerta. Damiano se levantó del sofá. Pocos segundos más tarde se encontró en el rellano.

—Nosotros bajamos a pie, tú toma el ascensor.

También obedeció esta vez. Entró en el ascensor, se miró los pies mientras bajaba planta tras planta. Entonces las puertas se volvieron a abrir, y Damiano se encontró en otro mundo.

—Eh, chicos, ¿dónde estáis?

Oyó sus propios pasos resonando en el vacío, todo estaba completamente a oscuras. Sus ojos empezaron a acostumbrarse a las tinieblas, y en la penumbra reconoció una mancha gris. Observó mejor. La persiana metálica de un garaje. Había bajado al sótano por error. A la derecha había una escalera, caminó en esa dirección, subió los escalones, se encontró en la planta baja. Aún seguía mareado. Avanzó hacia el portal, abrió y de nuevo se encontró fuera, en via Igino Giordani.

Ahora respiraba el aire frío de la noche. Enfrente, más allá de la iglesia, oyó pasos en la distancia. Le pareció reconocer dos siluetas en la oscuridad.

—¿Marco? ¿Eres tú?

—Por aquí —dijo una voz.

Damiano intentó seguirla. Al llegar a una rotonda giró a la derecha, prosiguió recto a lo largo de una calle flanqueada por setos, volvió a girar a la izquierda y, de pronto, se dio cuenta de que se había perdido.

Ahora caminaba sin rumbo fijo, rodeado de edificios y de coches aparcados. Se esforzaba por no dejarse vencer por la ansiedad. Al cabo de unos minutos de vagabundeo vio a lo lejos una figura en movimiento. Apretó el paso, fue a su encuentro. Era una chica. Damiano levantó una mano con cautela, quería llamar su atención sin asustarla. La chica salió de las sombras, no parecía alarmada. Damiano le dijo que se había perdido. Ella fue amable y le explicó lo que tenía que hacer para volver a via Igino Giordani.

Pasados unos minutos, Damiano volvió a encontrar la calle. Nada más ver el edificio de Manuel, notó algo desagradable. Rebuscó mejor en sus bolsillos. «Joder.» La tarjeta de crédito. Alargó el paso. Llamó al telefonillo.

—Damiano, ¿dónde has estado?

Era la voz de Marco.

—Me he perdido, ¿me abres, por favor?

—Vete para casa, yo también bajo enseguida.

Damiano suspiró. Parecía una pesadilla.

—Marco, me he dejado la tarjeta arriba. Déjame subir, la recojo y me voy.

—Vete a casa, ya te lo he dicho. Ya te lo llevo yo todo dentro de media hora.

«Debía de encontrarme en un estado muy raro –les contó a los carabinieri–, porque, a ver, si me doy cuenta de que no tengo la tarjeta de crédito y digo "¿Puedo subir un momento?", y ellos me dicen que no, pues la verdad, en una situación normal, habría insistido, ¿no? Habría logrado imponerme. En cambio, hice lo que me dijo Prato.»

Regresó a los Parioli en taxi. Una vez en casa, Damiano se puso a esperar. Al cabo de una hora, Marco aún no había llegado. Unos minutos más tarde oyó un pitido en el móvil. Se abalanzó sobre el aparato, miró la pantalla. No era Marco. Era su banco. Damiano releyó el mensaje para asegurarse de haber entendido correctamente. Bip. Otro mensaje del banco. Por absurdo e indecente que fuera, por mucho que Damiano se *negara* a pensar que algo así era concebible, se vio obligado a aceptar la idea de que aquello le estaba pasando de verdad. Llamó de inmediato a Marco. No respondió nadie. Entonces empezó a escribirle mensaje tras mensaje.

«No puedes hacerme esto.»

«Por favor, contesta.»

«Esta no es forma de comportarse, Marco.»

«Por favor, da señales de vida.»

«Alguien ha retirado otros 250 euros de mi tarjeta.»

«¿Tengo que denunciar el robo de la tarjeta?»

«¡Marco, por favor, me estoy volviendo loco!»

«Marco, el dinero me importa un bledo, pero responde.»

«Me estás destrozando la vida.»

Pasaron las horas. Marco no respondió ni uno solo de esos mensajes. Cuando Damiano se decidió a bloquear la tarjeta, ya habían sido retirados más de mil euros de su cuenta.

Solos de nuevo en el apartamento, Marco y Manuel se vieron con dos gramos de cocaína disponibles, varias botellas de vodka, una tarjeta de crédito todavía a su disposición. Eran las dos de la mañana del jueves 3 de marzo. Sin perder más tiempo, volvieron a esnifar. Fue como retomar el hilo de la increíble conversación interrumpida poco antes. Por un lado, estaba la realidad superficial, y luego estaba el mundo subterráneo, que con el pelotazo de la coca se reavivó al instante en sus cerebros.

–Volvimos a caer inmediatamente en el delirio –recordó Marco.

Empezaron a hablar de cómo ganar un montón de dinero. Marco volvió a sacar su proyecto de cambio de sexo. Tomaría hormonas, se convertiría en una mujer soldado transexual a las órdenes de Manuel. Un cuerpo listo para todo, gestionado por una mente emprendedora con la pasión por la informática. ¿Qué pasa cuando Sasha Grey se cruza con Steve Jobs? Las mentes de los dos chicos mantenían un diálogo de alto voltaje, se adherían por unos momentos la una a la otra, luego cada una se dejaba caer en sus propios asuntos.

–Manuel me habló de una herencia de la que entraría en posesión a la muerte de su padre –dijo Marco al fiscal–, pero ¿para qué esperar a la muerte? Gracias a mi cambio de sexo podríamos tejer un complot de seducción.

–¿Un complot de seducción? ¿Y con qué propósito? –preguntó el fiscal.

–Manuel me había descrito a su padre como un hombre muy sensible al encanto femenino. Si me hubiera presentado travestido de mujer, bueno, la cosa no funcionaría. Pero si fuera *de verdad* una mujer… Seduciría al señor Foffo, lo induciría a hacer algo en favor de Manuel, sería capaz de seducir incluso a los mandamases de la Federación de Fútbol, y de esa manera aprobarían la aplicación de Manuel. En resumen: una locura.

Tratándose de palabras, todo se resolvía a una velocidad vertiginosa.

—Mientras hablábamos, Manuel tenía los ojos irreconocibles –dijo Marco.

Según Manuel, en cambio, era Marco el que tenía en ciertos momentos «una mirada criminal».

—Fue entonces cuando me habló de las violaciones –dijo Marco.

—Fue entonces cuando *fingí* lo de la violación –precisó Manuel.

En la versión de Manuel, Marco le puso una mano en el hombro: «Vamos, a mí puedes contármelo todo. ¿Cuál es tu fantasía más inconfesable?». Entonces Manuel, que nunca había querido violar a nadie en su vida, se sacó de la manga la idea más extrema que pudo concebir.

—Me gustan las violaciones.

Lo veía como una competición, quería descubrir la reacción de su amigo, Marco era un chico tan extraño como interesante, sus respuestas le dejaban a uno siempre descolocado.

Marco sacó entonces el móvil y le enseñó algunos vídeos.

—Eran horribles –contó Manuel–, me dieron asco desde el principio.

Adultos que mantenían relaciones sexuales con niños. Luego el vídeo de una chica violada por un grupo de hombres. Manuel se acercó el móvil a los ojos. No lograba dilucidar si era una violación real o simulada. Bebieron más vodka. Esnifaron más coca. Manuel volvió a hablar de sus fantasías. Ahora se había soltado del todo, sus frases se volvieron algo inconexas, su mirada más trastornada aún. Marco intentó seguirle el ritmo, pero los ojos de Manuel se volvieron tan extraños que terminaron por asustarlo.

—Necesitamos una tercera mente —dijo entonces. Tras llevar el contagio psíquico a pocos grados de la ebullición, era necesario intentar bajar la temperatura.

—Ciertas cosas que decía empezaban a resultar verdaderamente *raras* —contó Marco—, yo me sentía turbado, pero es que él me gustaba mucho. Entonces pensé que, si entraba en liza otra persona, pues eso, que la situación se diluiría. Le dije: «Invita a alguno de tus amigos a venir aquí, así charlamos un poco».

La versión de Manuel era ligeramente distinta:

—Marco empezó a machacarme con esa historia de que llamara a algún amigo mío. Quería que viniera a casa. Era insistente. Muy insistente. Así que, en un momento dado, cogí el teléfono y empezamos a revisar juntos la agenda. Mientras Manuel le enseñaba a Marco sus contactos, Marco iba soltando comentarios.

—Miraba las fotos en la agenda y dictaminaba: «Este es un buen chico; este otro tiene cara de criminal; este otro es uno que esnifa; de este no te puedes fiar...». Llegó a decirme que muchos de estos amigos me explotaban, se aprovechaban de mi amabilidad, de mi buena disposición. Todo esto, solo con mirar las fotos.

¿Era una forma de debilitarlo? ¿Para tenerlo en un puño? Al decirle que de ciertos amigos suyos no podía fiarse, mientras que evidentemente de él sí, ¿tenía Marco como objetivo aumentar su ascendiente sobre Manuel? A Manuel, entre otras cosas, la versión según la cual la llegada de sus amigos era necesaria para la teoría de la «tercera mente» no le cuadraba del todo. O, por lo menos, le parecía que no era esa la única razón.

—Marco no me lo decía, pero me daba miedo que tuviera también intenciones de carácter sexual.

Manuel empezó por llamar a los contactos de su agenda que no podrían aceptar la invitación.

—Llamé a un amigo que al día siguiente tenía que irse pronto a trabajar. A otro que no estaba en Roma y que tardaría horas en llegar hasta donde estábamos. A otro que llevaba años sin esnifar y que, por lo tanto, nunca iba a venir. Lo hacía a propósito. No quería meter a nadie en líos.

Tras los primeros intentos fallidos, Marco, impaciente, le quitó el móvil de las manos. Volvió a revisar la lista de contactos, y empezó a mandar él directamente los whatsapps.

–Ni siquiera sé cuántos envió. Les escribía haciéndose pasar por mí. Pero era inútil, visto cómo lo hacía.

Manuel se pasaba días enteros leyendo en TripAdvisor las reseñas de los restaurantes con intención de distinguir las verdaderas de las falsas. Estaba convencido de que esa práctica le había dotado de una buena sensibilidad para el análisis lingüístico.

–Era imposible que funcionara. Si se hace un repaso de mi móvil y se leen todos los whatsapps y sms que he enviado, se notará que siempre me expreso en un italiano correcto, mientras que en los mensajes que él enviaba me hacía hablar de otra manera. Usaba palabras como: «Tío, aquí hay un huevo de farlopa»; incluso «tranquis». Gilipolleces.

Marco envió incluso un mensaje al hermano de Manuel. A Manuel le sentó fatal. Exasperado, volvió a empuñar su propio móvil, se puso otra vez a ojear pacientemente la agenda.

–Yo nunca habría puesto en peligro a mis amigos más cercanos.

Eran las 04.13 de la madrugada cuando Manuel llamó a Alex Tiburtina.

—Mientras miraba el reportaje del telediario, casi me da algo —les dijo Alex Quaranta a los carabinieri—, es increíble descubrir que te has librado por un pelo de una carnicería.

Manuel Foffo y Alex Quaranta se habían conocido menos de un año antes, y nunca se habían vuelto a ver. En una noche de verano que ninguno de los dos sabía concretar en una fecha precisa, Manuel, tras pasar unas horas en el restaurante familiar, decidió marcharse para casa. Desde el Bottarolo a via Igino Giordani había veinte minutos andando. Aunque acababa de salir de un restaurante, notó que tenía hambre. En Roma, cuando tienes hambre y estás en la calle, tarde o temprano, inevitablemente, aparecerá ante tus ojos por lo menos un lugar. Después de unos metros en via Tiburtina, Manuel localizó un local que servía pizza en porciones. Entró allí, se sentó, empezó a comer. Oía unas voces detrás de él. Voces que se convirtieron en gritos. Estaban discutiendo.

—Había entrado un chico con unos amigos, pidieron pizzas y cerveza. A la hora de pagar, el tipo se dio cuenta de que le faltaban dos euros. El pizzero se calentó. Empezaron a discutir. Parecía que no iban a acabar nunca. Con tal de no oírlos, le di yo el dinero.

Alex Quaranta, con cierta meticulosidad, quiso precisar que las cosas habían resultado algo diferentes.

—Me faltaban cincuenta céntimos, no dos euros. Y no había pedido ninguna pizza, solo una Nastro Azzurro.

Manuel saldó la minúscula deuda, Alex Quaranta se acercó a él sonriendo.

—¡Caramba, tío, eres genial! Muchísimas gracias, de verdad. La gente no suele ser tan amable.

—Vale, vale, pero no exageremos —dijo Manuel.

—No vayas a pensar que soy así yo, ¿eh? Que ni me puedo pagar una birra —soltó Alex—, es que me he bajado sin pasta, vivo aquí mismo.

—¿Aquí dónde?

—¡Aquí mismo, arriba, aquí atrás!

Era un muchachote de unos treinta y cinco años, de tez oscura, muy extrovertido. Tenía una mirada simpática.

Le presentó a sus amigos. Uno de los dos se llamaba Samir, era tunecino.

—Tengo un restaurante aquí al lado, en Monti di Pietralata —dijo Manuel.

—¿En serio? ¡Si yo soy pizzero! —dijo Samir—. ¿No te hará falta alguien?

Salieron a la calle. A Manuel le gustaba conocer a gente nueva. Alex se soltaba fácilmente con los desconocidos («Con una persona a la que no conoces puedes hablar libremente, no tienes que prestar atención todo el rato a ver lo que dices»), así que le habló a Manuel de sus problemas. Venía de una familia complicada, había estado en un centro («Problemas con la coca»), pero ahora ya estaba limpio, se entrenaba como boxeador aficionado, estaba buscando un trabajo estable. También tenía una nueva novia.

—Oye, qué dices, ¿nos vemos algún día para tomar algo?

—¡Me encantaría, claro! —respondió Manuel.

Se intercambiaron los números de teléfono. Para no confundirlo con un amigo que tenía el mismo nombre, Manuel lo grabó como «Alex Tiburtina».

Unas semanas después, Manuel intentó llamarlo para proponerle ir a tomar una copa. Alex en ese momento estaba en la otra punta de la ciudad («Lo siento, Manuel, estoy en la Tuscolana») y no pudo ser. Desde entonces no habían vuelto a contactar.

Alex Quaranta tenía en efecto una historia complicada a sus espaldas. Su padre era un ingeniero de éxito, «una especie de científico con varias licenciaturas, pero frío, muy racional». Sus padres se habían conocido en Somalia. «Mi madre proviene de allí, es una refugiada política, hija de un general de las fuerzas armadas.» Los dos se mudaron a Roma, donde vivieron juntos hasta 1991. Luego se separaron. «Mi padre era un mujeriego. Mi madre empezó a tener problemas de alcoholismo. Cuando yo tenía once años se fue de casa, con la ayuda de sus padres se trasladó a Suiza, luego a Inglaterra. Mi padre se quedó conmigo y con mi hermano. Su presencia nos garantizaba las necesidades materiales, pero a nivel afectivo, cero. Incluso ahora, cuando nos vemos, se limita a darme la mano. En todo caso, algunos años después, él también se marchó, se mudó con su nueva compañera. Mi hermano y yo nos quedamos en la casa, papá nos dejó el inmueble y algo de dinero. Yo tenía dieciocho años, y aunque económicamente no nos faltaba nada, se notaba la falta de cariño. Fue por eso, creo, por lo que he tenido una vida complicada.»

Para Alex empezó una época de desenfrenos. «Despilfarré una fortuna entre coches, viajes, drogas, excesos de todas clases. En un momento dado, mi hermano y yo vendimos la casa. Al quedarme sin dinero, fui consciente de que había que trabajar. Empecé como mozo de almacén en unos supermercados. Me fui a Pomezia. Mientras tanto, mi padre se había trasladado a España, así que decidí reunirme con él. Tenía veintitrés años, era una oportunidad para volver a empezar.»

Durante algún tiempo, en España, Alex rehízo su vida. Empezó a salir con una chica muy guapa. Lo que ocurrió fue que después acabó en Ibiza («Fui de vacaciones. Allí me encontré con algunos viejos amigos de Roma, empecé otra vez con el éxtasis y todas esas historias»). De vuelta en Italia por un corto periodo de tiempo, recibió una condena por tráfico de drogas («que luego se redujo a "pequeña cantidad para uso personal", me gustaría que quedara claro»). Su novia española se había quedado embarazada, Alex se moría de ganas de reunirse con ella, solo tenía que recuperar su carnet de identidad que le habían retenido por sus problemas judiciales.

Cuando ya casi todo estaba resuelto, le aguardaba una desagradable sorpresa.

«Yo ya había sacado los billetes para volver a España, mi chica acababa de dar a luz a una niña, yo no cabía en mí mismo de alegría. Pero justo en ese momento, ella va y se lo piensa. Al final no se sintió capaz. De estar conmigo, me refiero. Prefirió quedarse sola con la niña. De acuerdo con su familia, decidieron excluirme de todo. Otro palo. Me quedé en Italia.»

En Roma empezó una época muy dura. «Por aquel entonces vivía de casa en casa. Estuve de recepcionista en un hotel, de camarero en una taberna, luego atendiendo la barra de un bar, hice de todo. Alquilé una casa en Centocelle, de la que me desahuciaron. Hubo días, como dicen en Roma, que me apalanqué como pude. Por suerte conocí a Sonia.»

Esta Sonia era su novia actual. Alex la conoció después de haber pasado por un centro de rehabilitación. «En el centro pude descansar por fin; cuando salí, me sentía bien, volvía a ser fuerte, estaba listo para una vida normal.»

Sonia tenía dos hijos de una relación anterior. Ella y Alex no vivían juntos. («Cuando la hija se iba a pasar la noche con su chico y al otro hijo lo mandaba a dormir a casa de un amigo, entonces podía ir a verla.») Pero sus intenciones eran serias. «Teníamos la idea de montar un negocio. Un restaurante. Yo me había imaginado un producto único. Básicamente, queríamos abrir un sitio de ñoquis que se podían comer con quince salsas diferentes, todas artesanales. Juntamos nuestros ahorros, seiscientos euros yo, otros seiscientos Sonia, otros cuatrocientos que me envió mi madre; nos habíamos lanzado a esa historia, estábamos esperando un cheque de indemnización que Sonia tenía que recibir por un pequeño accidente, ese cheque nos permitiría acabar las obras del restaurante, para poder entrar, yo por lo menos, en un mundo laboral sensato por fin.» Mientras esperaba empezar con la ñoquería, sin embargo, a Alex le tocaba apretar los dientes. «En estos momentos no tengo domicilio fijo —dijo a los carabinieri—, duermo donde puedo. Una noche en un albergue, una noche en casa de Sonia, una noche como huésped de amigos. Yo soy una buena persona, la gente termina ayudándome, puede que de vez en cuando llame a un amigo y le diga: "David, ¿puedes prestarme veinte euros?". Pero es muy duro, es frustrante estar en la calle cuando vienes de una buena familia, te quedas horas mirando el asfalto, oyes el silencio de la noche, eso te destroza. Por esto me he encontrado en este follón de mil demonios.»

Los carabinieri le pidieron que contara con todo detalle dónde se encontraba la noche del 3 de marzo, cuando Manuel Foffo, apremiado por Marco Prato, decidió llamarlo.

–Yo estaba en piazza della Radio con una cerveza en la mano –respondió Alex Tiburtina–, esa noche la cosa pintaba mal, el dinero que tenía en el bolsillo no bastaba para el albergue, habría podido dormir en el local en obras, pero estaba lleno de escombros. Así que me dedicaba a matar el tiempo, con la esperanza de que ocurriera algo.

Y algo, inesperadamente, ocurrió. A las 04.13 de la madrugada, se encendió el móvil. Llamada entrante: «Manuel rest». A Alex le costó entender de quién se trataba.

–¿Diga?

–¡Hola, guapo!

–¿Quién eres?

–Hombre, soy Manuel, ¿te acuerdas?

El rostro de Alex se iluminó.

–¡Manuel! ¿Cómo estás? Yo estoy aquí trincando una birra.

–Entonces vente a nuestra casa. Hay una fiesta. Nos lo estamos pasando de miedo.

Alex no podía creerse la suerte que estaba teniendo. «Cuando pides que te dejen dormir en casa de otra persona tu autoestima siempre corre peligro, hay que tener cuidado, si dices una palabra fuera de lugar pueden echarte.» Pero ahora había sido Manuel –un tipo que ya una vez lo había sacado de un lío– quien daba el primer paso sin que él le hubiera pedido nada. «Pensé en la clásica situación de una fiesta, gente que bebe, que liga, que tal vez se droga un poco. Pero yo solo quería un sofá donde pudiera echarme a dormir. Un lugar donde no hiciera frío para pasar la noche.»

–Te daré la dirección, via Igino Giordani 2 –dijo Manuel.

Alex tenía sus últimos quince euros en el bolsillo. De repente, llamar a un taxi le pareció una buena inversión.

Manuel Foffo dio una versión ligeramente distinta de la llamada telefónica.

—Mientras hablaba con Alex, Marco me quitó el móvil y empezó a hablar él. «Vente», le dijo, «mira que te espera la sorpresa.» Después de colgar, me enfadé. «Oye, tío, ¿de qué coño vas?» Marco me tranquilizó: «No le ha molestado, me ha contestado que le encanta la sorpresa».

Prato recordó:

—Le anticipé la situación por teléfono, le dije que tenía «la sorpresa». Para un chico del extrarradio quedaba claro lo que quería decir. Y además está la canción de «la sorpresa» de Califano.

Alex confirmó que también había hablado con Prato. Negó que hubiera habido ninguna alusión sexual. O tal vez estuviera muy cansado y le fuera difícil recordar todas las palabras.

Alex cogió un taxi. Mientras iba en el coche, Manuel volvió a llamarlo.

—Oye, tío, ¿vienes o no?

—Mira, si no te das prisa ya no te dejamos entrar. —Esa era la voz de Prato.

Cuando llegó a su destino, el taxímetro marcaba veintiún euros. Alex suspiró.

—Lo siento —dijo—, solo llevo quince euros.

El taxista se enfadó:

—Venga, tío, eso no se hace, qué cojones tienes.

Pero Alex sabía lo que tenía que hacer.

—Yo cuando me veo en situaciones así —les dijo a los carabinieri—, siempre soy sincero, directo. Suele funcionar.

Funcionó. El taxista apretó los billetes en la mano, resopló y lo dejó marchar.

Alex se encontró frente al gigantesco edificio de apartamentos en via Igino Giordani. Llamó al telefonillo. Llegó a la décima planta, tocó el timbre. Esperaba encontrarse con mucha gente bailando, música a todo volumen, chicas riéndose. Lo que vio, en cambio, era diferente.

—Se abrió la puerta y allí estaba Manuel. Casi no lo reconocí. Estaba descompuesto. Detrás de él vi a un tipo vestido de mujer. Y nada más. Ni música, ni fiesta, ni chicas. La situación era absurda.

No era meramente absurda. Alex había visto casas feas en su vida, en mal estado, sórdidas, abandonadas a su suerte, pero ese apartamento tenía una característica que ninguna negligencia o mal gusto podría haberle instilado: rezumaba maldad.

Manuel lo invitó a entrar. Tenía los ojos hinchados, la mirada perdida.

—Caramba, chaval, ¿qué te ha pasado? —Alex se esforzó por mantener un tono alegre—. Estás *realmente* hecho polvo.

Manuel respondió con frialdad:

—Llevamos dos días encerrados en casa colocándonos.

Alex echó mano de su experiencia: por lo general, hacía falta una semana para llegar a ese estado, si a esos dos les habían bastado un par de días eso significaba que *realmente* se habían pasado.

No tuvo tiempo para hacer más consideraciones, porque la verdadera atracción de la noche se adelantó.

—Hola, hola, querido, ¿hacemos las presentaciones?

Marco Prato llevaba una peluca azul eléctrico, zapatos de tacón, los labios pintados y un vestido de mujer sobre los vaqueros.

—Era uno de esos vestidos que usan las chicas en verano, cuando salen a hacer la compra sobre la marcha —recordó Alex—, hablaba con voz femenina, muy afectada. Bajo el maquillaje se le veía la sombra de la barba.

En este momento Manuel sostenía que había sucedido algo que Alex negaba de manera contundente.

—Antes incluso de sentarse, Alex dijo: «Lo que pasa en la milla se queda en la milla».

Según Manuel era una advertencia, Alex quería que nadie mencionara nunca lo que iba a pasar entre esas cuatro paredes. Significaba que no desdeñaba la diversión que el travesti parecía dispuesto a ofrecer. La alusión podría provocar una sonrisa, pero a la luz de lo que pasaría más tarde, resultaba escalofriante. ¿Cuántas posibilidades hay de que en el lugar de una inminente carnicería se cite a Stephen King?

Alex les contó a los carabinieri que, por lo que sabía, se trataba de una cita cinematográfica pero que él, en todo caso, no había pronunciado esas palabras.

Marco dijo:

—Siéntate, querido. Has hecho bien en venir.

Manuel seguía entre ellos en estado catatónico.

—Parecía un zombi, completamente destrozado. Intenté darle conversación —dijo Alex—, le enseñé en el móvil vídeos de boxeo. «Entreno todos los días. Mira lo bueno que soy.» Le hablé de mi hija, de mi proyecto de abrir la ñoquería. Intentaba establecer una comunicación. Pero él, nada, cero empatía. Así que cambié de tema. «Manuel, madre mía, te veo más pallá que pacá, pero ¿y el restaurante al menos va bien?» Él respondió: «No, ya no voy al restaurante, me han echado». Me lo dijo con ese tono fúnebre. Me entran escalofríos solo de pensarlo.

Parecía una pesadilla. Mientras tanto, Marco se había sentado enfrente de él. Alex lo miró mejor.

—Oye, escúchame una cosa —dijo—, pero tú ¿dónde vives? ¿A qué te dedicas en la vida?

—Soy un amigo de Manuel —respondió Marco con voz aflautada—, trabajo en el piso de arriba. Se supone que soy estudiante, pero, ya sabes… al mismo tiempo me prostituyo.

No era verdad, pero Alex no podía saberlo. Y, en cualquier caso, aquello no le perturbó.

—Por un lado pensaba: «¿Qué cojones está pasando aquí?». Por otro me decía: «Vale, tranquilo, todo es muy raro, pero en el fondo estos dos son inofensivos». Quiero decir, si vas a bailar al Qube, al Gay Village, al Muccassassina, cada noche ves gente para todos los gustos. Están los gais, los trans, los travestis. A veces hasta van familias enteras. Así que pensé: «Uno va vestido de mujer, el otro será medio sarasa, probablemente se entienden, ¿cuál es el problema?».

En ese momento, Marco sacó la primera sorpresa de la velada. Una bolsita de coca. La abrió y empezó a preparar sobre la mesa una raya espectacular.

–Adelante –dijo.

Alex empezó a recelar.

–De donde yo vengo, cuando te ofrecen demasiada cocaína eso significa que algo no va bien. Y además con un pelotazo tan grande me arriesgaba a no poder dormir. Marco vio que vacilaba, así que cogió otra vez su tarjeta de crédito y dividió la raya grande en tres partes. Ahora se había convertido en un tirito normal. Esnifamos los tres.

Inmediatamente después de aspirar la coca, Marco dijo:

–Ahora voy a prepararte un cóctel.

Se largó a la cocina. Al quedarse solo con Manuel, Alex intentó otra vez entablar conversación.

–Oye –dijo–, ¿cómo es que me habéis llamado? Aquí no hay ninguna fiesta.

Manuel respondió que había intentado que viniera más gente, pero que nadie había aceptado la invitación.

–Sé que suena absurdo –les contó Alex a los carabinieri–, pero en ese momento me sentí aún más afortunado. Me moría de ganas de tumbarme en el sofá y cerrar los ojos.

Pero de dormir nadie decía media palabra. Marco volvió con un vaso lleno de un líquido amarillento.

–¿Qué es esto? –preguntó Alex.

–Vodka con limón –dijo Marco.

A Alex le seguía pareciendo todo muy raro.

–A Marco lo tenía enfrente –relató–, mientras que Manuel fue a colocarse detrás de mí. Ahora bien, desde que era un crío, la gente que se coloca detrás de mí me pone de los nervios; si viajo en metro siempre trato de ponerme de cara al resto del vagón. A Manuel ahora lo tenía detrás, yo trataba de controlarlo con el rabillo del ojo, de vez en cuando me volvía: «¿Y bien, Manuel?, ¿qué tal estás?». Él me respondía «Bien», pero se quedaba ahí, mirándome fijo con esa mirada apagada. Y encima Marco no paraba de dar la brasa con el vodka con limón. Marco sostenía el vaso en la mano, removía el contenido sirviéndose de una pajita rosa. Le tendió el cóctel.

—Vamos, guapo, pruébalo.

En ayuda de Alex acudió una vez más la experiencia.

—Yo he trabajado en varios locales. Sé cómo se preparan los cócteles, y sé que el vodka con limón no hace falta removerlo así para nada. El zumo de limón es efervescente, se mezcla de forma natural con el vodka. Entonces pensé: «O este es un capullo que no sabe hacer ni un vodka con limón, o bien corremos el peligro de que haya metido algo raro en el vodka». Instinto no me falta... a veces no le hago caso y me meto en líos. Tenía una vocecita dentro que me decía que no bebiera. «No, gracias», le dije. Pero Marco insistió. Entonces me levanté e intenté hablar con Manuel, que seguía atrapado en su globo. Estaba, como suele decirse, en pleno subidón. Mientras tanto, Marco se me había puesto otra vez delante. «Vamos, no me hagas este feo.» No dejaba de revolver con la pajita. Intenté evitarlo de nuevo, pero cuanto más me movía más encima me lo encontraba. «Bebe, que esta cosa está de muerte.» Seguía hablando con voz de mujer. Al final bebí un traguito para complacerlo. No le pareció suficiente. En cuanto dejé el vaso, él lo cogió y volvió a ponérmelo delante. En ese momento pensé: «Mira, ya me estás tocando las pelotas». Así que tomé el vaso y le di un largo sorbo. Debí de beber algo más de la mitad. Un sabor de mierda. O le habían echado algo raro, pensé, o es que habían usado vodka de cuarta categoría. Aposté por el vodka de chichinabo para que no me dieran demasiadas paranoias.

Alex terminó de beber y volvió a sentarse. Manuel se libró de su rigidez y se fue a buscar el móvil.

—Era como si estuvieran esperando para hacerme algo —recordó Alex—, no necesariamente lo que sucedió después, pero sentí que había la posibilidad *concreta* de que, de un momento a otro, pudiera caer en una especie de trampa. Entonces cambié de actitud. Dejé de hablar, empecé a distanciarme con la silla. Manuel se retiró a su habitación. Marco se levantó, vino a donde estaba yo.

—A ver, tú… —Marco se acercó a Alex, se inclinó hacia él, le cogió por las solapas del chaquetón, hizo ademán de abrirlo—. Veamos qué escondes aquí abajo.

Alex se puso en pie de repente.

—Pero ¿qué haces?, estate quietecito.

Sonrió para desdramatizar. Manuel volvió al salón, buscando los auriculares del móvil. Marco se acercó otra vez, Alex retrocedió incómodo. Marco destapó las cartas:

—Venga, ven aquí que te la chupe. Se me da bien, ya lo verás.

Alex buscó la mirada de Manuel. Pero Manuel dijo:

—Si mi opinión importa algo, te digo que merece la pena, desde luego. Yo lo he probado, confía en mí.

—Me hizo incluso un gesto con la mano, con el puño cerrado y el pulgar levantado, como diciendo que todo iba bien. Marco se me echó encima. Intentaba abrirme el chaquetón, la chaqueta, la camiseta, todo lo que llevaba encima… Decía: «Vamos, déjame ver de dónde vienes, qué orígenes tienes…». Yo sonreí… No sé cómo explicarlo… como para decirle «Vamos, para ya, qué coño estás haciendo…», pero todavía de forma amable, una sonrisa de idiota… una parte de mí pensaba que tal vez todo aquello era una broma, que me estaban tomando el pelo… pero Manuel repetía: «Escucha, hazme caso, es la mejor de todas». Después de lo cual desapareció definitivamente en su habitación. Nos quedamos Marco y yo solos. Retrocedí. Marco tendió una mano. Me palpó las pelotas. Le dije: «Para ya, tío, de verdad te lo digo…». Se me echó otra vez encima… y claro, caímos en el sofá… él se puso de rodillas, metió la cabeza entre mis piernas… trataba de abrirme la cremallera… yo intentaba resistir… puse algunas excusas. «Escucha», improvisé, «ten en cuenta que después de haber esnifado será difícil que se me levante...» Él ni parpadeó: «Déjame que te la chupe y ya verás si se te levanta o no...». Volvió a ponerme las manos entre las piernas... Yo le decía que se estuviera quieto... tengo la impresión de que debería haberme liberado con más fuerza... pero me sentía bloqueado... sería el cansancio... o el hecho de que llevaba días durmiendo en albergues... me sentí *sucio*, porque era como si me estuviera vendiendo por dormir bajo un techo... por más que no hubiera pasado nada, entendámonos... me estaba vendiendo porque ganaba tiempo... así que al final dije basta.

Alex se levantó del sofá con un brinco decidido. Ya de pie, miró a Marco de arriba abajo.

—¿Qué coño estás haciendo, tío? —gritó. Luego llamó a Manuel—: ¡Manuel, sal ya de ese cuarto, vente pacá y dime qué mierda de historia es esta!

Manuel reapareció en el salón. Marco se levantó del sofá.

—De repente ya no ponía voz de mujer —recordó Alex— y soltó: «Manuel, este que se largue, que no nos hace falta». Eso fue lo que dijo. Yo no me lo podía creer. «Pero ¡qué coño! —dije—, si me habéis llamado vosotros, me habéis hecho gastar quince euros en un taxi, ¡hostia puta!» Manuel me miró, dijo: «Sí, Alex, pero hazme caso, es mejor que te vayas».

En este momento, se produjo el enésimo episodio extravagante. Ya eran las ocho de la mañana. Las tiendas de la calle estaban abriendo, y aunque la situación era muy tensa, le pidieron por favor que fuera a comprar bebidas.

—Se ha acabado el vodka —dijo Marco—, vamos, haznos este favor, vete a por unas botellas.

Manuel abrió su cartera. Alex se quedó asombrado por el número de billetes que logró contar. Manuel sacó del montón un billete de cincuenta, se lo dio.

—Tráete vodka —dijo.

Alex podría haberse ido de esa casa y no volver más, sería su compensación. Pensó en hacerlo. Se metió en el ascensor, llegó a la planta baja y salió a la calle. Echó a andar con los cincuenta euros en la mano, valoró la situación, al final pensó que él no hacía putadas como esas. Vio el cartel del Tuodí, se dirigió hacia el supermercado. En cuanto estuvo dentro, de repente lo tuvo todo claro. *¡Paf!*, sintió la ola expandirse en su cabeza.

—Di mis primeros pasos en el supermercado *y sucedió* —les contó a los carabinieri—, aún siento escalofríos al revivir la escena… en un determinado momento… pues eso… sentí una paz… pero vaya *paz*… como cuando iba a Ibiza y pillaba… como cuando iba a la discoteca y me metía pastillas… una *sensación*… y esa sensación, para entendernos, no era efecto de la coca. En ese preciso instante comprendí, sin discusión, al cien por cien, que dentro del cóctel, ese vodka con limón de mierda, me habían metido *algo*. Aún seguía caminando entre las estanterías, noté ese típico zumbido… volví a sentir el aire fresco que sentía en Ibiza… así que aluciné de verdad… y decidí que en lugar de vodka compraría cerveza… claro que sí. Entre las estanterías vi esas estupendas Barley de medio litro que tanto me gustan… pensé: «Pero qué cojones me importa a mí el vodka, me pillo una cerveza, me pillo todas las cervezas que quiera, como cuando salía a divertirme…». Compré siete u ocho cervezas… me sentía bien, pero tan bien que pensé: «Ya verás como esos dos también estarán encantados de que haya pillado las cervezas».

Pero cuando Alex volvió a la casa, la reacción fue muy diferente a la que se había imaginado. En cuanto puso un pie en el apartamento, Marco Prato lo miró con aire despectivo.

—Pero ¿qué cojones has hecho? —dijo—. No tenías que comprar eso, tenías que traer vodka.

Alex miró a Marco a los ojos. Algo le atravesó la mirada. Dejó las cervezas en el suelo. Se acercó a Marco sin dejar de mirarlo un instante. Se le acercó a pocos centímetros de la nariz.

—Escúchame —dijo con gesto siniestro—, ya me tienes hasta las mismísimas pelotas. Devolvedme el dinero del taxi y me largo.

Todo había terminado. Manuel abrió inmediatamente la cartera. Marco objetó:

—Manuel, qué cojones haces, ¿encima le das dinero?

Manuel había sacado un billete de veinte, Alex se lo arrebató de la mano, se lo metió en el bolsillo, los examinó a los dos con la mano abierta.

—Me dais asco de verdad —dijo.

Manuel y Marco lo miraron. Unas horas antes Alex les había enseñado lo que era capaz de hacer en el cuadrilátero. Ni se les pasó por la cabeza retenerlo.

Cuando se enteró del asesinato, Alex se quedó grogui. Por un lado, sentía que se había librado de una carnicería. Por otro, le turbaba el hecho de haberse convertido en una especie de personaje público. En los periódicos se escribía sobre él, gente a la que ni siquiera conocía lo definía como «el púgil sin domicilio fijo». No resultaba nada agradable. En los días sucesivos evitó leer los periódicos, ya ni siquiera podía ver la televisión, se sentía perseguido. ¿Es que era yo el elegido?, se preguntaba, ¿era yo quien debía morir? Cuando salía evitaba los quioscos, los escaparates de las tiendas donde podía haber una televisión encendida. Tenía miedo de ver aparecer su nombre de un momento a otro.

Pero cuanto más huía de los medios de comunicación, estos más lo buscaban. Después de la declaración ante los carabinieri, una noche lo llamó su abogado, le dijo que lo estaban buscando los de Mediaset, le ofrecían mil quinientos euros, él solo tenía que ir a la tele y contar lo que había pasado. Alex se negó. Llegaron más llamadas telefónicas. «Mi abogado me dijo que a esas alturas me iban buscando todos los programas televisivos. Las ofertas se habían disparado.» Pero tenía miedo de quedar mal ante Sonia, la chica que le había cambiado la vida, la chica con la que estaba intentando construir algo sensato. Tendría que haberle contado lo que había pasado, pero de esa manera se habría visto obligado a explicarle por qué no había huido a toda leche nada más ver a aquel tipo con la peluca azul. Su abogado le comunicó que un programa había llegado a ofrecer una cifra de cuatro ceros.

—Mi respuesta fue, una vez más, no. No puedo vender mi cara para encontrármela en YouTube durante los próximos cien años. Sonia vale más que cincuenta o cien mil euros. Todo hombre tiene un precio, el mío son los afectos.

Unas semanas más tarde, sin embargo, los carabinieri volvieron a buscarlo. Le hicieron más preguntas. En un determinado momento —ya se conocían, la atmósfera era casi amistosa— le preguntaron por Sonia. Alex frunció el ceño.

—Me ha dejado —dijo.

—Pero ¿cómo? —se le escapó a un carabiniere.

—Por primera vez en mi vida había hecho las cosas bien —contó Alex desconsolado— porque, verán, al acabar esta historia horrible, le pedí a Sonia que se casara conmigo. Tal cual. Se lo pedí oficialmente. Por toda respuesta, ella me devolvió el anillo de compromiso. Basta, se acabó. Tal vez sea yo quien no consigue entrar del todo en la cabeza de las mujeres, pero esta vez lo había hecho todo bien.

En cuanto Alex salió de casa, Marco y Manuel tuvieron sexo. Charlaron durante unos minutos y luego se quedaron dormidos. Estaban exhaustos. Se despertaron a primera hora de la tarde, de la fría y nublada tarde del jueves 3 de marzo.

—¿Qué hacemos?

Todavía tenían el dinero de Damiano. Marco mandó el enésimo mensaje a Trovajoli.

En dos días habían comprado más de diez gramos, que llegarían a los veinte antes de que acabara la noche, una cantidad suficiente para intimidar a un pequeño grupo de cocainómanos empedernidos.

Mientras tanto, el apartamento de Manuel iba a la deriva. Botellas vacías. Papeles tirados. Ropa esparcida por todas partes. Marco se inclinó sobre la mesa. Billete, fosa nasal. Con excepción del maquillaje y del esmalte de uñas, de nuevo vestía ropa masculina.

—¡Por ti estoy dispuesta a hacer de todo! —dijo con satisfacción.

Empezaron otra vez a confabular. Cada vez se deslizaban más a fondo en el delirio. El efecto era el de un disco que empuja la aguja por el mismo surco, pero a un volumen cada vez más alto, y a mayor velocidad. Hablaron de nuevo de cómo Marco usaría sus poderes («Decía que seduciría también a mi hermano —contó Manuel—, lo sometería a chantaje, para que pudiéramos resolver también la cuestión con mi padre»). Hablaron de las fantasías de Manuel («A Manuel le habría gustado lo que en jerga romana se llama *batteria* —dijo Marco—, es decir, una mujer al servicio de varios hombres. El papel de la mujer debía interpretarlo yo. Volvimos a la fantasía de la violación, buscamos ideas para ponerla en práctica, yo quería satisfacer sus deseos, era mi manera de sentirme mujer»). Hablaron de Valter Foffo y Manuel se puso nervioso («Cada vez que llegamos a ese asunto, me sube todo el veneno»). Marco a su vez se alteró («Cuando Manuel me hablaba de su padre se volvía irreconocible»). Pero a Manuel también le parecía que Marco era raro («No sé si era el efecto de la coca, pero me miraba con un ojo… en este ojo, entre él y yo, había una conversación *sincera*»).

Entre ojo y ojo, una conversación sincera. ¿Qué quería decir Manuel?

Según algunos expertos que se ocuparon del caso –criminólogos, psicólogos, psiquiatras–, fue en ese momento cuando dieron un paso crucial. El llamado contagio psíquico, parecido a un motor acelerado, llevó a los dos chicos cerca del punto de fusión.

–¡Necesitamos una tercera mente, una tercera mente!

Marco volvió a proponer la idea de atraer a alguien allí.

–Hacía falta dejar que entrara el oxígeno, había un aire mentalmente viciado en el piso.

La elección recayó en Tiziano De Rossi.

Tiziano era un empleado de Valter. A Manuel le preocupó: Alex Tiburtina era una cosa, otra muy distinta era uno de los camareros del Bottarolo, una persona a quien su padre y su hermano conocían muy bien. Le preguntó a Marco si tenía intención de intentarlo también con Tiziano. Marco contestó:

–¿Y si así fuera? ¿Es que no te entra en la cabeza que la sorpresa le gusta a todo el mundo?

De acuerdo, pero ¿y si a Tiziano no le gustaba? Manuel le tenía estima, le parecía que valía. Además, era un observador formidable.

–Como todos los camareros con experiencia, Tiziano tiene mucho ojo. Por su profesión está acostumbrado a valorar a los clientes en unos instantes, comprende de inmediato con quién se la juega.

Cuando acababa el turno de noche, De Rossi y él solían ir a tomar algo a un pub no muy lejos del restaurante. A Tiziano le bastaba una mirada para hacer pronósticos: «¿Te apuestas algo a que ella traga al final?», decía señalando a una pareja joven que estaba tonteando. Acertaba siempre.

Por un lado, Manuel temía que Tiziano pillara al vuelo, por ejemplo, que entre Marco y él había pasado algo. Por otro, dado el poder de persuasión de Marco, estaba aterrorizado ante la posibilidad de que Tiziano, a pesar de su astucia, pudiera caer en la trampa como le había ocurrido a él. Al mismo tiempo, divagó entre una esnifada y otra, ¿no era de imaginar que precisamente la larga experiencia de Tiziano pudiera ayudarlo a salir de aquel lío? Tal vez Tiziano pudiera hacerle entender, visto que él ya no era capaz, en qué clase de situación se había metido.

Cediendo a la ilusión, más seductora que el principio de realidad, Manuel le escribió un whatsapp a Tiziano De Rossi. Eran las 21.57.

«Situación guay. Uno que vive en mi edificio ofrece de todo. Avísame, y si vienes tráete una botella de vodka.»

A esa hora Tiziano estaba muy ocupado. Circulaba entre las mesas del restaurante, tomaba los pedidos, discutía con los clientes, corría a la cocina. Ni siquiera se dio cuenta de haber recibido un mensaje. Poco más o menos una hora más tarde, su móvil empezó a sonar.

—Era el hijo del propietario —les contó a los carabinieri—, me pedía que me reuniera con él y que llevara una botella de vodka. Me pareció entender que estaba de juerga. No me había invitado nunca a su casa. Mientras hablaba, oía unas voces bastante raritas de fondo. Aquello me inquietó, le dije que no iba a pasar.

Unos minutos más tarde, sin embargo, Tiziano se percató de que tenía un mensaje. Lo leyó con atención. Se quedó un rato más pensando. Llamó a Manuel. Esta vez de fondo no había ninguna voz, Tiziano se tranquilizó, dijo que ok, de acuerdo, que se pasaría.

—¿Puedes traerte cigarrillos también? —le preguntó Manuel.

Tiziano esperó al final del turno, salió del restaurante, se hizo con una botella de vodka, compró cigarrillos. Se dirigió a via Igino Giordani.

Manuel había terminado de esnifar por enésima vez cuando escuchó el graznido del telefonillo. Corrió a abrir. Volvió al salón antes de que subiera Tiziano. Lo que vio le dejó estupefacto.

—¿Qué coño estás haciendo?

Con una velocidad pasmosa, Marco se había puesto otra vez la ropa de mujer. A Manuel le entró pánico, ¿qué iba a pensar Tiziano nada más entrar en el apartamento?

—Vamos, cálmate —dijo Marco—, ya verás como no pasa nada. Ya me encargo yo.

Tiziano De Rossi encontró la puerta abierta, entró en la casa, inmediatamente se percató del caos. Manuel salió a su encuentro. Su estado era lamentable. Después Tiziano vio a aquel tipo vestido de mujer.

—Manuel, ¿qué narices está pasando? —preguntó medio boquiabierto.

—Oh, buenas noches, querido, mucho gusto —dijo Marco levantando la cabeza. Estaba ocupado preparando tres rayas de coca con la tarjeta de crédito.

Tiziano estuvo diez minutos de pie antes de sentarse («La situación era rarísima, no lograba explicarme la presencia de un personaje semejante en casa de Manuel»), pero dado que acostumbrarse a las extrañezas de la vida no es tan difícil en el fondo, al cabo de un rato acabó sentándose él también.

Tiziano preguntó si era la primera vez que los dos se veían, Manuel respondió que Marco vivía en el apartamento de arriba.

–Me dio a entender que estaba todo bajo control, el edificio estaba plagado de gente rara, añadió. Creo que ya nos habíamos presentado, pero ya no me acordaba del nombre del travestido. Se lo pregunté. Él respondió: «Lo siento, querido, pero yo digo las cosas solo una vez». No me gustó cómo lo dijo. Entonces lo provoqué: «Muy bien, colega, pero tú tienes polla, ¿no?». Y él: «No estoy obligada a responderte». Hablaba en femenino.

Marco se puso a disertar acerca de las orientaciones sexuales: hasta los ultras de la Curva Sur, aseguró, no desdeñaban de vez en cuando la compañía de una trans. No se le había pasado por alto que Tiziano llevaba un chándal del equipo de la Roma. Tiziano miró a su alrededor como para evaluar mejor la situación, se quedó un rato pensando, luego se levantó de su silla, se acercó a la mesa, se agachó, esnifó un tiro de coca («Ni uno entero, debió de ser medio tirito»), se enderezó y declaró que no quería abusar más de la generosidad de sus anfitriones.

–Os doy las gracias –dijo–, pero mi pareja me espera en casa. No sabe que estoy aquí. Se estará preguntando qué me ha pasado.

Hizo otra vez un gesto de saludo, se acercó a la entrada, lanzó a Manuel una mirada asesina. Y después se largó por piernas.

Con Damiano Parodi, conservaban todavía cierta conciencia. Durante la larga visita de Alex Tiburtina estaban medio colgados. Pero cuando Tiziano De Rossi también se marchó, su percepción de la realidad estaba próxima a la alucinación. Mirándose fijamente, empezaron a discutir de nuevo, esnifaron, bebieron un poco más de vodka. El asunto de las empresas que realizarían juntos se entrelazaba con el de su amistad. ¿Cuál era el sentido profundo de lo que estaban haciendo? Se habían conocido en enero y se habían convertido en íntimos, se habían confesado cosas que los habían acercado de una manera que nunca habían sentido con personas a las que trataban desde siempre, pero ahora podían hacer algo más, de modo que su vínculo se volviera más duradero, que los uniera para siempre.

Fue Marco quien pronunció la frase.

–Intuyo que quieres contratarme para matar a tu padre.

Manuel dio un respingo. La frase, pronunciada de repente, no estaba relacionada con lo que estaban diciendo y, no obstante, sonaba misteriosamente plausible. ¿Pagarle para matar a su padre? No recordaba haberle hecho jamás una petición semejante, aunque, desde un punto de vista puramente teórico, la idea no le disgustaba. Si hubiera tenido a su padre ahí delante y una pistola en la mano, no habría sido capaz de apretar nunca el gatillo. Pero imaginar destrozado al hombre a quien culpaba de los fracasos de su vida, bueno, eso le producía una gran satisfacción. Marco, sin embargo, pese a ser quien había pronunciado la frase, creía que estaban jugando con una fantasía irrealizable. Pura especulación, pensamiento abstracto. Y con todo, darle vueltas a esa fantasía era agradable.

Volvieron al tema de la violación. Manuel dijo que aún debía de tener en algún cajón de la sala de estar una caja de Alcover. «Aquí está, esta es.» Se lo había recetado un psiquiatra para que no bebiera. Si mezclabas Alcover con alcohol, le dijo, corrías el riesgo de colapsar, obtenías el efecto del GHB, la droga de la violación. Beber. Violar. Quizá matar. Las asociaciones mentales se encadenaban una tras otra, los argumentos se confundían entre sí. Esnifaron. Bebieron otra copa. Se dijeron cosas que les costaría un gran esfuerzo reconstruir en los días sucesivos. A las cuatro y media de la madrugada salieron de casa.

–Mi deducción es que teníamos que matar a una persona –dijo Manuel.

–Nada de eso –explicó Marco–, salimos de casa para intentar hacer realidad la fantasía de Manuel. Nos fuimos en busca de alguien a quien violar.

–No creo que saliéramos para violar a nadie –dijo Manuel–, ni siquiera estoy seguro de que saliéramos para matar a nadie. Para darle una paliza probablemente sí. Teníamos malas intenciones, de eso estoy seguro.

–No pensábamos en violar a nadie *de verdad* –dijo Marco–, tenía que ser una violación simulada. Todo tenía que permanecer en el terreno de la ficción.

–Yo estaba envenenado por el tema de mi padre –dijo Manuel–, tal vez Marco Prato estuviera en cambio envenenado por otra cosa. No creo que fuéramos en busca de un chapero. ¿Qué gracia tiene ligar con uno que se prostituye?

–Quería hacer feliz a Manuel –dijo Marco–, él al principio había propuesto alguna chica, una prostituta a la que pagaríamos para escenificar la violación. Yo me opuse: nada de mujeres, yo quería ser *la única*. Teníamos que conseguir a un chico. Por una vez, podría ser yo la parte activa. Me habría costado, pero por Manuel lo habría hecho. Él se habría limitado a mirar.

—Cuando Prato me dijo que había intuido que yo quería contratarlo para matar a mi padre tenía otra vez mirada de loco –dijo Manuel–, su declaración era también una manera de fortalecer nuestra amistad. Si hubiera matado de verdad a mi padre, habríamos compartido un secreto enorme. Aunque, sinceramente, no me explico cómo podría conseguir Marco que le saliera *a él* la rabia por algo que *yo* sentía en la piel.

Psiquiatras y criminólogos se preguntaron si esta última declaración, por más que inconexa, no sería una pista para reconstruir el trayecto mental que los puso en camino justo antes del amanecer. La naturaleza humana es sensible al auto-engaño. ¿Cuántas veces, para realizar un deseo, necesitamos malinterpretar los deseos de los demás? ¿Y en cuántos casos utilizamos palabras pronunciadas por un amigo, por un padre, por un amante, a fin de sentirnos autorizados para hacer lo que en esas palabras no estaba en modo alguno contemplado? Las palabras son ambiguas, esquivas, resuenan de forma diferente dependiendo de la materia contra la que chocan. Y dado que –primas de la brujería– las palabras producen a menudo hechos, es importante comprender con qué expectativas o malentendidos están cargadas en el momento de cruzar ese límite fatal.

Salieron de casa, se subieron al Mini. Manuel se puso al volante. Marco, en el asiento del copiloto; además del maquillaje y del vestido de mujer, iba envuelto en un llamativo abrigo de pieles oscuro.

Decidieron que la primera parada sería Villa Borghese.

—Pensábamos en los lugares típicos de la prostitución masculina –dijo Marco–, si había alguien con el que pudiéramos ligar tenía que estar allí.

Bordearon Porta Pinciana. Via Veneto se desplegaba muerta y adormecida a la izquierda. No muy lejos se abría Villa Borghese. Los pinos, las fuentes y las estatuas se alzaban en el frío de la noche. Adelantaron a un coche patrulla de la policía.

—Marco quería que condujera yo –dijo Manuel–, pues en caso de que la policía o los carabinieri nos pararan, decía, tendría las manos libres para desarmar a los guardianes del orden. Les haría una felación y ellos nos dejarían seguir. Iban en condiciones lamentables. Pero todavía les quedaba algo de dinero. Marco sabía que los prostitutos callejeros cobran poco, a veces bastaba con treinta o cuarenta euros, su intención era llegar a ofrecer ciento cincuenta. Por esa suma, un chapero habría hecho cualquier cosa, y ellos como poco tenían el plan de simular una violación.

Entraron en Villa Borghese por la calle reservada a los taxis y autobuses. Se adentraron entre los árboles y los setos y los estanques y los templetes. La negrura de la vegetación era más profunda que la del cielo. Superaron algunas estatuas decapitadas, luego pasaron junto al invernadero. El edificio albergaba pinturas de De Chirico, de Manzú, de Warhol, de Severini. Lo dejaron atrás. Al acabar la vegetación, de nuevo se encontraron con el asfalto y las luces artificiales. Se dirigieron a la Galería Nacional de Arte Moderno. Era aquí, a los pies del Valle Giulia, donde los chicos se vendían todas las noches. Los clientes llegaban en coches de todas las cilindradas, se paraban al pie de las escalinatas, esperaban con el motor en marcha. Al cabo de un rato, desde los arbustos de la villa, aparecían los chicos. Prostitutos de veinte años, rápidos como guerreros, se acercaban a los coches de los clientes.

–Joder, no hay nadie –constató Marco.

Tradicionalmente los trapicheos se desvanecían pasadas las tres de la madrugada. Marco lo sabía, pero tenía esa esperanza. Le dijo a Manuel que fueran hacia piazza della Repubblica.

–Primero fuimos al lugar donde Pasolini subió al coche a su verdugo, los tenderetes de detrás de la plaza –recordó Marco Prato–, pero todo estaba desierto.

No lejos de allí, en piazza dei Cinquecento, había otro lugar histórico de prostitución. Entre el follaje de los pinos y las cagadas de paloma hacían la calle italianos, norteafricanos, rumanos, chicos de todos los colores y de todas las edades. Por lo general, gente desesperada. El hecho de que lo fueran tenía su importancia: si iban a simular una violación, era necesario gente dispuesta a todo. Pero tampoco en piazza dei Cinquecento quedaba nadie.

—Maldición.

Mientras tanto, las primeras franjas rosadas empezaban a estamparse en la textura opaca del cielo. La luz se filtraría poco a poco por muchas pequeñas grietas, después el sol estallaría y una avalancha de personas y vehículos rabiosos ratificaría el comienzo de un nuevo día en Roma. Como en una historia de vampiros, Marco y Manuel sintieron que tenían los minutos contados.

—Vamos a Termini.

Marco dijo que a esa hora podría deambular algún tipo perdido en busca de transporte después de bajarse de un nocturno. Aparcaron en via Giolitti. La calle se desplegaba estrecha y oscura. Marco salió del coche. Envuelto en su abrigo de pieles, empezó a caminar arriba y abajo por la acera. No estaba claro si su intención era ofrecerse, como en enero en el EUR, o ligar con alguien. En la oscuridad, frente a él, se delineó una silueta. Un hombre de mediana edad. Para entablar conversación, Marco le pidió un cigarrillo. El hombre lo miró de arriba abajo, le dio uno y luego se esfumó a paso rápido.

Marco no pudo hacer otra cosa que encenderse el cigarrillo, le dio dos caladas, lo tiró y regresó al coche. Manuel arrancó otra vez.

Ahí estaban los dos con las manos vacías a las seis de la mañana. ¿Cómo era posible que la cosa hubiera acabado así? ¿Era la confirmación de que algo no iba bien en sus vidas? Si la sospecha de no ser capaces jamás de hacer realidad plenamente lo que se proponían ya los había visitado en el pasado, ¿cómo podían eludirla ahora, ante la evidencia de que no habían conseguido siquiera enredar a un prostituto, dispuestos como estaban además a ofrecer un precio por el que, normalmente, quienes se venden por dinero se arrojan a los brazos del cliente? ¿Eran unos fracasados totales? ¿Valían menos que un chapero?

Mientras volvían al Collatino, Marco le arrebató el móvil

a Manuel y empezó a llamar. Llamó a supuestos amigos de Manuel. Mandó mensajes. En un determinado momento, volvió a llamar a Alex Tiburtina. Se había quedado favorablemente impresionado por el estado de indigencia del antiguo boxeador.

—Alex era una especie de desesperado. Mi razonamiento fue el siguiente: si le ofrezco ciento cincuenta euros a Alex Tiburtina y le digo «Por esta suma te pisoteo con los tacones», seguro que él se echa enseguida al suelo y me da las gracias.

Pero ni Alex ni los otros destinatarios de las llamadas telefónicas y de los mensajes contestaron. Manuel conducía ahora por via dei Monti Tiburtini. Cuanto más se acercaban a via Igino Giordani, más indiscutible parecía su fracaso.

Fue entonces cuando a Marco Prato se le ocurrió la idea de llamar a Luca Varani.

A Marco se le vino a la cabeza ese chico tan guapo, y joven, que siempre andaba mal de dinero. Al fin y al cabo, pensó, normalmente Luca estaba dispuesto a cruzar media ciudad para sacarle algo de calderilla a Damiano Parodi. Iba hasta piazza Ungheria por cincuenta euros. Si Marco le proponía una cifra del triple o cuádruple, fuera lo que fuera lo que estuviera haciendo, lo dejaría todo y saldría disparado a verlos.

Mientras tanto, las primeras luces de la mañana caían sobre la Tiburtina. Marco sacó su móvil, buscó el número en la agenda. El anzuelo desapareció bajo la superficie del agua.

–Hola, Marco, ¿eres tú?

Marco y Luca hablaron rápidamente por teléfono. La conversación continuó por WhatsApp.

Marco Prato a Luca Varani: «Llama cuando estés a punto de llegar».

Luca Varani a Marco Prato: «Tranquilo. Pero para las doce tengo que irme».

MP: «Por favor, no le digas nada a Damiano, de lo contrario no podré pagarte. Si me guardas el secreto, te doy el dinero hoy mismo».

LV: «Pero ¿cuándo me lo darás? ¿Cuando llegue?».

MP: «Luca, ¿me ves como alguien que quiere estafarte?».

LV: «No, no, pero así me los guardo ya en el bolsillo».

Manuel giró por via Igino Giordani. De nuevo la iglesia, los gigantescos edificios de apartamentos. Salieron del coche. Manuel se desentumeció las piernas. Marco, con abrigo de pieles y tacones de aguja, se restregó los brazos, respirando el aire frío de la mañana. En ese momento todavía eran dos chicos casi treintañeros con la vida por delante. ¿Quién no ha hecho estupideces de joven? El mundo estaba lleno de adultos que, tranquilos y satisfechos en sus hogares, hojeaban su álbum de recuerdos topándose con incredulidad ante los absurdos episodios de los que habían sido protagonistas mucho tiempo atrás.

—Allí —señaló Marco.

Cerca de la rotonda, la negra silueta de un hombre, erguido y solitario en la mañana.

—Ya me encargo yo.

Manuel fue al encuentro del hombre. Trovajoli le entregó la mercancía. Luego sacó el móvil del bolsillo, llamó a un taxi. Su trabajo no acababa nunca.

—Y ahora un poco de vodka —dijo Marco.

—Fuimos a un bar entre Pietralata y Tiburtina —recordó Manuel—, una chica de pelo castaño me vendió la botella. Ni siquiera eran las siete de la mañana. «Pero… ¿en serio?», dijo, y me vendió el vodka.

De regreso al apartamento, Manuel encendió todas las luces. Hacía un poco de frío. Encendieron el aire acondicionado para aumentar la temperatura. Marco revisó su teléfono móvil.

Marco Prato a Luca Varani: «Date prisa».

Luca Varani a Marco Prato: «Ni que fuera yo el que conduce».

MP: «¿Dónde estás?»

LV: «Esperando el autobús. Estoy de camino, tranqui».

El aire acondicionado estaba a tope. Ahora en el apartamento hacía calor de verdad. Manuel empezó a desvestirse, se quitó la sudadera, los pantalones, se quedó en calzoncillos y camiseta, sacó un Camel del paquete y se lo encendió. Marco había preparado unas rayas. Manuel se tumbó en el sofá, miró la punta del Camel, las formas de la sala de estar a través de las volutas del humo. Madrugada, mañana, tarde, noche. ¿Cuánto tiempo llevaban allí? Allá, en los abismos, tal vez ni siquiera hubiera nada que fuera correcto definir como tiempo. Llamaron al timbre. Manuel oyó detrás de él ruido de pasos. La puerta que se abrió. Voces. La puerta se cerró. Luego, más pasos. «Buenos días.» Manuel Foffo se dio la vuelta.

–En un momento dado, se presentó ese chico en mi casa –recordó Manuel–, yo estaba tumbado en el sofá, ni siquiera me levanté. Y ni siquiera me pregunté para qué había venido. Teniendo en cuenta la absurda vida que llevábamos, averiguar quién era ese chico era una nimiedad.

Pero luego Manuel miró más de cerca al recién llegado, lo enfocó junto a Marco, y sucedió algo.

–En cuanto lo miré, *comprendí*. Lo miré a él. Luego miré a Marco, y es como si nos hubiéramos dicho mentalmente *es él*. Entre Marco y yo se estableció como un tácito acuerdo. Como si aquello que teníamos antes estuviera… *vivo* todavía.

¿Un acuerdo tácito para hacer qué?

–Cuando llegó Luca yo llevaba unas gafas de sol violetas, ahumadas, como Mina en los años sesenta –recordó Marco–, también una peluca, una especie de gabardina negra, un vestido estampado de leopardo con prótesis de pecho, mallas, zapatos de tacón y calcetines rojos.

Y Manuel:

–Saludé a Luca, nos presentamos. En ese momento me acordé de que Marco me había hablado de él. Me había dicho que se prostituía. Me había dicho que sus padres lo habían adoptado. Los tres nos sentamos a la mesa, empezamos a charlar.

–Bebimos un poco de vodka. Debían de ser las nueve y media de la mañana –dijo Marco–, estuvimos charlando amigablemente. «Y bien, ¿qué tal estáis?, ¿cuánto tiempo lleváis así?», preguntó Luca. Y nosotros: «¿Y tú?, ¿de dónde vienes?». Empecé a preparar la coca, la raya más gruesa como siempre destinada a Manuel, luego para Luca y por último la más fina para mí. Esnifamos. Luca también esnifó.

Y Manuel:

—Estuvimos esnifando. Estuvimos charlando. Estuvimos bebiendo vodka. En un momento determinado, a la izquierda, me encontré a Luca completamente desnudo, tirado en el suelo boca abajo.

—Le dije que le pagaría —dijo Marco—, le rogué, eso sí, que no le dijera nada a Damiano. Todavía estaba de por medio la historia de la tarjeta de crédito. Luca se desnudó y se tumbó en el suelo.

Y Manuel:

—Prato me dijo, porque yo no lo vi, que Luca le había lamido los zapatos. Me invitaron a subirme de pie sobre la espalda de Luca. A mí me pareció una tontería. Pero lo hice de todos modos.

—Luca me lamió los zapatos —dijo Marco—, yo empecé a caminar sobre su cuerpo, le dije: «A ver, si sufres un poco, vamos a darte hasta trescientos euros». Él puso una sonrisa de oreja a oreja porque una cifra así nunca la había visto. Me apoyé en el hombro de Manuel y caminé por encima de él, de repente me resbalé, le hice un rasguño en el muslo. Yo llevaba tacones, le hice daño sin querer. Luego también Manuel caminó por encima de él.

Y Manuel:

—Intenté ir despacio, me subí sobre su espalda, me lo pidieron ellos. Ni siquiera me había dado cuenta de que se trataba de un juego erótico. Luego volví a sentarme. En cualquier caso, no tuvimos sexo con Luca.

—No tuvimos sexo —confirmó Marco—, nos pusimos otra vez a charlar. Al cabo de unos minutos, con gran displicencia, Manuel sacó el Alcover del cajón y dijo: «Venga, vamos a hacernos unos cócteles». Lo seguí a la cocina, él me dijo: «Le metemos esto dentro y empezamos a violarlo». Así por lo menos lo entendí yo.

Y Manuel:

—Había comprado el Alcover en la farmacia tiempo atrás, me lo habían recetado para que dejara de beber. Pero nunca llegué a tomármelo.

–El Alcover puede provocar una especie de coma etílico –dijo Marco–, pero es un coma etílico absolutamente reversible. Manuel echó el Alcover en uno de los vasos y volvimos al salón con tres cócteles.

Y Manuel:

–El Alcover se lo echó Marco. Yo estaba de acuerdo.

–Manuel quería completar la fantasía de la violación –dijo Marco–, Luca Varani era activo, nunca se habría dejado sodomizar. De ahí el Alcover. Era necesario aturdirlo. El encargado de violarlo sería yo, por desgracia. Digo por desgracia porque soy pasivo, era un pacto al que tuve que llegar con Manuel para no traer una mujer a casa, era un sacrificio que estaba haciendo por él.

Y Manuel:

–Luca bebió de un cuenco, los vasos estaban todos sucios en el fregadero.

–Estuvimos bebiendo y charlando –dijo Marco–, al cabo de unos minutos Luca empezó a sentirse mal.

Y Manuel:

–Mientras bebía del cuenco supe que se sentiría mal, aunque al mismo tiempo lo ponía en duda. Dadas las condiciones en las que estábamos, todo me parecía ya plausible, el hecho de caminar sobre su espalda, o de que bebiera Alcover. Todo absurdo. Y todo normal.

–Primero, Luca tomó un sorbo, luego un sorbo un poco más largo –dijo Marco.

Y Manuel:

–Se fue a vomitar al cuarto de baño.

–Empezó a sentirse mal –dijo Marco–, en un determinado momento paró la conversación, dijo: «Chicos, un momento, no me encuentro bien». Se levantó. Se tambaleaba, sentía náuseas, fue al lavabo y Manuel lo siguió. Yo seguí a Manuel. Luca empezó a vomitar un líquido anaranjado.

Y Manuel:

–Luca vomitó en el lavamanos, tenía cierta confusión mental, se apoyó en la bañera.

—Entró en esa especie de coma etílico –dijo Marco–, empezó a dar vueltas sobre sí mismo, perdió el equilibrio y terminó en la bañera. Se durmió al instante. Recuerdo que roncaba.

Y Manuel:

—Se había derrumbado con el trasero al borde de la bañera, y la espalda contra la pared, Marco le dio un ligero empujón, no recuerdo si con la mano o con el pie, un empujoncillo, pero suficiente para hacer que cayese en la bañera. Fue entonces cuando pronunció esa frase.

—Yo nunca dije nada semejante –dijo Marco–. Manuel lo habrá pronunciado en su cabeza por su cuenta, y habrá pensado que la había dicho yo.

Y Manuel:

—En cuanto Luca se cayó en la bañera, Marco dijo: «Hemos decidido que debes morir». Lo miré y pensé: «Pero entonces está sucediendo de verdad».

—Nunca dije nada parecido –dijo Marco.

Y Manuel:

—Claro que lo dijo. Luca tenía un síndrome confusional, en mi opinión ni siquiera entendió bien el sentido de la frase. Inmediatamente después, Marco lo agredió. Recuerdo que yo le di una puñalada en el cuello, le di un martillazo en la cabeza.

—La violencia no empezó en el cuarto de baño –dijo Marco.

Y Manuel:

—Tras la frase de Marco tengo un vacío en la memoria. Recuerdo que lo estábamos estrangulando, intentábamos estrangularlo entre los dos, primero sus manos, luego las mías. Tengo la imagen de Marco intentando cortarle el pene. Si me esfuerzo soy capaz de visualizar las imágenes más inquietantes, no la cronología.

—En el baño no pasó nada –dijo Marco.

Y Manuel:

—Marco empezó a golpearlo. Yo lo seguí, echando gasolina al fuego. Debí de coger las armas en la cocina. Un martillo, un cuchillo de hoja corta, otro cuchillo más grande, empuñé enseguida el martillo porque pensé que dándole un martillazo todo terminaría.

—Lo sacamos de la bañera y lo arrastramos al dormitorio —dijo Marco—, yo todavía llevaba los tacones, así que nos resultó difícil, Manuel lo agarró por debajo de los brazos, el trasero de Luca iba arrastrando por el suelo, el momento que más nos costó fue cuando tuvimos que levantarlo para meterlo en la cama.

Y Manuel:

—Empezamos a pegarle en la bañera. En el siguiente fogonazo lo habíamos llevado al dormitorio. Prato me habló de las cañerías. En el baño, por el desagüe de la bañera, dijo, la sangre llegaría a las tuberías y nos descubrirían. Por eso lo sacamos de allí.

—Una vez en la cama, me senté a horcajadas sobre él —dijo Marco—, aprovechando que estaba aturdido, empecé a jugar un poco con él. Lo acariciaba, lo besaba. Manuel dijo: «Venga, tío, estrangúlalo». Y yo le puse las manos alrededor del cuello, empecé a apretar, pero no era más que una práctica sexual, porque Manuel me había dicho: «Venga, tío, estrangúlalo», y no: «Venga, tío, mátalo».

Y Manuel:

—Marco me dijo que cogiera un arma, y cogí el cuchillo.

—«Venga, tío, estrangúlalo», me dijo. Pero mientras lo estrangulaba, Luca volvió en sí —dijo Marco—, recobró el sentido, me dio un codazo y me tiró al suelo. Me caí de culo al suelo. Luca se puso de pie tambaleándose. Luego se cayó a un lado de la cama, por el suelo. Entonces vi la silueta de Manuel, tenía las dos manos a la vista. En una sostenía un cuchillo, en la otra un martillo. Lo miré a los ojos. Eran los ojos de cuando me hablaba de su padre. Luca se tambaleaba yendo hacia la puerta, Manuel le dio el primer martillazo y él cayó al suelo.

Y Manuel:

—Me di cuenta de que tenía que matarlo solo cuando empecé de verdad a agredirlo. Le di con el martillo en la cara. Usé el cuchillo. También Marco le asestó puñaladas.

—Le dije: «Manuel, cálmate. ¡Cálmate! ¿Qué coño estás haciendo?» —dijo Marco—. Él respondió: «¡No, no, no, a este gilipollas lo tengo que matar!». Y yo: «Pero qué tonterías dices de matar, ¡estate quieto!». La emprendió a martillazos. Oí el ruido sordo, un ruido indescriptible. Entonces me fui corriendo de la habitación. Me siento culpable por no haber conseguido detenerlo, me entró el pánico.

Y Manuel:

—Le golpeamos. Luca tenía unos pañuelos rojos en la boca. Debió de habérselos metido Marco para que no gritara.

—Yo iba y venía, tratando de calmarlo —dijo Marco—, entrar y salir de la habitación era una forma de defenderme de lo que estaba pasando. Después de todos esos martillazos, Manuel se levantó y se quedó mirándolo. Miraba a Luca. Se inclinó de nuevo sobre él, empuñaba el cuchillo, le dio una serie de mandobles, a un lado y a otro, como para dibujarle asteriscos en la piel. Luego empezó a apuñalarlo de manera diferente, se empleó a fondo, lo apuñaló en el pecho, oí un ruido… Una cosa indescriptible. Me volví a la sala de estar. Estaba conmocionado. Me quité los zapatos, me tumbé en el sofá, me puse a pensar.

Y Manuel:

—Puñaladas, martillazos, pero Luca no dejaba de respirar. Parecía que no iba a morirse nunca. Sufrió muchísimo.

—No conseguía morirse —dijo Marco—, yo quería que dejase de sufrir. Manuel también quería que no sufriera. «¡Este cabrón no se muere, no se muere!», decía. Le daba martillazos, puñaladas, lo golpeaba al tuntún. Yo iba y venía con las manos en la cabeza. Manuel decía: «Vamos, este ahora tiene que morirse, tiene que morirse, pero ¿cómo lo mato?».

Y Manuel:

—En cierto momento me acuerdo de que para matarlo quise agarrar una botella de vodka y rompérsela en la cabeza, pero Marco me detuvo porque de esa manera dejaría demasiados cristales por ahí. Aunque la verdad, sinceramente… ya había tanta sangre por todas partes que los cristales eran nuestro último problema.

—Agarró una botella de dos litros de sambuca —dijo Marco—, quería rompérsela en la cabeza. Grité: «¡Manuel, detente!». Él dejó la botella sobre la mesa, empuñó otra vez el cuchillo.

Y Manuel:

—Marco también le dio muchas puñaladas.

—Yo había vuelto a refugiarme en el salón —dijo Marco—, me quedé sentado en el sofá abrazándome las piernas, quería que terminara lo más rápido posible. Manuel gritaba desde la otra habitación: «¡Ven aquí, ven aquí, ayúdame!».

Y Manuel:

—¡Sufría mucho pero no se moría, no se moría! Tenía muchas ganas de vivir, no sabíamos qué hacer.

—Yo seguí en el sofá —dijo Marco—, enfrente de mí, junto a la televisión, había una maraña de cables. Manuel no dejaba de gritar: «¡Ayúdame a matarlo!». Entonces cogí uno de esos cables y se lo llevé. Le dije: «¡Ten, pero que deje de sufrir de una vez!».

Y Manuel:

—Intentamos estrangularlo con el cable. Intentamos taparle la cara con la almohada. Nada que hacer. Seguía respirando.

—Manuel trataba de estrangularlo —dijo Marco—, en un momento dado me pidió que lo besara en la cabeza, quería que le diera besos en la cabeza para encontrar la fuerza para estrangularlo, para quitarle la vida.

Y Manuel:

—Mientras lo apuñalaba, Marco me besaba en la cabeza, me decía: «Vamos, mátalo». Era algo que ambos queríamos hacer.

—Le puse una mano en el hombro, y luego sí, le di un beso en la cabeza —dijo Marco—, empecé a besarlo mientras él lo estrangulaba.

Y Manuel:

—Marco decía: «Dale el golpe de gracia». Luego en cambio el último golpe se lo dio él, apoyó la rodilla derecha contra el pecho de Luca y le clavó el cuchillo en el corazón, le metió la hoja hasta el fondo.

—Manuel entró en el salón y me dijo que Luca estaba muerto —dijo Marco.

Y Manuel:

—Me di cuenta de que estaba muerto cuando intentamos levantarlo. Lo noté frío.

—Dijo que estaba muerto —explicó Marco—, entonces fui inmediatamente al dormitorio para taparlo con un edredón. Era incapaz de mirarlo.

Y Manuel:

—Mientras lo estábamos matando incluso grabé un vídeo. Lo hice con mi móvil, la grabación sería de unos quince segundos, hice este vídeo, pero luego lo borré, porque pensé: «Pero ¿qué hago?, ¿primero lo mato y luego lo filmo?». Tal vez lo quería para contrarrestar el vídeo de Marco. No me acuerdo. En todo caso, el vídeo ya no existe.

—Después de taparlo con el edredón, volví al salón —dijo Marco—, Luca estaba muerto. Me quedé petrificado. Manuel había tenido un arrebato y yo no había sido capaz de frenarlo. En ese momento empecé a hablar. «¿Qué has hecho?», dije. Noté que a Manuel se le cambiaba la cara. Me asusté y usé el plural. «¿Qué hemos hecho? ¿Es que no te das cuenta?»

Y Manuel:

—Estábamos muy cansados. Nos fuimos a la cama. Él y yo metidos bajo las mantas, y el cadáver de Luca no muy lejos en el suelo.

—Manuel fue al cuarto de baño para lavarse —dijo Marco—, luego volvió al dormitorio, se tumbó a mi lado. Yo estaba a punto de quedarme dormido. Pero él me hablaba, decía que habíamos quedado atados de por vida, que lo que habíamos hecho nos había unido para siempre. «Sí, pero hemos matado a una persona», dije yo. Seguía vestido de mujer.

Y Manuel:

—Ahí, tumbados en la cama, con el cadáver a dos pasos. Fue entonces cuando tuvimos el primer coito anal de nuestra relación.

—Esto es absolutamente falso —dijo Marco.

Y Manuel:

—Acababa de quedarme dormido. Él se colocó encima de mí, como una mujer que se monta sobre el hombre que está acostado. Me la agarró, quería metérsela dentro. Esa posición me daba asco. Pero tenía una erección. Así que le di la vuelta y tuvimos sexo. Dado que insistía, lo hice más por estar tranquilo que por verdadera excitación.

—Tuvimos relaciones —dijo Marco—, pero eso sucedió en los días anteriores. Me sodomizó varias veces, sin condón. Después del asesinato, en cambio, no hicimos nada. ¿A quién se le ocurre? Solo la idea me da asco. Nos acostamos en la cama y nos quedamos dormidos.

Y Manuel:

—Yo lo poseía. Pero era como si él me poseyera a mí. Tuvimos sexo y luego nos quedamos dormidos.

Marco abrió los ojos unas horas después. Se había quedado profundamente dormido. Despertarse fue como si lo hubieran arrojado a la superficie desde el fondo de un océano, sintió que le faltaba el aliento, abrió la boca para inhalar oxígeno, se incorporó de golpe en la cama. Como el agua de una fuga, un pensamiento empezó a invadirle la cabeza. A su lado estaba Manuel, dormido, Marco lo observó atónito, luego se giró hacia el otro lado y vio claramente el cadáver de Luca en el suelo. «Entonces es verdad», pensó.

En algunos relatos de ciencia ficción el protagonista sueña que mata a alguien, y luego, al despertarse, encuentra el arma del crimen en la mesilla de noche, el desasosegador testimonio de que algo ha ocurrido *en otro lugar*. En este caso Marco y Manuel habían hecho pedazos el muro que separa el plano de la realidad del de la imaginación, invirtiendo la relación entre luz y sombra: a partir de hoy, y para siempre, cada mañana se despertarían en una pesadilla.

Marco se levantó de la cama, salió de la habitación, deambuló por la sala de estar, se llevó las manos a la cara y rompió a llorar.

Los sollozos despertaron a Manuel. Él también se incorporó en la cama, pero lentamente. La habitación estaba envuelta en la penumbra. Olor a cerrado. Vio el cadáver en el suelo, se levantó y se reunió con su amigo en la sala de estar.

—¡Creo que no merezco vivir! —estaba gritando Marco—. ¡No es justo que esté vivo después de lo que ha ocurrido!

Manuel lo miró. Era incapaz de entender si el dolor era auténtico o si Marco estaba fingiendo.

—Está bien —dijo—, pero ahora siéntate y pensemos.

En el apartamento, todo era desperdicios, cajones abiertos, botellas vacías, ropa desparramada. Y sangre por todas partes.

—¡No merezco vivir! —Marco no paraba de llorar—. Y no creo que merezcas vivir tú tampoco.

—Te entiendo —respondió Manuel—, pero intentemos al menos poner un poco de orden.

Marco lo miró con las mejillas surcadas por las lágrimas, luego asintió.

En algún rincón de sus mentes ofuscadas, quizá aleteara la idea de poder librarse todavía de todo aquello. Cuando fue interrogado por el fiscal, Manuel dijo que al emprenderla a martillazos con Luca no había pensado en las consecuencias legales, y que cuando despertó con el cadáver en el dormitorio había creído que al final encontrarían alguna solución. Naturalmente, no había solución alguna. Habían dejado atrás una infinidad de huellas, algunas de ellas imposibles de borrar. En cuestión de horas, tendrían que rendir cuentas, aunque en ese momento fueran los únicos guardianes de un secreto abominable: un nutrido grupo de personas se había visto lanzado a la ignorancia de algo que cambiaría sus vidas para siempre. Los padres de Luca. Marta Gaia. La familia de Manuel y la de Marco. Todos ellos paseaban por Roma sin ser conscientes de nada. Fuera era un día de marzo cualquiera.

Manuel llamó a su madre al teléfono fijo. El teléfono sonó en vano. Tras comprobar que la mujer no estaba en casa, Manuel cogió las llaves y bajó las escaleras. Quería hacerse con cubos, trapos, detergente.

—Estaba completamente aturdido. Volvía a la décima planta y me daba cuenta de que me había olvidado de los trapos, por ejemplo. Entonces bajaba a casa de mi madre por segunda vez. Pero cuando estaba otra vez arriba, no llevaba el detergente.

Cada vez que salía, Manuel cerraba la puerta con dos vueltas de llave. De esta forma, Marco se encontraba durante unos minutos solo, encerrado, rodeado por el silencio, quieto mirando las paredes con el cadáver en el dormitorio. En algún momento salió al balcón presa de las náuseas, se aferró a la barandilla y se asomó. Está bien, se dijo, es un vuelo de unos treinta metros por lo menos. Recordó al actor que había interpretado a Superman, Christopher Reeve: se había quedado paralítico de cuello para abajo después de una caída de caballo.

Manuel regresó a casa. Ahora tenía todo lo que necesitaba. Llamó a Marco. Le entregó un trapo y detergente. Tenemos que limpiar, dijo, y luego debían pensar en cómo deshacerse del cadáver.

—Afirmó que había que enterrarlo en el Circeo —contó Marco—, teníamos que ir a enterrarlo allí, pero antes había que comprar una pala en el Leroy Merlin. Se le ocurrió el Circeo porque decía que era un área protegida. ¿Quién se va a sentir autorizado para excavar en una reserva natural? Ese era su razonamiento.

Todavía estaban bajo el efecto de las sustancias. Y, sin embargo, ciertos rasgos de la personalidad no cambian según los estados de conciencia. Manuel siempre había odiado las tareas del hogar. Recoger, fregar el suelo, pasar el trapo; confiaba todas esas tareas a su madre. Le pidió a Marco que se encargara él.

—Y estaría bien que te quitaras la peluca —añadió.

Marco lo miró con extrañeza.

Manuel le devolvió una mirada no muy tranquilizadora.

Por primera vez, sus juegos de miradas estaban desalineados, a punto de encontrarse en rumbo de colisión.

—¡Claro, ahora también quieres matarme a mí! —Marco rompió a llorar de nuevo.

—Cuando le dije que se quitara la peluca, me miró con cara muy cabreada —dijo Manuel—, no entendí si no quería quitarse la peluca porque por debajo se le veía la calvicie o porque, sin peluca, se habría convertido de nuevo en un hombre.

—Cuando me dijo que me cambiara, me asusté muchísimo —dijo Marco—, mientras iba vestido de mujer me sentía más protegido, porque yo era su cómplice, su amante.

—Cuando dijo «¿Quieres asesinarme a mí también?», pensé en efecto que podría haber ido a la cocina a coger el cuchillo para montar una pequeña escena –admitió Manuel–, pero me limité a pensarlo. Desde luego, no lo habría hecho. Estaba realmente destrozado.

–Tenía miedo de que fuera a hacerme algo –dijo Marco–, entonces le dije: «Si has decidido matarme, intenta por lo menos no hacerme sufrir. Y, de todos modos», añadí, «recuerda que si me matas luego te encontrarás con el problema de tener que deshacerte de dos cadáveres.» En ese momento se calmó.

–Nunca llegué a pensar en serio en golpearlo o matarlo –dijo Manuel–, pero que era un cabrón de cuidado sí que lo pensé. Pensaba en la forma en que había atraído a Varani a mi casa, estaba muy enfadado, pero luego lo vi llorar y toda mi agresividad fue como si... como si se evaporara.

Marco vio cómo la calma volvía a los ojos de Manuel, Manuel vio que el miedo desaparecía del rostro de Marco. El momento del conflicto había pasado. Marco trató entonces de perder el tiempo («Ya era de noche otra vez, yo trataba de dar largas al asunto, esperando a que cerraran las tiendas porque solo me faltaba tener que arrastrarme hasta el Leroy Merlin para comprar una pala»), y al final aceptó la petición de Manuel.

–De acuerdo, ordenemos la casa.

Regresaron al dormitorio. Encendieron la luz. Levantaron el cadáver del suelo, lo pusieron sobre la cama y volvieron a taparlo con el edredón. Recogieron la ropa y la llevaron al otro cuarto. Ahora estaban otra vez en la sala de estar. Marco llevó los vasos sucios a la cocina, recogió el cuchillo y el martillo, dobló las cajas de pizza, las tiró al cubo de la basura. Manuel lo seguía con la mirada, pero en cierto punto se quedó paralizado.

Por increíble que resultara, la sensación era real, Manuel se preguntó si estaba sucediendo de verdad o si el horror del que habían sido protagonistas les habría entrado dentro y se entretenía ahora moviendo los hilos de su mente. *Luca*. Miró la puerta de la habitación.

–Oía respirar a Luca. Sé que es absurdo. Llevaba horas muerto. Habíamos dormido con el cadáver sin que pasara nada.

El cuerpo estaba indudablemente frío cuando lo levantamos del suelo. Aun así, lo oía respirar. Jadeaba. Lo tenía clavado en la oreja. Entonces me armé de valor y fui al dormitorio. En cuanto entré, el estertor desapareció. El cuerpo seguía estando ahí, me quedé mirándolo, esperando no sé qué; como es lógico, no pasó nada. Pero luego regresé a la sala de estar y el estertor volvió a mi oreja.

Mientras tanto, Marco había llenado el cubo con agua y había echado el detergente; humedeció la bayeta y la pasó por el suelo.

—Me puse de rodillas, empecé a pasar la bayeta por el suelo, parecía una auténtica Cenicienta. Estaba tratando de limpiar bien ese suelo, pero luego vi la bayeta empapada de sangre y dije basta.

Marco dejó caer la bayeta. Se puso de pie. Tenía otra vez las mejillas llenas de lágrimas. Le dijo a Manuel que lo que le estaba obligando a hacer no tenía sentido, se habían comportado de forma horrible, al menos por lo que a él concernía había llegado la hora de morir.

—¿Lo dices en serio? —preguntó Manuel.

—Por supuesto que te hablo en serio.

—¿Y cómo te gustaría matarte? ¿Con los cuchillos?

Marco negó con la cabeza.

—Quería suicidarse, pero le fastidiaba utilizar los cuchillos —dijo Manuel—, quería una muerte menos cruenta. Pensé que a lo mejor todavía podría disuadirlo, la situación era confusa, decidimos salir de casa de nuevo.

Manuel recogió las cosas de Luca. La ropa, los zapatos, el móvil. Lo metió todo en la mochila del chico. Por un lado, empezaba a darse cuenta de la situación. Por otro, como claros repentinos en un cielo cargado de nubes, de vez en cuando se asomaba en él la ilusión de una vía de escape. Pero ¿adónde podrían ir? Eran las ocho y media de la tarde, tenían un cadáver en casa, la oscuridad se había cernido de nuevo sobre toda la ciudad.

—Venga, vamos a tomar algo —dijo Manuel.

Raffaele Braga tenía treinta y un años, vivía en Guidonia, y todos los días recorría de ida y de vuelta los treinta kilómetros que lo separaban de Roma. En San Giovanni estaba el Café Oval, donde trabajaba. Decoración minimalista, mesas al aire libre, una barra bastante bien surtida de bebidas alcohólicas. Ese viernes por la noche Raffaele se repartía entre las mesas y la barra. Hacía poco que habían dado las nueve, en el local empezaba a haber gente, pero aún no estaba lleno. Dos chicas bebían encaramadas a los taburetes. Los dos chicos estaban sentados en la terraza. Estaban bastante apartados, no eran clientes habituales, el que le daba la espalda estaba encorvado, el otro llevaba una especie de chaqueta oscura y larga hasta las rodillas. Al cabo de unos minutos, el chico de la chaqueta se levantó y se dirigió a la barra. Pidió dos vasos de vino blanco, volvió a sentarse frente a su amigo.

Después de servirles, Raffaele regresó al interior del local. Cuando, dos semanas después, fue citado por los carabinieri, dijo que si había alguna característica que pudieran tener en común esos dos chicos era, sin duda, el hecho de parecer «perfectamente normales».

Después de salir de casa, Marco y Manuel habían deambulado un rato por San Giovanni. En via Magna Grecia, sin preocuparse por las patrullas de carabinieri, se detuvieron junto a un contenedor de basura. Manuel se bajó del coche, tiró en el contenedor la mochila de Luca con su ropa y su móvil dentro. Luego se fueron al Oval.

Marco Prato apuró su copa de Falanghina y dijo:

—Quiero morirme.

Ahora iba vestido de hombre. Los únicos rastros visibles de los días anteriores eran el esmalte de uñas y el maquillaje corrido debajo de los ojos.

Manuel trataba de calmarlo. Marco seguía susurrando:

—Qué hemos hecho… qué hemos hecho… Dios mío, nos merecemos morir.

—Espera un minuto —dijo Manuel—, ahora nos tomamos otra copa y pensaremos mejor qué debemos hacer.

—Le hemos quitado la vida a un chico de veintitrés años —dijo Marco—, hemos jugado a ser Dios. Ahora ha llegado el momento de pagar, yo quiero morir y tú tienes que ayudarme.

Dijo que quería suicidarse con somníferos. Sabía que Manuel tenía la receta del Minias en casa. Dos pastillas de un miligramo y dormías toda la noche de un tirón. Cuatro viales mezclados con alcohol y te arriesgas a no volver a despertarte.

Al final Manuel parecía convencido, lo ayudaría a terminar de una vez. Pagaron la cuenta y se dirigieron de nuevo a casa de Manuel. Tras subir al apartamento, empezaron a buscar la receta, miraron por el suelo, abrieron cajones, añadieron desorden al desorden, con mucho cuidado para no dirigir la mirada hacia el dormitorio. Al final encontraron el papel. La receta estaba caducada. Manuel buscó un bolígrafo, alteró la fecha, confiando en la tolerancia de los farmacéuticos romanos pasadas las nueve de la noche. Ahora el problema era el dinero. Ya no les quedaba ni un euro.

—El restaurante —dijo Manuel.

—Además del dinero, intenta conseguir un poco de vodka —dijo Marco mientras ya estaban en el coche.

Ni siquiera veinticuatro horas después de haber salido pitando del apartamento de via Igino Giordani, Tiziano De Rossi se encontró de nuevo frente a Manuel Foffo. El hijo del propietario irrumpió en el restaurante poco después de las 23.00. Tiziano estaba sirviendo las mesas. El chico parecía visiblemente inquieto. Habrá seguido esnifando, pensó Tiziano. Los otros camareros también lo observaron perplejos. Manuel fue directamente a la caja, retiró ciento cincuenta euros, luego abrió el frigorífico. Nada de vodka. Después de cenar, los camareros del Bottarolo invitaban a los clientes a un licor o un limoncello. Manuel agarró una botella de Amaro del Capo, saludó confusamente a los presentes, se alejó a paso rápido.

Estaba prohibido comprar más de tres paquetes de somníferos a la vez. Primero se dirigieron a una farmacia en via Nazionale. Luego a una segunda, cerca de Porta Pia. En ambos casos el farmacéutico no se percató de la fecha alterada en la receta. Marco volvió al coche con cinco cajas de Minias. Ahora tenía todo lo necesario.

Antes de separarse, Manuel le propuso a Marco una última copa. Marco aceptó («Teniendo en cuenta cuál era mi objetivo, empezar a beber alcohol ya me venía bien»), por lo que giraron en via Livorno. En la Tiburtina, larga, recta y sumida en las tinieblas, apareció el letrero del Dallas.

—Detengámonos aquí —dijo Marco.

Era un pequeño local frente al cementerio de Verano. Desde las mesitas podían verse los cipreses. Marco pidió un vodka; Manuel, ron con cola. Ahora estaban muy callados. Se quedaron mirándose sin hablar.

—Manuel, escucha, ahora deja que me vaya —le dijo por fin Marco—, ya no puedo más.

—Te llevaré al hotel —asintió Manuel.

Marco negó con la cabeza.

—El Mini Cooper estaba registrado a nombre de mi padre —les contó a los carabinieri—, la persona a la que más quiero en el mundo. Tenía miedo de que, una vez que me hubiera suicidado, Manuel escondiera el cuerpo de Luca en el coche. Entonces mi padre se vería involucrado, tendría muchos problemas. Le dije que no le dejaría el coche.

Manuel se encogió de hombros, dijo «De acuerdo» y pagó la cuenta. Marco y él salieron del local. Era el momento de despedirse. Se abrazaron.

—Espero no volver a verte nunca más, pero no por ti —dijo Marco.

Manuel volvió andando a casa. Eran las tres de la mañana. Recorrió pacientemente la Tiburtina, encorvado con las manos en los bolsillos, paso a paso. Cuando estuvo de vuelta en via Igino Giordani buscó las llaves de casa. Se metió en el ascensor. Tras salir en la décima planta, abrió la puerta del apartamento, encendió las luces, fue al salón y se sentó en el sofá.

Dando la espalda al dormitorio, Manuel se encendió un cigarrillo para reflexionar. Fumó con calma. Luego encendió otro. Se levantó y fue a la cocina. En la nevera quedaba aún una botella de ron. Abrió una Coca-Cola, se lo llevó todo a la sala, intentó hacerse un cubalibre improvisado. Tomó dos sorbos y luego renunció. Se fumó un tercer cigarrillo, se puso de pie con la idea de ordenar la casa. Quería que pasara el tiempo. Recogió en la cocina las bolsas de basura, empezó a meter en ellas las botellas vacías y los restos de la cena. Una vez llenas las dos primeras bolsas, fue a tirar la basura. Toda oportunidad era buena para alejarse del cadáver.

Cuando volvió a la calle, estaba amaneciendo. Manuel contempló las calles desiertas, el frío empezaba a entrarle en los huesos. Después de tirar la basura, volvió a casa, ¿qué otra cosa podía hacer? De nuevo en el ascensor. Abrió y cerró la puerta, se sentó otra vez en la sala de estar. Sentía la presencia del cadáver en el dormitorio. Sacó un cigarrillo del paquete, se entretuvo un rato jugando con él entre los dedos. La luz empezaba a pasar por las contraventanas entornadas. A las siete y media su hermano pasaría a recogerlo para ir al funeral de su tío. Bueno, pensó mientras miraba el reloj, ya casi es la hora.

No era el único que había montado su guarida en esa zona. Sitios como el suyo, alrededor de la estación de mercancías, había muchos. Los rumores corrían desde hacía años. Los hostales se multiplicaban. Llegaban clientes de medio mundo. Como Bucarest, pero mejor. Un niño emergió de los callejones de piazza Indipendenza, se desentumeció, su día acababa de empezar.

El turista holandés pagó el café en un bar de via Lanza, salió a caminar por la calle. La Porta Magica. Los jardines en ruinas bajo el sol. Luego las mujeres con las bolsas de la compra.

Se cruzaba de vez en cuando por la calle con otros como él, los reconocía por la máscara de desesperación y el espíritu caritativo. De vez en cuando pillaban a alguno. La mano de la ley aferraba el hombro de un abrigo. El nombre del culpable aparecía en los periódicos, pero las nuevas noticias devoraban a las antiguas, y así, al cabo de unos días, era como si nadie hubiera oído nunca ese nombre. El financiero. El concejal del Ayuntamiento. El artesano. Recientemente, hasta un juez.

El juez se defendió explicando al fiscal que se había visto «impelido por un impulso hacia los rostros infantiles». Dijo que siempre se informaba sobre la edad de los niños. El dinero era un regalo, no una compensación.

El turista holandés observó el polvo luminoso que ascendía lentamente del mercado. En Santa Maria Maggiore, le pareció oír a sus espaldas una pequeña tromba de aire, un viento que resonaba como una risa. Miró el reloj. No le daba tiempo de pasar por el hotel. Corrió hacia la guarida. Ahora emanaba un perfume de especias de la acera. Luego grititos.

Italia era un país atrozmente viejo. Un jardín de ancianos enfadados y malévolos. Pero en esa zona la edad media caía en picado. El Thrill de via Giolitti. Los repugnantes puestos de kebabs de via Manin. La eternidad se revelaba en el anonimato. Hedor a frito. Sudaderas. Lentejuelas en las uñas. Rara vez un chaquetón de piel. La muestra de menores era deslumbrante. Magrebíes. Egipcios. Algunos adolescentes de los suburbios iban hasta allí para salir juntos. Tomaban un autobús desfondado desde Labaro, desde Primavalle, atravesaban la ciudad entre baches y empujones y chillidos y blasfemias. Con sus zapatillas deportivas con cordones de colores llegaban a los jardines de la estación.

Pero el turista holandés estaba allí por los invisibles. En su mayoría eran rumanos. También los había egipcios, tunecinos, libios. Dormían en los parques, entre las ratas y las bolsas de basura. O en los túneles, en las acequias, en las alcantarillas. Abrazados unos a otros por el frío. Dormían durante cinco o seis horas como máximo. Sin sueños.

El turista holandés abrió el portal. Entró en el ascensor, subió al quinto piso. Observó las antenas por la ventana medio cerrada, la torre de agua de via Giolitti. Oía los chillidos de las golondrinas en el cielo. Alguien llamó a la puerta. El turista holandés fue a abrir y se lo encontró delante. Esta vez el chico llevaba una sudadera dos tallas más grande. Era la tercera vez que se veían. El turista holandés se armó de valor, le pasó una mano por el pelo. El chico no sonrió. Luego se apartó para que él pudiera comprobar la autonomía de ese cuerpo antes de hacerlo suyo. Todo en préstamo y nada regalado. «No», dijo el hombre. El chico se detuvo. Estaba a punto de ir al baño. Pretendía darse una ducha como la última vez. «No», repitió en voz más baja. El chico no le entendió. El hombre sacó cincuenta euros de su bolsillo, los restregó ostentosamente entre sus dedos y el chico comprendió. No quería que se duchara, quería sentir la calle. El chico se quitó la sudadera, se sacó el cinturón de las trabillas, se liberó de los zapatos, luego de los pantalones, de los calcetines de deporte, de los calzoncillos. Desnudo, fue a echarse en el colchón. Cruzó descaradamente las manos detrás del cuello trazando, en la mente del hombre, una escena que se había repetido durante milenios. Estaban allí, sin nombre, de paso. Dentro de cien años ambos estarían muertos y esa habitación ya no existiría. Al cabo de una hora, era el chico quien escrutaba el cielo de la tarde por la ventana entreabierta. El hombre estaba sentado en la cama. Oyó que llamaban a la puerta. Cuatro golpes decididos.

—¡Abra la puerta, por favor!

El tono era inconfundible. El turista holandés buscó en vano la protección del idioma.

—*I don't speak Italian.*

La voz se mantuvo firme.

—*Open the door, please.* ¡Policía!

Estaban en el quinto piso. No podría saltar por la ventana. Y la puerta, en unos segundos, la abrirían de una patada. Así que fue a abrir. Un pequeño equipo de agentes entró en la habitación. Vieron al chico. Pero ya sabían que estaba allí.

—*This is not your son* —constató un agente.

—*Your passport, please?* —dijo otro.

Le pidieron que tendiera las muñecas. Lo esposaron. Lo escoltaron escaleras abajo.

Algunos meses después nos marchamos de Roma. Todo sucedió muy rápidamente. Un martes por la mañana recibí una llamada telefónica del presidente de una importante institución cultural de Turín. La noche siguiente estaba cenando en su casa. Entre el entrante y el primer plato, me hizo una interesante oferta de trabajo. Claro, me dijo, tendría que mudarme de ciudad y la idea de irse a vivir a otro sitio, sonrió amablemente, siempre corre el riesgo de sonar un poco blasfema para los que viven en Roma desde hace tiempo. Le dije que me lo pensaría. Esa misma noche se lo conté todo a mi mujer. Acababa de pasar la medianoche y, hundidos en el sofá, nos vimos sopesando la posibilidad de cambiar de vida con una calma inusual: abordamos el tema con menos dificultad que cuando discutíamos sobre las vacaciones de verano. Se me ofrecía una buena oportunidad, ella podía trabajar desde casa, ¿cuál era el problema? Para infundir profundidad a nuestras palabras, enumeramos una serie de buenas razones por las que dejarlo todo podría ser un error, y lo hicimos como si quien planteara las objeciones no fuéramos nosotros, sino una hosca presencia meticulosamente hostil a nuestra felicidad.

A la mañana siguiente, frescos y descansados, desayunamos sabiendo que la decisión ya estaba tomada.

Nos desgajamos de Roma con la sombría satisfacción de los que se liberan de un vicio. Nuestros amigos se mostraban incrédulos. «Pero ¿estáis seguros?» fue la pregunta que me repitieron con más frecuencia en esos días. Organizamos una fiestecilla de despedida donde, entre canapés y copas de vino, reivindicamos nuestra decisión con excesiva insistencia. ¿Por qué seguir haciéndonos daño?, les dijimos a los invitados. Se había dado la inesperada perspectiva de mudarnos a una ciudad civilizada, ordenada, limpia, donde a los conceptos de trabajo, amabilidad, honestidad y responsabilidad social aún se les reconocía un sentido. Teníamos la oportunidad de empezar de nuevo, sería una estupidez desperdiciarla.

Un mes después nos marchamos.

De los primeros días en Turín, recuerdo pequeñas sorpresas cotidianas capaces de dejarnos a Chiara y a mí en un estado de estupefacción y alivio. Nos subíamos a un taxi y no nos insultaba nadie, ni presenciábamos disputas salvajes entre el conductor y los otros automovilistas. Enfrentados a problemas burocráticos que en Roma nos hubieran dejado exhaustos durante meses de gestiones, hallábamos la solución gracias a un mensaje telefónico de la administración pública. En el trabajo, las reuniones empezaban a la hora programada; la racionalidad y el sentido común eran las herramientas con las que se trataba de contener el caos natural del mundo. Todo se desarrollaba con normalidad, y la impalpable sensación de que no pasaba nada se debía, nos dijimos, a un prejuicio emotivo que pronto superaríamos.

Luego, sin embargo, pasaron las semanas, y mi mujer y yo empezamos a sentirnos mal. Un velo de tristeza cayó sobre nuestros rostros sin que al principio comprendiéramos lo que era. Las mañanas eran tristes en los despertares. Por la noche, el extravío se volvía vertiginoso. Ambos recibíamos la confirmación que buscábamos en el rostro del otro y, para no sacar conclusiones, desviábamos la mirada.

En las semanas siguientes, el silencio se convirtió en el protagonista indiscutible del tiempo que pasábamos juntos, de modo que en un determinado momento Chiara y yo nos vimos obligados a hablar del asunto. El problema era que, tuvimos que admitirlo, sentíamos una nostalgia desgarradora. Extrañábamos Roma a muerte. Tal vez nos habíamos atado a la ciudad como un adicto a su droga, y tal vez el excesivo atrevimiento con que habíamos anunciado nuestro adiós era la rabia hacia el amante infiel del que huimos sin que nuestros sentimientos hayan cambiado.

La oferta de trabajo me había dado la oportunidad de marcharme, pero yo sabía que para mí todo había empezado el día en que me encontré frente al apartamento de Manuel Foffo. Fue allí donde había aflorado el malestar que había estado incubando en los últimos años. La conciencia de lo que había ocurrido al otro lado de los precintos judiciales había destapado todo lo demás. No obstante, ¿qué cabe pensar de uno mismo cuando, a pesar de la buena voluntad, y hasta del valor de pasar a la acción (habíamos afrontado una mudanza, nos habíamos sometido a un cambio radical de hábitos, amistades, ocupaciones), uno se sorprende amando lo que hasta hacía poco le envenenaba la sangre? ¿Estábamos acaso tan acostumbrados al desastre que no podíamos escapar de él? ¿Formábamos parte de él? Por un lado, están las ciudades de los vivos, pobladas por muertos. Y por otro están las ciudades de los muertos, las únicas donde la vida todavía tiene sentido. Seguía pensando en el asesinato. Aunque ya había entregado el reportaje hacía meses, no dejaba de ocuparme del mismo. Ya no trataba con ningún periódico ni nadie me había encargado nada, no tenía que ir a ninguna oficina administrativa a cobrar, no había razón práctica alguna por la que tuviera que ir a Roma cada dos por tres. Sin embargo, lo hacía. A la primera oportunidad, me montaba en el tren y, en menos de cinco horas, estaba de nuevo en la ciudad. Cuando llegaba a Termini me invadía una oleada de felicidad y un temblor de emoción. Tomaba el metro, caminaba kilómetros, vagaba con un nudo en la garganta por Tor Pignattara, por Garbatella. ¿Seguiré siendo digno de estos lugares?, me preguntaba en las calles polvorientas, ¿o seré considerado un extraño, un traidor? Traidor de traidores. Lo que echaba tanto de menos era el sentimiento de absoluta libertad que en Roma era sinónimo de ruina, anarquía y abandono, y lo que añoraba era la certeza, en ciertos momentos vertiginosa, de poder vivir como simples expresiones humanas, en estado salvaje, liberados de las riendas de un Estado e incluso de los vínculos de una comunidad que aspira a llamarse un pueblo. (Si la ciudad era verdaderamente eterna, no podía existir pasado alguno, no existía en consecuencia un presente que respetar, ni un futuro para el que prepararse.) ¿Estaría confundiendo el desastre con la libertad? Era imposible sanar. A menos que –pensaba en busca de una absolución– yo no fuera de esos que, tras huir de una casa en llamas, vuelven sobre sus pasos para lanzarse al fuego armados con un vaso de agua.

Durante mis estancias en Roma alojarme en un hotel me hubiera hecho sentirme aún más como un extraño, así que iba a dormir a piazza Sanmicheli, a casa de un amigo. Daba largos paseos por via Casilina antes de acostarme, los aromas de la ciudad me parecían diferentes a como los recordaba, al igual que los colores, el volumen de los edificios, el tráfico de las calles, era como si en un rostro gigantesco, contemplado el tiempo suficiente para reducirlo a enigma, descubriera una nueva arruga, capaz tal vez de reordenarlo todo. A la derecha, las vías del tren, al otro lado edificios maltrechos. Era increíble, pensaba, cómo Marco Prato y Manuel Foffo habían sido capaces de destruir su vida con el homicidio de Luca Varani. Ni el beneficio económico, ni la carrera, ni la fama, ni la venganza personal, no había ninguna motivación clásica que justificara lo que había ocurrido. A esto hay que añadir que Foffo y Prato habían actuado de tal manera que no tenían ninguna posibilidad de salir bien librados. Al atraer a Luca a Collatino era como si se hubieran puesto a seguir sus propias huellas para celebrar un rito preparado con meticulosa inconsciencia en los meses previos.

Foffo vivía en perpetuo conflicto con su padre, se sentía aplastado, humillado, maltratado, pero nunca había sido capaz de enfrentarse a él con resolución. El único golpe que le había propinado había sido el de confesar el asesinato. Entonces lo sintió flaquear de verdad, y quizá experimentó, junto con la revancha, la lástima que se apodera de nosotros cuando deshonramos a quien creemos que ha traicionado nuestro amor. En el coche, yendo al funeral de su tío, Manuel podría haber saboreado, sumido en el vínculo que une a los hijos con los padres, el instante eterno en el que el joven sobrepuja al anciano y los papeles del vínculo de dominio se invierten. Pero la revancha era imposible, estaba en un callejón sin salida, puesto que, además, ese instante había pasado, el tiempo había comenzado a fluir de nuevo, su padre no se había derrumbado.

Marco también se quejaba de falta de reconocimiento. Su madre, decía, no quería verlo, no lo aceptaba por lo que era, respondía con silencio a su devoción. Ni siquiera el amor de Ledo, indiscutible amor paterno, había bastado tal vez, o no había sido lo suficientemente fuerte como para quebrar la condena que Marco sentía sobre sí mismo, y que había exorcizado con el tiempo convirtiéndose en un histrión, en un camaleón, en un prestidigitador que intenta colmar el abismo con sus artes. Pero ¿qué ocurre cuando, no pudiendo cruzar el espejo, incapaces de atravesar el umbral del dolor, edificamos nuestra vida de acuerdo con un código que borra y reafirma continuamente la vergüenza? (A mi mujer, con quien había hablado de ello, era un aspecto que podría haberle despertado ternura de no mediar un asesinato, ella sentía debilidad por quienes reaccionan ante los desastres personales esparciendo lentejuelas en el vacío sobre el que caminan.)

No habían derrotado al padre, no habían hecho cambiar de opinión a la madre. Se habían destruido a sí mismos. Había algo más. Durante una de mis estancias en Roma, una tarde, en un bar de Ponte Milvio, leí en el periódico un largo reportaje que parecía sumar desgracia a la desgracia. Al parecer, una red internacional de pedófilos llevaba tiempo activa en Roma, cerca de la estación de Termini. Yo había vivido allí durante mucho tiempo, nunca me había dado cuenta de nada. (Los periódicos recogen el horror, me decía, nunca hablan de la normalidad, de «la gente con su inteligente indiferencia y su triste desesperación», había escrito Marco Pannella, Roma también es esto, reservas de sana normalidad, toneladas de tristeza banal contra el horror.) Sin embargo, lo que pensé inmediatamente después, mientras seguía leyendo el periódico, fue otra cosa. Tienes que reservar un pasaje para Roma. Tienes que alquilar una habitación donde no te pidan documentos. Tienes que comunicarte con un mediador si es necesario. En definitiva, eres consciente, de principio a fin, de lo que estás haciendo. El pedófilo al que habían detenido en un sórdido apartamento de via Cattaneo sabía que había cometido un crimen, sabía que había violado una ley moral a la que había antepuesto su propio deseo, cuando no una ley divina contra la que había lanzado su propio desafío. Pero ¿qué queda de la culpa cuando el criminal ya no es capaz de reconocerla? Marco Prato y Manuel Foffo no tenían ni la menor idea de que podían cometer un asesinato cuando se conocieron, no barajaron tal posibilidad cuando se vieron por segunda vez, e incluso en marzo, cuando encerrados en casa se habían hundido en el delirio, no se habían dado cuenta de lo que estaban haciendo hasta que se vieron haciéndolo. Incluso parecían no darse cuenta *mientras* lo hacían. «Pero entonces está sucediendo de verdad», fue lo que pensó Manuel cuando empezó la carnicería. Por más que cada uno les hubiera contado a los carabinieri el crimen de forma diferente, añadiendo o eludiendo detalles relevantes para el procedimiento judicial, hablaban del asunto como si no hubieran sido ellos quienes obraban, sino *otra cosa*, un oscuro director de escena que se había hecho cargo de todo. Manuel había facilitado a su padre una confesión casi completa, y Marco había intentado incluso suicidarse. Ambos, sin embargo, más que a una culpa clásica, parecían apuntar a un misterioso vínculo causa-efecto. Era ahí, pensaba yo, donde el narrador vuelve a asomar la patita. El reconocimiento de las propias responsabilidades en una acción deleznable se estaba convirtiendo, a nivel emocional, en una prueba insostenible. Nadie era ya capaz de imputarse una culpa, nadie reconocía en sí mismo la posibilidad del mal. ¿Sería el narcisismo de masa? ¿Sería el miedo al reproche social que hallaba en la picota su espectáculo favorito? Los criminales conscientes se veían reemplazados por los asesinos a su pesar, por los mentirosos sinceros, por los traidores fieles, por los ladrones misericordiosos, por los canallas responsables. Ya no era el hombre que hunde el cuchillo sabiendo lo que hace, sino el criminal que se sorprende de ser reconocido como tal –cuando no se escandaliza–, por más que haya hecho exactamente lo que siempre hace la gente como él. ¿Qué esperanza podían tener Marco y Manuel de reconocerse culpables, y de entender, de cruzar el espejo más allá del cual serían capaces de reconocer por fin a *Luca*, su víctima? Por un lado, era difícil atribuir a Marco y Manuel una verdadera planificación del delito; por otro, el recorrido que llevaba al asesinato tenía una fórmula que solo ellos podían llenar. «En cuanto lo miré, *comprendí*», dijo Manuel recordando el momento en el que Luca había cruzado el umbral del apartamento. Pero ¿*qué* fue lo que entendió? «Lo miré a él. Luego miré a Marco, y es como si nos hubiéramos dicho mentalmente *es él*.»

Imaginar a Luca como una víctima predestinada era una aberración. Era necesario esforzarse más bien por encontrar un acto de voluntad en lo que Manuel y Marco parecían atribuir a un acoplamiento de piezas. No la víctima predestinada, sino el haberse vuelto *ellos* verdugos probables. ¿Y cuándo, me preguntaba, creció esta probabilidad hasta convertirse en una certeza? Aquí se veía uno arrastrado por los pelos hacia abajo, hacia la parte nocturna, ancestral. Luca no tenía la experiencia ni la prestancia de Alex Tiburtina, no era tan avispado como Tiziano De Rossi, el peritaje criminológico subrayó su debilidad en todos los niveles con respecto a sus agresores. Además, Luca era una persona apacible. Algunos comentaristas seguían echándole la culpa a la cocaína. Otros insistían en la sexualidad. La nunca demostrada homofobia de Luca lo había vuelto odioso a ojos de Marco y Manuel o, por el contrario, dijeron, la no aceptación de su propia homosexualidad había desencadenado en Marco y Manuel la chispa de violencia. Vivíamos en un país retrógrado, terriblemente atrasado en cuestiones de género y de orientación sexual, pero la percepción de la sexualidad propia y ajena, pensé, era en este caso uno de los filtros a través de los cuales –con tal de salir de la fase de latencia– pasaba algo aún más remoto. Una sombra permanecía estancada en nosotros desde la noche de los tiempos. Destruir a los más débiles. O bien debilitar al más fuerte para luego destruirlo. La agresión como garantía para la supervivencia. Golpear para escapar del miedo a ser golpeados. Sentirse impotentes, reducir al otro a la impotencia. Sentirse en peligro, poner al otro en peligro. Sentirse una nada, reducir al otro a la nada. Dejarse ganar por esa debilidad, por ese miedo atávico, significaba elegir: era ahí donde había que buscar la responsabilidad individual en una época en la que, círculo retórico tras círculo retórico, este concepto iba ocultándose cada vez más lejos. De lo contrario, se desataría la barbarie o, de lo contrario, en cuanto las ciencias (a las que no pocos juristas miraban con confianza) hubieran reducido cada uno de nuestros gestos a una determinada serie de reacciones químicas e impulsos eléctricos, el concepto de culpa se disolvería junto con el de posibilidad de elección, y habríamos quedado, en la libertad de la culpa, encarcelados para siempre.

¿Éramos un todo indistinguible con el instinto de transgresión? ¿Quién podría cortar ese vínculo? ¿Era tarea de la educación, de la cultura? Pero la cultura y la educación, en sí mismas, no eran en absoluto lo contrario de la violencia.

No me sentía capaz de entenderlo. Cerré el periódico, miré hacia delante. En Ponte Milvio la luz caía sobre las pistas de tenis y sobre las hermosas casas de colores, los pájaros volaban de un lado al otro del río.

QUINTA PARTE

LAS GAVIOTAS

Es hermoso, dijo el diablo por detrás de
Adán. Pero… ¿es arte?

ORSON WELLES

Duermen en la misma cama, pero no tienen
los mismos sueños.

ZHOU ENLAI

El verano había vuelto. Las sombras de los transeúntes se alargaban en el Esquilino, en Casal Bertone, en Tor Pignattara. El calor se remansaba famélico. Los porteros se pasaban las horas mirando a la calle. Los brazos desnudos de las chicas. Los ancianos que caminaban lentos entre los baches. Los fines de semana la gente huía hacia el mar, pero quien podía dejaba el trabajo ya a mitad de semana. Oficinas abandonadas. Cielos azules. Teléfonos sonando en vano. Era uno de los placeres más intensos para los habitantes de la ciudad: hallarse con los pies en el mar Tirreno discutiendo de cosas fútiles, como si, desde la orilla de la mayoría, se pudiera mirar ya con superioridad las tristes preocupaciones de los vivos.

Fue en este clima de eterna desmovilización –idéntico cada año, pero cada año más caluroso– cuando en Roma se volvió a votar por el primer edil. En el curso de dos semanas la ciudad salió de la gestión provisional y regresó oficialmente a la normalidad. Fuera el comisario extraordinario, dentro el nuevo alcalde. La primera mujer alcaldesa de la ciudad.

La situación, constaté desde Turín, no volvió a la normalidad. La ciudad seguía hundiéndose en un caos que se hizo más ostentoso por la presencia de quien, respaldada por un mandato popular, gobernaba ahora el timón de la barca.

La alcaldesa –elegida en virtud de la ola de protestas contra la vieja clase política– parecía incluso más impotente que sus predecesores. Los turistas se desperdigaban entre interminables ineficiencias públicas. Los exhibicionistas nadaban desnudos en las fuentes. La basura crecía por todas partes. Las fotos del desastre dieron la vuelta al mundo. Llegaron los reportajes de los periódicos extranjeros. «Roma en ruinas» (*New York Times*). «La reputación de la ciudad próxima al cero absoluto» (*Le Monde*). Algunos ciudadanos empezaron a protestar contra quienes, protestando, habían favorecido el nuevo curso político. Otros protestaron contra quienes protestaban contra quienes habían protestado.

Empezaron a suceder cosas extrañas. Como si fueran bonzos mecánicos, los autobuses se incendiaban solos. En Torre Rossa, en via del Tritone, en medio de piazzale dei Cinquecento. Se descubrió que los episodios de autocombustión, frecuentes hasta extremos inquietantes, se debían a la ínfima calidad de los componentes montados en los vehículos por los mecánicos de la empresa municipal, debido a la falta de fondos. A finales de junio, jugando entre los setos de Colle Oppio, un grupo de niños encontró una gigantesca lengua de cerdo. En Campo de' Fiori los chicos la emprendían a botellazos unos contra otros los fines de semana. En Tuscolano se desencadenaban breves batallas urbanas en que se arrojaban residuos recogidos en la calle. Los comerciantes de Centocelle eran agredidos por quienes querían obligarlos a dejar sus tiendas; cuando se dirigían con los rostros tumefactos a sus amigos de la policía, podían recibir confidencialmente respuestas inesperadas: «Si quieres, podemos ponerte escolta —decían—, pero a partir de ese momento prepárate para llevar una vida de preso. Tienes mujer, tienes hijos, tienes algo de dinero: ¿quién cojones te obliga a algo así? Si quieres un consejo, véndelo todo y vete». Las obras públicas, entre demoras e ineficiencias, devoraban como de costumbre muchísimo dinero, pero cada vez había menos dinero. Los particulares, desanimados por la marcha de la economía, ponían sus casas en Airbnb. Una marea de nuevos pobres, desahuciados, desfavorecidos, presionaba inquieta desde las periferias. Todo se corrompía, nada dejaba de existir.

A la emergencia por las ratas se sumó el azote de las gaviotas. Con su expresión malvada y sus ojillos vidriosos, eran dueñas de la situación. Correteaban entre la basura, devoraban pequeños animales muertos, se arrojaban sin temor hacia toda fuente de alimento.

—Estas se nos van a comer vivos —comentaban los romanos, expresando malestar o deseo.

Aunque ya hubieran pasado meses desde el asesinato de Luca Varani, el interés no había disminuido. En el cuartelillo de piazza Dante los carabinieri seguían escuchando a los expertos y personas con información sobre los hechos, cumplimentando solicitudes y actas. Los periodistas se agolpaban en busca de noticias.

Recluidos en Regina Coeli, Marco y Manuel no habían vuelto a verse ni a hablarse. Ambos, sin embargo, se habían visto obligados a soportar la compañía del otro. A Marco le preguntaban constantemente por Manuel, a Manuel le preguntaban constantemente por Marco. Cuando, antes del asesinato, los dos se habían dicho que, al hacer algo grande, quedarían atados para siempre, no se habían imaginado *eso*. Es decir, no habían tenido la oportunidad de reflexionar sobre lo que significaba no poder cortar el vínculo. Sus mentes, encajadas la una en la otra durante los días del delirio, se habían desalineado, luego enfriado, y ahora se mortificaban en el resentimiento. Encerrados en la oscuridad de sus respectivas celdas, lejos de sus hogares, de sus seres queridos, de las costumbres de siempre, se veían obligados a constatar con desolación que, inalcanzable, pero muy cercano, separado apenas por media docena de pasillos, estaba *el otro*, la persona sin la cual no habrían estado allí.

No hacían otra cosa que culparse mutuamente.

Manuel Foffo les decía a los investigadores que había sido Marco quien le había asestado a Luca Varani la puñalada en el corazón que lo había matado. Marco Prato sostenía que nunca había tocado a Luca con un arma. Manuel decía que había sido manipulado por Marco. Marco afirmaba haberse prendado de Manuel, y que había sido la locura amorosa lo que le había hecho cometer el error de secundar sus actos.

A pesar de que los elementos probatorios ofrecían ya material suficiente para cualquier clase de deriva narrativa, la sugestión de la puñalada en el corazón era irresistible a nivel simbólico. ¿Quién había dado el golpe de gracia? Se especuló y se lanzaron hipótesis, se entrevistó a expertos y se escribieron editoriales, hasta que los análisis solicitados por el fiscal se hicieron oficiales.

Los análisis revelaban una presencia de GHB en la sangre de Luca Varani muy por encima de cualquier dosis de tipo lúdico. La cantidad de cocaína era compatible en cambio con un propósito recreativo normal, y no excluía sucesivos consumos en el pasado más reciente. El peritaje genético-forense fue fundamental para comprender quién había manejado las armas del crimen. Las pruebas revelaron «la presencia de perfiles genéticos» adscribibles, además de a la víctima: *a*) tanto a Foffo como a Prato en el mango del martillo; *b*) solo a Prato en el mango del cuchillo de cocina; *c*) solo a Varani en el cuchillo de hoja corta que le habían clavado en el pecho. A propósito de este último aspecto, el perito dijo que el resultado se debía a una cantidad exorbitante de ADN atribuible a la sangre de la víctima, que podía haber cubierto las otras pistas.

El informe forense dejó claro, por último, que no había habido ninguna puñalada letal. A pesar del increíble número de cuchilladas, y la furia con la que habían sido asestadas, no había ninguna que pudiera considerarse «decisiva». O, visto de otra manera, las acciones decisivas eran *todas*.

En definitiva, Luca Varani había muerto desangrado.

Todos tememos asumir el papel de víctima. Vivimos con la pesadilla de que nos roben, nos engañen, nos agredan, nos pisoteen. Es más difícil temer lo contrario. Rezamos a Dios o al destino para que no permita que nos topemos en la calle con un asesino. Pero ¿qué obstáculo emocional tenemos que superar para imaginarnos a nosotros mismos asumiendo algún día el papel del verdugo?

Siempre decimos: «Por favor, no dejes que me pase a mí». Y nunca: «Por favor, no dejes que sea yo quien lo haga».

—Si Marco y Manuel no se hubieran conocido, este asesinato nunca se habría cometido.

El que dijo esto fue el doctor Francesco Scavo. Yo había llegado a Roma desde Turín la noche anterior, ahora estaba con él entre las mesas de un bar justo enfrente del tribunal. Para llegar allí se pasa por piazzale Clodio, donde el mobiliario urbano se abre de repente mostrando Monte Mario. Allá arriba, entre las colinas, se vislumbra el observatorio astronómico.

—Durante los últimos quince años he estado trabajando en casos que me han hecho reflexionar. Soy una persona abierta. Pero el panorama que este asesinato ha abierto ante mí es impresionante.

Scavo estaba a unos centímetros de mí, con sus gafas de montura ligera, el mechón de pelo negro que le caía sobre la frente, la mirada perpetuamente concentrada.

El primer aspecto desestabilizador, dijo, era la facilidad con que dos chicos absolutamente normales se habían manchado con un crimen como aquel. Los investigadores estaban acostumbrados a los profesionales. Crimen organizado. Terrorismo. Crímenes familiares, como es natural. O pequeños delincuentes. Personas todas ellas cuya motivación estaba clara. Si a Manuel Foffo y a Marco Prato se les hubiera dicho a finales de febrero que una semana después irían a la cárcel con la acusación de haber asesinado salvajemente a un joven de veintitrés años (una víctima que, en el caso de Manuel Foffo, ni siquiera tenía nombre) les habría parecido la trama de una película de ciencia ficción.

Según la acusación, debía considerarse intacta la absoluta posesión de sus facultades mentales. Era cierto que Manuel y Marco estaban muy colocados cuando Luca Varani entró en el apartamento, pero habían decidido con total libertad comprar y consumir toda esa cocaína. También era cierto que, a diferencia del clásico asesinato premeditado, este carecía de una planificación tangiblemente comprobada (por ejemplo, la adquisición preventiva del arma utilizada para matar), pero, por muy difícil de probar que fuera, la acusación pretendía basarse en una suerte de «premeditación psicológica», es decir, en una voluntad intrincada que, paso a paso, creyó en primer lugar que quería un asesinato, luego lo quiso realmente, y al final lo consumó.

La segunda cuestión importante carecía de relevancia penal, pero a Francesco Scavo no le daba menos razones para pensar.

–Los adultos critican a los jóvenes. Es normal –dijo–, cuando yo era joven, a los adultos les horrorizaban nuestras melenas, despreciaban la música que escuchábamos, la manera en que nos vestíamos, eran muy escépticos sobre los valores en los que decíamos creer, y por los que muchos de nosotros se decían dispuestos a luchar. Pero en el caso de estos chicos –preguntó–, ¿cuáles son en concreto los valores por los que luchan? A muchos de ellos, independientemente de su clase social, si les dices que al sacarse una oposición en la administración pública van a ganar mil ochocientos euros al mes, responden desdeñosos: «¿Y qué hago yo con mil ochocientos euros?».

Como persona inteligente, Scavo no se atrevía a despreciarlos. Sentía dolor y tristeza, una tristeza profunda. Podía escrutar profundamente en sus corazones, pero una vez que encontraba lo que estaba buscando, ¿qué más podía hacer?

–Lo que más me llamó la atención es que muchos de ellos son de buena familia.

Quien hablaba esta vez era uno de los carabinieri que más se había destacado en la investigación. Se refería a los amigos de Marco Prato. Había logrado obtener información crucial sin dar nunca a los chicos la impresión de juzgarlos.

Incluso ahora, fiel a su papel, se esforzaba por no expresar juicio alguno. Que el mundo, en todo caso, había dado un giro cuando menos extraño, bueno, eso creía poder decirlo sin ofender a nadie.

–Todos hemos sido jóvenes, todos hemos hecho disparates. Sin embargo, si comparo las cosas que montábamos nosotros con *su* estilo de vida, me doy cuenta de haberme pasado la juventud en una situación de total ingenuidad.

Era capaz de entender cómo pensaban ciertos chicos de barrio. Conocía a los hijos de los parados, a ladrones, a drogadictos. Quienes crecían en familias destrozadas o en contextos donde la miseria y la violencia eran la misma cosa, era evidente en nombre de qué desafiaban el orden establecido. En esos casos, las fuerzas del orden sabían cómo comportarse y, aún más, sabían qué pensar. Es más fácil luchar contra una ilegalidad cuando está claro lo que empuja a quien la comete. Pero la razón por la que unos chicos absolutamente normales, a los que no les faltaba nada en el plano material, parecían vivir como auténticos desesperados –por las drogas que tomaban, por su incapacidad para enfocar su propia identidad, por la preocupación paroxística que tenían por el juicio de los demás, por el uso irrespetuoso que hacían de su cuerpo, por la relación que tenían con el dinero, por lo despreocupados que parecían al malgastar periodos enteros de sus vidas– lo sumía en un estado de absoluta perplejidad.

–Algunos de ellos, en conversaciones por WhatsApp, hablan con desprecio del transporte público. Si no tienen dinero para un taxi se sienten inferiores. Se refieren al metro como el «arrastrapobres». Chicos de veinte años. Yo sigo usando el transporte público incluso ahora. Tuve que hacer un esfuerzo para no sentirme ofendido.

En Regina Coeli continuaban los encuentros con la familia. Manuel recibió durante meses, un par de veces a la semana, las visitas de su hermano Roberto, de su madre y de su padre.

—Ese te está echando toda la mierda encima —le dijo Roberto durante una de las primeras visitas—, dice que tú lo decidiste todo, que él solo hacía lo que tú querías.

Cuando hablaban de Marco no lo llamaban casi nunca por su nombre. Decían «ese» o «el otro».

—Pero si me chantajeaba —protestó Manuel—, fue *él* quien hizo que me saliera toda la rabia reprimida.

—Te incitaba a la violencia, ese desgraciado —constató Roberto—, cuánto me gustaría tenerlo delante.

Intentaban tranquilizarlo, consolándose también a sí mismos: circunscribir las responsabilidades de Manuel les impedía pensar que su culpa fuera absoluta, evitando volverlos locos a todos.

—¿Qué tal estás pasando los días?

Manuel dijo que en la cárcel lo trataban bien. Seguía aún en aislamiento. Comía con regularidad. Tenía encuentros periódicos con los psiquiatras. Todos los días le daban una pastilla para estabilizarle el ánimo y un sedante. Los agentes de policía iban aprendiendo a conocerlo. A algunos no les caía bien, pero la mayoría se daba cuenta de que no era un recluso problemático. Dio las gracias a su madre por traerle una muda de ropa. Dijo que tenía algunos problemas con la ducha: «No tengo gel de baño». Si se lo habían mandado desde casa, los guardias penitenciarios no le habían entregado nada.

—Puedes comprar el gel de baño en el economato de la cárcel —le dijo su padre.

—Cada semana te ingresamos setenta y cinco euros en la tarjeta prepago —le dijo su hermano.

—Está bien. Gracias.

Volvieron a hablar del asesinato.

Roberto le dijo que el abogado estaba trabajando, los peritos estaban trabajando, todo el equipo estaba haciendo todo lo posible por ayudarlo. «Ya verás, las cosas irán mejorando.» Por el contrario, la situación del *otro*, continuó Roberto, era mucho más comprometida. Había habido precedentes, en los periódicos habían escrito que meses antes Marco Prato había secuestrado a un chico, lo había drogado y había abusado de él. Era un *reincidente*. Los jueces no podían ignorarlo.

—Le vi una mirada criminal —dijo Manuel.

—Te incitó —dijo Roberto.

—Me sometió a presión psicológica —reforzó Manuel.

—Pero entonces ¿es verdad que ese chico fue torturado como dicen los periódicos o no? —preguntó el padre.

—Eso es verdad —admitió Manuel por enésima vez.

—También es verdad, sin embargo, que estabais hasta arriba de cocaína —dijo su padre—, ¿no será que habían cortado mal esa droga?

—Aunque ese tipo haya borrado las pruebas, para eso están los peritos —dijo Roberto—, el trabajo de la Científica demostrará que...

—Escuchadme, os lo digo desde ahora mismo —les interrumpió Manuel—, si por casualidad os estáis formando ideas raras, quitaos de la cabeza que yo no soy culpable. Porque yo *soy* culpable.

—Sí, por supuesto —dijo Roberto—, pero todo surgió por iniciativa de ese otro.

—Yo es que no entiendo nada —dijo Daniela—, esta historia es absurda.

Los hermanos se apresuraron a silenciar a su madre. Manuel le dio las gracias por toda la ayuda que estaba intentando brindar. Sin embargo, dijo, no tenía sentido que hiciera preguntas sobre los aspectos legales del asunto, no tenía instrumentos para entender de lo que estaban hablando. Roberto dijo que las próximas veces sería mejor que se vieran sin ella.

En las siguientes semanas fueron a verlo solo su padre y su hermano, en otros casos solo iba su hermano. Siguieron hablando de la estrategia defensiva. Hablaban de la vida en la cárcel. Manuel alternaba momentos de desconsuelo con otros en los que incluso podía imaginarse un futuro. Era entonces cuando volvía a hablar de las startups.

—He estado pensando en ello estos días.

—Tus proyectos seguirán adelante —lo consoló Roberto—, te ayudaré, me aseguraré de que tú también puedas continuarlos desde aquí dentro.

—En la mochila están todos los materiales del proyecto.

—Te haré llegar el contenido de la mochila —dijo Roberto—. Te volveré a poner en contacto con el programador informático, intentaré que puedas verte con él en la cárcel.

—Primero la mochila —dijo Manuel—, luego lápiz y papel. Aquí todavía no me dejan usar bolígrafos ni lápices, tienen miedo de que pueda usarlos para hacerme daño.

—Podrás utilizar bolígrafos —dijo Roberto—, recuperarás el contenido de la mochila. Te pondremos en contacto con el programador informático. Retomarás el control de tus proyectos.

—En esos proyectos, de todos modos, seguirá estando mi nombre —Manuel frunció el ceño—, y mi nombre siempre estará asociado a esta historia. La verdad es que estoy acabado.

Se le demudó el rostro. Y cuando ocurría esto le daba vueltas a otro problema. La cárcel, decía, eso podía soportarlo, la cadena perpetua era una idea terrible, pero podía afrontarla. Sobre una cosa, sin embargo, se sentía totalmente a merced de los acontecimientos.

—El caso es que ahora todo el mundo cree que soy maricón.

—¿Quién cree que eres maricón?

—Amigos míos, conocidos, desconocidos, *toda Italia*.

—Nadie cree que seas maricón, es el otro el que es maricón.

—Roberto, he estado por ahí con ese. Iba vestido de mujer.

—¿Y eso qué más da? ¿Que le dieras por culo significa que eres maricón? Eras la parte activa de la relación. La gente sabe que no eres maricón.

—Incluso aquí en la cárcel —dijo Manuel— de vez en cuando se me acerca alguien y me llama maricón. Lo han leído en los periódicos, lo han oído en la televisión, cada vez que desde una celda cercana oigo la música del telediario, me tiemblan las piernas.

—Incluso los periódicos dicen que eres heterosexual. Lo dicen las actas. Está escrito. Porque nos obligan a dejar los móviles en la entrada… de lo contrario ahora mismo te lo dejaba leer, eso es lo que se escribe por ahí.

—Todo el mundo piensa…

—No, Manuel, toda Italia no está pensando en tus líos sexuales. A ver, ¿quién coño te crees que eres, Berlusconi?

Algunos días Manuel insinuaba la posibilidad de acabar con todo. Entonces Roberto se ponía nervioso.

—No digas gilipolleces, Manu. Esos no son gestos de honor, son gestos de gilipollas.

—Depende de las modalidades —respondía Manuel—, si se trata de palmarla con alcohol y Minias, como quería hacerlo Marco, entonces sí. Pero si te cortas el cuello es otro asunto.

—Eres un auténtico gilipollas —replicó Roberto—, y vas a joderme la vida. Yo tengo dos hijos, ¿eh?

—Por eso, porque tienes dos hijos. Tienes dos hijos, tienes toda la vida, yo me quito de en medio y…

—Mi vida *eres tú*. No me jodas. Te lo digo como hermano. No me lo merezco. De verdad que no me lo merezco.

—Estoy acabado, ni siquiera tengo ganas de llegar hasta mañana.

—Te sacaré de aquí, te lo prometo. Lo haré por ti. Pero si tú me quieres debes ser fuerte, debes ser más fuerte *por mí*.

–Se ve que no te das cuenta de lo que significa estar aquí dentro, no te das cuenta de lo que significa estar acabado. Ni siquiera tengo el valor de mirar a los demás a la cara.

–¿Qué coño estás diciendo, Manuel, qué coño estás diciendo?

–Fue un crimen cruel. Un crimen infame, vil, feroz.

–Pero se cometió en un estado de…

–Me gustaría hacerme la cirugía plástica en la cara. Dejar de ser yo. Le he preguntado al abogado si había alguna manera de cambiarme el nombre, me contestó que es muy complicado.

–¿Cambiarte el nombre?

–Cuando salga de aquí, ¿qué hago con mi nombre? ¿Y con mi cara? Lo mejor sería cambiar de país.

–Al extranjero –dijo Roberto exasperado–, nos iremos todos al extranjero, nos cambiaremos todos de nombre, nos iremos. Incluso los niños. Los mandaremos al extranjero a estudiar.

–Dicen que no estoy arrepentido –dijo Manuel–, en las actas está escrito que de mi comportamiento no se deduce el arrepentimiento. Pero eso no es verdad. Yo pienso en ese pobre chico todos los días, por la noche sueño que soy él, sueño que alguien me hace a mí las mismas cosas que yo le hice a él. Tengo estas pesadillas y luego me despierto con el corazón en un puño. Si llego con vida al final de esta historia, no dentro de dos años, no dentro de cinco, sino dentro de diez, dentro de quince años… entonces, aparte de sus parientes, aparte de sus padres, seré yo el que más quiera a Luca. Lo querré más incluso que sus amigos. Porque yo, aquí dentro, tendré que pensar en él todos los días.

Marco también recibió visitas en prisión. Era su padre sobre todo el que iba a visitarlo.

Después de la célebre publicación de Ledo Prato –con la que los periódicos, como era previsible, se habían encarnizado, describiendo al profesor como un narciso de prosa alambicada–, no había concedido más entrevistas ni declaraciones. Ningún miembro de la familia se había presentado en público para hablar sobre lo ocurrido. De la madre de Marco, la señora Mariella, no había aparecido ni una sola foto en los periódicos. El silencio daba crédito a todas las interpretaciones. Esa era la razón por la que yo miraba con desconfianza a Ledo Prato. Pero luego lo vi en la sala de visitas de Regina Coeli. Sucedió cuando examiné los registros de visitas de Ledo Prato a Marco. Por mucho que las cámaras de vigilancia no permitan los primeros planos, lo que enseñaban resultó suficiente. En una de esas grabaciones, Ledo Prato entró en la sala de visitas de la cárcel. Marco no había llegado todavía. Americana y camisa debajo del abrigo negro, Ledo miró a su alrededor, sopesando el lugar desierto, las paredes de hormigón armado, los taburetes sin respaldo, hasta que sus ojos se toparon accidentalmente con la cámara. Fue un larguísimo instante. A mí, que lo miraba en diferido, me pareció un hombre totalmente indefenso. Nadie espera tener que ir a visitar a su hijo a la cárcel. El impacto con el dolor devuelve a la mayoría de nosotros a una suerte de inocencia originaria. En un determinado momento ya no tenemos más defensas, ni recursos, no hay absolutamente nada que podamos hacer para evitar lo peor, y así, junto con las defensas, se derrumban los privilegios, las estrategias, la pertenencia de clase, la retórica, dejando entrever la frágil desnudez de especie que nos aúna a todos.

Unos segundos después, Marco entró en la sala de visitas y todo, en la medida de lo posible, volvió a la normalidad. Ledo fue a su encuentro. Marco llevaba unos vaqueros y un suéter negro, estaba casi completamente calvo. Padre e hijo se abrazaron. Se sentaron uno frente al otro y empezaron a hablar.

–Estás helado –dijo Ledo, estrechándole las manos.

–Es porque antes de las entrevistas me registran –dijo Marco–, me desnudan en una habitación donde hace un frío del carajo.

–Pero ahora estás mejor, ¿verdad?

—Sí, aquí dentro se está bien.

Empezaron a discutir sobre el juicio. Ledo se mostraba muy cauteloso, como siempre. Hablaba en voz baja. Le hablaba de sus reuniones con el abogado. «Bartolo se las sabe todas.» Estaban tratando de averiguar cómo moverse entre informes periciales y declaraciones. Marco dijo que sería una buena idea ponerse en contacto con Franca Leosini.

—¿Franca Leosini? —Ledo se quedó estupefacto.

—La periodista de Rai 3 —confirmó Marco—, ella podría recomendarnos a algunos peritos expertos. Es un personaje de mucho prestigio. Progresista. Una dama de la izquierda. Podemos intentarlo.

Franca Leosini no era simplemente una periodista de Rai 3. Franca Leosini era la reina indiscutible de la crónica negra en la televisión. Presentaba desde hacía años un programa visto por millones de entusiastas que profesaban por ella un sentimiento cercano a la idolatría. Marco seguía mezclando las razones de la justicia con las del espectáculo, dijo que cuando extrajeran todo el material de su móvil, entonces estallaría una bomba. Había muchas celebridades entre sus contactos, y había mensajes que podrían resultar comprometedores para muchos de ellos. En ese momento, para no verse arrastrados a un escándalo, levantarían una muralla en torno a él.

—Pero ¿no habías dicho que no había nada de lo que preocuparse en tu móvil? —preguntó Ledo.

—En efecto. No hay por qué preocuparse —respondió Marco—, todo ese material no hará más que confirmar la tesis sobre la complejidad de mi vida, sobre mis contradicciones. Resultará muy útil para dejar claro que yo estuve realmente a merced de los acontecimientos. Incluso si aparecen cosas feas en el móvil, hasta eso será útil, servirá para trazar el perfil de una personalidad ambigua, pero no para decir, ni para probar, que hice determinadas cosas.

Lo importante no era hasta qué punto los argumentos de Marco se atenían al nivel de la realidad. Era, pese a todo, singular que fuera *él* quien sentía la necesidad de tranquilizar a

Ledo. Por un lado, parecía sentir ternura por su padre y, en la medida de lo posible, trataba de protegerlo. Por el otro –incluso en la cárcel– pretendía conservar el dominio absoluto de la situación, controlar, por así decirlo, la auténtica interpretación de lo que estaba pasando. Lo que podía llevar a sentir una amarga antipatía hacia él, pero también una profunda piedad: ¿qué clase de herida quiere ocultar un chico que, encerrado en la cárcel acusado de asesinato, se siente obligado a alardear de aplomo de esa manera?

Hablaron de las condiciones de vida en la cárcel.

–En la celda somos cuatro –dijo Marco–, aparte de mí hay un detenido que ha contagiado a sabiendas con el VIH a un montón de chicas, un fotógrafo que dormía a sus modelos con psicofármacos para violarlas, y un pedófilo. Sus juicios están en curso, tal vez sean inocentes, pero ya puedes imaginar que los cuatro ahí metidos parece que estamos en la celda de Satanás.

Marco le preguntó a Ledo si habían logrado ponerse en contacto con su psicoanalista, la doctora Crinò. Esa mujer lo sabía todo de él. Podría ser útil en el juicio.

–Escuchadla, reuníos con ella. Confiad en lo que os digo.

Ledo respondió que el abogado había intentado ponerse en contacto con ella, pero que la psicoanalista no había contestado a las llamadas.

Otro día –eran siempre su padre y él en la sala de visitas–, a Marco le dio por la política. Seguía quejándose de las condiciones de vida en la cárcel, dijo que los radiadores funcionaban mal, que las ventanas eran «medievales», que las celdas eran invivibles, probablemente no se respetaran los umbrales mínimos de habitabilidad prescritos por la ley. Quizá, añadió, los conocidos de su padre podrían serle de ayuda.

–Verás –dijo Ledo–, el problema ahora es que toda esa gente está en plena campaña electoral. Que afortunadamente termina dentro de una semana.

–Pero hay un senador, uno del Partido Democrático –dijo Marco–, nacido en Cerdeña, muy sensible al tema de los derechos humanos en las cárceles.

—Estás hablando de Manconi —dijo Ledo—, sí, claro, está Manconi. Pero hay muchos otros.

—¿Y qué me dices de *ese tal*…? —preguntó Marco—. Ese… ¿cómo se llama? Ay… ese amigo tuyo que está en el Senado.

—Te refieres a Giorgio.

—No Giorgio, el otro —dijo Marco—, su hijo iba conmigo al liceo Giulio Cesare.

—Ah, ya entiendo —dijo Ledo—, ahora es el jefe de gabinete del ministro. Fue subsecretario. Pero hace mucho, lleva años fuera del Parlamento.

—Pero él es el jefe del gabinete, y *tú* todavía tienes contacto con *él*.

—Sí —dijo Ledo, usando el tono más comprensivo que pudo—, pero cuando empiezas a asumir ciertas tareas… si tienes que recibir a los parlamentarios que van a hablar con el ministro, entenderás que tiene prioridades de otro nivel respecto a…

—Tú eras asesor del ministerio.

—No era un asesor. Colaboré con el ministerio, eso sí, pero has de tener en cuenta que algunas de estas personas pueden plantearse la cuestión de la oportunidad.

Ledo añadió que, excepto en situaciones extremas —por ejemplo, una paliza en la cárcel—, no podían solicitarse intervenciones para casos individuales.

Marco le preguntó a Ledo si había revisado su página de Facebook. ¿Qué estaba pasando en la red? ¿Qué decían de él? Su padre dijo que la situación ya estaba más tranquila, de vez en cuando alguien dejaba en el muro comentarios insultantes, pero había que contar con cosas así.

—Por cierto —dijo Ledo—, para cerrar el perfil sería necesario que me dieras la contraseña.

—Pero ¿por qué vamos a cerrar el perfil de Facebook? No estoy muerto.

Luego Marco preguntó por su madre.

Estaba tratando de digerir lo sucedido, dijo Ledo, estaba ocupada con la casa, por ahora no se sentía con fuerzas para ir a visitarlo a la cárcel.

Cuando regresó su padre, Marco siguió insistiendo en la doctora Crinò.

—Papá, imagínate lo que ha sido para mí ver a esa mujer tres veces por semana *durante años*. Ella lo sabe todo sobre mí, nunca hubo ningún filtro, no me guardé nada. Ella fue la única persona que nunca me permitió recurrir a atajos, si estoy aguantando se lo debo a ella. ¿Te acuerdas de lo engreído, grosero y maleducado que era yo? Si no hubiera recibido terapia con Crinò, nunca habría podido estar en la cárcel en estas condiciones, con los baños sucios, los radiadores rotos... Tenéis que buscarla. La necesito. Seguro que está hecha polvo. Quiero ayudarla, quiero decirle: «Oiga, doctora, usted lo hizo bien». Tengo que conseguir que lo entienda. De lo contrario, se suicida, profesional y humanamente. Se suicida.

Su padre dijo que lo habían intentado, el abogado había escrito de nuevo a la doctora Crinò, la había telefoneado. Pero ella se negaba a colaborar, evitaba contestarles, estaba dando a entender, de forma muy clara, que no tenía la menor intención de ayudarlo con el proceso. No quería hablar con el abogado. No quería hablar con el matrimonio Prato. Y, podía presumirse, no quería hablar tampoco con él.

Marco dijo que había logrado apuntarse a un curso de música y literatura.

—Los demás reclusos ayer, durante el curso, empezaron a cantar canciones de amor, me cantaron «Ciao amore, ciao» y me emocioné, me eché a llorar.

La situación también había mejorado en lo que respectaba a la vida cotidiana en la celda.

—Me han subido de grado —continuó Marco—, ahora puedo comprar bombonas de gas para cocinar, así hasta puedo hacerme café.

De todas formas, prosiguió, él siempre mostraba la mejor voluntad, siempre estaba dispuesto a socializar, a mantenerse ocupado, todo, con tal de resistir en esa situación.

—¿Necesitas algo? —preguntó Ledo.

El chico respondió que le gustaría que le mandara un albornoz, algunas camisas, sus polos, un par de vaqueros. Entonces Marco fue por fin al grano. Lo hizo con delicadeza, pero no podían seguir dándole vueltas. Su madre. Tampoco se había presentado esta vez.

—Necesita tiempo —dijo Ledo.

—Le mandé una carta hace unos días —respondió Marco—, precisamente le escribí: «Tómate el tiempo que necesites». Hablaba con una calma y una compostura poco naturales. Pero estaba claro que se estaba asomando a un abismo. Le dijo a su padre que de niño se le había abierto un vacío afectivo, y que había tratado de llenarlo de la peor manera, con sexo, con drogas, y si al final había pasado lo que había pasado, bueno, la explicación estaba ahí. A pesar de los valores que habían intentado transmitirle, esa descompensación afectiva lo había acompañado toda su vida. Dijo que nunca culparía a su madre por eso, y sin embargo ese vacío, repitió, lo había creado ella.

—Hace meses —continuó Marco—, ella me dijo que estaba cansada de hacer de madre. Así que el otro día le escribí: «Ahora no quiero que hagas de madre, pero permíteme por lo menos a mí hacer de hijo, para darte fuerzas, para hacerte comprender que la vida sigue». Luego escribí: «No tienes que venir aquí para hacer de madre, pero permíteme a mí ser tu hijo».

Empezaron a hablar de nuevo sobre el proceso. Estuvieron de acuerdo en el hecho de que optarían por el juicio ordinario.

Su padre dijo que, después de lo sucedido, pasarían años antes de que las cosas pudieran encontrar su equilibrio.

—Menos mal que no habéis puesto nada a mi nombre —respondió Marco.

Se sentía capaz de ser *él* quien animara a su madre. Y al mismo tiempo —encerrado en una celda, destinado a un juicio que podría terminar con una sentencia de cadena perpetua—, se sentía capaz de ser *él* quien evitara a su psicoanalista el riesgo de un derrumbe humano y profesional aún por demostrar. La manera en la que Marco seguía sin parecer herido, necesitado de ayuda, psicológicamente inestable, resultaba asombrosa. Era difícil entender dónde empezaba la arrogancia y dónde el sufrimiento. Había algo que me llamó la atención por encima de todo. Por una parte, Marco atribuía a su madre el descarrilamiento de su propia vida; por otra, estaba más decidido que nunca a no culparla por ello. En esto era sincero. Pensé que estaba luchando con todas sus fuerzas para evitar detestarla, para evitar pensar que ella no se preocupaba lo suficiente por su hijo, confiando en que estas fueran las premisas –parecido al niño que, al quedarse en el lugar donde ha sido abandonado más allá de un plazo razonable, cree estar propiciando un final feliz– gracias a las cuales su madre acabaría demostrándole antes o después («cuando estuviera lista») su amor. ¿Es concebible un sentimiento más intrincado hecho de instinto protector, demanda de amor, narcisismo, violencia y autodestrucción?

A un paso de caer en su propia tragedia personal en los días posteriores al asesinato –a un paso de reconocerse, de verse a sí mismos, de descubrir inevitablemente de qué sustancia estaban hechos–, me daba la impresión de que Marco y Manuel habían empezado a alejarse gradualmente poco después. Cuando la excepcionalidad de lo ocurrido fue reemplazada por su cotidianidad como acusados en espera de juicio, la oportunidad de un verdadero enfoque se desvaneció. Los encuentros con sus familiares, las discusiones con sus abogados, el burocrático afinamiento de las estrategias judiciales, la confrontación con los medios… Su nueva condición parecía tener el poder, ofuscante y tranquilizador, de devolverles –si bien diferentes a cómo salieron– a los papeles que siempre habían interpretado.

Durante las siguientes semanas algunas de estas sensaciones mías se vieron confirmadas, otras recibieron el más rotundo desmentido.

Aparte de las entrevistas con la familia, Marco Prato y Manuel Foffo se ocuparon de muchos otros asuntos en ese periodo. Hablaron mucho con sus respectivos abogados –se acercaba el comienzo del juicio–, y aunque la construcción de sus estrategias defensivas fuera el asunto más importante, también tuvieron que atender a la gestión de la correspondencia. Cada semana les llegaban cientos de cartas a la cárcel.

Los presos de los que se habla en la tele ejercen una atracción irresistible. Obviamente, a Marco y a Manuel les escribían sus amigos. También recibían cartas de los periodistas para solicitarles entrevistas. Pero lo que llegaban era principalmente cartas de desconocidos, de cientos de desconocidos, de gente corriente cuya parte irracional se había visto enardecida con la noticia. Eran cartas de pocas palabras o cartas torrenciales, cartas de los que deseaban lo peor a Marco Prato y a Manuel Foffo, o cartas de quienes querían salvarlos, cartas de quienes, con la excusa de llevar consuelo, querían *ser salvados*. No faltaron las cartas macabras. En una de ellas el autor firmaba como Luca Varani, aseguraba estar observando a Prato y Foffo desde un lugar oscuro y remoto, los invitaba a reflexionar sobre el mal que habían causado y les decía que los esperaba, con impaciencia, en el lugar donde ahora se encontraba.

Manuel Foffo recibió una carta de Pietro Maso, aquel joven de San Bonifacio que se había hecho célebre veinte años atrás por asesinar a sus padres en un intento de cobrar la herencia. Guapo, rico, prepotente, Maso se convirtió en su momento en una especie de estrella. Ahora, algo más gordo, había recobrado la libertad, y acudía con intacta desenvoltura a visitar a padres espirituales y estudios de televisión.

«No puedo culparte por lo que hiciste –le escribía Maso a Foffo–, he sido peor que tú, pero puedo entender por qué querías matar a tu padre. Un oscuro y enrarecido instinto de rivalidad por conseguir el afecto de todas las mujeres de la casa y demostrar que no eres solo un cachorro frágil e indefenso.» Después de una larga disertación sobre lo que, según Maso, a Manuel le ocurriría en la cárcel («Tendrás muchos psiquiatras que te descuartizarán la mente y el alma, algunos de buena fe para entender, otros solo para relegarte a una normalidad ficticia, serás el oprobio digno de exhibición como blanco de todo reproche y la referencia común que pone a todos de acuerdo en el desprecio»), la carta terminaba con un consejo de lectura: «Necesitarás muchos libros. Te regalo uno, el que escribí al salir de la cárcel».

El libro se había publicado unos años antes, y no hacía falta ser un psiquiatra mundialmente famoso para darse cuenta de que la cárcel no había tenido mucho efecto en determinados aspectos del carácter de Maso.

Manuel respondió con desdén, haciendo pública su carta: «Señor Maso, si lo que pretende, aprovechándose de la trágica muerte de Varani, es hacerse publicidad, en particular del libro que ha escrito y que no tengo la menor intención de leer, se ha equivocado de dirección y de destinatario. No ha pronunciado ni una sola palabra de remordimiento ante quienes le dieron la vida. A diferencia de usted, yo nunca podré resignarme a lo que he hecho. Así que déjeme vivir con mi profundo arrepentimiento, absténgase de escribirme y de sacar a colación a mi padre, cuyo nombre no es usted digno de pronunciar. Espero no tener que volver a escribirle, en cuyo caso se encargarán de hacerlo mis abogados».

Marco Prato prefirió no conceder entrevistas ni hacer ninguna clase de declaraciones públicas. Eso no significaba que estuviera encerrado en sí mismo. En Regina Coeli, al contrario, estaba muy activo. Impartía cursos de inglés y francés en beneficio de los demás reclusos, los ayudaba a escribir cartas a sus familiares, participaba en las actividades culturales de la prisión. Aunque el lugar donde se hallaba no tenía nada que ver con la red de locales nocturnos a los que estaba acostumbrado, su nombre empezó a circular. Marco Prato se convirtió, por así decirlo, en alguien famoso entre la población carcelaria. Lo cual, tal vez, no le gustó a todo el mundo.

El 6 de agosto, inesperadamente, contra todos sus deseos, previsiones y expectativas, se trasladó a Marco a la cárcel de Velletri. Las razones del traslado no quedaron claras, pero las consecuencias corrían el riesgo de serlo demasiado. Velletri tenía fama de ser una prisión mucho más dura que la de Regina Coeli: pocas actividades culturales, socialización reducida a lo mínimo, un lugar desolado donde los internos podían llegar a pasarse semanas enteras mirando el techo de su propia celda.

Marco cayó en la angustia. En Velletri se sintió aislado, marginado, privado de las mínimas ocasiones de consuelo que hacen de la prisión un lugar donde intentar no volverse loco. Sus abogados protestaron rápidamente: si el castigo debía ir de la mano de la reeducación y la recuperación social, era Regina Coeli, y no desde luego la prisión de Velletri, la que ofrecía más garantías desde este punto de vista. Era en Regina Coeli donde Marco había logrado encontrar una dimensión humana y factible, era allí donde, a través de las actividades de la institución y de sus buenas relaciones con los demás reclusos, el cumplimiento de la pena se aunaba con las razones de la reinserción. El traslado a Velletri parecía una inútil a la vez que injusta medida punitiva, y como tal debía ser anulada.

Después de una nueva intervención ante el defensor nacional de los derechos de los presos, Marco Prato regresó a Regina Coeli.

Pasó el verano y volvió el otoño. El juicio contra Foffo y Prato se acercaba, los rumores acerca de su preparación eran de lo más disparatados.

Los comentaristas precipitados, haciendo pasar la propia emotividad como una visión coherente del mundo, empezaron a mantener que se corría un serio peligro de que Marco Prato y Manuel Foffo salieran de prisión al cabo de pocos años. Alguien llegó a argumentar que incluso serían absueltos: los acusados venían de buenas familias, decían, tenían excelentes abogados, mucho dinero, las conexiones adecuadas, motivos todos por los que la justicia penal se doblegaría a sus deseos.

Quien observaba el asunto con un mínimo de racionalidad se limitaba a señalar que, tal como estaban las cosas, era probable que las estrategias defensivas de los acusados acabaran siendo diferentes entre sí. Manuel había admitido su participación material en el crimen, Marco nunca. Manuel había confesado desde el principio que había levantado su mano contra la víctima, Marco siempre lo había negado. Por lo tanto, podía suponerse que Manuel se centraría en la enfermedad mental, en la idea de no haber estado en ese momento en plena posesión de sus facultades mentales. Marco –cuyos abogados, desde el día de la entrevista televisiva de Valter Foffo en *Porta a Porta*, habían tenido la ventaja de poder jugar su propia partida después de que Manuel hubiera descubierto sus cartas– podía llegar incluso a rechazar totalmente la acusación de asesinato y pedir el sobreseimiento.

No era imposible que el juicio ofreciera algunas sorpresas. Sin embargo, si ello ocurriera, no había necesidad de rastrear las causas en quién sabe qué arbitrariedad, sino en los instrumentos de defensa ofrecidos habitualmente a cualquier acusado en un Estado de derecho normal.

Yo seguía bajando a Roma siempre que podía. Hablaba del asesinato incluso con personas ajenas a los hechos. Por lo general, mis interlocutores estaban lo bastante bien informados sobre lo sucedido para que su interés se despertara en cuanto yo abría la boca. Pero ellos, a diferencia de mí, no estaban obsesionados con el caso, y esa mayor libertad, pensaba yo, podía permitirles contemplar la historia desde puntos de vista vedados para mí.

Una noche, después de ir a la presentación de un libro, terminé cenando en la zona de Ostiense, donde el Tíber se adentra en la densa oscuridad de la maleza y de los árboles con el esqueleto del Gasómetro por detrás. Es esta una parte de Roma (la palidez de la luna sobre la estructura de acero, la vegetación desordenada) que siempre me ha fascinado. Había llegado a primera hora de la tarde con el habitual tren del norte. La presencia del río, no muy lejos, en la oscuridad, hacía que me sintiera como en casa. A esta cena —en un pequeño restaurante especializado en pescado—, asistían dos escritores, el jefe de prensa de una editorial, una psicóloga, la redactora jefa de un periódico, un arquitecto. La conversación sobre el caso Varani salió cuando, ante la inevitable pregunta («¿Qué estás escribiendo en este momento?»), siguió la inevitable respuesta. Pero antes, como ocurría cada vez con más frecuencia, la conversación derivó a los graves problemas que asolaban la ciudad, y fue concretándose. Los cines cerraban. Las librerías cerraban. La vida cultural, dijo la periodista, había quedado reducida a las blasfemias, cada vez más imaginativas, que se oían en la calle.

—Roma se está volviendo un lugar asqueroso y de pacotilla para turistas —dijo el arquitecto—, tan solo abren locales de comida basura. Eso, o páramos desolados donde ya ni funcionan los cajeros automáticos.

—Su economía depende de los bares con máquinas tragaperras, los taxistas ilegales, las cooperativas sociales que pagan en negro —dijo la psicóloga.

—Y luego están los que alquilan a los turistas: autocanibalismo sobre una carroña ya descarnada —dijo la periodista.

—Llegados a este punto, me parece claro que el problema somos nosotros —dijo uno de los escritores—, me refiero a nosotros, los romanos, la clase dirigente es el espejo de nuestra putrefacción, todo está podrido, incluso los turistas. Imaginaos una Roma libre de nuestra presencia.

—Pues menudo coñazo —dijo la psicóloga.

—Imaginaos esta ciudad desierta —continuó el escritor—, solo con fuentes, con pórticos, con jardines, con basílicas, solo con estatuas en el centro de las plazas, pero también con farolas, con hospitales, con postes, con transistores dejados en los balcones. Proscritas las personas, serían las cosas las que podrían hablar por fin entre ellas. En pocos lugares como Roma sería este diálogo más musical, más inspirado, más fecundo, más denso de significado.

—Pero ¿qué coño estás diciendo? —El arquitecto se rio de buena gana.

Pasamos a hablar sobre el asesinato.

—Si fuera una novela —dijo el primer escritor—, sería *Frankenstein* en tiempos del teléfono inteligente, con Marco Prato en el papel de Victor Frankenstein y Manuel Foffo en el de la Criatura. Marco Prato utiliza sus habilidades retóricas para manipular a Manuel, juega con sus debilidades, lo azuza contra su padre, luego, sin que Manuel se dé cuenta, le transfiere todas sus paranoias, sus traumas, sus pesadillas, me refiero a las pesadillas y las paranoias de Prato.

—¿Os acordáis de esas películas de terror en las que un grupo de chicos se refugia durante un fin de semana en una casa en el linde del bosque y en un determinado momento, por la noche, mientras todos duermen, llegan los monstruos?

—dijo el otro escritor—. Solo que en este caso los monstruos no vienen de fuera sino *de dentro*, nacen de las oscuras profundidades de los jóvenes.

—*Fantasía* de Walt Disney —dijo la periodista—, Micky aprendiz de brujo. Y todas esas cosas. Marco y Manuel evocan una *fuerza* que en un momento dado escapa a su control. En realidad, solo hay que pensar en lo que ocurre *en el mundo*. La economía, la política, la revolución digital, el estado de ánimo de las masas... todo está ya increíblemente fuera de control.

—Tengo la impresión de que Manuel ve a su padre en Marco —dijo la psicóloga—, sé que Marco es gay y que incluso quiere cambiar de sexo, pero a nivel psíquico él es el varón de la relación. A nivel sexual, Marco es la parte pasiva. A nivel psíquico, es en cambio la parte activa, viril, dominante. Manuel siente sobre él el peso de la autoridad de Marco.

—A su vez Marco, travestido con peluca, mallas, tacones altos —dijo uno de los dos escritores—, asume en su lado femenino la culpa máxima, pero al mismo tiempo la descarga sobre la figura icónica por antonomasia, la de su madre, la persona que ha marcado su vida más que nadie. Dalida, desde este punto de vista, es el supremo travestismo. Traviste de sueño su pesadilla privada.

—El travestismo como forma de evasión. Y como refugio —dijo el arquitecto.

—Marco y Manuel no son simplemente unos inmaduros —añadió la psicóloga—, son el triunfo de la impotencia. En ese pobre muchacho, reducido a un estado de absoluta postración, se reconocieron a sí mismos y sintieron horror. Un cuerpo por otro. El de Luca Varani es un asesinato ritual.

Pero ¿cómo podía Giuseppe Varani tomar en consideración ni que fuera una de estas teorías? ¿Cómo podía aceptar que la infancia de Marco Prato y de Manuel Foffo, sus traumas familiares, sus represiones, las drogas, se utilizaran como explicación, cuando no como atenuante, de lo que había pasado? ¿Cómo podía pensarse que un crimen de esa clase no merecía ser juzgado partiendo de su mera evidencia?

«¿Para qué lo drogaron?», preguntaba desafiante. «¡Para violarlo!», respondía. «¡Para torturarlo, para verlo sufrir! ¿Qué más puede decirse? ¿Que intentaron cortarle la garganta para evitar que gritara? ¿Que en la capilla ardiente mi hijo estaba tapado porque incluso le destrozaron la cabeza? ¡Queremos justicia como es debido, co-mo-es-de-bi-do!»

Se lo gritaba a los abogados, lo gritaba delante de las cámaras de televisión, y me lo gritó a mí también cuando, en una mañana soleada y ventosa, nos encontramos por primera vez. Estábamos sentados en un café de piazza Mazzini. Nos había presentado Chiara Ingrosso, la periodista del *Fatto quotidiano* con quien había compartido el historial médico de Marco Prato. Giuseppe Varani había aparcado la furgoneta de las golosinas lo suficientemente cerca como para no quitarle ojo. Vaqueros, sudadera gris, barba descuidada.

—¿Cómo puede decirse que no hubo premeditación? —preguntó—. *Hubo* premeditación. Y hubo engaño, hubo vejaciones, hubo tortura, hubo crueldad y hubo móviles abyectos. ¿Cómo es posible —abría mucho los ojos— en un juicio de cualquier clase, abreviado o no abreviado, reducido o como coño sea… cómo es posible no hablar de la víctima? De lo que vivió. De lo que sufrió. Le destrozaron las manos para evitar que se defendiera. Le dieron martillazos en la boca para partirle todos los dientes.

El derecho penal –como no se cansaban de repetir los abogados– no sigue un criterio de equivalencia retributiva. El castigo siempre era menos severo que la ofensa. De lo contrario, estaríamos de nuevo en la ley del talión. Pero no era eso lo que el padre de Luca Varani discutía. Aceptaba los límites de nuestro sistema legal. Los respetaba. Lo que no toleraba, sin embargo, era que ante ese obstáculo se retrocediera un solo paso. ¿Que no había pena de muerte en Italia? Muy bien, pero sí penas graves de cárcel, había cadena perpetua.

–No se han arrepentido. Y a mí que les caigan dieciséis años, por ahí sí que no paso. ¡Esos destriparon a mi hijo! Tengo fotografías y las mostraré en los tribunales. Hablaré con el juez. Haré que se entere bien de lo que pasó.

Decía una y otra vez lo mismo. Su voz empezaba a vibrar, luego estallaba. Entonces no solo la voz, sino todo en él parecía encaramarse a una lengua de fuego. Cuando aparecía en televisión esos estallidos eran habituales, tal vez se había dado cuenta de que era la forma de hacerse notar, de mantener viva la atención sobre lo que estaba pasando. Pero también lo hacía lejos de las cámaras. Lo hacía con cualquier persona –lo hizo conmigo, aquella mañana de viento– en quien reconocía la facultad de llevar su embajada más lejos de lo que a él le resultaba posible.

A algunos sus arrebatos les parecieron excesivos. Lo que estaba claro, en cualquier caso, era que Giuseppe Varani no era un juez, no tenía poder alguno sobre el destino de Manuel Foffo y Marco Prato, tampoco era periodista, y desde luego no era uno de esos comentaristas que desde las redes sociales sentencian las vidas de los demás, protegidos por la incorporeidad y enloquecidos por una abstracta sed de violencia. Giuseppe Varani era un hombre en la plenitud de su dolor, y eso, pensé mientras lo miraba, era una imagen sagrada. Además, pese a su dialecto romano, los gestos acalorados y la expresión enardecida, me pareció que el padre de Luca apelaba a un principio que yo mismo –con menor ímpetu que él– me había visto cuestionándome hacía poco. La responsabilidad individual, el libre albedrío: ¿en qué nos transformaríamos, o diluiríamos, si nos deshiciéramos de estos dos pesos fundamentales? Vivíamos en un mundo perennemente analizado, sondeado, tamizado por mil encuestas y estadísticas, pero que al mismo tiempo era un mundo incognoscible, en el que resultaba cada vez más difícil entender quién era realmente responsable de qué. La economía se derrumbaba. ¿De quién era la culpa? La Tierra estaba amenazada por el cambio climático. ¿Había responsabilidades concretas para esto? Era paradójico que, en una época en la que los principales cambios del planeta eran imputables a nuestras acciones, atribuir un efecto a la causa que lo había generado y, sobre todo, conseguir hacerlo en un ámbito humano, individual, se había convertido en el ejercicio más difícil de todos.

Un chico era atraído a un apartamento por otros dos chicos y salía de allí muerto. ¿Era posible imputar *de manera clásica* este crimen a los dos chicos –con todo su aparato de culpa y castigo–, o uno tenía que rendirse ante la idea de haber entrado en un tiempo y en un mundo *completamente* nuevos, donde estos conceptos ya no valían nada?

Era bajo este aspecto –la mirada trastornada, demacrado, los ojos negros, los labios contraídos– como Giuseppe Varani se me apareció como una figura bíblica. Si Marco Prato y Manuel Foffo –pensé entonces, dándoles vueltas a las cuestiones que me quitaban el sueño– se habían dejado vencer por el miedo atávico que lleva a encarnizarse contra el más débil, y era en eso donde era necesario aislar su culpa, rastrear su responsabilidad, circunscribir su elección de manera que no se diluyera (golpear para escapar del miedo a ser golpeado; sentirse insignificante, reducir al otro a la insignificancia), ¿cómo era posible conducirlos, al menos de manera abstracta, hacia este tipo de conciencia? Dado que, seguía repitiéndome, un culpable que ya no tiene instrumentos para reconocerse como tal menoscaba la propia idea de culpa, de responsabilidad, y, por lo tanto, de elección, ¿qué era necesario hacer para evitar que estos conceptos –disgregándose para un número creciente de personas– empezaran a corromperse incluso en quienes los consideraran fundamentales? ¿Hacia dónde teníamos que mirar?

–¡Tendríais que haberlo visto en los festejos populares, era todo un espectáculo!

Giuseppe Varani estaba hablando de su hijo y a mí, escuchándolo, me afloró por un momento una idea –una intuición preciosa, tal vez decisiva– que perdí poco después.

–Teníais que haberlo visto con la gente… ¡qué orgullo más grande!

Giuseppe Varani hablaba de cuando, a bordo de la furgoneta, iba con su mujer a las ferias llevándose consigo a Luca. Su hijo era magnético, tan guapo y luminoso, los clientes lo veían y se acercaban al tenderete, compraban golosinas, compraban frutas desecadas, Luca charlaba con todo el mundo, y las chiquillas, bien escondidas detrás de sus madres, suspiraban por él. «Todo el mundo lo quería. Cada vez que aparecía era una fiesta.» Giuseppe dijo que su mujer estaba en casa destrozada por el dolor, y que la vida tenía que continuar. No resultaba fácil. A las ferias y a las fiestas populares ahora tenía que ir solo. Era muy cansado, además de desalentador. Su mujer y él iban a personarse como parte civil, pedirían una compensación, pero no resultaría fácil conseguir nada, dado que las culpas de los hijos, en el aspecto patrimonial, no recaen sobre los padres. Luego Giuseppe dijo que no lo habían llamado.

–¿Quién no lo ha llamado, señor Varani? –le pregunté.

–Ni Ledo Prato ni Valter Foffo –respondió.

Nadie había dado señales de vida, nadie le había pedido disculpas, nadie se había molestado en hacerle siquiera una llamada telefónica. Claro, hacían falta agallas para levantar el teléfono y pedir perdón, él era consciente, dada la enormidad de lo ocurrido, pedir disculpas podría incluso resultar ofensivo, quien lo hiciera podía exponerse a todo tipo de insultos o, peor aún, a un silencio escalofriante. Podía ser un error, de acuerdo. Pero también *no* pedir disculpas era un error. Y a él nadie le había pedido disculpa alguna. No había una hipótesis realmente concluyente, pero ya que no habían llamado, bueno, pues entonces habían tomado la peor decisión de todas.

Giuseppe dijo luego que, de vez en cuando, entre semana, entraba en la habitación de Luca. Su mujer había preferido que desde el día de su muerte siguiera todo intacto, con las libretas, los carteles, el despertador, el estéreo, como si Luca fuera a volver de un momento a otro. Giuseppe entraba en la habitación y se quedaba unos minutos mirando a su alrededor. Pero la noche era el momento más difícil, dijo, cuando su mujer y él se sentaban a la mesa para cenar y ninguno de los dos era capaz de apartar los ojos del sitio vacío.

—Señor Varani —intenté cambiar de tema—, dentro de poco empezará el juicio.

Ahora podría aferrarse a eso, pensé, a los análisis, a los informes de los peritos, a los testimonios, al rito judicial con todas sus insidias y sus formalidades.

—Sí, por supuesto, el juicio —murmuró para sus adentros con la misma mirada sombría, como si me hubiera leído el pensamiento, y mi pregunta lo hubiera obligado a echar un vistazo al *después*.

La lengua de fuego que lo envolvía se apagó, y por un momento —fue la única vez que ocurrió ante mis ojos— le vi en la cara una expresión desnuda, la misma mirada desprovista de defensas con las que tal vez, encerrado en la habitación de su hijo, seguía conversando en secreto con él.

«¿Dos juicios para el caso Varani?»

A principios de 2017, los periódicos ofrecieron una noticia que, quienes seguían el caso con pleno conocimiento de los hechos en sus detalles jurídicos, daban casi por sentada. Los abogados de Manuel Foffo habían solicitado el procedimiento abreviado. Los abogados de Prato, en cambio, preferían el ordinario. Eso significaba que —si en la audiencia preliminar se aceptaban las solicitudes— habría dos juicios diferentes.

El 26 de enero, el juez de la audiencia preliminar Nicola Di Grazia admitió las solicitudes de Foffo y Prato. El fiscal atribuyó a ambos tanto la premeditación como los agravantes de crueldad y de móviles abyectos. El juez admitió también la constitución como parte civil de los padres de Luca Varani y de Marta Gaia Sebastiani.

Michele Andreano, el abogado de Manuel, entregó al tribunal un informe médico muy abultado en un intento de demostrar la no plena posesión de las facultades mentales por parte de su cliente, teniendo en cuenta, además, los daños que, según el razonamiento de la defensa, el uso prolongado de estupefacientes le había producido con el paso del tiempo.

Al contrario de lo que cree mucha gente, el procedimiento abreviado no supone una admisión de culpabilidad. Se trata más bien de una limitación de la defensa. El acusado renuncia al debate, no puede llamar en causa a testigos ni intentar rebatir con posterioridad los elementos aportados por la fiscalía. Como es natural, estos inconvenientes implican una contrapartida: en caso de condena, la pena se reduce un tercio.

Al tratar de interpretar estas diferentes estrategias, como los más perspicaces ya habían hecho, se diría que Foffo buscaba una condena reducida, mientras que Prato el sobreseimiento de la causa. Ambos acusados rechazaban la premeditación. Prato buscaba un resultado más clamoroso. Pero Prato había elegido el procedimiento ordinario, así que corría un riesgo mayor.

Excluida por ley la presencia física de ambos en el procedimiento abreviado, Prato y Foffo volverían a encontrarse frente a frente cuando empezara el juicio de Marco.

Los padres de Luca Varani se vieron obligados a constatar que, al menos para uno de los dos acusados, había buenas probabilidades de evitar la cadena perpetua. El procedimiento abreviado no excluía en realidad la pena máxima, pero el juez debería estimar toda una serie de agravantes, y eso era exactamente lo que los expertos en Derecho creían improbable. Antes que nada, la premeditación. La investigación del fiscal no había encontrado elementos concluyentes que pudieran dar fe de la preexistencia de un proyecto homicida. De haber existido tal proyecto, se había consumado en la cabeza de los acusados, y eso era precisamente lo que resultaba muy difícil de probar.

—Pero ¿cómo se atreve nadie a decir que no lo tenían planeado? —atronó Giuseppe Varani—. ¡Lo llevaron a la casa engañado! ¡Lo aturdieron con el Alcover ese! Anda que no lo tenían pensado. ¿Y el secuestro? Lo retuvieron en el apartamento a la fuerza. ¿A eso no lo llamas secuestro?

En las redes, muchos comentaristas vieron en la noticia del procedimiento abreviado la antecámara de la absolución.

«¿Qué te había dicho? ¡Ahora estos se saldrán con la suya!»

«En Italia las cosas funcionan así, basta con tener los amigos adecuados y te libras de la cárcel, aunque hayas matado a tu madre.»

La cosa siguió así durante semanas, con una avalancha de energúmenos en la red que despotricaban sin freno, hasta que la espuma de las hipótesis se pulverizó una vez más contra el principio de realidad.

El 21 de febrero de 2017, tras un alegato muy articulado del abogado Michele Andreano, el juez Nicola Di Grazia condenó a Manuel Foffo a treinta años de prisión.

Andreano intentó hacer valer un uso de las facultades mentales cuando menos limitado. Presentó informes médicos, resultados de análisis, recurrió incluso a la neurociencia. El material recogido era copioso y detalladísimo. Andreano intentó demostrar no solo que Manuel padecía una intoxicación crónica debida al alcohol y la cocaína, sino que sus costumbres —ayudadas por su fisiología— le habían causado en el curso de los años alteraciones neurobiológicas irreversibles.

A pesar de los documentos médicos, el juez declaró a Manuel en plena posesión de sus facultades mentales. El acusado, dijo, había ingerido cantidades desmedidas de alcohol y cocaína de forma consciente, había pedido con plena conciencia el procedimiento abreviado en sede judicial, había realizado en un pasado no muy lejano exámenes en la universidad. Todos estos elementos, según el juez, desmentían la hipótesis de una incapacidad, aunque fuera parcial.

La sentencia excluyó la premeditación.

La sentencia reconoció el agravante de ensañamiento: tanto Foffo como Prato habían sido plenamente conscientes del sufrimiento infligido a Luca. También fue reconocido el agravante de alevosía: Prato y Foffo habían reducido la vida de Luca Varani a «mero objeto» a merced de sus pulsiones. La voluntad de infligir sufrimientos a la víctima hasta provocarle la muerte, escribió el juez, tenía como único propósito el de vivir una experiencia «más allá de todo límite», conectada «a un grado muy elevado de perversión sexual». La manera en la que Luca había sido asesinado daba a entender la formación de «un sentimiento despreciable capaz de revelar un grado de perversidad digno de despertar una profunda sensación de repugnancia, e injustificable por su anormalidad frente al sentimiento humano».

La primera audiencia del juicio contra Marco Prato quedó fijada para el 10 de abril.

El 13 de febrero, en contra de su voluntad y pese a todas sus esperanzas, a Marco Prato se le trasladó de nuevo a la prisión de Velletri. Esta vez no valieron de nada las protestas de sus abogados. Pero eso fue solo el principio. Unos días después, su rostro apareció inesperadamente en todos los periódicos del país. Quien encendió la mecha fue *Giallo*, un semanario sensacionalista especializado en la crónica de sucesos.

EL HORROR NO TIENE FIN: ¡PRATO ES SEROPOSITIVO! QUIENES PARTICIPABAN EN SUS FIESTAS DE SEXO DESENFRENADO CORREN UN GRAVE PELIGRO.

El titular, en mayúsculas, ocupaba el espacio principal de la portada. El artículo estaba firmado por Albina Perri. Al parecer, la periodista se había hecho con el historial médico de Prato conservado en los archivos de Regina Coeli. En uno de estos documentos, fechado en los días de su detención, un médico del centro de salud había escrito a mano: «Diario clínico del detenido Marco Prato. VIH: positividad constatada en marzo. Última prueba, negativa hace dos años. Transmisión: sexual. El detenido indica que está informado sobre su condición de seropositivo».

El texto del artículo no escatimaba los adjetivos («Hemos encontrado la hoja con el *terrible* diagnóstico», «El informe es *inequívoco*») y parecía querer justificar la violación de la privacidad con la protección de las anteriores parejas sexuales de Prato: era presumible que la mayoría de estas desconocieran su seropositividad. El artículo recordaba que Marco había seducido a numerosos heterosexuales y, en consecuencia, también sus novias podrían haberse contagiado. Los periódicos transmitieron la noticia sin reserva alguna. No faltaron quienes señalaron que la seropositividad de Prato amenazaba con desatar el pánico entre la gente VIP de la capital a la que Marco afirmaba haber seducido. Cuando la sociedad del espectáculo tiembla, el lector compra.

Acusado de asesinato y posible apestado. La situación se estaba volviendo cada vez más complicada. Los jueces y el personal carcelario deberían trabajar solo sobre la base de los documentos, pero son pocos los que creen que el clima mediático no afecte a sus decisiones, y el que rodeaba ahora a Marco Prato era bastante grave. Hacía falta un movimiento que intentara reequilibrar la situación, llevando a una parte de la opinión pública por lo menos a ver al acusado bajo una luz diferente. Pocos días después, Marco rompió su silencio al conceder una entrevista al semanario *Panorama*.

La autora del artículo era Annalisa Chirico, una antigua compañera de Marco en la época de la Luiss. La entrevista se realizó por correspondencia, con la mediación de los abogados de Prato.

«No fui yo quien lo atacó con el martillo y con el cuchillo —afirmó Marco—, no puedo ser condenado a cadena perpetua. Sé que no evité la muerte de Luca, pero no lo maté y no lo llamé para matarlo.»

Era difícil desmentir la hipótesis de que había invitado a Luca para pasar un día de excesos, así como era difícil negar que la vida de Marco había sido, en los últimos años, bastante turbulenta.

«¿Es la transgresión hermana de la muerte?», le preguntó la periodista.

«Si se nos observa con un microscopio o por el ojo de la cerradura —dijo Marco—, todos tenemos un lado oscuro más o menos moral, más o menos aceptable. El mío, simplemente, ha salido a la superficie. Sí, me drogaba, pero no en exceso. Sí, tenía sexo, pero como cualquier otro treintañero. Las peticiones más extremas, las más raras, venían de los hombres de quienes me rodeaba, me las sacaban ellos. He sufrido mucha violencia para complacer a varones heterosexuales de los que me prendaba y que me hacían sentir femenina. Es obvio que, cuando se hacen de dominio público, a la conciencia colectiva esos detalles picantes le sirven para señalar con el dedo en vez de mirarse al espejo. La condena pública nos satisface porque nos mantiene alejados de nuestros monstruos, nos hace sentir íntimamente más normales. Convencido como estoy de que la normalidad es un concepto abstracto, yo eliminaría las tres primeras letras de la palabra «perversión». Son todas *versiones* diferentes de humanidad, distintos matices de individualidad, a veces vividas con sufrimiento.»

La periodista le preguntó sobre las condiciones de vida en la cárcel de Velletri.

«Cuando estaba en Regina Coeli –dijo Marco–, daba cursos de idiomas para los reclusos, intentaba ayudarlos con cartas y comunicaciones escritas. Aquí en Velletri no hago nada de todo eso, no hay actividades, no hay nada, lo que resulta dramático porque, más allá de los baños y la alimentación inadecuados, la realidad carcelaria se reduce así a mera expiación, sin reeducación. Me paso casi todo el tiempo acostado en mi catre, sin dejar de pensar en lo que pasó, repaso cada minuto. Echo de menos todo lo que está fuera. Echo de menos pasear escuchando a mi adorada Dalida. Echo de menos de verdad a todo el mundo.»

«¿Qué le gustaría decirle a Foffo?», preguntó la periodista.

«Le diría: "Manuel, abandona el odio. Así como esa noche dejaste tranquilamente que me fuera para morir, ahora déjame vivir y devuelve la verdad a esa dramática noche".»

Si el propósito de la disertación de Marco Prato hubiera sido el de proscribir los peores instintos de las masas, habría dado en el blanco. Fuera pululaba gente ansiosa por crucificar al culpable, por mandar a la hoguera a los monstruos, empeñada en levantar toda clase de picotas solo para satisfacer un devastador sentimiento de venganza. Pero ¿venganza de qué?

Nos sentíamos humillados, necesitábamos humillar. Nos sentíamos heridos, necesitábamos herir. Nos sentíamos en el fondo mediocres, estúpidos, temerosos y no esenciales, en el crepúsculo de una época que nos había prometido hacernos ricos, inteligentes, osados. Nos afanábamos en consecuencia por no mirar a la cara a la realidad, enarbolábamos nuestro fracaso haciéndolo pasar por prueba de nuestra honradez, de nuestra bondad, de nuestra lucidez, cuando no de nuestra pureza, y salíamos en busca de culpables (o empezábamos a fabricárnoslos) con tal de mantener el castillo de naipes en pie. Si Marco Prato hubiera querido contar ese colapso psicológico, esa profunda enfermedad social, no le habría faltado razón. El problema, sin embargo, residía en el hecho de que –más allá de lo que determinara el juicio, y de la pena a la que fuera condenado– era indiscutiblemente responsable de lo que había sucedido. Marco Prato señalaba a los fanáticos de la picota para evitar detenerse en sus propias faltas –pronunciar una verdad acerca de los demás para eludir otra acerca de uno mismo; eso también era, a fin de cuentas, una difundida enfermedad social–, así como para evitar detenerse en el aspecto más clamoroso de todos, a saber, que un chico de veintitrés años había dejado de existir.

Mientras veía cómo se enmarañaba la madeja, me preguntaba cómo y cuándo acabarían desenredándose todos estos nudos.

Entonces, en un determinado momento de la entrevista, Annalisa Chirico, la excompañera de estudios universitarios, la periodista en la que Marco había depositado cierta esperanza de revalorización pública, recordó a los familiares de Varani. Los padres de Luca, dijo, no creían que la palabra «perdón» mereciera ser pronunciada.

«Voy a escribir una carta a los familiares de Luca –respondió Marco–, es una idea que me ronda desde hace tiempo, pero no creo que sea apropiado hablar de eso ahora.»

—Pero ¿qué carta? ¡Ese nunca nos escribió nada! –dijo Giuseppe Varani.

El padre de Luca, furibundo por cómo habían ido las cosas con Manuel Foffo, temía que pudieran ir aún peor con Marco Prato. No entendía el espíritu del procedimiento abreviado: ¿cómo era posible, para un asesinato como ese, trocar lo terrible de los hechos por las razones de la burocracia? Giuseppe Varani también se sentía frustrado porque, durante el juicio, dijo, nunca se le permitió hablar con el juez. ¿Qué clase de reglamento era ese? Si se le diera la oportunidad de enseñar algunas fotos, de contar su propia agonía, de recordar, más allá de los documentos y de los informes, quién había sido su hijo y qué final le habían reservado, si alguien simplemente le hubiera permitido colocar en el plato de la balanza –tan definitiva, en un plano simbólico, como para representar a la justicia– la particular forma de sufrimiento a la que lo habían condenado a él y a su mujer («¡Es a nosotros a quienes nos han infligido *una condena sin fin*!», decía), tal vez las cosas hubieran sido diferentes. Ahora el señor Varani estaba nervioso y preocupado. Si Foffo se había ganado treinta años declarándose culpable, ¿qué podría pasar con Marco Prato, que profesaba a los cuatro vientos nada menos que su propia inocencia?

Luego estaban las expectativas del público. El procedimiento abreviado había tenido lugar a puerta cerrada. Nadie había visto a Marco Prato y Manuel Foffo en el banquillo de los acusados. Ahora vendría el proceso con el procedimiento ordinario, existía la posibilidad de que los dos estuvieran en la misma sala. Los curiosos podrían verlos uno frente al otro, en el apogeo de una confrontación (uno pronunciaría su propia verdad, el otro la negaría) que se preveía dramática. La gente estaba ansiosa por disfrutar del espectáculo. Así empezó la cuenta atrás que llevaba al 10 de abril.

Sin embargo, cuando llegó por fin el 10 de abril, el proceso no se celebró debido a una repentina huelga de abogados. La audiencia se pospuso para el 12 de junio.

El 19 de mayo, a menos de un mes de la apertura del juicio, los padres de Luca Varani participaron en una procesión de antorchas organizada por un comité recientemente constituido, «Todos somos Luca». Más de cien personas –entre amigos, familiares, vecinos del barrio– desfilaron tras la puesta de sol por las calles de Boccea. Las pancartas se habían preparado con mucho esmero. Habían impreso camisetas con una imagen de Luca acompañada por el rótulo TODOS SOMOS LUCA. Sin embargo, la pequeña manifestación no tenía únicamente un propósito conmemorativo. Cuando empezó la marcha, y la gente se puso a caminar compacta, sosteniendo las pancartas con mirada orgullosa y dolorida, quienes estaban allí como curiosos pudieron observar, en el dorso de las camisetas, otro rótulo: CADENA PERPETUA Y CASTIGO EJEMPLAR PARA LOS ASESINOS.

Llegó así el 12 de junio, día de la primera audiencia del juicio contra Marco Prato. Esa mañana los padres de Luca, apoyados por el comité promotor de la procesión de antorchas, colocaron una pancarta justo enfrente del juzgado. TODOS SOMOS LUCA. JUSTICIA PARA LUCA VARANI. Un gesto de protesta preventiva.

Pero tampoco entonces, de forma completamente inesperada, se celebró el juicio. Una nueva huelga de los abogados penales hizo que se pospusiera por segunda vez. Los padres de Luca Varani volvieron a casa con su pancarta junto con los miembros del comité. La audiencia quedó fijada para el 21 de junio.

La espera empezaba a resultar extenuante. Toda la atención recaía sobre Marco. Las historias que durante un año habían llovido a su alrededor lo habían convertido, en la imaginación de la gente, en un personaje de película –camaleónico, contradictorio, espantosamente lúcido, hipócrita, hipersensible, manipulador, capaz de cualquier astucia, dispuesto a todo para ver refulgir su imagen– sin que casi nadie, sin embargo, desde el día del asesinato, lo hubiera visto en acción. ¿Qué pasaría en el juicio? ¿Cómo se presentaría Marco Prato en público? ¿Qué cara ofrecería a fotógrafos y cámaras? ¿Con qué tono de voz se dirigiría al jurado? ¿Hablaría de sí mismo en femenino? ¿Qué ocurriría si se encontrara frente a Manuel Foffo? ¿Intentaría destruirlo retóricamente como parecía capaz de hacer con todos? Aunque lo hiciera, decían, le resultaría mucho más complicado salirse con la suya ante el ministerio fiscal. El doctor Scavo era un hueso duro de roer. ¿Le quedaban a Marco todavía ases en la manga que sacar contra él? ¿A cuál de sus muchas personalidades recurriría, y qué sutiles razonamientos o qué extraordinaria operación de deconstrucción opondría a la avalancha de pruebas que le serían arrojadas? ¿Qué excepcional mentira, o aniquiladora verdad, desenvainaría el acusado en el momento clave? En Roma hacía de nuevo un calor insoportable.

La noticia empezó a difundirse por radio el 20 de junio, el día previo a la audiencia. Luego fue el turno de la red y después les tocó a los telediarios. A mí me llegó un whatsapp a las 09.08. Me encontraba en Turín. La noche anterior, preparándome para el juicio, me quedé dormido leyendo algunos documentos del gigantesco expediente que había reunido en el curso de los meses. Escuché el sonido de notificación mientras me tomaba el segundo café del día. Levanté el móvil. «Nicola, ¿lo has leído ya? Estoy conmocionado.» Quien me escribía era un amigo del que no tenía noticias desde hacía meses.

Podía haber sido cualquier noticia capaz de crear desconcierto, desde un terremoto hasta un atentado terrorista. Sin embargo –antes incluso de contestar «No, ¿qué ha pasado?»–, tuve la sensación de que sabía de qué se trataba. Lo sabía desde hacía meses, tal vez desde el comienzo de todo el asunto, lo había tenido siempre en mente, pero al mismo tiempo me las había apañado para ignorarlo. Me hizo falta ese mensaje para evaluar seriamente lo que había percibido solo de forma inconsciente.

Unos instantes después, otra vez en mi teléfono móvil, recibí un enlace a la página web del *Messaggero*.

MARCO PRATO SE SUICIDA EN LA CÁRCEL

Me derrumbé en el sofá como si alguien me hubiera dado un puñetazo en la cara.

Durante la noche, en la prisión de Velletri, Marco Prato había sido hallado sin vida en el baño de su celda. Se había matado inhalando el gas de la bombona que usaba para cocinar. Se había puesto una bolsa de plástico en la cabeza y la había atado con un lazo en la base del cuello; dentro había metido el hornillo. Su compañero de celda no se dio cuenta de nada, o al menos eso fue lo que les dijo a los guardias penitenciarios. El cuerpo fue encontrado a las 00.45. En el baño, junto al cuerpo, escribieron los periódicos, había una hoja con un breve mensaje de despedida escrito en letras de imprenta.

«El suicidio no es un acto de valentía o de cobardía –escribió Marco Prato antes de morir–, el suicidio es una enfermedad de la que no siempre se cura uno. No tiene connotaciones éticas, no es una escapatoria ni un gesto egoísta. La presión mediática es insoportable, las mentiras acerca de esa noche y de mí son insoportables, esta vida me resulta insoportable. Perdonadme.»

Seguían una firma y una posdata.

«¡Asegúrense de que cuando avisen a mi padre esté con él un médico o la hermana de mi madre (exdoctora jubilada), porque sufre de hipertensión y del corazón!»

Al día siguiente, 21 de junio, los jueces del Juzgado de primera instancia del Tribunal de Roma abrieron y cerraron el proceso contra Marco Prato. Se decretó la anulación de la acción penal a causa de la muerte sobrevenida del imputado. Se dispuso el desembargo del apartamento de via Igino Giordani. Piazzale Clodio estaba asediado por la prensa. En la audiencia estaba también presente Marta Gaia Sebastiani. En cuanto esta salió del tribunal los periodistas se abalanzaron sobre ella.

–¡Marta Gaia! ¡Marta Gaia!

–No tengo ganas de hablar.

La joven, protegida por unas enormes gafas de sol, adoptó un tono decidido. El día anterior había escrito en su muro de Facebook que decía estar conmocionada por lo ocurrido.

–¿De verdad no tiene ningún comentario que hacer?

–No –Marta levantó una mano hacia el micrófono como para protegerse–, una vida es una vida –dijo–, hay que respetar el duelo de las familias.

–¿Una tragedia dentro de una tragedia?

–Sí –respondió la joven antes de alejarse con rapidez.

Fue el turno de Savino Guglielmi, su abogado.

–Creo que aquí salimos todos perdiendo –dijo rodeado por las cámaras–, el Estado, la comunidad, el pobre Varani. Todos perdemos. No se ha protegido la seguridad de un preso. El juicio de Marco Prato no ha podido celebrarse. Lamentablemente, nunca conoceremos a fondo la verdad.

Los periodistas se pusieron en contacto telefónico con Valter Foffo, el padre de Manuel.

—Me estáis atosigando con tantas llamadas. Pero ¿qué puedo decir frente a este nuevo dolor? Me he enterado por la radio de que Prato se ha quitado la vida. Ahora solo queda mi hijo. ¿El riesgo? Que quede como el único chivo expiatorio de este drama sin fin.

Giuseppe Varani también recibió la llamada de los cronistas.

—Lo sentimos por la familia de Marco Prato —declaró—, nadie merece morir así, ni el peor de los criminales. Nos hemos enterado de la noticia por un amigo nuestro que es periodista. Mi esposa rompió a llorar. Lamentamos lo que ha pasado. Pero nuestro dolor es claramente más fuerte que el de ellos. Mi hijo fue asesinado, no fue él quien decidió morir.

El psiquiatra del centro de salud que trataba a Marco en la cárcel de Velletri había escrito en su último informe: «Visitado de forma regular desde el 14 de febrero. Visitas y entrevistas de apoyo con periodicidad semanal. Durante las evaluaciones clínicas no se recogen intenciones autolesivas. Estado de ánimo definido como no deprimido».

Sin embargo, Mauro Palma, defensor nacional de los derechos de los presos, declaró: «En muchos sentidos, es un suicidio anunciado. El año pasado ya tuvimos que intervenir para devolver a Marco Prato a Regina Coeli, cuando advertimos que la supuesta estructura psiquiátrica del instituto de Velletri es inexistente y que allí, en Velletri, una persona que ya había intentado suicidarse habría tenido menos asistencia respecto a la garantizada en la prisión romana».

A las 11.00 de la mañana, Ledo Prato estaba en el depósito de cadáveres del policlínico de Tor Vergata. Frente a él, el cadáver de Marco. «Nos habíamos visto en la cárcel, ¿quién iba a imaginárselo?», susurró en voz muy baja. Había ido a ver a su hijo la tarde anterior. Había ido a verlo como nunca había dejado de hacer desde que fue a parar a la cárcel. Se abrazaron. Hablaron. Ahora estaban ahí.

El suicidio de Marco Prato supuso el más triste de los golpes de efecto, y al mismo tiempo arrojó un pesado manto negro sobre el caso. Aunque las consecuencias judiciales no hubieran terminado –quedaba la apelación de Foffo, el Tribunal Supremo, la constitución como parte civil del matrimonio Varani y de Marta Gaia Sebastiani–, a partir de ese momento la tensión comenzó a remitir. Se había alcanzado la cima, el contenido había hecho estallar el contenedor. No faltaron las secuelas, pero una clara sensación de que la partida había acabado cayó sobre quienes, durante más de un año, habían seguido ese asesinato sin poder desengancharse de él.

Sobre las causas del suicidio se especuló durante meses.

–Trata de sacar tus conclusiones –me dijo el doctor Francesco Scavo, dado que a esas alturas nos tuteábamos.

Estábamos en el bar de siempre, en piazzale Clodio. Yo había pasado otra vez frente a Monte Mario, había visto en la lejanía el observatorio astronómico. Sentía el malestar habitual que me entraba cuando volvía a Roma sabiendo que tendría que dejarla poco después, oía el tráfico de viale Angelico, sabía que un poco más allá estaba piazza Mazzini, las tiendas de Cola di Rienzo, y luego, después del Palazzaccio, justo enfrente del río, se levantaba el Museo delle Anime del Purgatorio, cuya pequeña colección aspiraba a documentar las acciones de las almas de los muertos. Huellas ultraterrenas en sotanas. Una funda de almohada con la marca de fuego del espíritu de una monja fallecida. Ese día, antes de reunirme con el doctor Scavo, me había parado una niña por la calle.

–Hola, ¿te gustan los animales?

La niña estaba fuera de una tienda donde su madre, según pude ver, estaba comprando comida para gatos.

—Claro —le contesté—, sí, yo también, igual que tú, tengo un gato.

La niña tendría nueve o diez años, era alta para su edad, llevaba un par de pantalones verdes que le dejaban al descubierto los tobillos, tenía el pelo cortado a tazón, una mirada de las más inteligentes y espabiladas que había visto en mi vida.

—¿Y cómo sabes tú que tengo un gato? —preguntó, no sin antes haber rendido irónicamente homenaje a mi respuesta correcta con las primeras cuatro notas de una famosa sinfonía.

—Porque te leo la mente —dije.

—Ah, sí —dijo muy seria, pero como si la atención que me estaba concediendo no llegara a distraerla completamente de su dimensión paralela, la magnífica tierra sumergida para volver a la cual cualquiera, mayor de veinte años, daría todo lo que tiene—. Pues entonces, si me lees la mente —prosiguió—, también tienes que decirme cómo se llama mi gato.

—¡Menudas preguntas me haces! —contesté—. Se llama Beethoven.

—Pero cómo lo has hecho… —Sonrió imperceptiblemente.

Su madre la llamó desde dentro de la tienda:

—¡Vamos, deja de molestar a la gente! —con una voz que rebosaba amorosa exasperación.

La vida sería soportable si pudiera seguir hablando con esta niña para siempre, pensé. Ella, capaz de leer realmente las mentes, había sido tan generosa como para concederme la ilusión de que yo podía hacerlo también.

—Todo lo que se cuenta sobre el suicidio me parece plausible —le decía yo ahora al doctor Scavo—, quizá no haya una explicación única.

No faltaban quienes defendían que la huelga de los abogados penalistas había sido la gota que había colmado el vaso: el continuo aplazamiento del juicio había minado el estado de ánimo de Marco, ya postrado por la cárcel y la picota mediática. Muchos interpretaban el suicidio como la manifestación extrema del afán de protagonismo de su autor. Al suicidarse a dos días del juicio, decían, Marco se había forjado una salida de escena digna de una diva, calcando filológicamente el trágico final de Dalida. «Perdonadme, la vida me resulta insoportable», había dejado escrito la cantante en su nota de despedida. «Esta vida me resulta insoportable. Perdonadme», habían sido, de forma casi idéntica, las palabras de Prato. Como si no bastara, mediante su suicidio Marco había asestado un ataque dramáticamente efectivo a la maquinaria de la justicia. Matarse era la única forma de impedir que se celebrase el juicio. Con un gesto extremo, por lo tanto, Marco había recuperado el control de la situación, impidiendo que otra persona escribiera el final en su lugar.

–Además, está el asunto de Ettore Catanzaro –añadí yo.

–También está ese asunto –dijo Scavo.

Ettore Catanzaro, cuarenta y un años, antiguo recluso de la prisión de Velletri, trasladado después al centro penitenciario de Latina, había pedido declarar ante las autoridades judiciales unas semanas antes. Interrogado en la prisión por un subteniente de los carabinieri, había dicho que Marco Prato le había encargado en la cárcel darle una paliza a Manuel Foffo. «En la prisión de Velletri yo ocupaba la celda número 7 –explicó–, Marco estaba en la 5. Al principio estaba en régimen de aislamiento, de vez en cuando lo dejaban salir por el módulo para socializar un poco, charlaba con mi compañero de celda, Medina, un cubano al que Marco había conocido en Regina Coeli. Un buen día Medina viene a verme y me dice: "Escucha, Ettore, Marco Prato la tiene tomada a muerte con Manuel Foffo, quiere que le den una paliza, está convencido de que ha sido él quien ha hecho correr la voz sobre el VIH. Quiere saber si puedes echarle una mano".» Catanzaro estaba entre rejas por delitos graves, tenía amigos en otras cárceles. «Nunca tuve la menor intención de zurrar a Manuel Foffo –le dijo al subteniente–, pero le seguí el juego.» Al acabar el aislamiento Marco iba a ver a Catanzaro a su celda durante las horas de descanso. Catanzaro cocinaba para él («fettuccine al ragú, chuletas»), de vez en cuando se liaban un porro («Yo tenía un poco de hierba escondida en el tarro de sal»), y después del almuerzo charlaban mientras oían algo de música. En efecto, prosiguió Catanzaro, Marco intentó encargarle una paliza contra Manuel. «Me ofreció dos mil euros para que a Foffo le pegaran, dijo que podía conseguir ese dinero. Lo que yo tenía que hacer era simplemente escribir a un amigo mío de Tor Bella Monaca encerrado en la cárcel donde estaba Manuel, pidiéndole que se encargara del trabajo. Con Marco llegamos a intercambiarnos confidencias. Me habló de sus padres, me dijo que su madre nunca había ido a verlo. Otro día, también en mi celda, dado que a esas alturas nos lo contábamos todo, le pregunté: "Dime la verdad, ¿tú participaste materialmente en el asesinato?". Marco respondió: "Sí". Y yo: "¿Cuántas puñaladas le diste?". Entonces me dijo que le había dado dos.»

El relato de Catanzaro se incorporó al expediente. El expediente se remitió a la fiscalía. Es presumible pensar que también se les enviara una copia a los abogados de Prato, quienes, supuse, informarían a su defendido. Admitiendo que esta versión fuera cierta —y que lo fuera el relato de Catanzaro—, Marco pudo llegar a saber a qué mesas habían ido a parar sus confidencias. Podía haber significado el derrumbe de su sistema defensivo y él, en ese momento, pudo haber visto la sombra negra de la cadena perpetua extenderse sobre él.

—Ledo Prato vino a verme —dijo entonces el doctor Scavo.

Después de un juicio, ocurría con más frecuencia de lo que suele pensarse. Los familiares de los condenados buscaban a sus acusadores. Sentían la necesidad de aclarar, de puntualizar, como si quien había puesto en marcha la pesada maquinaria de la justicia fuera la persona más idónea para afrontar el problema también a otros niveles.

En este caso, sin embargo, Ledo Prato solo quería que se abriera una investigación sobre el suicidio de su hijo. ¿Por qué motivo habían trasladado a Marco a Velletri? ¿Cómo era posible que los psiquiatras de la cárcel no se hubieran dado cuenta de su estado? Que Marco ya había intentado matarse lo sabía todo el mundo. Entonces ¿por qué *nadie* hizo *nada* para evitar que la situación empeorara?

Me despedí de Scavo. Miré la hora. Paseé sin rumbo durante media hora, luego eché la carta que le había escrito a Manuel Foffo, el único superviviente de los tres chicos. Me metí en el metro. Almorcé en una fea taberna cerca de via Cavour. Dado que aún me quedaba tiempo antes de la cita siguiente, me dirigí a San Pietro in Vincoli. Subí los peldaños de la escalinata de los Borgia, perpetuamente en sombra a causa del arco que la cubre, y al mismo tiempo vivificada por una cascada de enredaderas. En lo alto, vi la fachada lisa y regular de la iglesia. Entré en la nave lateral, caminé hasta encontrarme frente a la estatua. Había estado allí durante casi quinientos años, y permanecería allí mucho después de nuestra muerte. Caso raro de enigma en su grandiosidad, sobre el *Moisés* de Miguel Ángel nunca dejaba de hablarse. Sigmund Freud, cuando estaba en Roma, iba a San Pietro in Vincoli cada día, permanecía allí durante horas intentando entender; se iluminaba de esperanza cuando pensaba que había captado algo importante, se desmoralizaba cuando la intuición se diluía. Miraba los brazos musculosos de la estatua, las tablas de la ley bajo el brazo derecho, la mano izquierda descansando en el regazo, los dedos de la mano derecha asidas a los rizos de la barba, la pierna izquierda levantada de modo que solo la punta del pie tocase el suelo, su cabeza vuelta a la izquierda y, en su mirada, una mezcla de rabia, desprecio y dolor. Para muchos, Miguel Ángel había documentado el momento inmediatamente anterior a cuando Moisés, indignado por el comportamiento de su pueblo, rompe las tablas arrojándolas al suelo. Luego aferra el becerro de oro, lo quema en el fuego, lo tritura hasta convertirlo en polvo, esparce el polvo en el agua y hace que los israelíes se la traguen. Pues bien, después de la enésima visita, observando la estatua sin pausa, Sigmund Freud pensó de pronto que había tenido una revelación. Es decir, le pareció que Miguel Ángel, al esculpir su Moisés, había realizado un poderoso gesto arbitrario atreviéndose a cambiar la narración bíblica, documentando lo que no está en el Libro: no la ira a punto de estallar, sino la ira reprimida. El Moisés de Miguel Ángel, según Freud, después de un rápido tormento interior, una misteriosa batalla consigo mismo, cambia de propósito. La indignación queda domada, la violencia se disuelve, el dolor empieza a ser tratado. El profeta ya no rompe las tablas contra el suelo, y, precisamente por eso, las tablas, es decir, la ley, adquieren un nuevo significado.

Sustituir un narrador por otro. ¿Qué se le había pasado por la cabeza a Moisés, en la interpretación de Freud? ¿Y qué se suponía que debíamos hacer nosotros?, me pregunté sin dejar de mirar la estatua, pensando en Marco Prato. ¿Cuál era la tarea de los vivos, si los muertos habían fracasado en la suya?

Salí de la iglesia. Caminé unos minutos sin rumbo. Luego me dirigí a la próxima cita. Después de haber estado en piazzale Clodio, donde se administra la justicia, y en San Pietro in Vincoli, donde se curan las almas, me aguardaba el edificio donde la democracia se ve salvada y amenazada a días alternos.

Yo sabía que Ledo Prato, además de a Scavo, se había dirigido al senador Luigi Manconi.

En aquel momento, Manconi era el presidente de la Comisión extraordinaria para la tutela y promoción de los derechos humanos en el Senado. Fui a verlo a las tres de la tarde. Ya nos conocíamos, Manconi tenía en esa época casi setenta años, estaba en su tercer mandato y dirigía sus propias batallas con la suficiente independencia como para poner en serio riesgo la posibilidad de un cuarto. Se había ocupado de los derechos de los migrantes, las condiciones de las comunidades romaníes y sinti, los reclusos, refugiados, discapacitados, los abusos de poder por parte de las fuerzas del orden contra los ciudadanos. Hacía algunos años que se había quedado casi completamente ciego a causa de un glaucoma. No llevaba bastón ni gafas oscuras, de vez en cuando corría el riesgo de morir al cruzar la calle. Por lo demás, trabajaba incansablemente rodeado de sus ayudantes en un minúsculo despacho de Palazzo Madama.

Llegué al Senado. Entregué la documentación y pude entrar en la gigantesca fragua de la democracia italiana. Mejor dicho, en uno de sus pulmones. El ujier me precedía. Mirando alrededor pensé que en Italia todas las sedes del poder se parecen. Tras cruzar los umbrales monumentales te encuentras con un angosto laberinto de pequeñas habitaciones y pasillos. De vez en cuando una vista de museo. Luego otra telaraña de pasillos, despachitos y ascensores tan estrechos como ataúdes. El poder vive en las cavidades. «Por aquí», dijo el ujier, y señaló el enésimo ascensor.

El despacho del senador Manconi era una habitación pequeña y alargada, repleta de papeles, carpetas y libros recién publicados. Los editores se los mandaban allí.

—Vino a verme después de dirigirse a otros políticos —me confirmó.

Manconi dijo que Ledo Prato estaba tratando de moverse a nivel institucional. No le resultaba fácil. Pasaba de un interlocutor a otro, lo obligaban a esperar, hacía antecámaras inútiles, aguardaba llamadas telefónicas que tardaban en llegar.

—Prefirió recurrir primero a los hombres más cercanos a su ámbito. Es natural, creo. Pero le han hecho perder el tiempo o se empantanaron en algún problema burocrático.

Manconi dijo que no tardaría en plantear una interpelación al ministro de Justicia, Andrea Orlando.

—¿Sabes cuántas personas se matan en las cárceles italianas? Uno a la semana, me informó antes de que formulara cualquier hipótesis.

—¿Sabes cómo se suicidan?

El senador Manconi dijo que muy a menudo se ahorcaban. La segunda causa de muerte era el gas. Usaban las bombonas, como había hecho Marco. Había una manera para evitar este último tipo de muerte, para contener ese horror al menos en parte, una solución tan sencilla que no se entendía por qué resultaba tan difícil adoptarla.

—Sería suficiente con sustituir las bombonas de gas por placas eléctricas.

Manconi llevaba años, según me dijo, tramitando solicitudes en tal sentido al Ministerio de Justicia.

Fue entonces cuando recordé lo que Marco le dijo a su padre durante una de sus últimas conversaciones en la cárcel. «Me han subido de grado», fueron sus palabras a propósito del hecho de que en la prisión le habían autorizado a utilizar bombonas para hacerse café.

Antes de que me marchara, el senador Manconi quiso hacerme un pequeño regalo.

—No sé a qué conclusiones has llegado mediante tu investigación —dijo—, no se puede llegar a saberlo todo sobre los seres humanos que nos interesan.

—No se llega a saberlo todo, ni siquiera sobre uno mismo —dije—, de lo contrario ya nadie escribiría nada de nada.

—Sí, pero es necesario llegar a un cierto grado de comprensión. Estas cosas recorren caminos complicados, a veces requieren años, mientras que otras veces no se llega nunca.

—La comprensión no es duradera, somos transitorios hasta en esto.

—Pase lo que pase —dijo—, quiero darte algo que podría serte útil.

Le pidió a una de sus asistentes que rebuscara en la pequeña pila de libros que ocupaba uno de los escritorios. Después de una breve búsqueda, la asistente encontró el volumen. Él lo sopesó en sus manos, me lo pasó.

—Mejorando lo presente —dijo con una sonrisa—, lo considero el libro italiano más hermoso de los últimos diez años.

La interpelación al ministro Orlando (firmada por Manconi, Corsini, Stefano) se presentó el 6 de julio. La respuesta llegó cinco meses después, el 7 de diciembre.

El ministro escribió que, aun siendo consciente del carácter dramático de todo acto de autolesión, no podía ignorarse el hecho de que los suicidios en las cárceles italianas habían disminuido en los últimos años. En lo concerniente a Marco Prato en particular, de la lectura de los informes procedentes de la administración penitenciaria no podía concluirse que sus condiciones hubieran sido «subestimadas o descuidadas».

El informe, de cinco páginas, proseguía en ese tenor. Era como si cada uno representara su papel. Había, con todo, encajada entre las certificaciones de rigor, una información que no podía pasar desapercibida. Los remitentes de la interpelación habían preguntado por qué Marco Prato había sido trasladado a la prisión de Velletri. La respuesta del ministro fue emblemática.

La propuesta de traslado desde Roma a otra institución estaba justificada por la tendencia del recluso a aprovecharse de las debilidades de los compañeros de reclusión para asumir un papel dominante.

Esta explicación –obtenida probablemente después de haber solicitado información a las autoridades penitenciarias– permitía imaginar que en Regina Coeli Marco había logrado reproducir algunas dinámicas que ponía en práctica cuando era un hombre libre. Manipular a los demás. Doblegar su voluntad. Conseguir que hicieran lo que él quería. Entre los que siguieron el caso hubo quien recordó lo que Marco había dicho a propósito de un curso de música y literatura al que asistía en la cárcel. Los otros presos le habían cantado «Ciao, amore, ciao» de Dalida. «No convences a un montón de reclusos para que te canten tu canción favorita si no los tienes en un puño.» Alguien lanzó la hipótesis de que Marco podría no haberse limitado a ejercer sus dotes de seducción a nivel intelectual. Si había tenido sexo con otros reclusos, entonces la noticia de su seropositividad podía haber tenido consecuencias. De seductor a apestado. Podría haber sido trasladado para evitar la venganza de algunos presos.

Pasaron varias semanas. El 16 de octubre de 2017 recibí un whatsapp de Chiara Ingrosso. Había pasado algo inesperado, quería contármelo. Nos vimos unos días después cerca de Ponte Milvio. Era la época en la que la apelación en segunda instancia iba tomando forma. Habían trasladado a Manuel a la prisión de Rebibbia. También nos habíamos enterado de que había decidido cambiar de abogado. Adiós a Michele Andreano, hola a Fabio Menichetti. Se dijo que lo había hecho por razones familiares, Andreano no dejaba de ser el abogado que le había conseguido su padre, y Manuel, en relación con Valter –a quien, pese a todo, desde un punto de vista económico, permitía que se encargara de muchas de sus necesidades–, seguía alimentando un sentimiento de desconfianza. En los momentos de mayor confusión llegaba a pensar que Valter podría conspirar contra él.

Por lo demás, de los Foffo llegaban noticias contradictorias. Había quien decía que habían emprendido actividades comerciales en el extranjero. Otros en cambio afirmaban que estaban en Roma, atareados en superar los problemas económicos en los que el asesinato corría el riesgo de sumirlos.

De los Prato, como siempre, ninguna noticia.

–Eso es exactamente de lo que quiero hablarte –dijo Chiara Ingrosso.

Ahora trabajaba como enviada de algunos programas de los canales de Mediaset. Viajaba por Italia, perseguía a los protagonistas de los crímenes más sangrientos, intentando arrancarles declaraciones decisivas. Material no le faltaba, los seres humanos seguían matándose unos a otros. Chiara dijo que esos casos la turbaban, pero lograba levantar la pantalla protectora de la profesionalidad. Con el asesinato de Varani era diferente: cada reportero de crónica negra tenía el caso de su vida, frente al cual las defensas eran frágiles. Chiara estaba sorprendida por cómo este asesinato la había arrojado tan lejos de su antigua vida, sin que ella se diera cuenta. Quien acorta en exceso las distancias con ciertas historias horribles, dijo, acaba recibiendo *la marca*, y a los marcados les empezaban a ocurrir cosas raras. Por mi parte, pensé en cómo me había visto yo arrojado lejos de Roma.

–Sucedió hace un par de semanas –dijo ella–, estaba en el aeropuerto de Brindisi. Tenía que ir a Roma. Ya había facturado, esperaba que dieran el visto bueno para el embarque.

De repente («hasta ese momento había sido un día claro, incluso soleado»), el cielo se oscureció y, prácticamente de la nada, una violentísima tormenta se abatió sobre la ciudad. El viento era tan fuerte que obligó a cerrar el aeropuerto, los vuelos fueron desviados a Bari-Palese, por lo que se puso un autobús de emergencia a disposición de los pasajeros para llegar hasta ese aeropuerto.

–En cuanto llegamos, nos dispusimos otra vez a realizar los trámites de embarque. –Antes de pasar por el detector de metales, erguido en las escaleras mecánicas que llevaban a la planta superior, a Chiara le pareció ver un perfil conocido. Lo tenía frente a ella, de espaldas, un hombre alto y distinguido, con su traje oscuro–. Me parecía que era él, y al mismo tiempo era una coincidencia tan increíble que no podía creerlo.

Una vez en la planta superior, Chiara Ingrosso aceleró el paso, adelantó al hombre, se volvió para mirarlo.

–Creo que nos conocemos –dijo ella.

–Es posible –replicó él sin cambiar de expresión.

–Es usted el padre de Marco –dijo la joven.

Los ojos de Ledo Prato se humedecieron.

–Yo también me puse a llorar –me contó Chiara. Se produjo un auténtico momento de reconocimiento–. Creo que él percibió, de manera clara, mi implicación en el asunto.

—¿Era usted amiga de mi hijo? —preguntó Ledo Prato, recomponiéndose.

Chiara le respondió que no, que era periodista. La expresión del hombre cambió de nuevo.

—Por honestidad, enumeré los reportajes que había dedicado al caso. Él se fue enfriando, los recordaba todos, en el fondo Marco también había achacado la decisión de suicidarse a la presión de los medios y yo podía correr el riesgo de verme metida en el mismo saco.

Ambos restablecieron las distancias, concertaron una cita unos días después para hablar con calma.

—Nos vimos en Villa Torlonia —contó Chiara—, pero no volvió a establecerse la atmósfera de aquel día en el aeropuerto. Le llevé un disco de Dalida de regalo, él me dijo que le parecía un gesto de mal gusto. Traté de explicarle que era mi forma de honrar la memoria de Marco.

Ledo estuvo bastante frío, se mantuvo prudente durante el resto de la charla, no se dejó arrastrar a confidencias, no consintió que lo entrevistara.

—De todos modos, no es coincidencia que me topara con él —dijo Chiara.

—¿Qué quieres decir? —pregunté.

—Me lo gané a pulso —dijo.

¿Cuántas probabilidades había de que ella se encontrara en el mismo vuelo que Ledo Prato, y cuántas probabilidades había de que surgiera de la nada una tormenta absurda sobre Brindisi sin la cual no se habría dado cuenta de su presencia? Durante el último año y medio había pensado de forma tan intensa en el asesinato, había entrevistado a tanta gente, había leído tantos documentos, había escuchado tantas voces que la casualidad, o el destino, dijo, la habían puesto en el camino de Ledo Prato.

—No lo sé —dije, pero en el fondo creía que tenía razón.

Fue entonces cuando pensé que debía alejarme del caso. Soltar la presa, era ya la hora de hacerlo, mi necesidad de comprender se había convertido en una adicción y ahora corría el riesgo de sucumbir. Hay un momento en el que profundizas en el asesinato, pero luego hay un momento posterior en el que es el asesinato el que cava en ti sin piedad, empiezas a interpretar todas las cosas en función del caso, ves por todas partes signos, coincidencias, premoniciones, te transformas sin darte cuenta en tu propio objeto de investigación. Llega un punto a partir del cual ya no eres capaz de seguir cavando, de arrojar luz, de modo que es la oscuridad, un ciego vacío pneumático, lo que se abre camino dentro de ti. Entonces es cuando tienes que girar la cabeza hacia otra parte, debes separarte del caso, aunque solo sea para albergar la esperanza de que la última pieza, la más importante, lo que aún no has podido encontrar, aparezca sin que te des cuenta.

Cuando volví a mi casa me encontré con la respuesta de Manuel Foffo a mi carta. La leí. No contenía revelaciones impactantes. Encontré también un correo electrónico confirmando una cita que había solicitado. Imprimí los billetes de tren, me preparé para partir.

—Antes trabajaba en un estudio de arquitectura. Luego entré en una agencia de fotografía. Me he despedido hoy.

Habíamos quedado en Porta Venezia. El tráfico era sosegado, las calles estaban impolutas, las aceras llenas de gente atareada. Tiendas bonitas, grandes exposiciones, rascacielos novísimos. Una energía febril se desprendía de la ciudad. Milán. Cuando salí del metro, le envié un mensaje. Se llamaba Andrea, tenía veintiséis años, había sido el último novio de Marco Prato. Cuando me puse en contacto con él por teléfono unos días antes, había sido muy amable. Yo era un completo desconocido y le pedía que me hablara sobre una experiencia terrible. Su aparente calma me llamó la atención.

Nos estrechamos la mano. Nos dirigimos hacia un bar. Era un chico de facciones delicadas, bien vestido, con una mirada intensa y despierta. Nos sentamos, pedimos dos zumos.

—Marco y yo nos conocimos en Facebook —me empezó a contar—, en cierto sentido fue mérito del algoritmo. —La red social, como todos los días, le había sugerido perfiles de usuarios a los que pedir amistad—. Vi las fotos de Marco, que de inmediato me pareció un chico muy guapo. Empecé a ponerle likes y corazones en sus publicaciones. Empezamos a charlar. Solo entonces me di cuenta de que él ya había intentado ponerse en contacto conmigo por Tinder. Entonces no le había hecho caso, pero ahora sí que estaba interesado. Decidimos vernos.

Comenzaron a salir en octubre de 2015. Estuvieron juntos unos meses. Si Andrea tuviera que describir a Marco tal como lo había conocido hasta el día del asesinato, su juicio habría sido totalmente positivo.

–Siempre fue amable, protector, me cuidaba. Un ángel. Nunca le vi enfadarse, nunca se mostró violento, todo lo contrario, era muy dulce.

En Roma, Andrea vivía solo en una casa grande. («Mi familia estaba un poco dispersa por toda Italia.») Por eso Marco iba a verlo a menudo.

–Nunca le vi esnifando, nunca me habló de chaperos, tampoco me dijo nunca que quisiera cambiarse de sexo. Me parecía una persona inteligente, muy sensible.

Me pregunté si sería él el chico con quien Marco, interrogado por el fiscal, dijo que se «aburría increíblemente».

Mientras tanto Andrea seguía contando. El 31 de diciembre de 2015, dijo, lo invitaron a almorzar a casa de los Prato. Él sabía que en la familia la cuestión de la homosexualidad de Marco había creado algunos malestares. Marco le había hablado de problemas con su madre. «En realidad salió todo mucho mejor de lo que yo esperaba.» La comida transcurrió relativamente bien. En la mesa estaban los padres de Marco, su hermana y sus tías. Las tías, según dijo Andrea, se habían portado «de manera fantástica». También su hermana («una chica que vale mucho») lo acogió estupendamente. La madre se mostró amable pero distante, tal vez se sintiera cierta tensión, pero nada que no fuera manejable. Ledo sí que se comportó de manera extraña.

–Poco después de mi llegada, se levantó de la mesa y se fue. Temí que le hubiera molestado encontrarse en casa al novio de su hijo. O tal vez solo estuviera cansado.

Unas horas más tarde, en la fiesta de Nochevieja, Marco conocería a Manuel Foffo.

Después de las fiestas, Andrea y Marco empezaron a distanciarse.

–Fue él quien me dejó, porque no me veía implicado. Tenía razón. Pasados unos meses desde el inicio de nuestra relación, yo ya había perdido interés.

Lo dejaron en febrero, pero siguieron manteniendo una excelente relación. Seguían viéndose, salían juntos. El primero de marzo se encontraron en un local.

Al día siguiente, Andrea intentó enviarle un mensaje. No obtuvo respuesta. El 5 de marzo le envió otro («Estás pasando a tope de mis conversaciones y eso no me gusta. Te escribo, aunque pases de mí»). Luego, el día 7, se enteró del asesinato en Facebook.

–Era incapaz de creérmelo. Me dejó muy impresionado. Había una foto de Marco con un jersey negro y debajo la noticia de que lo habían detenido. Conocía esa foto porque se la había hecho yo, lo que lo hacía todo aún más desgarrador. Pensé en una noticia falsa, Marco era muy conocido en Roma, alguien podría haberle gastado una broma de mal gusto. A las pocas horas me di cuenta de que todo era verdad. Me hundí en el caos, en la confusión total, los días que siguieron los recuerdo como una especie de alucinación.

Era el periodo en el que Andrea estaba preparando su tesina de licenciatura.

–Al día siguiente fui a la universidad. Estaba decidido a decirle a mi directora que renunciaba a la tesina. Me topé con ella en el pasillo, estaba charlando con un grupo de profesores ayudantes, me acerqué, me di cuenta de que estaban hablando precisamente del crimen. Sentí que se me helaba la sangre. Ella no sabía que Marco y yo habíamos estado juntos. Todo parecía una locura.

Andrea habló con su directora de tesina, se lo contó todo.

–La profesora me tomó bajo su protección, me dio ánimos, intentó apoyarme en todos los sentidos. Si me licencié fue por ella, nunca dejaré de agradecérselo.

En un primer momento, Andrea le escribía cartas a Marco. Marco respondía desde Regina Coeli. Al principio no le hablaba de la cárcel, y nunca hablaba del asesinato. Más tarde empezó a abrirse. Aparentemente se estaba integrando con la población carcelaria, se relacionaba con otros reclusos, socializaba. Todo siguió así durante unos meses. Entonces estalló otra bomba. Llegó la noticia de la seropositividad de Marco.

–Fue entonces cuando dejé de escribirle. Interrumpí cualquier comunicación. Me sentía traicionado, y obviamente me entró el pánico. Corrí para hacerme la prueba del VIH. Ya puedes imaginarte la tensión. Por suerte resultó negativa. Las noches, sin embargo, eran duras. En cuanto se quedaba dormido, a Andrea se le echaban encima las pesadillas, se veía literalmente sacudido por sueños horribles.

—¿Con qué soñabas? —le pregunté.

—Soñaba con que Marco me mataba. O mucho peor, soñaba con que era yo quien mataba a alguien. Eran noches espantosas. En determinado momento las pesadillas desaparecieron.

—¿Y eso cuándo ocurrió?

Suspiró, me miró durante un buen rato.

—Sé que es triste decirlo, pero las pesadillas terminaron cuando Marco se suicidó.

Después de la muerte de Marco, Andrea decidió irse de Roma. Era demasiado, había sido un año inconcebible, tenía que dejar esa historia atrás.

—A los pocos días de llegar aquí a Milán, me ennovié con un chico. Tal vez no fuera la mejor de las ideas, pero estaba hecho trizas.

Pasaron algunos meses más. Andrea empezó a trabajar, no volvió a Roma durante mucho tiempo, no se sentía listo para enfrentarse a la ciudad. Pero tarde o temprano tendría que hacerlo.

—Dejé que pasaran varios meses, al final me decidí y regresé. Pensaba que hasta que no volviera a pisar Roma, no podría decir que lo había superado de verdad. Recuerdo el viaje en tren. Cuando llegué a Termini me pareció incluso bonito, otra vez la confusión, el calor, el aturdimiento. Pero luego me gritaron en la calle: «¡Maricón!». Me pasó dos veces en el mismo día. Decidí que me quedaría en Milán.

Mientras hablaba, de repente me sentí culpable. Culpable porque yo tenía cuarenta y cinco años y él no llegaba a los treinta. Una culpa de registro civil, objetiva. Los adultos son siempre culpables de que los jóvenes vivan en un mundo que da asco. ¿A quién más cabe atribuir la responsabilidad?

—Yo estoy tratando de volver a Roma.

No se lo había contado a nadie todavía. Mi mujer y yo habíamos empezado a hablar del asunto unos días antes, sentíamos que nuestros proyectos eran demasiado frágiles para compartirlos, pero al mismo tiempo, si no los compartíamos antes o después, esos proyectos corrían el riesgo de no traducirse en actos.

–Una vez, por la calle, me crucé con una de las personas vinculadas a *lo que pasó* –dijo Andrea mientras tanto–, nos miramos, seguimos andando sin saludarnos. Éramos unos supervivientes, y es como si todos los supervivientes fueran sospechosos.

Él y los demás náufragos del *Pequod*, pensé. Poco después, Andrea se levantó, nos estrechamos la mano, pagué la cuenta.

–Pero ¿por qué te has despedido del trabajo? –le pregunté al final–. ¿Has encontrado otro mejor?

–No –dijo–, es que al cabo de un tiempo ya no me sentía bien en esa agencia.

–¿Qué harás ahora?

–Quién sabe.

–Pero ¿tienes algún plan concreto? –insistí.

–Me parece que no –respondió con una sonrisa.

Entonces me pareció más libre que yo, más joven que nunca. Me pareció resplandeciente, victorioso, sentí de nuevo, aunque solo fuera por un instante, el escalofrío de esos días en los que uno está seguro de no tener nada que perder, y es fuerte, aunque sea débil. Me esforcé por no envidiarlo, pero solo era miedo. En realidad, me sentía liberado, emancipado por persona interpuesta. No sé cómo lo había hecho, pero se había sacudido de encima, por decirlo así, la maldición de aquella historia, había roto el maleficio, había derrotado al adversario, le había costado sufrimiento, él mismo lo había dicho, pero ahora estaba *al otro lado*, temporalmente fuera de la zona de sombra, en la otra orilla del río, en el sendero que conduce al futuro. Pensé que no pertenecía a una generación perdida. ¿Cómo podíamos pensar algo parecido? Perdidos estaríamos nosotros, si los dejábamos solos. Lo vi desaparecer más allá de Porta Venezia. Sentí que algo afloraba a la superficie, lo vi relucir a ras del agua.

SEXTA PARTE

EL LIBRO DEL ENCUENTRO

El sentimiento de culpa solo se combate
con la práctica de la virtud.

SIMONE WEIL

Si del amor por la disciplina naciera
el paso del soldado que no vence, sino que se retira
sin un solo disparo.

AMELIA ROSSELLI

AVISO A LOS SEÑORES VIAJEROS
SE RECUERDA QUE AGREDIR VERBAL O FÍSICAMENTE
AL PERSONAL DE SERVICIO CONSTITUYE UN DELITO.
CUALQUIER ACTO VIOLENTO SERÁ PUNIBLE ANTE LA LEY

Me bajé del autobús en piazzale Flaminio. El sol resplandecía en toda la ciudad. El mes anterior, mientras conducía hacia piazza Venezia, al conductor del 46 le dieron una paliza un grupo de chicos borrachos. En mayo le sucedió algo parecido al revisor del 545. En ninguno de los dos casos intervinieron los pasajeros. El vehículo reanudó la marcha, lo vi perderse en el tráfico. Crucé la calle. Caminaba sin rumbo fijo. Mi mujer y yo habíamos vuelto a vivir a Roma. Nos habíamos instalado en casa de unos amigos esperando recuperar nuestro antiguo hogar. Aún me quedaba un corto periodo de tiempo para observar la ciudad con ojos nuevos, pensé. Santa Maria dei Miracoli, el campanario a la luz de la mañana. Meses antes, el Tribunal de Apelación había confirmado los treinta años de prisión para Manuel Foffo. Su nuevo abogado, Fabio Menichetti, un hombre de retórica impecable, había aportado a la audiencia historias clínicas y estudios médicos. Los peritos del tribunal, pese a reconocer en Manuel un trastorno de personalidad moderado, excluyeron que fuera decisivo. Manuel estaba lúcido cuando mató a Luca. Yo miraba el reloj de agua del Pincio, encerrado en su jaula de cristal, rodeado de plantas. Aquel día yo también estuve en la sala. Manuel vestía vaqueros y una camisa blanca, llevaba el pelo bien cortado, presentaba un aspecto impecable. Se sentó entre los guardias penitenciarios. Estuvo todo el rato mirando al juez seria y respetuosamente. Solo se giró una vez hacia nosotros. Había periodistas, algunos curiosos, los padres de Luca Varani. No estaban los padres de Manuel, ni su hermano. Los coches pasaban a toda velocidad por el Muro Torto, los veía desaparecer en la boca del túnel subterráneo. El Tribunal Supremo había confirmado los treinta años, poniendo fin al periplo legal. Para afrontar el último recurso de apelación, Manuel se había puesto en contacto con dos nuevos abogados. Esta inquietud podría estar justificada por la búsqueda de una estrategia de defensa bien definida. O bien testificaba el extravío del imputado. Yo había hablado con uno de los nuevos abogados, Giammarco Conca. Era un cuarentón sosegado y cordial que vivía fuera de la ciudad, le preocupaba mucho la suerte de su defendido. Me contó que Manuel se encontraba en una situación difícil, por mucho que tratara de averiguar qué había sucedido, se veía abrumado a menudo por la confusión, la soledad, la sensación de culpa, el rencor.

Yo llevaba meses intercambiándome cartas con él. Manuel respondía a mis interpelaciones con amabilidad y puntualidad. Me escribía en letras de imprenta, su prosa era tan elemental que en ciertos pasajes no resultaba fácil de entender. La sensación que daba era la de estar haciendo un gran esfuerzo por sustraer de la fuerza del caos los conceptos más importantes para él. Por lo que me escribía, comprendí que no había superado sus problemas con su padre, había periodistas con quienes había roto toda relación en cuanto se enteró de que lo habían entrevistado. Lo que más le preocupaba era que Valter u otras personas hablaran en su lugar diciendo algo inexacto. Había una versión correcta de los hechos, y luego había otro relato —un relato adulterado, sofisticado, diabólicamente falso— capaz de traicionarlo brutalmente. Su padre, los periodistas, todos nosotros debíamos tener cuidado para no caer en la trampa. Pero ¿quién era el artífice de tales mistificaciones? ¿Quién estaba poniendo las trampas? Tuve la impresión de que, tal como lo veía Manuel, la mano que seguía escribiendo la historia apócrifa que él tanto temía, era, una vez más, la de Marco Prato. Era incapaz de desembarazarse de ese fantasma. Por mediación de Conca, su abogado, Manuel me hizo llegar un breve «memorial» (así lo definió él) donde estaba contenida su versión de los hechos. Me pidió que lo leyera con atención. Lo hice, pero en esas páginas no conseguí encontrar nada que pudiera alterar de modo significativo la reconstrucción de los hechos. En cada palabra escrita de su puño y letra, se respiraba más bien, línea por línea, una lucha inagotable, agotadora e interminable con Marco Prato, un enfrentamiento por la última palabra. Fue Marco quien lo manipuló, escribía Manuel, fue él quien lo confundió, quien lo chantajeó, quien lo empujó a salir de casa esa noche maldita, era por culpa de él si había llegado a matar, y también había sido él, Marco Prato, quien lo había calumniado haciendo correr hasta en la cárcel la voz —a Manuel le llegaban continuos comentarios de otros reclusos— de que él era «su novio». Era como si siguiera sintiendo la fuerza que lo había subyugado a principios de 2016. Esa fuerza lo confundía, lo agotaba, *sobrevivía*. Dejé atrás via Rasella. Entré en el pequeño jardín al lado del Quirinal, la llamada Villa Carlo Alberto, donde una estatua ecuestre está rodeada de rosas. Acerca de Marco Prato yo seguía recibiendo testimonios contradictorios. Había quienes lo describían de forma parecida a como lo había hecho Manuel. Había otras personas, sin embargo, que seguían hablando de él como una persona dulce, empática, generosa. Llegué a via Lanza, subí la escalinata de los Borgia, poco después estaba en el patio de la Facultad de Ingeniería Mecánica. Iba pensando en la familia Prato. Era difícil imaginar cómo podían aguantar un impacto tan violento. La acusación de asesinato, luego el suicidio de Marco. De vez en cuando recibía noticias sobre Ledo Prato. Patrocinaba la apertura de exposiciones, asistía a actos literarios, aparecía siempre en escena con gran discreción, era amable, impecable en todos sus gestos. Una forma de cargar sobre sus espaldas la tragedia sin dejarse destrozar por ella, pensé. Un batir de alas.

Vi un grupo de palomas a través de las cristaleras de la facultad. De la señora Prato no había noticia alguna. ¿Representaba un agujero negro en el universo emocional de su hijo o era una mujer devastada por el dolor que solo pedía que la dejaran llorar lejos de los focos? Como guardianes de San Pietro in Vincoli había dos bolsas de basura. Yo habría podido conjeturar hasta el infinito sobre Marco y Manuel, sobre quién era el más manipulador de los dos, sobre cómo las frustraciones del uno y los desequilibrios afectivos del otro los habían hecho capaces de cosas inimaginables. Sin embargo, si tuviera que señalar, inmediatamente después del instinto de vejación, el mal que me parecía anterior a todos los demás, diría una forma particular de soledad. La soledad que, sobre todo si se va acumulando, hace que nos pudramos en nuestro ego, y que es indisociable del miedo a no ser comprendidos, a que nos hieran, nos roben, nos hagan daño, el miedo que engrasa nuestras esferas invisibles, que nos lleva a calcular en la angustia, el miedo a través del que pasa, pervertido, incluso el bien que nos esforzamos en hacer. En piazza Vittorio el sol brillaba en las palmeras y en los edificios. Un tranvía cruzó la plaza. En las últimas semanas había leído el libro que me había regalado el senador Manconi. Había estado en la mesilla de noche durante mucho tiempo, luego en las cajas de mudanza. Lo había vuelto a encontrar hacía poco. Se titulaba *El libro del encuentro*, y ofrecía el testimonio de un largo experimento de justicia restaurativa entre víctimas y responsables de la lucha armada en Italia. Durante años, entre 2009 y 2015, algunos familiares de las víctimas del terrorismo se habían reunido con algunos de los responsables de la muerte de sus seres queridos. El proyecto se inspiraba en célebres experimentos de justicia restaurativa, y partía del supuesto de que la justicia ordinaria, de cuyo carácter sistemático nadie dudaba, raras veces daba plena satisfacción a las víctimas, y al mismo tiempo no ofrecía a los responsables los instrumentos para facilitar una comprensión plena de lo que habían hecho. Los encuentros entre las partes, lejos del clamor de los medios de información, se habían realizado por mediación de los autores del libro, a los que se sumaba un pequeño grupo de «garantes» externos. Se partía de pocos presupuestos: por un lado, los responsables de la lucha armada eran conscientes de haber destruido la vida de familias enteras; por otro, los familiares de las víctimas estaban dispuestos a reconocer la plena humanidad de la contraparte. «Nuestro propósito –escribía uno de los autores del libro en el prólogo– era, y sigue siendo, el de realizar un trayecto juntos, con nosotros, los mediadores, *en el medio*, entre personas que habían sufrido una terrible herida y quienes habían provocado esa herida, todos unidos por algo tan misterioso, y en muchos sentidos inexplicable, como intenso, ineludible, decisivo: la demanda, o la búsqueda, de justicia. Durante este trayecto –continuaba el prólogo–, encontramos preguntas, interrogantes, dificultades que solo *el otro difícil* podría allanar, y dudas que solo la confianza en *el otro difícil* podría disipar.» Más de una vez el padre de Luca Varani, pensé, se había quejado de no haber recibido nunca una llamada telefónica de los padres de Manuel y de Marco. Romper un silencio aterrador. Dar el primer paso. Era difícil que tal cosa pudiera suceder, teniendo en cuenta el nivel que había alcanzado la incomprensión, la desconfianza entre las partes, y en mayor medida en ausencia de mediadores, o de garantes. Estaban en juego sentimientos y estados de ánimo difíciles de dominar como la cólera, la vergüenza, la desesperación. Pero tal vez solo algo parecido –un movimiento contraintuitivo, un gesto imposible– podría romper el hechizo, deteniendo el movimiento circular del mal y de la soledad. Un grito. Luego un niño, que se había soltado de su madre, corrió durante unos segundos bajo los soportales de la plaza.

Los coches pasaban a toda velocidad por la Flaminia, pero nosotros estábamos en via della Villa di Livia. Elegíamos flores. No había estado nunca en Prima Porta. La ciudad de los muertos se abría inmensa hacia el este, con sus kilómetros de calles interiores por las que pasaban incluso los autobuses. Yo estaba con Chiara Ingrosso, esperábamos a los padres de Luca.

–Compremos esos –dijo, señalando los crisantemos.

Los cubículos con los puntos de venta, numerados del 1 al 40, se distribuían alrededor del cementerio. En la mayor parte de los casos eran floristas, pero también había marmolistas que exponían estatuas y lápidas blanquísimas al aire de la primera hora de la tarde.

Vimos llegar a los Varani a bordo de un Alfa 167. Chiara les hizo gestos con los brazos. El coche empezó a reducir la velocidad. Entregamos las flores a la madre de Luca. Montamos en el coche y entramos todos juntos en el cementerio más grande de Italia.

En la ciudad, los turistas sudaban ante las puertas del Panteón. Aquí el verano golpeaba con menos violencia. Una luz melosa, un calor moderado caía indiferente entre las lápidas y las capillas, en el enorme sector católico y en los dedicados a otros cultos. Junto a los crematorios estaba el Jardín de los Recuerdos, tres hectáreas de cerros donde las cenizas de los difuntos eran esparcidas entre árboles y matorrales.

Después de algunas intersecciones más, Giuseppe Varani aparcó. Nos bajamos del coche.

–Esperad para entrar –nos encareció.

La capilla era un pequeño paralelepípedo pintado de naranja. En cuanto crucé el umbral, entendí por qué el padre de

Luca nos había dicho que no entráramos. «¡Sal de ahí, sal, Nico!» En un instante me vi atacado por una nube de mosquitos. Volví sobre mis pasos. Así fui testigo de esta operación, que el matrimonio Varani tenía que hacer cada vez que venía aquí, en verano por lo menos. El señor Varani rodeó el automóvil. Abrió el maletero. Luego avanzó hacia la capilla con un aerosol en la mano. Roció el insecticida. Mientras tanto, su esposa había sacado una botella de plástico y derramó el agua frente al umbral de la capilla para evitar que el polvo del suelo se incrustase. Tuve la impresión de que juntos daban vida a una especie de gesto sagrado.

En la capilla había unos cincuenta nichos, dispuestos verticalmente unos encima de otros. Miré las fechas de nacimiento en las placas. Luca era el más joven. Los ancianos poblaban los cementerios y poblaban las plazas. La tumba de Luca rebosaba de flores. Resultaba difícil añadir otras nuevas cada semana. El señor y la señora Varani no sabían ni siquiera quiénes venían a dejarlas allí. Había notitas, poemas, una carta de un profesor, un proverbio navajo. Todos juntos formaban el equivalente a un pequeño altar. Rezamos algunas oraciones juntos. Luego la madre de Luca hizo un gesto que, según entendimos, tenía por costumbre hacer. Tocó con los nudillos en el mármol del sepulcro.

Salí de la capilla. Frente al verde de los árboles y las tumbas. En algún lugar por allí descansaba Sandro Penna. Estábamos en plena tarde, los insectos flotaban en el aire y la luz era perfecta.

Luego los padres de Luca nos invitaron a su casa.

Chiara y yo los seguimos en coche. Paramos en la carretera estatal. El señor Varani repostó. Nos ofreció algo de comer en el bar de la gasolinera. Chiara y yo intentamos negarnos sin excesivo afán. Sándwiches y Coca-Cola. Giuseppe Varani nos los trajo en una bandejita. Siempre lo había visto enfadado. Ahora ambos hacían gala de una amabilidad descorazonadora. Se habían tatuado LUCA en la muñeca. Volvimos al coche. Los seguimos hasta via della Storta, el centro urbano había quedado definitivamente atrás. Esa era la casa donde vivía Luca. El edificio tenía tres alturas. Para acceder al interior era necesario pasar bajo un andamio, la planta baja estaba siendo objeto de reformas. En los planes de los Varani estaba destinado a apartamento para Luca. Pero ¿ahora? Subimos al primer piso, nos sentamos en la sala de estar. A un lado, la mesa del comedor. Al otro, la televisión y el aparador. Tapetes y jarras en los estantes.

Después de charlar un rato con la madre de Luca nos dijo que podíamos echar un vistazo *allí*. Me levanté. Cruzamos el pasillo. La señora abrió la puerta. La cama con un cojín de Tom y Jerry encima y otro con la Union Jack. Ordenador y monitor en el escritorio. Una maqueta de coche sobre la alfombrilla de ratón con el dibujo de unos bolos contra los que impacta la bola. Una lamparita de plástico negro enganchada a la puerta del armario, a unos centímetros de la cama, que Luca encendía para leer y luego apagaba antes de quedarse dormido. Algunos libros en los estantes. *El principito*. Un diccionario. Un enorme peluche de Mickey Mouse en la pared. Al lado, también en la pared, estaba el único elemento capaz de hacer comprender la situación a quien no estuviera familiarizado con la historia. Un cartel conmemorativo con un collage de fotos en las que aparecía Luca retratado en distintos momentos de su vida.

Volvimos a la sala de estar. Nos sentamos alrededor de la mesa y reanudamos la conversación. El señor Varani nos ofreció un licor de algarrobas. La sala de estar daba a la parte trasera del edificio. Por las ventanas abiertas la vista era espléndida. Veíamos los campos, los grandes pinos, los pastos.

—¿Y bien? ¿Qué os parece este licor?

No tardaría en ponerse el sol. El calor daría paso a la plácida noche de verano. Nosotros allí charlando mientras el cielo estrellado se apoderaba de la escena, revelándose a nuestra mirada mediante complicados principios de rotación y revolución, la gigantesca maquinaria que nos hace nacer y nos reduce a polvo.

Tras cruzar el umbral de los aeropuertos internacionales, las ciudades eran todas iguales. Londres, París, Nueva York. Las diferencias se derrumbaban en los anaqueles de una tienda de ropa. Y ahora Roma, pensó el turista holandés mientras subía por la pasarela de la Terminal 3.

Se había inaugurado el nuevo espacio hacía pocos meses. Un enorme pabellón repleto de luz cuyas formas evocaban un mundo ligero, desprovisto de conflictos y diferencias. Los primeros dos niveles estaban dedicados a las compras. Luego, un inmenso espacio para restauración. La oferta abarcaba desde la cocina asiática hasta la italiana. Había incluso un «restaurante por horas» de un chef con estrella. Más adelante los grandes sastres. Orden. Belleza. Italia tal como sería si el genio nacional fuera puesto en manos de un espíritu escandinavo. Afortunadamente no es así, pensó el turista holandés. Nunca lo sería.

Tras la detención, los policías intentaron asustarlo. Le dijeron que en la cárcel recibiría de los otros presos el trato que se reserva a gente como él. Nada de eso había sucedido. Al final, incluso tuvieron que soltarlo. Un vacío legal. Si el menor tenía menos de diez años, el delito se penaba de oficio. Por encima de los catorce, se entraba en la prostitución infantil, siempre y cuando la parte ofendida presentara una denuncia. Sin embargo, entre los diez y los catorce años, la querella debía presentarla uno de los padres o tutores del menor, pues el menor, por sí mismo, no podía hacerlo. Él, por supuesto, lo sabía. Quien lo ignoraba era el chico de trece años que lo había denunciado. Había llegado en una barcaza junto con otros desesperados. No había padres. No había tutores. Al hombre tuvieron que soltarlo.

El turista holandés estornudó, se tomó un bollo y un capuchino. Miró el enorme ventanal que daba a la pista de aterrizaje. Oyó la llamada de su vuelo. El Airbus A330 de la Thai rodó por la pista de despegue y, de repente, ya estaban en el aire. El aparato sobrevoló durante unos instantes el mar Tirreno. Luego describió un semicírculo y se dirigió en dirección opuesta. Antes de que la altitud volviera indistinguible el mundo de abajo, el hombre vio de nuevo Roma. Volvió a estornudar. Qué raro. De repente tenía un fuerte dolor de garganta. Desde la ventana reconoció el Coliseo. Cualquiera que hubiera leído un libro en su vida sabía que esa era la herencia del mundo. Te robaban en el metro. Te insultaban en los semáforos. Te desplumaban en los restaurantes, te tosían en la cara. Pero al final el saldo era positivo. La ciudad te regalaba mucho más de lo que te pedía a cambio.

Lo que se cuenta en este libro es una historia que ocurrió realmente.

Su reconstrucción es el fruto de un largo proceso de documentación que incluye documentos judiciales con informes periciales, escuchas telefónicas, sentencias ya definitivas, documentos de audio y de vídeo, declaraciones oficiales, entrevistas. He utilizado fielmente esta documentación para reconstruir los acontecimientos, las versiones de las personas involucradas, la narración de los protagonistas. En el caso de algunos personajes involucrados en la historia, pero ausentes o no muy presentes en su reflejo en los medios de comunicación, se han utilizado por discreción nombres ficticios.

Doy las gracias a quienes me han ayudado en el largo trabajo preparatorio. En particular, quiero expresar mi gratitud a Chiara Tagliaferri, a la periodista Chiara Ingrosso, y a todos los que aceptaron hablar conmigo o proporcionarme material sobre el asunto.

Este libro está dedicado a Alessandro Leogrande (1977-2017) y a Fabio Menga (1974-2018).

REFERENCIAS BIBLIOGRÁFICAS

Guido Bertagna, Adolfo Ceretti y Claudia Mazzucato (eds.), *Il libro dell'incontro. Vittime e responsabili della lotta armata a confronto*, il Saggiatore, Milán, 2015.

Umberto Eco, *Il secondo diario minimo*, Bompiani, Milán, 2013 [hay trad. cast.: *Segundo diario mínimo*, traducción de Helena Lozano, Debolsillo, Barcelona, 2014].

Gustave Flaubert, *Bouvard e Pécuchet*, traducción de Camillo Sbarbaro y Michele Bona, Einaudi, Turín, 2008 [hay trad. cast.: *Bouvard y Pécuchet*, traducción de Aurora Bernárdez, Backlist, Barcelona, 2008].

Décimo Junio Juvenal, *Satire*, traducción de Ettore Barelli, Rizzoli, Milán, 1976 [hay trad. cast.: *Sátiras*, traducción, introducción y notas de Francisco Socas, Alianza, Madrid, 2010].

Amelia Rosselli, *Le poesie*, Garzanti, Milán, 1997 [hay trad. cast.: *Poesías*, traducción de Alessandra Merlo, Igitur, Montblanc (Tarragona), 2004].

Andrea Valcarenghi, *Underground: a pugno chiuso!*, con prólogo de Marco Pannella, Nda Press, Rimini, 2007.

Paul Valéry, *Cattivi pensieri*, traducción de Felice Ciro Papparo, Adelphi, Milán, 2006.

Virgilio, *Eneide*, traducción de Rosa Calzecchi Onesti, Einaudi, Turín, 2014 [hay trad. cast.: *Eneida*, traducción de Javier de Echave-Sustaeta, Gredos, Madrid, 2014].

Simone Weil, *Quaderni. Volume quarto*, edición de Giancarlo Gaeta, Adelphi, Milán, 1993 [hay trad. cast.: *Cuadernos*, traducción, comentarios y notas de Carlos Ortega, Trotta, Madrid, 2001].

Las citas de la Biblia están tomadas de la edición CEI (2008) [en la versión española, de la *Biblia de Jerusalén* (2006)].